福建省乡村生态宜居评价研究（2019年福建省社科研究基地生态文明
构建扩大消费长效机制与政策研究
构建扩大文化消费长效机制与政策研究

U0664869

农产品品牌
战略与传播

许安心　郑秋锦　林榅荷　著　◀

乡村振兴战略

坚持农业农村优先发展，加快推进农业农村现代化

优化产业结构，加强区域品牌建设，提升农产品质量及食品安全水平，推进农业提质增效；
壮大新产业新业态，拓展农业产业链值链等方面提出指导性意见，以推进农业现代化的稳步发展。

BRAND

新华出版社

图书在版编目（CIP）数据

农产品品牌战略与传播 / 许安心，郑秋锦，林楒荷著．
-- 北京：新华出版社，2021.5
ISBN 978-7-5166-5797-3

Ⅰ．①农… Ⅱ．①许… ②郑… ③林… Ⅲ．①农产品
－品牌战略－研究－中国 Ⅳ．① F326.5
中国版本图书馆 CIP 数据核字（2021）第 072187 号

农产品品牌战略与传播

著　　者：许安心　郑秋锦　林楒荷

责任编辑：蒋小云　　　　　　　　封面设计：文人雅士

出版发行：新华出版社

地　　址：北京市石景山区京原路 8 号　邮　　编：100040

网　　址：http：//www.xinhuapub.com

经　　销：新华书店

新华出版社天猫旗舰店、京东旗舰店及各大网店

购书热线：010-63077122　　　　中国新闻书店购书热线：010-63072012

照　　排：文人雅士

印　　刷：廊坊市海涛印刷有限公司

成品尺寸：170mm×240mm

印　　张：21.75　　　　　　　　字　　数：347 千字

版　　次：2022 年 1 月第一版　　　印　　次：2022 年 1 月第一次印刷

书　　号：ISBN 978-7-5166-5797-3

定　　价：78.00 元

我国既是农业大国，也是农业弱国，农民在全国人口总数中占绝大比例，但农民的平均生活水平却是最低的。2004年，中央一号文件时隔18年再次回归农业，足以说明"三农"问题是我国亟需解决的问题。中共中央、国务院于2017年2月5日公开发布《关于深入推进农业供给侧结构性改革加快培育农业农村发展新动能的若干意见》。这份中央一号文件主要从优化产业结构，加强区域品牌建设，提升农产品质量及食品安全水平，推进农业提质增效，壮大新产业新业态，拓展农业产业链、价值链等方面提出指导性意见，以推进农业现代化的稳步发展。2017年10月18日至10月24日，中国共产党第十九次全国代表大会召开，报告中首次提出"实施乡村振兴战略"，强调坚持农业农村优先发展，指出应加快推进农业农村现代化。

随着现代农业的发展，农产品的竞争也随之转变为品牌的竞争，品牌化已成为农业现代化的核心标志。为更好地进行品牌建设，许多地区涌现出大批特色农产品，如福建省的特色休闲农业、茶叶产业系列产品、特色粮食产品等。这些特色农产品主要有武夷山市的大红袍、泉州市安溪县的铁观音、泉州市永春县的佛手茶，以及平和县的琯溪蜜柚、白芽奇兰茶、坂仔香蕉等。同时，随着居民生活水平的提高，消费者对购物环境、食品质量与安全的要求也日益增长，超市作为一种新型现代营销业态，在农产品营销领域发展势头迅猛，"农改超"已成为一股潮流。与此同时，各地也面临不同的桎梏，影响农业现代化进程的推进。

1. 缺乏优势品牌和龙头企业，产业化整体水平不高。农产品区域品牌的发展是政府与龙头企业相互作用，相互促进的结果，而部分区域的自身定位不清晰，特色农产品优势发挥不充分。同时，区域内缺乏国家级龙头企业，农业产业化发展水平不高，未形成主导产业，难以形成竞争优势。

2. 农业生产合作化程度低，未能统筹协调和整合资源，品牌保护及宣传力度不足。我国各地区农产品生产普遍存在产业结构单一、产业链开发不足，农产品生产总规模大、标准化程度低，产品质量参差不齐等问题。同时，在农产品生产、加工与流通等方面缺乏完善的监管制度，忽视了对品牌管理与维护，导致假冒产品泛滥，品牌价值下降。

3. 农业行业的从业人员多为当地农民，文化水平不高，缺乏现代企业经营与管理理念。受到传统农业的影响，农户的经营理念仍较为粗放，未形成协同意识与可持续的现代农业发展观，经营过于分散，难以实现生产规模的扩大和市场竞争力的提升。

本书认为，首先，应以政府为主导，实施政策倾斜，加大资金扶持力度，积极鼓励龙头企业发展，并强化领先龙头企业的行业标杆作用与市场辐射能力，带动区域农业的产业化水平的提高，提升市场竞争力。其次，要合力开发区域特色，塑造整体区域品牌形象。同时，要将食品质量安全监控落实到位，建立责任追究制度，减少食品安全问题。最后，为更好地发展现代农业，高素质人才至关重要。因此，政府应加大政策的激励力度，积极引进农村科技人才；加强对行业从业人员的培训，提高其适应现代农业发展的要求。

本书由课题组全体成员共同完成，其中郑蔓华撰写5.2万字，吴晶晶撰写5.2万字，赵蓉蓉、孙丽丽、戴心怡、陈仪微分别撰写3.1万字，其余由许安心、郑秋锦、林楙荷、霍雨佳、李自强、田建春、黄炜、林开通、戴伟泉、欧阳春风、陈一平等团队成员完成，并由许安心、郑秋锦、林楙荷进行统稿。

目录 contents

第一章

农产品区域品牌战略

1. 农产品区域品牌的内涵

1.1 农产品区域品牌的概念

区域品牌是品牌区域化的结果，它是在特定的空间区域内，集中在同一产业的企业，在相关组织机构的支持下互相之间既竞争又合作，从而形成的一种优势产业聚集[1]。朱玉林提出农业区域品牌的概念，是指在某区域范围内形成的具有相当规模和较强生产能力、较高市场占有率和影响力的农业企业（或家庭）所属品牌的商誉总和。它是某个区域的农业企业（或家庭）集体行为的总和体现，代表着一个地方农产品的主体和形象，对本地区的经济发展起着举足轻重的作用，并形成该地域内某类农产品的美誉度、吸引度和忠诚度[2]。刘丽提出了基于产业集群的农产品区域品牌的概念，是指在产业集群的基础上，以农业产业化为载体，以某一行政或经济区域为核心，通过创建区域内统一的全方位系列优质农产品核心与龙头品牌的行动，带动广大农业企业和农民，增强区域农产品竞争力，促进区域的经济增长[3]。郭红生提出地域农产品品牌是指一个地域内一群农业生产经营者所用的公共品牌标志，其基础必定要有特定农业产业或农产品大量聚集于某一特定的行政或经济区域，形成一个稳定、持续、明显的竞争集合体[4]。笔者认为，农产品区域品牌是指拥有独特自然资源及悠久的种植、养殖方式与加工工艺历史的农产品，经过区域地方政府、行业组织或农产品龙头企业等其他营销主体有组织地强力运营与管理，形成的具有明显区域特征的品牌。

1.2 农产品区域品牌的四种类型

根据农业产业化组织的结构形态，农产品区域品牌可分为四种类型：第一种类型是拥有独特的地理环境资源、种植与养殖方式，以及悠久历史形成的独特传统工艺，存在许多家庭作坊式的生产，如福建永春芦柑、福建漳州香蕉等。第二种类型是在独特的地理环境资源、种植方式及悠久历史中形成的独特传统工艺，出现大量的工厂化农业企业，在保留传统工艺精华的同时，引入现代化的生产工艺，但没有形成主导的龙头企业品牌，同时存在大量的家庭作坊式的生产，如云南普洱茶、金华火腿等。第三种类型是拥有独特的地理环境资源、种植方式及悠久历史中形成的独特传统工艺，出现大量的工厂化农业企业，在保留传统工艺精华的同时，引入现代化的生产工艺，形成若干在业界有影响的主导龙头企业品牌，有一定的市场集中度，如安溪铁观音、绍兴黄酒等。第四种类型是先由几个农业企业茁壮成长，创建企业品牌，形成影响力超强的企业品牌，再由政府、产业协会、龙头企业一起推动整个区域产业的发展，形成区域性品牌。这种类型以龙头企业品牌为主导，若干主导品牌市场集中，形成集品牌运作、加工、辅助产业、原材料产业系统化运作的产业集群，如中国乳都——呼和浩特。这四种类型中，第一种、第二种类型是普遍存在的，而第三种、第四种类型则是农产品区域品牌的理想状态。

1.3 农产品区域品牌与农产品产业集群的互动关系

农产品产业集群产生、成长是农产品区域品牌形成和发展的基础。在产业集群形成过程中，企业的集中、分工的细化、上下游合作商的规模化，使区域内企业获得广泛的规模经济效应，也使区域内企业（或家庭）成本得到普遍下降，可以利用其数量、价格、样式等多种优势迅速占领市场，使该区域成为某些产品主要的供应商，令其影响范围逐渐扩大，在一定的地域范围内形成区域农产品的知名度、美誉度以及强大的市场影响力，即形成了区域品牌[2]。农产品区域品牌强调企业间关系的系统化和有序、良性竞争，促进了产业集群的有序发展。农产品区域品牌的规范运作巩固了农产品产业集群的成果，并使农产品产业集群结构升级。

1.4 农产品区域品牌与农产品龙头企业品牌互动关系

农产品区域品牌能够改变消费者对农产品消费的心理偏好，影响消费者的行为，以其品牌知名度、美誉度影响消费者选择区域内企业的农产品。企业品牌可以借助区域品牌扩大自身影响力，提高竞争力，借助区域品牌的庇护迅速发展，从区域品牌中获取品牌溢价。农产品龙头企业品牌凭借自身品牌影响力和产品质量，能够增强农产品区域品牌效应，提高农产品区域品牌的形象，扩大区域品牌的市场份额与市场影响力，并引导农产品区域品牌所代表的区域内其他企业的质量、技术、品牌管理升级，促进农产品区域品牌有序、健康发展。

2. 农产品区域品牌的营销主体构建

农产品区域品牌的营销主体是指农产品区域品牌营销活动的组织者。农产品区域品牌的营销主体构建使品牌有明确的组织者、品牌产权明确、品牌的权利责任明确，品牌的运营与维护得到保障。农产品区域品牌的营销主体构建目前的类型主要有政府主导型（如金华火腿、临安小核桃、安溪铁观音）、行业协会或专业合作社主导型（如美国加州的新奇士协会）、龙头企业主导型（如武夷岩茶大红袍）、放任自由型四种类型，其中以政府主导型最常见。政府主导型在营销主体缺位的情况下有其必要性，但政府直接参与营销活动一方面带有浓厚的行政导向色彩，另一方面与政府职能改革的方向相悖，不利于农产品区域品牌的长期健康发展。中国大多行业协会都有很强的官方行政色彩，且在企业中缺乏代表性，而以企业为主导的行业协会或专业合作社往往缺乏运作经验，对行业内企业约束不足，因而不能充当农产品区域品牌的营销主体。由于农产品区域品牌具有明显的公共物品属性，交给龙头企业去运作也不适合，而放任自由型实际是不作为的方式，区域品牌的衰落不可避免，因此也不值得提倡。笔者认为，根据我国农产品区域品牌的特征与营销环境，应采用以农产品区域品牌运营有限公司为主导，行业协会自律，政府制度供给、执法与协调，企业微观搞活，多方参与的区域品牌系统运作体系。

农产品区域品牌运营有限公司为独立法人单位。由政府控股，并吸引区域内的农产品龙头企业、其他社会资本参与投资。公司董事会由国资委、农业主管部门、行业协会领导、农产品龙头企业代表、其他股东代表组成，并聘请专家学者作为独立董事；公司聘请专业的职业经理人团队进行管理；公司进行农产品批发市场、农产品博物馆、农业大观园、农产品文化节等项目的投资与管理、区域品牌的注册、品牌战略制定与执行、品牌运营、品牌授权使用与管理等品牌经营管理活动。基于区域品牌的公共物品性质，政府应对公司经营进行适当的财政补贴。

3. 建设农产品区域品牌的意义

3.1 提升农产品竞争力

3.1.1 农产品区域品牌能够创造协同效应

农产品区域品牌可使区域内的农业企业、农户获得协同效应，降低成本，从而提升农产品竞争力。成功的农产品区域品牌可以产生公共资源、组织、服务三种协同效应，从而降低成本[5]。一是公共资源协同效应，区域品牌组织提供一系列的公共资源、公共服务，具有明显的规模效益；二是组织协同效益，区域农产品的运作组织可以克服以小企业、小农户为主体的小规模经营无力进行品牌运作的弊端；三是服务协同效应，农产品区域品牌将带动整个农产品产业链的发展，包括农业生产资料产业、辅助产业（农产品经销商、包装、储存、运输、旅游、宾馆餐饮等产业），从而为区域的农产品企业与农户提供全面、低成本的共享资源。

3.1.2 农产品区域品牌可以传递质量特征

农产品区域品牌作为农产品的"信号显示"，可以使农产品生产的资源优势和特定区域优势转化为农产品的市场竞争优势，从而提升农产品竞争力。农产品质量是农产品竞争优势的重要来源，而自然资源优势对于农产品质量的形成具有十分重要的决定作用，可以使农产品形成质量优势，从而提升农产品竞争力。但是，农产品的某些质量特征具有隐蔽性的特点，购买者很难真实完整地了解有关农产品的质量信息，因而由自然资源优势所决定的农产品优势信息并不能直接地展现在购买者面前。农产品区域品牌作为一种"信号显示"的标识，可以向消费者传递生产某种农产品具有的资源优势和区位优势所形成的农产品质量特征，使消费者对这一区域生产的某种农产品的隐性质量特征产生信任，并为这些质量特征支付一定的价格[6]。

3.1.3 农产品区域品牌可产生品牌效应

农产品区域品牌可为区域内的农业企业、农户提供持续的品牌效应，从而提升农产品竞争力。一般来说，农产品区域品牌悠久的历史和文化内涵，来自独特的自然地理资源，形成于区域政府或行业协会的强力推动。因此，具有强大、持久的影响力，给区域内的农业企业、农户带来强大的光环效应，提升了农产品竞争力，从而促进农产品的销售。

3.2 提高农民收入，促进社会主义新农村建设

农业现代化、提高农民收入是社会主义新农村建设的两大目标。通过区域品牌的运作，提高农业产业化与市场化水平，提高农产品经营管理水平，加强先进科技与管理手段的运用，有利于农业现代化的实现。农产品区域品牌通过两方面提高农民收入水平，一是提高农产品的附加价值，二是延长农产品产业链。农业生产资料产业、辅助产业的发展增加了许多就业岗位，农民收入水平提高后，消费能力的释放又促进农业的投入及生活消费品的支出，进一步带动农村经济的发展。

4. 农产品区域品牌公司的运营

4.1 品牌的商标设计、注册与保护

首先，农产品区域品牌运营有限公司应注册证明式商标。我国商标法规定，县级行政区域以上的地名不能作为商标注册名称，但证明式商标例外。我国大多数农产品区域品牌是以"地名+农产品品名"的形式进行证明式商标注册。同时有不少农产品区域品牌的地名是乡镇、村或历史上的地名、人名，若不及时注册，可能会被其他企业与个人抢注。其次，应进行类似商标的注册、行业的注册、网络域名的注册，以构建商标的全方位的保护体系。再次，向国家质量技术监督局申请原产地保护标志，丰富区域品牌保护的内涵。最后，商标的设计应充分反映品牌的自然资源优势与历史文化的传承。

4.2 农产品区域品牌的资源、历史文化内涵文化营销

文化营销是企业在营销活动中，有意识地通过发现、培养或者创造某种核心价值观念，并且针对企业面临的目标市场的环境采取一系列以文化为手段的营销策略，以实现企业经营目标的一种营销方式。

4.2.1 农产品区域品牌的资源、历史文化内涵的挖掘

收集与研究农产品区域品牌形成的独特、优越的自然资源条件，如气候、土壤、光照、湿度、生态环境等；研究农产品区域品牌悠久的人文历史，如历史记载、传统工艺、民间传说、历史典故、生产与消费习俗。在此基础上向相关行业协会与主管部门申请"XX之乡或之都"称号，进行提炼和升华，作为文化营销的素材，并挖掘农产品区域品牌的品牌内涵、品牌理念及品牌宣言。

4.2.2 文化营销战略

农产品区域品牌的营销策略，特别是文化营销必须反映品牌内涵、品牌理念及品牌宣言。

（1）体验营销，感受农产品区域品牌文化。区域农产品所具有的自然、人文历史等资源对区域外的人具有神秘感，能对消费者产生极大的新奇感，具有强烈的吸引力，应使他们有机会亲自体验[4]。建设农产品大观园、博物馆、区域农产品品牌体验馆，发展农业生态旅游，让消费者抽奖参加免费区域农产品产地的体验之旅。如福建安溪县先后建设铁观音发源地旅游基地、野生古茶树旅游、茶叶大观园、茶叶公园、茶博物馆，在历史传承的基础上开发出独特的安溪铁观音茶艺表演、茶食品等。

（2）事件营销，为农产品区域品牌造势。农产品区域品牌以带有新闻价值的事件作为载体，将事件特性与农产品区域品牌及其产品属性紧密结合，吸引公众与消费者注意，提升区域品牌的知名度，并塑造区域品牌良好的品牌形象。如云南普洱茶的马帮进京、安溪铁观音的茶文化节、茶业高峰论坛、茶王赛及茶王香港拍卖会、安溪铁观音神州行等活动，均取得良好的造势效果。

（3）公共关系广告，推广农产品区域品牌。公共关系广告是公共关系宣传的一种重要形式，它通过花钱购买大众媒体或公众传播机会，向大众传媒传递公关信息，树立、维持、改变或强化组织的公众形象，具体包括实力广告、观

念广告、信誉广告、声势广告、祝贺广告、谢意广告、歉意广告、解释广告、响应广告、倡议广告、公益广告、纪事广告等。利用公共关系广告来传递农产品区域品牌的原产地文化、品牌理念。公共关系广告是推广区域农产品品牌的重要媒体。经费筹集可以是农产品区域品牌运营有限公司出一部分，龙头企业赞助一部分，企业补贴一部分。

（4）包装设计的原产地符号，提升农产品区域品牌的差异化。区域农产品及其加工品的包装能提升农产品的附加价值与品牌的差异化形象。在区域农产品包装设计中应提高包装的文化蕴涵，注重包装材料、图案设计、色彩与文字说明的统一协调和搭配，突出农产品的原产地符号与文化韵味，并结合目标市场的文化定位，树立区域农产品的差异化品牌形象[4]。

4.3 预防和管理农产品区域品牌危机

4.3.1 农产品区域品牌更易产生危机

（1）农产品区域品牌公共物品的特征易造成"公共墓地悲剧"[5]。农产品区域品牌是准公共物品，具有非排他性和非竞争性特征。前者使传统区域品牌的使用者数量不能得到控制；后者使区域品牌使用者只顾利用区域品牌价值、搭便车，甚至大肆贩卖假冒伪劣产品，严重透支品牌价值，而不愿意对区域品牌价值的保护、创新进行投资。

（2）农产品区域品牌的外部效应与区域品牌的株连危机。区域内经营者的良好市场行为会给区域品牌形象加分，而良好的区域品牌也会给所有区域内的经营者加分，这是正的外部效应；同时，区域内经营者的不良市场行为将损害区域品牌形象，使区域内所有经营者受到株连，这是负的外部效应。如2003年11月中央电视台报道了金华市永泰、旭春两家火腿厂，以病猪、死猪、老母猪猪腿为原料，并用敌敌畏浸泡的恶性事件，使具有千年历史的金华火腿受到株连，造成整个地域品牌形象与产品销售受到巨大的冲击。

（3）农产品区域品牌的"柠檬市场"效应与区域品牌形象危机。在共享区域品牌的生产经营者，在缺乏强有力的管制措施的情况下，往往有一些经营者向市场提供同一区域品牌的低质量产品，由于信息不对称，消费者就会以较低的价格购买低质量的产品，从而产生"劣品驱逐优品现象"。这种现象会降低消费者对区域品牌的评价，从而造成区域品牌形象危机。

（4）农产品区域品牌普遍缺乏行业质量标准。长期以来，我国大多数自然历史条件下的农产品区域品牌在产品原料、生产工艺、卫生标准、技术设备等方面缺乏统一的行业标准，并且多为家庭手工作坊，质量不易控制。

4.3.2 农产品区域品牌危机的防范与管理

（1）区域品牌的授权管理。农产品区域品牌的使用必须经申请、资格审核、签订授权使用协议后方能使用，并且农产品区域品牌运营有限公司应对品牌使用者的经营进行指导与监督。

（2）制定与实施区域农产品品牌的质量标准化体系，提高农产品的质量和食品安全的稳定性。质量标准体系可分为四个层次：一是政府部门对农产品强制性的质量标准（如农药污染等食品安全标准），区域内外所有的农产品经营者均要执行；二是农产品区域品牌授权质量标准，是经营者申请使用农产品区域品牌必须达到的标准，该标准一般比政府强制性标准高一些；三是区域内名优农产品质量标准应比农产品区域品牌授权质量标准更高，代表农产品区域品牌的较高质量，由名优农产品生产企业自行确定；四是出口型质量标准，根据出口目标市场的质量要求标准作为出口型企业的生产标准。农产品区域品牌运营有限公司负责制定农产品区域品牌授权质量标准，并对授权企业进行指导和监控。

（3）制订农产品区域品牌危机管理计划，建立区域品牌危机预警系统。农产品区域品牌危机常见类型是因区域内种植、养殖的农药、兽药、激素等违规使用以及加工环节违禁物品的使用而引发的质量危机事件，如重庆火锅底料的石蜡事件、金华火腿的敌敌畏事件、某区域品牌茶叶出口农药超标退回事件等。成立质量监督与品牌危机管理办公室作为常设机构，对常见区域品牌事件进行危机模拟演练，并对品牌管理各环节进行监控。

（4）区域品牌发生危机时的紧急处理。一旦发生区域品牌危机，则迅速启动危机管理应急程序。成立以当地党政一把手为负责人的区域品牌危机处理小组，迅速开展危机调查，统一新闻口径，以负责任的态度迅速处理直接受害者、新闻媒体等其他品牌利益相关者的关系，避免危机扩大化。

（5）区域品牌危机后的品牌形象恢复。区域品牌危机后，应评估危机的影响及危机管理效果，调整区域品牌管理漏洞，并投放一定的广告进行品牌形象恢复。

5. 农产品区域品牌战略中的政府对策

5.1 政策支持

加强对农产品强制性质量标准（如农药污染等食品安全标准）的制定与执行；政府出台支持农产品区域品牌发展的相关地方法规、条例；在税收、研发补贴、企业用地等方面扶持农产品龙头企业。大多数地区对农户家庭作坊的生产给予免农业税、增值税、所得税，但农产品生产企业则要交各种税收，这不利于农产品生产的企业化。鼓励和支持农产品龙头企业或骨干企业参与ISO9000，ISO14000等质量体系认证，对通过认证的企业进行一定物质奖励；政府部门应对农产品区域品牌运营公司进行适当的财政补贴用于区域品牌推广；政府部门还应对行业协会进行活动经费的财政补贴。

5.2 招商引资

吸引区域内外的社会资本进入区域农产品开发领域，鼓励区域外的农产品龙头企业到区域内投资，引进先进的营销与管理经验，促进区域品牌的健康、规范、规模化发展。如武夷山市引进香港星愿公司，投资建设福建武夷星茶业公司，目前已经成为武夷岩茶的龙头企业，大大促进了武夷岩茶大红袍区域品牌的发展。

5.3 支持产品与技术研发

农业主管部门下属科研机构可以通过与高校、社会研究院所（如各省市自治区的农业科学院）等相关研发机构进行联合产品技术研发、工艺改进，并由农业主管部门进行成果推广。

6. 农产品区域品牌战略中的行业协会对策

行业协会可与农产品区域品牌运营公司同地点办公，方便沟通与合作。行业协会应提供以下服务：为会员企业提供沟通和交流平台；为政府决策提供建议；行业自律；为农产品企业提供信息平台；组织区域内农产品企业进行营销管理方面的培训；组织与其他地区的农产品区域品牌的交流活动。

7. 农产品区域品牌战略中的企业对策

7.1 战略核心

中小企业：借势发展，迅速扩张，遵守游戏规则；龙头企业：塑造区域内的高端品牌形象，规范竞争，参与游戏规则制定，为区域品牌增添光彩。

7.2 遵守行业规范及农产品区域品牌运营公司的品牌战略

农产品生产企业应遵守行业自律公约；遵守相应质量标准，进行农产品的标准化生产；对于农产品龙头企业及骨干企业来说，在传承和利用农产品区域品牌资源的同时，应在产品设计、产品包装，零售终端卖场设计，品牌传播方面进行一定差异化定位，以求从众多区域农产品经营者中脱颖而出，成为区域农产品品牌的形象代表。

综上所述，农产品区域品牌的运作对提升农产品竞争力、提高农民收入有重大意义，根据我国农产品区域品牌的特征与营销环境，应该采用以农产品区域品牌运营有限公司为主导，行业协会自律，政府制度供给、执法与协调，企业微观搞活的多方参与的区域品牌系统运作体系。

第二章

茶叶的创名牌研究
——以安溪乌龙茶为例

1. 名牌农产品与名牌茶叶的内涵

名牌农产品的范畴除了优质鲜活农产品外，笔者认为还应包括农产品加工品，包括以初级农产品为原料加工制成的优质食品饮料。名牌农产品应包括以下内涵：首先，它必须是优质产品，表现在产品的自然特性方面及深加工的质量；其次，市场占有率相对较高；第三，规模化生产。

名牌农产品大致可分为三类。

一是自然资源型。由于气候、土壤、水源等自然资源因素形成的某种农产品的地域品种优势，具有很强的区域独占性，如安溪铁观音、建宁莲子。**二是加工型。**指通过加工、改变外观形态，易于被消费者接受的农产品，如康师傅乌龙茶就是以安溪乌龙茶为原料加工的瓶装饮料。**三是产业文化型。**指根据农业产业的文化资源特点与消费者的需求发展趋势，通过树立产业形象，让消费者接受企业的价值与观念，从而提高农业产业的经营效果，如观光休闲农业。一方面，安溪乌龙茶得益于安溪得天独厚的气候与土壤条件，作为地理区域性产物的品牌，"安溪铁观音""安溪黄金桂"具有很强的区域独占性。同时，作为适应市场发展及产品增值的需要，安溪乌龙茶深加工不断发展，形成了各具特色的系列产品。另一方面，茶叶是生活必需品。饮茶既是一种物质的享受，又可以成为一种丰富生活情趣，是能达到身心舒畅的高雅娱乐，茶叶种类、形态、饮茶方法在茶叶千百年来的衍变发展过程中形成了极其丰富的茶文化和品茶艺术。因此，名牌茶叶发展经历了自然资源型、加工型与产业文化型混合发展的过程，在具备名牌农产品三种形态的特征的，也具有非常丰富的内涵。

2. 创名牌是提高茶叶市场竞争力的主要手段

当前我国城乡居民可支配收入有了显著的提高，对农业产品的要求已不仅仅是满足物质上的需要，而是逐渐向精神文化方面提出新的要求。同时，消费者的购买行为，无论在吃、穿、用等有形产品上，还是在休闲、娱乐等无形产品上，都有追求品牌的现象。茶叶通过创名牌能够满足消费者的潜在需要，同时，也是茶叶产业化的内在要求与关键所在。因为茶叶产业化是以效益为中心的，茶叶在市场中实现价值的高低是茶叶产业化形成、巩固与发展的关键。事实上农业产业化的过程就是一个依靠品牌优势逐步建立产业规模优势，最终使农业产业化得到进一步完善的过程。没有农产品品牌的创立和扩张，没有驰名农产品品牌的优势，就不可能有农业产业化经营的健康发展，也就不可能彻底解决农产品卖出难的问题以及农业增产与农民不增收的矛盾[7]。名牌产品本身具有价值升值的功能，会给企业带来巨大的获利能力。此外，中国加入WTO后，进一步融入全球化经济体系，我国的茶叶将在全球范围内与其他众多产茶大国（包括加工国）展开激烈竞争。如近年来非产茶国的英国加工生产的立顿、立享红茶相继进入我国市场，一时风靡一些城市[8]。"入世"后，我国把茶叶关税从90%降低到2005年的20%，国内的茶叶市场竞争更加激烈[8]。因此，中国茶叶必须立足于创名牌，才能在未来的茶叶市场上保持较强的竞争力。安溪乌龙茶通过推动茶叶创名牌活动，涌现了安溪铁观音、安溪黄金桂、八马牌、祥华牌、凤山牌、天龙牌等一批富有市场竞争力的名牌茶叶。近年来，茶叶产量及价格稳中有升，已出口到东南亚及欧美40多个国家和地区[9]。

龙头企业是茶叶创名牌的主体，但由于我国大多数农业企业生产规模小、设备简陋、工艺落后、管理水平低，以及茶叶生产的分散性和茶农生产观念的盲目性，因此需要政府必须扶持、规范、创造良好的茶叶创名牌的社会环境。

2.1 茶叶名牌的质量保证

通过培育茶叶龙头企业，可以摆脱由于大量低水平重复建设而导致的资源和市场的恶性竞争，促进茶叶的规模经营，规范竞争主体，提高产业名牌经营能力。

名牌产品是产品的精华，是以高质量保证作为基本特征，没有优质就没有名牌。因此，提高茶叶产品质量是茶叶创名牌的核心。安溪近几年来一方面大力培育、推广茶叶优良品种，目前全县1.6万公顷茶园中良种率达90%以上；另一方面抓好茶叶农残降解技术的研究、应用和推广，广泛普及推广使用"高效、低毒、低残留"的农药和生物农药。此外，工业化的加速，全球环境污染日趋恶化，已威胁到人类自身的生存和发展，人类的环保意识逐渐增强，思维方式、消费心理和消费行为发生很大的变化，绿色消费已成为消费市场上的新潮流。与此同时，近几年由于不少发达国家对进口茶叶卫生质量指标要求越来越高，检测项目日益增多，树立了"绿色壁垒"，茶叶创名牌过程中必须注意到新的市场变化。安溪县地形以山地为主，不少地方群山环抱、云雾缭绕，而且离城镇工厂较远，水质、空气、土壤污染程度小，具备建立和发展有机茶叶基地的天然条件。茶叶创名牌还应重视茶叶的深加工，通过加工改变产品特征，创造产品差异性，为茶叶创名牌创造条件。安溪近几年来分别开发出速溶茶、茶饮料、保健茶、茶食品等十多种产品，通过提取茶叶中的茶多酚，儿茶素，形成产品系列化。

2.2 茶叶名牌的文化促销

中国茶文化源远流长，几千年的茶叶发展史也是一部茶文化的发展史，饮茶之盛、茶艺之精堪称世界之最。茶叶既是日常生活必需品，又是精神文明的媒介物。人们视茶为生活的享受、健康的饮料、友谊的纽带、文明的象征。文化促销是企业按照文化的特性和规律，结合自身的要求和设想，通过文化的载体与手段淋漓尽致地展示出来，使公众在浓郁的文化气氛中认同企业，使企业同公众，公众同企业取得一致。安溪县近几年来的实践表明以文化手段推销茶叶的做法是成功的。

2.2.1 茶艺表演

不同民族、不同地区的饮茶习俗不同，不同类的茶泡茶技艺不同，形成的茶艺也不尽相同。近10年来，安溪铁观音等乌龙茶的泡茶技艺发展成为精湛的茶艺表演，使茶文化升华到更高的艺术境界。安溪茶艺表演基本上分为16道表演程序：丝竹和鸣、焚香静气、烹煮泉水、沐霖瓯杯、观音进轿、观音入宫、悬壶高冲、春风拂面、三龙护鼎、游山玩水、关公巡城、韩信点兵、敬奉得茗、鉴赏汤色、细闻幽香、口啜甘霖。成立于1994年的安溪茶艺队，在第二届世界安溪乡亲联谊大会上首次登台演出，深受国内外嘉宾好评。此后，安溪县先后成立了安溪职校茶艺队、安溪华侨职校茶艺队、大坪乡茶艺队、西坪镇茶艺队等，为县内外及省内外一些茶事活动的举办增添了丰富的内容。短短几年间，通过历次茶王赛活动，安溪茶艺表演队在泉州、大连、厦门、广州、上海、北京、昆明、西安、杭州、中国香港及国外进行茶艺表演，为海内外众多观众登台演出，为传播安溪茶文化作出了突出贡献，大大提高了安溪茶叶的知名度和美誉度。

2.2.2 茶艺馆

20世纪90年代以来，饮茶保健、以茶会友、品茶洽商已成为现代人的新时尚。城乡茶馆文化活动迅猛涌现，形成了新兴产业。安溪茗山茶艺有限公司以文化手段推销安溪名茶，以商业手段传播茶文化，把文化与经商两者最大限度地融合起来，集茶艺、品尝和销售为一体，让客人品茶称心，买茶放心，并探索出一条文化与商业相结合的传播茶文化，促销安溪茶的经营之路。同时也建立起"茗山茶艺"的品牌形象[10]。

2.2.3 茶王赛

现代茶王赛是从古代斗茶发展起来的。早期斗茶称之为茗战、点茶，是评比茶叶质量高低的一种富有刺激性又有雅趣的活动。斗茶起源于唐代，流传于福建民间，范仲淹曾留下"北苑将期献天子，林下雄豪先斗美"的佳句。到了元明清时期，斗茶已逐渐演变为一种民间习俗。清末民国初期，斗茶逐渐发展为各类名茶的茶王赛。安溪县是名茶铁观音的故乡，产销区经常举行各种类型的茶王赛。早在1916年和1945年，安溪铁观音就分别获台湾茶王赛、新加坡茶王赛的一等奖和茶王的桂冠[11]。20世纪90年代，安溪对茶王赛的主体、内涵、机构不断改革和创新，采取政府搭台，企业唱戏，走出县门，实地比赛等举措。

具体做法包含：①革新茶王赛评委会，邀请国家级的权威茶师担任评委，由公证处派人员进行公证，使茶王赛更具有技术性、权威性与公正性。②改变原来采用的按条索、色泽、香气、滋味、汤色、叶底六大因子来衡量的评分法，而是采用由若干评委各自评分，然后进行综合平均，最高分者为茶王的方法。这样使审评更具客观性、合理性和科学性。③革新获奖名称和奖金。茶王赛获奖名称由原来的"特等奖、一等奖、二等奖"改为"金奖、银奖、铜奖"，奖金高达2—3万元，并邀请领导颁奖，提高获奖者的荣誉感，大大调动茶厂、茶农的参赛积极性。④革新茶王形象。夺得桂冠的"茶王"将头戴礼帽，身穿礼服，佩带红绸带，手捧证书，满面春风地坐在富有民间特色的茶王轿中，由数百人组成的彩旗队、管乐队、锣鼓队、舞狮队簇拥着，吹吹打打，踩街绕村，尽显茶王风采。⑤茶王赛结合茶艺、茶歌、茶舞表演，增强了茶文化的色彩和趣味性。⑥茶王赛结合文艺踩街。⑦茶王赛结合茶王拍卖会。如1999年11月在香港九龙举行的茶王赛，铁观音茶王500克拍卖价为55万元，创铁观音拍卖史上最高纪录，在海内外产生较大轰动效应。⑧茶王赛结合安溪乌龙茶定点经销企业授匾。⑨茶王赛结合安溪宣传活动，如新闻发布会、向与会者分发报纸和画册。⑩茶王赛结合产品展销会。安溪县多年来采取赛茶为主，多种结合，以茶会友，以赛促销的方法，取得显著成效，大大促进茶农种好茶、科学种茶的积极性，提高了安溪乌龙茶的知名度、美誉度和身价，拓展了国内外茶叶市场。

2.2.4 休闲文化旅游

为促进外界对安溪茶文化的了解与交流，安溪在2000年举办了首届中国（安溪）茶文化旅游节，推出了"世纪茶王大茗战""万人烛光大品茗""国际茶道大献艺""中华茶韵大展示""茶都文化大踩街""安溪茶宴大品尝""闽南风情大表演""茶园风光大畅游"等多项活动，修建茶叶公园、茶叶大观园，推出茶都观光线及茶园生态观光线等各具特色的茶文化旅游专线。通过这次盛会实现了让世界了解安溪茶叶，让安溪茶叶走向世界的目的。

2.2.5 建立茶叶专业批发市场

立足于建设茶都，弘扬茶文化的安溪全国茶叶批发市场，建筑面积有7万多平方米，投资约8000多万元，建有茶叶交易大厅、茶叶展销大厅、茶文化活动中心、茶史馆、茶艺馆，配套设施十分完善[9]。通过建立批发市场，展示了安溪茶文化，不仅为广大茶叶企业和茶农提供了与外界沟通交流的窗口，而且也有利于规范茶叶市场。

2.3 名牌的保护

茶业企业与政府主管部门不仅要强化名牌的创造意识，同时也要加强名牌的保护意识。首先，要强化商标意识，重视商标的命名，及时注册商标，并且要进行多方位的注册，在多类产品与服务上进行防御性注册。企业还需要在名牌产品的注册宽度上做文章，将类似的名称、图案进行注册。名牌茶叶企业还应使用防伪标志，便于消费者辨认。安溪县除了企业积极注册商标、保护商标外，安溪县政府还对"安溪铁观音""安溪黄金桂"等证明式商标进行了注册，为加强行业管理创造条件。其次，为避免目前茶叶市场鱼目混珠、劣质茶叶以次充好，冲击名牌茶叶的情况，名牌茶叶企业应重视销售渠道的建设。笔者认为，企业可通过建立连锁茶艺馆及连锁茶庄的形式来规范市场，让消费者买得放心。茶叶企业还可以采用对各地企业经销单位授匾的形式，每个城市设定代理商或经销商若干名。最后，政府和企业必须联合打假，通过新闻媒体曝光、高额罚款等经济制裁、追究刑事责任等手段加大打假力度。

第三章
都市现代化农业发展研究
——以闽侯县为例

1. 前言

1.1 研究目的及意义

随着工业化、城镇化的深入推进，对农业发展的层次和要求也越来越高，都市现代农业正是伴随这样的发展而发育成长的新型农业形态。顾海英认为，都市现代农业是一种依托并服务于城市、促进城乡和谐发展、功能多样、业态丰富、产业融合的农业综合体系。《"十三五"规划纲要》指出要加快发展都市现代农业。发展都市现代农业不仅能够保障主要农产品的供给，也有助于加快新农村和美丽乡村建设，让城乡居民有更多的幸福感和获得感。目前，都市现代农业已成为发展现代农业的"先行者""排头兵"。

近年来，围绕都市现代农业的界定与内涵，都市现代农业的理论基础，都市现代农业的发展现状、形成机制与发展模式等主题，国内学者进行了大量研究。从研究结论来看（如曲福田等，2011；苏延科，2011；苏丽娜等，2015；许爱萍，2016；顾海英，2016等），劳动力、土地、资金等关键要素城乡间的不对称流动与城市生态环境压力加大这两大问题是制约都市现代农业发展的关键。因此，如何在因地制宜的基本发展原则下，围绕"高效"这一都市现代农业立业之本和"生态"这一城乡协调发展之基，探索适合各地资源禀赋与市场条件的都市现代农业发展路径，仍值得深入研究。

发展都市现代农业是新时期闽侯县经济发展的现实需要，在服务福州市的同时，也能有效增加农民收入、富裕农民，通过发挥其示范辐射作用，能够带动其他区域的都市现代农业发展。闽侯县近年来在发展乡村旅游、休闲观光农业方面成效明显，2011年被农业部、国家旅游局确定为全国休闲农业与乡村旅游示范县，当年福建省仅有闽侯县和漳平市入选。但闽侯县都市现代农业的发展也面临着农村生态环境恶化、土地资源矛盾凸显等国内都市现代农业发展的共性问题。由于闽侯县具有一定典型性，笔者通过调研，了解该县发展都市现代农业现状，面临的机遇挑战，以及存在的问题，有针对性地提出进一步加快都市现代农业发展的对策建议。

从理论意义来看，在过去研究的基础上，通过借鉴国内外发展都市现代农业的成功经验，结合闽侯县具体实际情况开展更深入的研究和探讨，对进一步丰富和完善中小型工业城市都市农业发展研究相关理论，具有一定的补充和参考意义。从实践意义来看，针对闽侯县都市现代农业发展存在的问题和不足，提出一些符合实际、有操作性的改进对策，帮助加快都市现代农业发展，对于进一步促进全县经济发展和经济社会发展，推动闽侯科学发展、跨越发展，不断提升县域经济综合实力具有重要的意义。因此，思考和研究闽侯县都市现代农业发展问题，具有重要理论和实践意义。

1.2 都市现代农业的概念和内涵

从学术界看，对都市现代农业有关概念的界定，很多学者从不同角度作出分析和定义，有的学者还根据经济社会发展形势变化，对其内涵进行丰富，概括起来主要是：（1）都市现代农业与大都市密不可分，是依托和服务于大都市的农业，以大都市的市场需求为导向，以城市的先进农业科学技术、现代化设施、先进管理手段以及完善的产业链基础设施为基础[12]。（2）都市现代农业遵从大都市发展战略和规律，是现代集约持续农业[13]。（3）都市现代农业是兼具经济、社会、生态等综合功能的现代农业模式，推动生产、生活、服务、观赏、休闲、消费相融合[14]。（4）都市现代农业具有综合性的功能，这些功能包括经济、社会、环境等方面，而且这些方面相互关联，特别是能够适应城乡社会发展的需要[15]。

从官方看，2012年4月，第一次全国性的都市现代农业现场交流会在上海召开，会议强调要采取积极措施，确保到2017年，把都市现代农业建设成"三个区"，其中首位的是城市"菜篮子"产品的重要供给区，第二是农业现代化示范区，第三是农村改革先行区[16]。同年8月，《关于加快发展都市现代农业的意见》以农业部办公厅的名义印发，该意见是官方首份明确加快发展都市现代农业的文件，就重要意义、目标任务和保障措施等三个方面提出明确要求[17]。2014年4月，全国都市现代农业暨"菜篮子"工程现场交流会在成都召开，这是农业部第二次召开的全国性都市现代农业会议，强调争取到2020年，都市现代农业要率先实现"三个目标"：第一个目标是实现农业现代化，第二个目标是实现农业、农村、农民协调发展，第三个目标是实现"四化"同步发展[18]。2016年4月，全国都市现代农业现场交流会在北京召开，会议强调坚持以新发展理念为引领，准确把握战略方向，加强主体责任、规划引领、体制创新、区域协同等，加快推进都市现代农业取得新成效。但这些全国性会议和相关文件都没有提及都市现代农业的概念，截至目前，尚未查询到官方对都市现代农业所做的概念界定。

本章认为，都市现代农业作为一个新概念，是高层次、多形态现代农业生产方式，主要是充分利用都市辖区内及辐射地区的土地、生态、民俗、文化等资源，运用现代农业发展新理念、新技术和产业化手段，实现现代农业、生态旅游、科普教育等功能相融合，一二三产业实现高度融合、相互促进。

1.3 文献综述

1.3.1 都市现代农业现状研究

我国都市现代农业在上海、北京等地发展较早，且特色鲜明、创新性强。夏龙平系统地研究了上海市都市现代农业发展现状、特点、经验以及发展对策等，指出其具有以下的新趋势和特点：一是充分体现复合功能的都市农业；二是都市现代农业的产业链，结合比较密切；三是强化都市现代农业的科技支撑；四是注重做好都市农业产业与市场的对接[19]。李伟书等分析北京都市现代农业的发展概况，主要是从农业布局、农业基础、农业产业体系等角度进行分析，指出北京随着城市不断向郊区扩展，都市现代农业的服务功能更为重要[20]。曾艳研究指出广州都市现代农业整体正从布局规划、生态环境保护、农业标准化建设等多方面共同推进，已实现城郊型农业逐步发展转变为现代农业[21]。张华颖系统地分析天津都市现代农业发展的历史与现状，指出天津传统的城郊型农业已经得到转变，这正是得益于大力发展沿海都市型农业，也不断提高了农业产业化水平[22]。

1.3.2 都市现代农业示范区研究

何志文等对都市现代农业示范区展开系统性的研究，并对都市现代农业示范区进行分类，他主要是按照不同的标准，对示范区进行划分[23]。俞菊生等对都市现代农业示范区的名称、内涵、规模、运行机制进行研究，将都市现代农业示范区划分为国家级农业高新技术开发区、农业科技园区等类型[24]。李瑾认为建设都市现代农业示范区的模式比较多，但最有效的模式是都市农业科技园区，这也是农业科技与郊区农村经济紧密结合的切入点[25]。黄冲平等论证了都市现代农业示范区存在和发展的必要性，指出运作机制的创新非常重要，特别是管理模式、投融资等机制的创新，这是发展成功的关键[26]。张浩提出农业技术创新内在动力的不足是目前都市现代农业示范区所缺乏的，在创新环境、激励机制和农业技术队伍等方面加强建设非常有必要[27]。

1.3.3 都市现代农业可持续发展基本理论研究

关于都市现代农业的理论研究，目前主要有以下几个方面：一是农业区位论。这是19世纪初，德国农业经济学家杜能研究提出的，对都市农业的发展起重要指导作用。该理论主要是阐述城市外围地区农业生产的合理分布模式，以实现单位土地利润最大化。二是产业结构优化理论。该理论是立足于实现产业结构多元化、合理化、高级化，指出只有通过产业调整，才能影响产业结构变化的供给、需求。三是投入产出理论。该理论指出处理经济与环境之间关系的最佳选择是协调发展，得出这一结论的依据，主要是运用定量分析的方法，对都市农业的经济、社会、生态功能投入产出指标进行分析。四是可持续发展理论。该理论强调经济社会可持续发展必须以生态可持续发展为基础，发展都市农业是坚持开发和保护相结合。五是外部性理论。该理论强调都市农业具有准公共产品的特性，具有很强的正外部性，主要手段是通过政府的干预，通过制定完善相关制度，营造好的环境，加大投资的力度。六是城市发展与规划理论。该理论认为实现城乡一体化的目标，只有进一步加快都市现代农业发展，才能够实现城乡经济、产业、劳动力等的融合[28]。以上理论为都市现代农业的发展提供了有力的理论和实践指导。

1.3.4　都市现代农业机制研究

毛科军认为发展都市现代农业必须在体制机制上进行转变。在农业经营主体上，实现由分散农户向集中组织转变，着力向农业企业、农业合作组织和家庭农场等组织转变；在农产品产销体系上，由多环节、多渠道向以直供直销为主转变；在农业资源配置上，由单一的政府主导向市场资源配置为主、政府调控为辅转变[29]。张华指出，成都市的实践证明高效的都市农业投入机制是发展都市现代农业的有力保障，需要建立有关机制，主要包括"大设施农业"投入、社会资金投入、农业科研与技术推广等机制[30]。于战平认为，我国应注意完善中国都市现代农业产销体系，可以充分学习借鉴发达国家经验，主要是稳定的多层次、多元化农产品产销体系和促进农产品产销零距离对接等经验做法[31]。王慧敏等通过分析北京农学院完善创新机制，构建农业推广新体系，进一步推动"政产学研推"有机结合，为地方院校拓展服务区域经济和社会发展职能[32]。周培等对都市现代农业的特征进行界定，主要是从四个维度进行分析研究，这四个维度分别是空间、功能、结构和模式，并得出推动都市现代农业发展，必须要靠技术进步，这是十分重要、可持续的手段[33]。

1.3.5　国外都市现代农业发展模式研究

谢新松研究美国、荷兰、法国、日本等国家都市农业发展的历程及经验启示，总结得出都市农业的发展要与城市的发展定位相融合以及都市农业的发展要走科技化、产业化、集约化、市场化的道路等两点重要启示[34]。董卫对日本、德国、新加坡、荷兰等国家都市农业的发展历程展开系统研究，特别是比较全面地分析了日本都市农业形成期、衰退期、多功能性认识期背景，以及都市农业新动态、存在的问题与社会经济效益[35]。张康健研究指出国外依据功能定位的不同，在都市现代农业的发展实践中，形成三种发展模式，这些模式很具有代表性，也有相应的地域作为代表，即偏重生态和社会功能发展模式（主要以西欧发达城市为代表），偏重经济和生态功能发展模式（主要以美国的波士顿一带为代表），兼顾经济、生态和社会功能发展模式（主要以日本和新加坡为代表）[36]。

综上所述，近年来国内外学者对都市现代农业进行全面的有益探讨，不管在理论上还是在实践上都取得了巨大的成就，具有较强的应用价值。但是都市现代农业在我国仍处于起步阶段，各地的资源禀赋与市场条件千差万别，合适的都市现代农业发展模式也不一而同。因此，在充分借鉴已有研究结论的基础上，全面分析闽侯县都市现代农业发展的契机与面临的主要问题，依据闽侯县都市现代农业发展的独特资源、产业基础与市场条件，探索适合闽侯县都市现代农业的发展对策，提炼都市现代农业发展的闽侯经验，这对闽侯县和其他地区发展都市现代农业都有一定的借鉴意义。

2. 闽侯县都市现代农业发展概况

闽侯县现辖1个街道8镇6乡，土地面积2136平方公里，截至2018年末常住人口72.5万人。作为全国第一批沿海开放县之一，创办有青口投资区、南山洋工业集中区、闽侯经济技术开发区等工业园区。2010至2015年，闽侯县的各项主要经济指标取得了很好的成绩，呈现出较高增长率（见表3-1），闽侯县连续六年获得全省县域经济实力"十强县"、经济发展"十佳县"称号。在2015年的全国百强县（市）中，位居第68位，比2014年提升3位，这主要是根据县域经济与县域基本竞争力进行的排名。

表3-1 闽侯县2010—2015年主要经济指标情况 （单位：亿元）

年 份	2010	2011	2012	2013	2014	2015
国内生产总值	236.88	300.22	338.48	377.46	412.73	438.59
第一产业	24.23	27.46	30.26	32.65	33.6	40
第二产业	137.63	182.37	205.76	232.05	256.95	271.1
第三产业	75.02	80.39	102.46	112.76	122.18	133.53

资料来源：闽侯县统计局

近年来，闽侯县认真按照上级的部署，在发展都市现代农业过程中，紧密结合实际，精心组织推进，先后研究出台加快推进都市现代农业发展的实施意见等指导性文件。这些文件围绕为福州市提供不同的特色农产品和休闲农业资源服务，按区域和特点，将全县农业产业划分成平原乡镇、半山区乡镇和山区乡镇三个部分，进一步明确各片区农业产业化发展目标，总体上实现区域特色农业的规划布局。通过加大扶持力度，实施都市现代农业加快发展行动计划，该县在现代农业发展方面取得明显成效。除被评为全国休闲农业与乡村旅游示范县之外，辖区内的白沙镇还于2012年被评为省级休闲农业示范乡镇，孔元村还于2013年被评为"中国最美乡村"。可以说，闽侯县休闲农业示范点数量位居福州各县（市、区）的前列，市级以上示范点已达到15个，其中全国、省级示范点数量分别为1个、8个（见表3-2）。

表3-2 闽侯县市级以上休闲农业示范点名单 （单位：家）

类　型	数　量	名　　称
全国休闲农业示范点	1	闽侯县棋磐寨
省级休闲农业示范点	8	旗山森林人家、龙台山生态园、大官源农业观光园、福建岁昌生态农业观光度假村、闽侯县相思岭现代农业科教观光园、白沙湾生态农庄、白沙朝阳农场、富腾生态园
市级休闲农业示范点	6	大墩山庄、龙泉山庄、白沙云堡寨、竹岐吉祥溪、江洋绿川农业、南屿兰花苑

2.1 农业综合生产能力明显增强

闽侯县多措并举，想方设法引导农民调结构、转方式，使全县的农业生产结构进一步得到优化的同时，在农业综合生产能力方面，也得到明显增强。截至2015年，全县实现农业总产值60亿元，同比增长4.3%；粮食总产量65078吨，肉、蛋、奶总产量58226吨，蔬菜产量893109吨，水果产量77483吨，食用菌产量14662吨，茶叶产量700吨，市场的供应能力显著提高。

2.2 农业产业化进程有力推进

按照扶大扶强原则，闽侯县重点扶持带动性强、农业专业化、组织化程度高的主导产业企业。近几年来，高山茶叶现代化生产初具规模，通过抓好茶园病虫害绿色综防措施等指导服务工作，示范推广茶叶"五新"集成技术及茶园病虫害绿色防控技术，2015年高山茶产量已达到460吨，而且这些茶叶已实现严格按照现代茶叶标准化安全生产。福州（闽侯）金鱼产业园开工建设，金鱼产业实现产值0.8亿元，千亩特色产业园正在积极推进，建成后将成为一座集研发攻关、种苗培育、标准化生产、展示展销、休闲游览于一体的现代化产业园。

2.3 农业品牌建设步伐加快

闽侯县加大品牌建设宣传，积极引导企业注册品牌，大力打造闽侯的农业品牌。果蔬业品牌化初见成效，积极推广反季节栽培、无公害栽培等技术，还引进脐橙52号、加州甜桃、青皮龙眼等新品种；全县种植推广1200多亩的甜榄21号，已列入全国绿色食品原料标准化生产基地第14批的创建名单，并创建橄榄方面的品牌，主要是橄榄茶、橄榄酒。全县累计无公害农产品产地认定企业达48家、98个产品；使用绿色食品、有机食品标志的企业分别达到11家、产品13个和企业1家、产品2个；已有国家级农业标准化示范区1个，省级示范区2个；国家农产品地理标志登记保护1个（橄榄）；福建名牌产品、省著名商标分别达到6个、3个。

2.4 设施农业发展提速

发展设施农业能更好地提升农业抗自然灾害的能力，闽侯县着力做好政策扶持和引导，加快推进设施农业建设。大力发展高山无公害、绿色果蔬设施大棚栽培，对新建的连片规模的水果、蔬菜、食用菌等大棚，在省、市财政专项补贴的基础上，还实行配套补助，设施农业得到很大程度的发展，尤其是大湖、洋里、鸿尾、竹岐等乡镇的设施农业。据统计，截至2018年闽侯县蔬菜大棚面积达0.9万亩，其中钢架大棚达0.27万亩。

2.5 农产品质量安全水平稳步提高

闽侯县加大对农产品质量安全的监管力度，对农产品安全的抽查力度也在不断在加大，并积极推进农产品质量安全检测体系的建设，实现对产品质量和经销档案的集中管理，可追溯管理体系已经初步建立。逐步开展"三品"认证工作，全县通过无公害农产品认证的有10家畜牧业、12家种植业单位的36个产品；通过绿色食品认证的有9家种植业、3家加工业的14个产品；通过有机认证的有3家茶业5个产品。

2.6 林下经济发展迅速

2015年，闽侯县专门印发《关于推进林权流转试点工作实施方案的通知》，对林地流转给予扶持补助，对新流转森林资源面积达100亩以上，期限30年以上的经营主体，经认定由县财政给予受让方每亩10元的奖励。对森林资源新流转出去所涉及的村或个人经认定由县财政给予出让方每亩10元的奖励。对从事植树造林、花卉苗木、林下经济、森林人家、科技推广等项目符合国家和省级项目申报条件的，优先予以申报扶持。县财政安排林下经济补助资金200万元、花卉产业补助资金200万元。目前，全县林下经济产值达3000多万元。

2.7 休闲观光农业得到新发展

为顺应广大群众特别是福州城区居民渴望走向大自然、崇尚休闲旅游的需求，闽侯县注重培育一批品牌效应显著的休闲农业精品，这些休闲农业精品重点是要做到管理服务规范、文化内涵突出。特色农产品茶叶、果蔬等，已由原先的生产型逐步走向生产生活休闲一体型，为福州的市民提供很好的休闲旅游场所，特别是采摘农园、民俗农庄、农家乐等旅游场所。目前，闽侯县已形成八闽首邑乡村精华游、关源里乡村生活体验游、白沙湾休闲度假游、竹岐鸿尾休闲农业游、五虎山下人文揽胜游、旗山森林生态度假游、大湖宗教休闲游和洋里小箬乡村温泉生态游等8条休闲农业和乡村旅游精品线路。特别是近年来，闽侯县休闲农业与乡村旅游市场呈现稳步发展态势，目前全县休闲农业与乡村旅游点已达到100多处，包括采摘观赏、娱乐休闲、田园风光、古居古厝、特色村寨等各种类型。自2011年以来，闽侯县接待游客数量逐年增加，旅游总收入不断增加（具体见表3-3）。

表3-3　闽侯县2011—2015年接待游客数、旅游总收入及增速

年　份	接待游客（万人次）	增　幅	旅游总收入（亿元）	增　幅
2011	140.6	19.2%	2.75	23.3%
2012	175	25%	3.4	24%
2013	215	22.9%	4.2	23.5%
2014	345	60.5%	5.8	38.1%
2015	390	13%	6.6	13.8%

资料来源：闽侯县旅游局

3. 闽侯县发展都市现代农业面临的机遇和挑战

2015年8月，国务院批复同意设立福州新区，福州市迎来建设国家级新区、自贸区、海上丝绸之路核心区、两岸经济合作示范区的宝贵发展机遇，面临的机遇与挑战都前所未有。作为历史悠久的"八闽首邑"和福州开放发展的重要组成部分，闽侯的发展正处于转型升级和跨越赶超的关键节点，需要全方位融入福州城区发展，全领域、多维度接受福州发展产生的辐射和带动拉动效应。闽侯县地域辽阔，平原乡镇和山区、半山区乡镇经济发展水平有比较大的差距，发展不协调和不平衡的问题比较突出，特别是占全县土地面积58.4%、总人口41.5%的山区和半山区乡镇，第一产业占据较大比重，人均年收入为10375元，低于全县人均收入的13402元。在"十三五"全面建成小康社会决胜阶段，加快发展都市现代农业，全面提升闽侯县农业现代化水平的任务仍然十分紧迫。

3.1 闽侯县都市现代农业发展面临良好的发展机遇

3.1.1 政府政策支持有力

大力发展都市现代农业，就是需要创新农业发展方式、协调城乡发展、保护和利用绿色生态资源、对内外开放合作、实现发展成果与人民共享，这也是全面贯彻落实五中全会精神的具体行动举措。中央对发展都市现代农业越来越重视，自2012年以来，每两年都会组织召开一次全国性都市现代农业现场交流会。2015年中央一号文件强调要围绕建设现代农业，加快转变农业发展方式；2016年中央一号文件强调要持续夯实现代农业基础，提高农业质量效益、竞争力。福州市政府专门印发《福州市都市现代农业发展规划（2013—2020）》，并召开全市参加的都市现代农业现场会作进一步动员和部署；该发展规划系统地规划福州市未来一个时期都市现代农业的发展目标和方向、具体措施，特别是在格局上，提出建设"三圈五工程七产业"格局[37]。按照中央和省、市的部署要求，闽侯县于2013和2014年分别制定出台相关指导文件，全面部署规划闽侯县都市现代农业发展工作；县委、县政府2013年出台的首份加快推进都市现代农业发展的意见，明确11个方面的主要措施，以及3个方面的保障措施[38]。近年来，省、市两级农业、财政等部门对闽侯县发展都市现代农业的支持力度也越来越大。中央和地方各级政府的决策部署，为闽侯县都市现代农业发展提供有力的政策支持。

3.1.2 区位优势突出

福州是福建省会城市、沿海开放城市，南、北面分别与长三角、珠三角等国内最重要的经济圈相连，区位优势明显。而闽侯县是全省距离省会最近的一个县，素有福州市的"后花园"之称，正在成为福州乃至附近县市民亲近大自然、放松心情、休闲度假的首选地。这几年，福州市的人均GDP不断提高，2015年已经超过1.1万美元，城镇居民和农村居民人均可支配收入已分别突破3.4万元和1.5万元，随着收入水平的提高，城乡居民特别是福州市区居民到周边旅游的意愿比较强。闽侯县交通便利，有7个镇与福州市区接壤或隔江相望，境内高速高铁、国道省道纵横其间，青口、尚干、南通、上街等乡镇在10分钟内均可以到达高速公路，已经形成环福州市区30分钟的交通圈。2015年底，京台高速公路正式通车，进一步拉近闽侯县白沙、洋里、大湖、廷坪等山区、半山区乡镇与福州市区的距离，从洋里乡驾车到福州市区仅需40分钟，白沙、大湖、廷坪驾车到市区时间大幅缩短，区位优势更加突出。同时，在发展对台交流合作方面，闽侯县有一定的区位优势，这为闽侯和台湾的农业合作提供了较好条件。

3.1.3 自然资源丰富

闽侯县的森林覆盖率较高，达到57.5%，自然保护区的覆盖率达9.2%，境内水域面积1.23万公顷。橄榄、龙眼、荔枝、柑橘等水果种植面积较大，产量也很大，这些水果种植集中在白沙、上街、小箬、鸿尾、竹岐、洋里等乡镇。闽侯县地处闽江下游，水资源丰富，境内地热温泉广布，白沙汤院和荆溪光明、南屿双龙等地是著名的地热资源分布地。该县景色优美，旅游胜地众多，有国家级风景名胜区——十八重溪，八闽十大旅游品牌之首——昙石山文化遗址，以及被誉为"江南第一丛林"的雪峰寺，等等。由于生态优美，环境舒适，闽侯县于2014年、2015年先后被评为"省级生态县""森林县城"全县的空气质量长期保持在国家二级水平，在福州各县（市、区）中位列中上水平。这些丰富的自然资源为闽侯县发展都市现代农业提供了得天独厚的自然资源条件。

3.1.4 发展基础良好

"十二五"期间，福州市实现经济社会协调快速发展，经济综合实力明显增强，具备实现城乡统筹发展的物质基础和社会条件，这为发展都市现代农业提供了有力保障。闽侯县经济发展迅速，财政收入居全省县域第二，综合实力持续增强。此外，闽侯县通过大力实施科技强县战略，进一步整合省市重点教育资源，福州大学城、福州农业科技园区、海西高新科技园区等落户该县，大大提升闽侯县在科研、教育方面的总体水平和综合实力，还荣获"全国科技进步示范县"称号，科研力量和科技人才优势较为明显，这些都为都市现代农业发展提供了良好的基础和条件。

闽侯县发展乡村旅游取得了一定的成效，探索积累了发展都市现代农业的宝贵经验。一些乡镇和企业充分立足当地优势，做足产业文章，如白沙镇充分利用当地区位和温泉、古民居、闽江风光等优势，做强优质脐橙、甜榄、山茶油等产业，被评为省级休闲农业示范乡镇。辖区内涌现出朝阳农场、大垱山庄、闽侯县相思岭现代农业科教观光园等3家省、市级休闲农业示范点，形成从孔元村到新坡村长约10公里的美丽乡村及特色休闲旅游景观带，并在全镇形成1.7万亩的优质橄榄和2000多亩脐橙种植面积，2015年年产量达500万斤。鸿尾乡养心园农场充分利用山区林地资源，大力发展生态养殖和林下经济，被评为"市级农业示范点"，已形成年产值达千万元的生产规模。这些省、市级示范点、农业产业园和龙头企业在发展壮大并产生良好经济效益的过程中，也带动周边地区发展，示范带动效应十分显著。

3.2 闽侯县都市现代农业发展面临的问题与挑战

闽侯县都市现代农业发展取得了一定成效，但总体还处于起步阶段，缺乏科学规划，都市现代农业的整体框架尚未形成，且大部分属于粗放型，存在着"认识有待提升、规划有待编制、产业有待升级、特色有待挖掘、管理有待规范"等问题，难以发挥群体效应。

3.2.1 对都市现代农业的认识有待提升，主动服务保障不够

闽侯县各部门在一定程度上存在对发展都市现代农业的认识模糊问题，思想上也不够重视。认为农业是弱势产业、发展见效慢、税收贡献比较少，对发展都市现代农业的重要意义以及具有的功能认识不足，大大制约了都市现代农业的发展。同时，随着现代农业发展的资源约束日益凸显，闽侯县的洋里、廷

坪、小箬等山区乡镇有很多农民外出务工，土地流转制度、金融信贷政策、城乡协调发展、市场信息传导等方面的制度机制还存在不适应都市现代农业发展要求的问题。比如，在土地流转方面，目前还未形成科学规范、有序高效的流转机制，没有统一的市场交易平台，一些有意愿在闽侯县发展观光农业的企业主，租赁不到连片、面积比较大的土地，办理的手续也比较烦琐。

3.2.2 资金投入不足，统筹协调和整合资源不够

近年来，闽侯县在推进工业发展方面，采取的措施和力度很大，但在发展都市现代农业方面，投入的精力和力量还明显不足，目前尚未根据各乡镇特别是平原乡镇与山区、半山区乡镇各自的区位特色、人文环境、资源禀赋等出台统一的都市现代农业发展规划，对全县都市现代农业总体上缺乏统筹和分类指导，一定程度上存在各自为战、盲目推进等情况。同时，都市现代农业发展涉及职能部门多，目前推动都市现代农业发展主要是依靠县农业局（县委农办），观光旅游工作主要是靠县旅游局在推进，这两个部门力量相对不足，特别是一些问题需要多部门共同协调推进时，往往有推不动的现象，全县尚未形成统一的都市现代农业协调机制，部门合力尚未有效形成。

3.2.3 缺乏优势品牌和龙头企业，农业产业化整体水平不高

虽然闽侯县各乡镇都有不同的区位、自然景观特色，但不同乡镇发展都市现代农业的特色不足，自身发展目标定位不清晰，尚未形成"一乡一业""一村一业"的龙头产业和拳头产品。总体上看，闽侯特色农产品的优势发挥不充分，在全市、全省乃至全国范围内的知名度和影响力有限，导致竞争力不强、效益较低。一些主打城市周边休闲旅游、观光采摘等周末经济牌的项目，因为特色不突出，难以吸引回头客，无法形成稳定的客源群。比如白沙湾生态农庄，有特色的观光旅游项目偏少，现有的射箭、骑马、烧烤、垂钓等项目，城市里都有，千亩沙滩、千亩果园、千亩花海尚未开发，很多游客游玩一次就不会再想来第二次。农业产业化发展整体水平不高，尚未形成主导产业。闽侯县没有国家级龙头企业，省级龙头企业仅3家，产值在1亿元以上大型龙头企业仅10家，这些数据说明，全县的农业产业缺乏龙头企业引领。都市现代农业发展整体规模仍然较小，档次不高，着眼点主要集中在休闲观光上，综合功能未能

有效体现。农户经营大多以分散经营为主，农民专业合作组织经营规模偏小，难以形成竞争优势。比如汤院温泉虽坐拥"福州最好温泉水质"的招牌，但由于单打独斗的经营方式，在品牌知名度、客流量等方面还有很大进步空间。

3.2.4 农产品科技含量较低

闽侯县虽有大学城和众多科研院所落户，但在农业方面受省、市高校和科研院所辐射不足，科研成果转化能力不强。比如，福建农林大学与闽侯县农业局合作共建了白沙科教基地，但是目前闽侯县主动对接特别是精准对接先进农业技术做得还不够。除高山茶外，闽侯的橄榄仅做初加工，其他农产品也几乎没有深加工，基本上都是在销售原材料。农业科技方面虽投入一定资金，但科技成果转化应用不明显。社会对农业科技投入认识也有偏差，在科技人才、资金等方面投入不足，农产品科技含量仍然较低，竞争力依然不强。

3.2.5 都市现代农业人才缺乏

据闽侯县农业局工作人员介绍，目前全县农业从业者年龄总体偏大，且文化程度不高，很多只有中小学文化，加上县乡农业部门对农业从业者系统培训不够，对农业新技术方面的运用比较欠缺，导致专业素质和技能水平参差不齐。特别是熟悉都市现代农业的经营管理人才、技术人才比较紧缺，这导致项目主体多为单打独斗，有的甚至看到别人挣钱，就在旁边圈块地，引进些类似或雷同的项目，使得相邻农业旅游项目区之间协作性不强。

4. 进一步促进闽侯县都市现代农业发展的对策建议

闽侯县应审时度势，坚持以问题为导向，优化发展路径，以建设现代农业园区为重点，着力培育现代农业发展主体，加快推动农村经济结构优化，力争在都市现代农业发展上创特色、上规模、强品牌，将自己建设成为省会城市经济圈上的都市现代农业示范区。

4.1 提高思想认识，进一步加强组织领导

4.1.1 统一思想，把都市现代农业摆在重要位置

思想认识是开展好任何工作的前提，要抓好新时期都市现代农业必须充分认识这项工作的重要性。闽侯县委、县政府要把发展都市现代农业作为"三农"工

作的主要内容来抓，摆在更加重要的位置，全县各级各部门要积极适应闽侯县经济社会发展和企业转型升级需要，下大力气发展都市现代农业。大力优化环境，各级各有关部门要简政放权，优化各项服务，积极营造投资软环境，促进都市现代农业的健康发展。对于发展都市现代农业成效较好的农民和企业主，加大政治激励力度，在推荐各级"两代表一委员"中予以优先考虑。

4.1.2 加强组织领导和工作指导，健全发展体制

领导体制是保障。发展都市现代农业，是一项涉及多部门的系统工作，必须强化组织领导和工作指导。建议闽侯县尽快成立发展都市现代农业的领导机构，正副组长分别由县政府主官和分管副职担任，县委组织部、县农业（农办）、林业、住建、水利、财政、交通、旅游、卫生等县直有关部门参加，统一负责都市现代农业发展的组织领导和统筹协调工作，及时研究解决都市现代农业发展中的重大问题，形成高效协调的工作机制。闽侯县都市现代农业发展涉及各个相关产业的发展，特别需要各部门分工协作、共同完成。在此基础上，建立闽侯县发展都市现代农业联席会议制度，由担任领导小组成员的县直相关部门参加，定期召开有关发展都市现代农业会议，协调解决存在的问题，推进发展都市现代农业各项工作任务的落实。

4.1.3 做好力量整合和考核考评，形成发展都市现代农业合力

都市现代农业的发展涉及职能部门众多，要推动工作任务落实，就必须进行任务的分解细化和各部门的通力协作。要更大层面整合工作力量，从都市现代农业联席会议相关单位中抽调精干力量，进行集中办公，加强统筹协调和工作指导，确保形成发展都市现代农业的整体合力。同时，建议县委组织部要会同县农业局、旅游局等部门完善考核考评制度，把发展都市现代农业实效列入各乡镇街道、园区和有关职能部门领导班子及其领导干部考核的重要内容，作为干部提拔任用和评先评优的重要依据。定期对各个部门的工作情况进行考核，要求各职能部门对都市现代农业推进情况做出书面报告，严格落实奖惩措施。对工作推进成效明显的，予以表彰和奖励，对工作推动力度不大的，要在全县范围内进行通报批评，对责任落实不到位、不作为的，视情形给予相应党纪、政纪处分。

4.2 加强统筹规划，实施政策倾斜，加大资金扶持力度

4.2.1 坚持因地制宜，着力加强科学统筹规划

将发展都市现代农业纳入闽侯县"十三五"发展规划，纳入新农村建设整体布局，做好"十三五"都市现代农业发展专项规划。建议立足闽侯县实际，明确好功能定位，根据闽侯县现代农业的发展现状和"十三五"都市现代农业面临的内外部环境，充分发挥区域优势和农业产业特色，以省会城市福州为服务指向，通过农业多功能的拓展，尤其是生态功能、观光功能、休闲体验功能和文化教育功能等的挖掘和开发，把闽侯都市现代农业打造成福州市安全健康农产品供应基地、农业观光休闲基地、农业体验基地和农业文化教育基地。同时，根据平原、山区和半山区的不同区位特点和自然资源禀赋，进一步明确不同阶段的农业产业发展目标、类型、重点和工作措施，做到合理布局，并重点发展闽侯县高优粮油、珍稀食用菌、健康水果、安全蔬菜、生态水产等特色现代农业产业，建设产业基地、休闲农业、生态环境等7大提升工程。县直相关部门、各乡镇应在全县都市现代农业发展规划的框架下，主动对接，发挥优势，走适合各自乡镇、行政村特点的都市现代农业发展之路。《闽侯县"十三五"都市现代农业发展规划》出台后，要认真抓好落实，全县各级有关部门还应制定相应的年度实施计划，加大推进都市现代农业发展的工作力度，确保都市现代农业得到稳步发展。

4.2.2 进一步加大政策引导力度

在企业注册登记、经营税收减免、银行贷款等方面，对都市现代农业经营者予以优惠，这有利于创设更加有利于保护和支持都市现代农业发展的环境[39]。建议闽侯县要加大对都市现代农业发展相关政策的引导，特别是有关农业发展、财政补贴、税收优惠、信贷支持等各项强农惠农政策的宣传引导。积极引导各乡镇成立专业协会和农民专业合作组织为补充的新型农业服务组织，大力发展以农技推广部门为主体的技术推广。此外，各相关职能部门要千方百计引导发展都市现代农业，加强工作指导，提升富有闽侯县特色的都市现代农业影响力。发挥闽侯电视台、《闽侯乡音》、闽侯热线网等新闻媒介作用，加大宣传力度，宣传发展都市现代农业的意义和相关知识，以及各乡镇发展都市现代农业的成功经验和典型案例，营造良好氛围。

4.2.3 健全完善多元化投入机制

进一步加大城乡统筹和财政支持力度，整合农业发展资金，集中财力，充分发挥政府资金投入"四两拨千斤"的导向作用。县财政每年都应安排专项资金，并做到逐年增加资金投入力度。重点支持闽侯县白沙镇省级农民创业园、大湖乡市级农民创业园等项目建设，通过项目带动，促进都市农业发展。对有一定规模和效益的都市现代农业示范园区和龙头企业，在其品牌提升与经营规模扩大时给予必要的资金扶持。积极鼓励金融机构为都市现代农业提供信贷支持，对获得省级、市级都市现代农业示范点的项目，各级财政给予一定额度贴息扶持。进一步引导完善多元化投入机制，要谋划、选择一批具有较大影响的重点项目，并通过广泛吸引社会资金，拓宽发展都市现代农业的投融资平台。县农信社、村镇银行等金融单位要落实好县政府《关于进一步完善山区半山区生产发展实施贴息贷款的实施意见》，做好贷款等各项服务。

4.2.4 推进农村土地流转

闽侯县是福建省唯一开展全国农村集体产权制度改革试点工作的县域，这项试点工作正在有序推进，这也是推进农村土地流转的有利契机。闽侯县人多耕地少，做好土地流转这篇文章，需要建立健全土地承包经营权的流转机制，出台土地流转相关扶持政策，引导农民切实转变观念，破解发展都市现代农业的瓶颈难题，促进规模开发、集约发展。近年来，闽侯县在土地承包经营权有偿流转这方面，白沙湾生态农庄和白沙镇井下村都有很好的探索实践，取得很好的成效，实现了土地承包者和经营者的共赢。县农业、国土等部门要对这些可圈可点的经验进行总结推广，大力发展各种新型农村生产模式，引导零星的散户向种养的专业大户发展，充分依靠农业企业和合作社组织等优势，促进农业规模经营，走大市场、大流通的现代农业之路。同时，积极通过招商引资推进土地流转，以地招商，引进外商到闽侯县兴办公司或者基地，发展具有适度规模的农业经济。

4.3 培育龙头企业，提升农业产业化水平

按照闽侯县的规划，虽然已实现到2015年建立县级以上农业产业化龙头企业超过50家的目标，但真正带动强、规模大的农业龙头企业还是偏少。针对这

一问题，要积极扶持和培育壮大现有的县级农业产业化龙头企业，对这些农业龙头企业发展中存在的困难，要积极给予指导和帮助，着力提高这些农业产业化企业所生产的农产品的科技附加值。建议闽侯县建立处级领导干部挂钩联系帮扶全县所有的农业产业化龙头企业，定期深入了解这些企业的需求和存在的困难、问题，指导帮助他们进一步发展壮大。同时要围绕蔬菜、橄榄加工、食用菌、茶叶、畜牧养殖等特色产业培养精深加工龙头企业，形成优势产业链。要有针对性出台做大做强闽侯县农业产业化龙头企业的有关扶持政策措施，积极探索建立利益联结机制，让本地的龙头企业与农民加强合作、实现利益共同体，让闽侯县农业的产业化水平进一步提高[40]。

4.4 加大科技力量投入，打造都市现代农业精品

4.4.1 与农林科研院校合作，提高都市现代农业科技水平

提高都市现代农业各环节的科技含量至关重要。闽侯县应根据本地的科技和资金优势，加大对都市现代农业的理论研究与科技创新，另一方面联合省农科院、福建农林大学等科研院校，发挥闽侯白沙农林大学科教基地的作用，主动对接新技术，做好农业新技术的试验示范，特别是根据福州城乡居民的需求，做精做细农产品，不断提高品质。同时，建议组织成立都市现代农业协会，将县农业产业化龙头企业、农民专业合作社、家庭农场和农业种植大户等，吸收为协会会员，进一步加强行业规范管理，使都市现代农业走上健康有序发展之路。

4.4.2 建设富有特色的都市现代农业精品

特色是都市现代农业发展的生命之所在。在发展都市现代农业过程中，务必要紧贴城乡居民需求，严防照抄照搬城市休闲模式，积极通过社区支持农业这种模式，为福州城区居民提供更多的有机、绿色农产品，闽侯县在社区支持农业方面进行了很多的探索和实践，取得了很好的成效。例如，位于白沙镇的佳美农场是2007年福建农林大学农学专业毕业生魏长创建的，是福州市最早最成功的CSA有机农场，目前该农场已为福州城区内不同地点的200多户家庭提供新鲜有机农产品。

加强农村生态建设，对于提升休闲观光农业至关重要，要以优良的环境提高休闲观光农业的品质[41]。深化美丽乡村创建活动，总结推广中国美丽乡村——孔元村，保护生态环境的有益经验做法，做好环境综合治理，让全县涌现出更多美丽、漂亮的新农村。注重优化闽侯县休闲农业观光旅游线路，突出做好生态观光游，建议可推出以下3条休闲农业精品线路：一是龙台山（闽侯延青农业开发有限公司）→将军山→潘氏金鱼→大官源农业观光园有限公司→三叠井森林公园→江洋农场乡村生活体验游；二是白沙镇马坑村油菜花基地→白沙湾农业综合开发有限公司→梧桐下油菜花基地→汤院温泉→朝阳休闲农场→雪峰崇圣寺→雪峰文武茶场休闲度假游；三是五虎山国家森林公园→龙泉山庄→闽侯棋磐寨农林开发有限公司→南屿旗山森林公园→竹岐乡岁昌生态农业开发有限公司→香甸园现代农业开发有限公司休闲体验游。

4.4.3 借助"互联网+"平台发展都市现代农业

闽侯县作为全国"电子商务百强县"，有条件且非常有必要把"互联网+"这个平台做好，充分运用这个平台发展都市现代农业。一方面，依托互联网建立闽侯县都市现代特色农产品销售平台，可以把各乡镇富有特色的农产品放到平台上，与物流公司建立长期的合作关系，做到按照客户的需求定期按时送货，并在平台上支持货到付款和在线支付的结算体系。2015年起，闽侯县白沙镇的农副产品电商体验店已经正式营业，在运用互联网销售农产品方面进行实践。建议闽侯县的电子商务平台要建立起与各乡镇的农产品产区种植农户、农民专业合作组织、大型种养殖农场和农业产业化龙头企业的长期合作关系，完善营销体系，努力为客户提供优质、安全的农产品，逐步树立良好的品牌。另一方面，以互联网为纽带加强都市现代农业多元治理主体联盟。确保县农业局、农业产业化龙头企业、农民专业合作组织、农业院校和科研院所、农民、农产品消费者等与都市现代农业生产、管理、消费等各个环节相关主体，实现四方联动。

4.4.4 深化与台湾地区都市现代农业合作交流

提升闽侯县都市现代农业发展水平，充分学习借鉴台湾地区在发展休闲农业上的经验做法尤为重要，特别是要注重加强双方都市现代农业交流与合作。比如台湾地区在发展休闲农业方面，不仅做到价格公道，而且做到服务、品质、卫生"三个好",这一做法很值得闽侯县休闲观光经营者学习借鉴;台湾地区发展现代农业注重一二三产业的相互渗透,形成一个很好的产业链条,这链条相互依存、相互促进,不仅提高农产品附加值,更为重要的是拓宽农业的领域和深度[42]。充分利用白沙镇省级农民创业园、大湖乡市级农民创业园2个平台,主动对接台湾都市现代农业,吸引台商前来投资。深化"闽台合作提升工程",积极拓展闽台合作的深度,在这一方面,可以充分利用闽侯县大学城的优势,促进闽台发展都市现代农业、观光农业等方面的合作办学。以福建省加快推进自贸区建设为契机,争取更大、更多的政策支持,积极承接台湾地区农业产业的转移,特别是台湾的龙头企业来闽侯发展农业。着眼于促进闽台产业,开展更有深度的对接,重点依托农业产业化龙头企业,强化产业链关键环节合作,努力把农业产业集群进一步做大做强。积极推进农业双向交流,大力引进台湾地区的特色农业新品种和先进管理经验,定期或不定期邀请台湾农业专家和农场主到县交流指导,不断提升对台农业合作层次和水平。

此外,在注重向台湾地区学习的同时,还要多向我国上海、北京、重庆等先进地区取经,这些先进城市发展都市现代农业的做法经验,很多值得学习借鉴,可以组织县有关部门和农业产业化龙头企业主、农民专业合作社负责人、乡村干部等,到这些城市观摩学习。同时,进一步深化同闽侯县对口帮扶县,如漳州市平和县、陕西省富平县的合作共享。

4.5 强化人才保障,为加快发展都市现代农业提供坚强保证

4.5.1 出台针对都市现代农业的人才政策

打造都市现代农业,人的因素最关键,尤其是高素质的农业复合型人才。建议闽侯县专门研究制定有关促进都市现代农业发展的人才政策,特别是要加大政策的激励力度,积极引进农村科技人才,引导大学生回乡创业,为闽侯县的发展注入新鲜血液。充实年富力强、具有创新精神和知识技能的干部到乡镇、村一级领导班子,注重选配熟悉现代农业发展的干部,充分发挥农村基层党组织引领发展的作用,特别是在引领都市现代农业发展中的模范带动作用。

4.5.2 加大农业科技和技能培训力度

加大对农民的培训服务,加强他们的文化、法制观念,加强权益保护、公

德等方面的教育培训，提高农民适应都市现代农业发展要求的能力，积极培养具有农业高等职业教育水平的职业农民[43]。充分发挥闽侯县创业就业培训中心作用，围绕发展都市现代农业，加强农业专业技术、农民创业就业技能等方面开展培训活动。进一步深化乡镇农技推广机构改革，采取"双重管理，以县为主"管理体制，充分调动基层农技人员工作积极性，加强乡村两级农技人员队伍建设和能力建设，确保基层农技推广体系不断健全。

建议闽侯县学习北京市积极探索都市现代农业推广体系的经验做法，充分发挥大学城、农业科研院所等优势，建立长期合作关系，定期邀请相关专业教授、专家开展都市现代农业的知识和技术培训，强化先进技术推广和人才孵化，培养一批带头人。提升农业信息服务水平，畅通信息互动和采集渠道，增强农业信息服务针对性和时效性。建立有中级以上专业技术职称的闽侯县专家信息库，注重发挥这些专家的作用，通过开通农业服务专线、微信在线服务等，实现专家在线咨询服务，为闽侯县发展都市现代农业提供坚实的技术支持。

4.5.3 加快都市现代农业经营管理人才培养

为适应大都市农业发展新阶段（都市现代农业）的要求，大力培育新型职业农民是不可缺少的重要方面[44]。开展都市现代农业培训工程，对于提高农民从业技能、培育新型农民的带动作用特别大，建议闽侯县可以在这方面下功夫。一方面，实施都市现代农业职业经理人培训工程，依托大学城有关院校、闽侯电大、社会专业培训机构等，开展新型农民培训、营销总监（经理）培训等项目，促进都市农业职业经理人群体形成；另一方面，实施都市现代农业企业家培训工程，积极开办农业企业总裁班，进行营销、投融资等专题培训。

5. 闽侯棋磐寨旅游景区案例分析

棋磐寨乡村旅游景区，位于闽侯县南屿镇五都村，距福州市仅11公里。该景区于2005年正式营业，是以乡村休闲旅游、农林生产为主营的生态旅游，占地面积1100多亩。多年来，公司在经营中不断积累经验并逐年扩大发展，形成农耕文化展示、乡村民俗表演、剪纸艺术、农业种植加工、采摘、旅游购物、棋牌乐、垂钓、烧烤、商务会议、登山健身，以及农家特色餐饮、森林人家住宿等丰富多彩的项目，每年接待游客量都超过20万人次。目前，棋磐寨在省内已经拥有较高的知名度，是全国休闲农业与乡村旅游示范点、全省十佳"森林人家"旅游线路之一，也是福建省首批的农业旅游示范点。

5.1 以生态为基，打造优美的景区环境

棋磐寨景区依托旗山景点棋盘石、勾漏峰为背景，利用山边的荒坡地和自然村落边的杂地开发乡村休闲旅游。投建初期，企业带领当地村民开荒造林、引水修路，同时拆除无数猪圈、旱厕、墓地等，种植各种花果树木近5万株，为当地村貌和自然环境的美化起到保护作用。经过开发建设，昔日裸露的山体已是郁郁葱葱，荒芜的村落焕然一新，融村庄、田园、山景于一体的棋磐寨乡村旅游景区成为广大游客喜爱的旅游休闲好去处，也是众多摄影爱好者、艺术工作者的创作基地。

5.2 以农业为媒，带动当地农民增收农村发展

棋磐寨景区在创建之初就清醒地认识到，只有履行好社会责任，才能更好地打造特色的乡村旅游。因此，他们在进行景区建设时就特别注意以下几个方面。一是设置与农业有关的项目，为当地村民创造就业机会，特别是通过开展农产品展示销售、果蔬现场采摘、农家乐等，大大增加农户的收入，得到了五都村群众的欢迎。二是普及农业知识，提高农民素质。通过设立宣传栏，专门普及科学等方面的知识，还专门开辟图书室和培训室，聘请农业技术专家来五都村传授知识，指导村民种植相关农产品。农家酒、桑葚酒、桑叶保健茶等农产品深受游客欢迎，正逐步计划申请注册商标进行产业化生产。三是打造特色农业，吸引游客参与。经过调研摸索，景区因地制宜，根据差异性原则，发动村民共同参与，发展富有特色的桑葚采摘旅游项目。同时，拓展延伸桑葚产业链。不仅桑葚果新鲜诱人，而且景区制作的桑葚茶、桑葚酒也备受游客喜爱。桑葚产业链给景区和村民带来了可观的收入。景区还定期举办酿酒节、采摘节等活动，让游客亲自动手参与，既让游客感受到亲身体验的乐趣，又普及了农业知识。

5.3 以文化为魂，打造富有文化特色的乡村旅游景区

棋磐寨的经营内容综合休闲、农业、文化三个层面，在发展过程中特别注重弘扬当地的传统文化，通过举办各种活动，特别是民俗展示、文化作品展

览、富有乡村特色的表演等来全方位宣传，一方面不断提升景区的旅游品质，另一方面更是吸引了游客。民俗文化展示长廊包含闽侯当地的民俗文化展示、民居介绍、闽侯特产展销等，通过这个窗口，帮助游客进一步了解闽侯县的民风民俗。景区内还有一个可以供游客现场学习剪纸技艺的艺术馆，让游客感受剪纸艺术的价值，也能亲身实践这项高雅的艺术创作。棋磐寨的乡村表演队成立于2009年，全部由当地村民、景区员工组成，在节假日为游客表演，如打腰鼓、踩高跷、方言山歌、花轿迎亲等，深受游客喜爱。曾有台湾东森电视台、福建电视台、福州电视台、香港《文汇报》《福州日报》《福州晚报》等媒体进行过专题采访或播报。同时，景区还注重与有关协会的合作，棋磐寨景区是福建省漆艺协会、福州文艺家协会、福州舞蹈协会等的创作基地，不定期举办各种文化活动，如书画展示、现场笔会、摄影、棋艺比赛、写生创作等，这些丰富多彩的文化活动项目，为景区注入了浓郁的文化内涵。

5.4 以和谐为美，促进景区与村庄共同发展

景区自创办以来，一直致力于构建和谐的发展环境，促进景区与村庄共同发展、共同进步。景区还积极从事公益事业，例如抗洪救灾、扶贫助困、资助大学生、发送老年慰问金等，得到省、市、县有关部门的表彰。为提升当地农民的精神面貌，企业每年请电影组或剧团下乡展演；组织村民学习民俗表演、举办剪纸培训班、开展农技指导等。特别是景区为乡村表演队配备了专门的排练房和相关设施，每个月还发放300元补贴，不仅丰富了当地村民的精神文化生活，还让村民通过参与演出获得一定的报酬，实现景区与当地村民相处融洽、相互发展，创造和谐、文明的氛围。

5.5 案例点评

棋磐寨作为闽侯县唯一的全国休闲农业与乡村旅游示范点，经过10多年的开发建设，成了发展都市现代农业的典范。建设以乡村原有的自然景观和农业发展为基础，立足做好生态旅游开发，通过调动广大农民参与建设美丽乡村、发展乡村旅游的积极性，因地制宜开发酿酒节、采摘节等农业特色项目，使旅游项目进一步得到丰富。坚持以文化贯穿乡村旅游，通过发展丰富多彩的文化活动项目，大大提升景区品质。同时，致力于履行社会责任，帮助加强农村基

础设施建设和各类扶贫帮困活动，提高企业的社会美誉度。

该案例充分说明，发展都市现代农业只有立足发挥本地资源优势，发挥农民参与的积极性，搞活农业资源，积极服务当地农业农村发展，才能使当地农业不断得到发展和提升。

6. 小结

当前，福州自贸片区、福州新区建设正在深入推进，闽侯县的经济社会发展和都市现代农业发展都迎来难得的历史机遇。主动融入福州新区开放开发，大力打造闽侯经济社会发展升级版，在更高起点上推动闽侯科学发展，要求必须进一步做大做强都市现代农业。闽侯县总体上已进入加快改造传统农业、走中国特色农业现代化的关键时期，要依托良好的区位优势和农业产业基础，促进全县都市现代农业从单一产业向多功能农业一体化经营转变，着力培育新型农业经营主体和都市现代农业品牌，力争建设成为省会城市经济圈上的现代都市农业示范区。因此，要着力整合工作力量，层层压实领导责任和工作责任，加大政策引导和资金投入力度，发挥大学城优势，抓好农民技能培训，积极推广农业高新技术，做优做特休闲农业和观光旅游品牌，不断提升农业综合效益。广大农业科技工作者应立足本职，按照新的发展理念要求，创新工作方式方法，带头深入乡村农业生产一线，大力推广发展都市现代农业技术，帮助指导农民解决技术难题，为推进闽侯县都市现代农业发展贡献力量。

综上所述，本章的研究对象只是闽侯县部分区域，所做的调查和研究还不够深入，得出的结论和有关意见建议可能不具备普遍性和指导性。随着"十三五"规划的深入实施，在全党全社会的共同努力下，都市现代农业已得到很大程度的发展，农业现代化水平不断提升。我们会继续关注和研究都市现代农业，相信以上这些问题在以后的研究中可以得到增强和完善。

第四章
柘荣太子参产业化影响因素实证研究

1. 前言

1.1 研究背景

随着我国市场经济体制的不断发展和完善，中国社会主义农业发展和农民增收的障碍主要有两方面：一是农村的经营方式主要是家庭联产承包责任制，二是当今农村的耕地面积规模过于分散狭小。因此如何克服以上问题和在新时期实现农业生产的产业化经营，是有效促进农业发展和提高农民收入的关键所在。如何在小农经营的基础上，推进农业产业化进程，从而达到提高农民收入、促进农业和农村发展的目的，是我们急需解决的课题。自党的十六届五中全会后，中共中央正式提出了"建设社会主义新农村"的命题，使农业、农民和农村问题成为社会经济发展中的重大课题。

福建省柘荣县具有250多年的太子参生产历史，年产量约占全国太子参总产量的60%，是中国四大太子参生产基地，所产的太子参色泽晶黄、肉质肥厚、有效成分高，因此柘荣被称为"中国太子参之乡"[45]。近年来，柘荣县政府一直致力于促进当地太子参产业发展，并在多年的经验中总结建立了太子参种植的一套标准化体系，明确了最佳的有机肥配比、最佳种植密度、最佳采收期、病虫害综合防治措施和农药配比等技术规程，进一步提高了柘荣县太子参的种植规模和产量，实现了农民的增收、农业的发展以及企业的增效。"柘荣太子参"产业，是当地农民增加收入的重要来源渠道，也成为柘荣县的支柱产业之一。

然而，随着我国市场经济的不断发展，"柘荣太子参"产业发展的短板逐渐显现：生产格局的粗放性，产品的低附加值以及低科技含量，都表明柘荣的太子参产业很难实现可持续发展[45]。如何弥补柘荣县太子参产业劣势，充分发挥其资源优势，促进该产业更好更快地发展，已经成为"柘荣太子参"产业发展的当务之急。

1.2 研究意义

作为一种农业经营运作机制，农业产业化是我国农村经济改革和农村生产力发展到一定阶段的必然结果，随着市场经济的不断发展，农业生产社会化、农业经营市场化和城乡利益一体化进程的加快，"柘荣太子参"产业的短板，使得太子参的初级产品难以实现可持续发展。因此，充分认识"柘荣太子参"产业化实施存在哪些影响因素，这些因素是怎样影响产业化实施的，它们又如何作用于太子参产业化实施效果，对于柘荣县太子参产业的发展极为重要。

1.2.1 理论意义

许多国内外的研究人员对农业产业化影响因素进行了探索和研究，本研究也是对他们的研究成果在"柘荣太子参"产业化的适用性进行探索验证的一个过程；同时，本研究在对国内外相关文献中提到的影响因素进行研究的基础上，结合本章研究的情境因素提炼出了研究假设，然后通过实证调查、研究论证，提炼出适用于"柘荣太子参"产业化的影响因素，这种方法的应用提供了一种解决类似问题的研究思路，并为本领域的其他相关研究提供了研究资料。

1.2.2 实际意义

通过本案例分析首先能够帮助"柘荣太子参"识别影响其产业化的关键因素，使福建省柘荣县在太子参产业化的实施过程中确立最佳的原则和有效的方法，这将有利于柘荣县在具体的实施过程中抓住主要问题并有针对性进行管理和调整。其次可以从风险控制、成本管理、人力资源管理、实施策略等方面寻找有可操作性的对策，为"柘荣太子参"产业化奠定基础。最后为产业化发展提供建议策略，为全县太子参产业的发展提供一定的理论依据。

1.3 农业产业化的定义与理论基础

1.3.1 农业产业化的定义

学术界对"农业产业化"还没有统一的解释以及清晰的定义，笔者梳理了大量关于这方面的文献，发现现有理论从三个角度对"农业产业化"进行多侧面、多层面的涵义概括：市场视角，农产品角度以及生产要素角度。蔺丽莉[46]认为，农业产业化是指在市场导向和提高质量与效益的前提下，联系不同阶层农民的各经营主体，不断拉长产业链、扩大行业链、改善品种链，并实现多次加工、多次增值，更广泛地增加就业，最终实现国家增税、企业增利、农民增收，使农业战略性结构调整进入高级形式。李付梅[47]的观点是，农业产业化是以市场为导向，以企业为龙头，实行区域化布局，建立专业化生产基地，以基地联农户，形成农工商一体化经营[48]。庄严则认为所谓农业产业化是以国内外市场为导向，以提高经济效益为中心，对当地农业支柱产业和主导产品实行区域化布局、专业化生产、一体化经营、社会化服务、企业化管理，把产供销、贸工农、经科教紧密结合起来，形成一条龙的经营体制。从这一定义可以看出，农业产业化的概念包括几个要点：一是以市场为导向，即根据市场的需要进行农业产业化组织的建设和运作，调整农业的产业结构及产量；二是要形成区域的支柱产业和主导产品，即在农业产业中形成专业化生产模式；三是应按产业系列组织农业生产，实行一体化经营[49]。而有的学者认为农业产业化其实是通过一种契约合同把农产品的制造者、加工者和最终的产业领导者以及跟农业的价值增益有关的参与者结合成一个利益群体，并且通过对生产要素的优化配置和重新划分形成了商品性生产经营体系，从而把原本独立生产经营的环节整合为一个社会化生产的总过程[50]。

蔡荣在《农业产业化组织治理机制及其效率特征——基于纵横一体化的理论与实证分析》中论述到，在西方国家农业产业化也被称为农业一体化或农业综合经营，它是以国内外市场为导向、以提高经济效益为中心、以农业增产农民增收为目标，对当地农业的主导产业实行区域化布局、专业化生产、一体化经营、社会化服务、企业化管理，把产供销、贸工农、经科教结合起来，形成产前、产中、产后一条龙的经营体制[51]。吴德礼也赞同蔡荣的观点，他觉得农业产业化经营是一种以市场为导向，在稳定家庭联产承包责任制的基础上，依靠各类龙头公司和中介组织的带动，把农产品的生产、加工、销售等环节连成一体，形成有机结合、相互促进的经营机制[52]。

从上述不同的学者对"农业产业化"内涵的研究中，可得出这些学者对于农业产业化有以下几方面的共同认识：一是农业产业化的发展必须遵循市场规律，以市场为导向；二是必须充分发挥龙头企业的作用；三是以增加农民收入、提高经济效益为主要目标；四是农业产业化的范围不应该仅仅放眼于第一产业，而应该是针对整个经济圈的所有行业。

1.3.2 产业化的理论基础

作为一种农业运营机制，农业产业化是农业在组织形式和经营机制上的创新，它不仅是社会实践的产物，更是农业发展的必然结果。这种必然性来自农业产业化的理论基础。其理论基础主要包括：社会分工与协作理论，制度创新理论，交易费用理论和规模经济理论[53]。

（1）社会分工与协作理论

分工与协作理论解放了我们的生产力，是产业推行产业化的前提。农业产业化是农业中社会劳动分工逐步深化的演进过程，即专业化、社会化、一体化相辅相成，共同促进农业与关联产业逐渐融合走上一体化的转型过程。当前，我国的农业绝大多数还是以家庭式生产为主，与其他相关的产业生产参与者没有协作关系。因此，发展农业产业化，形成科学的产业结构与生产体系对于发展我国农业很重要。

（2）制度创新理论

农业产业化，是农业生产经营在组织形式和制度上的演变，是社会生产力和生产关系矛盾运动的必然结果。创新理论首先是由美国经济学家熊彼特提出的，他在1912年所著的《经济发展理论》一书中提出[54]，创新是企业对生产要素的新的组合[55]。农业生产力发展到一定水平，客观上要求其内部公司、农户等经营主体通过合同或其他途径结合成某种形式的组织，进行专业化、一体化、社会化生产经营服务，通过产加销各环节、贸工农各领域的有机结合，使农业具有产业的系列化效应和大规模组织的优势，成为一门高度社会化的产业[56]。

所以，农业的产业化其实并不是主观的妄想，也不是政府所制定的某种政策，而是经济在发展的时候自发推动和形成的一种自发式的制度创新。

（3）交易费用理论

我国农户小而散的经营方式难以形成规模效应，费用与产出收益不对称，此时就不存在去收集足够的市场信息的激励；在缺乏信息的条件下进行生产和销售，就会形成一种纯粹的生产现象，无法估计自己生产的产品价值，只能被动接受市场价格，而掌握较多市场信息的卖家就会趁机压价，这也是当前农民无法进入市场的关键障碍。同时由于农户不了解市场信息，也不了解当前产品市场的供求情况，此时进行的生产无法实现资源的合理配置，阻碍了农业效益的提高。因此，在进入市场成本过高的情况下，农户就会减少自身进入市场进行交易的方式，选择某种可以节约交易费用的形式，而最佳的形式就是产业化经营[57]。对于经营农业产业化的企业，市场交易方式会存在每次交易都要产生判断产品品质等费用，而选择契约的形式就可以节省这种交易费用。

（4）规模经济理论

规模经济，又称规模节约或规模利益，是指由于生产或经营规模扩大，致使生产或经营的平均成本下降或者收益上升。新古典经济学家马歇尔将规模经济产生的原因归结为组织创新的作用，他认为"劳动和资本的增加，一般导致组织的改进，而组织的改进增大劳动和资本的使用效率"[55]。在西方经济学的观点中，规模经济是由与技术进步相关的各种生产要素的集中程度决定的，因此，农业生产技术的发展和生产工具的进步，必然也会导致农业生产规模的增长[58]。农业产业化通过集中化、专业化、一体化等形式，扩大了经营主体的规模，这也是实现农业产业规模经济的一条重要途径。

1.4 农业产业化发展历程及其现状

中国是一个农业大国，但与其他发达国家相比，真正的现代化农业起步较晚，农业科技含量较低，农业发展相对滞后。新中国成立初期农业发展停滞不前，随着改革开放，新中国的农业产业结构逐步调整，出现商品农业后，农业产业化经营便开始在国内兴起并逐步全面推行[50]。

虽然我国农业产业化建设已经有了一定发展，但是产业化还处在初级阶段，还有很多值得关注的问题。庄严认为当前我国农业产业化面临的问题有：农业的宏观管理体制改革力度不强；农业相关制度和法律法规不完善，难以适应农业产业化迅速发展的大问题；对于农业的资金支持不足，融资问题有待解决；总体来说，农业产业化层次低、起步晚、效益小，产业组织辐射带动农户的能力弱[51]。田永强等认为当前农业产业化经营过程中有以下问题：多数龙头企业定位混乱，缺乏自己的核心竞争力；农业产业化得不到政府的扶持；龙头企业与农户的联结机制不完善；龙头企业法人的素质普遍不高，导致企业内部的管理不够规范[59]。李话语等在谈到农业产业化发展时，总结出五个方面的问题：一是加工企业小而散，难以有效形成规模；二是企业的技术水平普遍较低，难以创造科技含量较高的产品；三是缺乏运作资金，资金筹集难度大；四是行业协会发展不充分或者根本不存在行业协会；五是管理机制陈旧，管理手段单一[60]。从这些学者的观点中可以发现，目前农业产业化发展中主要有五个方面的问题：农业产品科技含量低缺乏市场竞争力；管理制度和法律法规不够完善；政府扶持力度不够；龙头企业不具备强有力的市场竞争力；融资困难，资金短缺。

1.5 农业产业化相关研究动态

农业产业化的研究与实证是当前的热点问题，许多学者从不同角度对农业产业化进行了研究，已形成一定的理论体系。国内专家学者对我国农业产业化内容上的研究主要归为两个方面，即农户土地使用权和农产品的产业化。

在农户土地使用权方面，韩连贵提出，全国大多数地区在近年来都开始推进农业产业化的规模经营，以农工贸一体化的产业集团企业公司为主要形式，也形成了农产品加工销售一条龙的模式，更有工商，以及"三资"企业介入，提供生产基地配套[61]。通过农村土地使用权的转移，生产基地的形成，促使农村土地的承包经营相对集中，推进农业产业化经营的发展，加快形成农产品加工销售产业链[62]。娄文光提出，依法搞好农户土地使用权是加快农业产业化发展的主要原因，只有满足了土地的需求，才有可能发展加快农业产业化[63]。李启文则提出当前农户土地使用权转移也存在问题：耕地使用权期限长；流转土地用途与国家政策法规相冲突；管理机构不健全；缺乏有效的中介组织[48]。

在农产品流通体系方面，刘成玉[64]对农产品流通有以下几点看法：首先，农产品流通是农业产业化的前提，只有存在产品流通，才会有产品发展，直至最后才有可能形成产业化；其次，农产品流通是农业产业化的关键因素，可以加快农业的产业化进程；最后，农产品流通是一种保证，只要农产品流通顺利，农业效率就有可能提高[65]。温思美提出，农产品流通体制与农业产业化的匹配程度，决定了产业化的运行效率[66]。

大部分研究是从实践的宏观层面出发，对农业产业化内涵、意义、实践形式、存在问题以及对策等方面进行探讨。有研究者从微观角度出发，运用交易理论、产业组织理论等进行研究，奠定了农业产业化的理论基础[67]；还有一些学者则认为只有从产业化的角度出发才能真正认识农业[68]；换句话说，如果要搞明白农业产业化的问题，就必须了解农业产业化的内涵。我国于20世纪九十年代就已经开始农业产业化的实践进程。随着农业产业化实践的发展，理论的研究也在积累的过程中渐渐获得了一些成效。生秀东在总结了20世纪九十年代的农业产业化理论的基础上，认为规模经济并不能对农业产业化作出科学的说明，农业产业化的研究必须关注二元经济和双轨体制带来的深远影响[69]。

关于农业产业化的概念界定，我国学者比较强调"以市场为导向、以经济效益为中心"，其主要是偏向于规范性的描述，而国外的农业产业化定义则更偏向实证[70]。农业产业化就是以国内外市场为导向，以提高经济效益为目的，以资源开发为基础，围绕支柱产业优化组合各种生产要素，实现区域化的结构布局、专业化的生产、科学化的经营、系统化的管理以及商品化的服务，逐渐形成市场促产业，产业带基地，基地连农户的经营生产体系[71]。

1.6 农业产业化影响因素研究动态

经济学界中有关农业产业化影响因素的研究更是百花齐发、百家争鸣，很多学者从不同的角度总结了影响农业产业化的因素。

闻峰山[72]分别从农户和龙头企业两个农业产业化的主要参与者的角度来研究农业产业化的影响因素；刘宁祥[73]以黑龙江的农业产业化为例，从人们对产业的认识水平、要素市场建设水平以及约束和分配机制三个方面来研究产业化的影响因素；霍红梅[74]则从农民道德选择的角度来论述农业产业化的影响因素。

李强[75]用问卷调查的方法对两百多农户进行实地调研，研究了农业产业化的影响因素，并利用统计分析方法实证研究了各相关因素的具体影响。其结果表明：龙头企业收购价格的波动程度、户主文化程度、种植油茶的年收入水平、合同的遵守程度等因素对农业产业化有明显的作用；中介组织效益、中介组织实力、技术服务水平、政府补贴程度、年种植成本等因素对农业产业化水平作用不明显。

向琳、李季刚[76]运用统计方法对国内各地区的农业产业化水平作整体评价和比较分析，同时统计分析不同地域农业产业化的影响因素。分析认为，中国农业产业化虽然整体水平较高，但是不同地域存在一定的不同之处；中部地区农业产业化水平普遍比较低下，其主要原因是源于纯技术效率的低下，因此需要不断加强和完善相关的制度建设；而西部地区规模水平不高是农业产业化水平低的主要阻碍，需要不断扩大农业产业化规模。

1.7 小结

本节首先对农业产业化的概念进行界定，回顾农业产业化的理论基础、农业产业化发展历程和发展现状。其次对国内关于农业产业化的研究动态及影响因素的相关文献进行研究，发现目前的研究热点集中在农村土地流转和农产品流通体系建设，并取得了丰厚的成果。而在农业产业化影响因素这个方面，国内学者对于影响因素的研究一般侧重于案例分析和讨论，而用实证研究论证的较少。最后，结合现有的农业产业化影响因素的研究成果，拟从太子参产业化运行机制入手，研究"柘荣太子参"产业化影响因素，构建模型，并提出相关假设，通过实证分析验证提出的研究假设。

2. "柘荣太子参"产业化影响因素分析

2.1 "柘荣太子参"产业化现状

2.1.1 产业存在问题

（1）太子参园的规模小、分布零散，管理水准不一

柘荣县太子参的种植者以农散户为主，种植方式属于粗放式的初级劳动，参园的面积小，分布零散，且由于各农户的受教育程度及自立差异，导致管理水平参差不齐，在管理中普遍存在化肥、农药使用不当的现象。

（2）太子参种质出现退化现象

太子参采用块根无性繁殖进行种植，这种种植方式存在很大的弊端，培育久了，会出现块根变异，抗病能力降低等情况，影响太子参的品质，降低了柘荣太子参在消费者心中的形象，也降低了对"柘荣太子参"品牌信任度。

（3）品牌监管力度不足

作为中国太子参之乡出产的"柘荣太子参"，已是中国驰名商标，获得质量认证，且为原产品地域保护产品，品牌价值极大，在市场上颇具口碑。但近年来由于与柘荣县相邻的福鼎、福安、霞浦等县市也以"柘荣太子参"的名义进行生产销售，其品质与原产品优质优价相违背，破坏了柘荣太子参的质量安全，混乱了太子参市场，影响了"柘荣太子参"的品牌价值[1]。

（4）龙头企业数量少，缺乏市场引导

作为中国太子参之乡，柘荣县从事太子参产业的相关人员已经占到全县人口的20%，几乎形成全县都种太子参的现象，然而，整个柘荣县成规模的太子参企业数量却很少，具有大产值以及品牌影响力的只有三家，分别是福建天人药业，闽东力捷迅药业有限公司和柘荣县森荣食品有限公司。但是这三家企业并没有起到龙头企业的作用，由于其主导产品与太子参的相关性不大，对整个产业起到的推进作用也很有限[45]。

（5）产品科技含量小、附加值低

柘荣县是中国太子参四大产业基地之一，产量可达全国总产量的一半以上，但柘荣县的太子参销售还多是初级产品，也就是未经加工的或者只是经过参农初加工的产品，并没有多少技术含量，区别性不大，导致柘荣太子参的市场价格普遍不高，只体现了农产品自身价格，无法形成市场竞争优势[45]。

2.1.2 产业发展优势

（1）资源优势

柘荣县作为太子参之乡，具有优越的资源优势，气候条件优越，土壤水质空气无污染，尤其适合太子参等中草药的生长，可以很好地保持其营养成分。柘荣县能成为太子参之乡，不仅依靠这些环境资源，还有优质的品种资源。柘荣县政府为此成立了专业的技术推广中心，进行优质品种筛选，从当地太子参种群中筛选出优质的、适应性强、产量高的参种进行培育及推广，其中就有市面上比较著名的"柘参1号"（闽认药2003001）、"柘参2号"（闽认药2003002）[75]。

（2）质量优势

"柘荣太子参"品牌的打造依托于其产品优秀的产品质量，柘荣太子参除了具有太子参产品的一般药用价值以外，还有区别于其他产地的独特优势，色泽晶黄、肉质肥厚，且有效成分高。而且"柘荣太子参"产品的质量也是经过专业认证并得到市场广泛认同的，获得的荣誉很多，包括质量证明商标、原产地域保护产品，以及首届中国农业博览会金奖[45]。

（3）市场优势

柘荣县的太子参产量达全国总量的一半以上，并建立了专业的"柘荣太子参"交易市场，给本地太子参销售提供渠道，同时为全国客商提供太子参的交易平台。全国各地的太子参深加工企业都在柘荣设点，柘荣太子参专业市场的规模可见一斑[45]。

2.2 "柘荣太子参"产业化影响因素分析

"柘荣太子参"要进行产业化，涉及产业中的各个环节与部门，包括产品研发、应用推广，这些部门要联结起来形成一个整体，才能进行产业化。然而过程中涉及的各个部门之间存在一定的利益冲突，彼此之间相互制约影响，此外，这些部门的联合还要受其身处环节的制约，以及自身的局限[77]。"柘荣太子参"产业化刚刚起步，在其发展过程中面临着许多现实问题。本章分别从产业化系统内部和外部来分析"柘荣太子参"产业化的影响因素（如图4-1）。

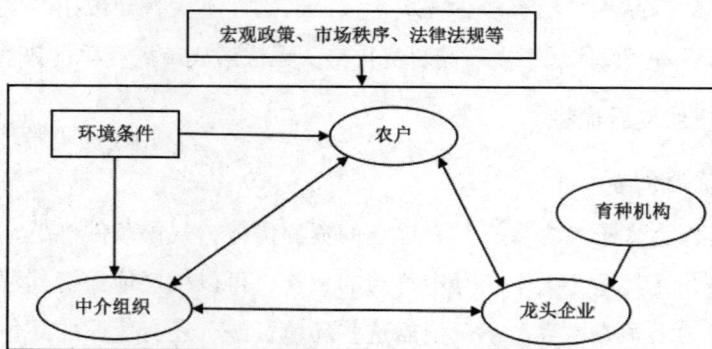

图4-1 "柘荣太子参"产业化体系及相互影响关系

2.2.1 内部影响因素

"柘荣太子参"产业化内部体系涉及太子参产业链上的各个环节，可以根据阶层划分为：太子参育种机构、龙头企业、中介组织、农场职工户或农户。结合"柘荣太子参"产业化模式的实际调查资料，分别对涉及的各个阶层的影响因素进一步分析。

（1）农户的影响因素

农户是太子参的生产环节，数量多规模小，且分布零散，具有极强的自主性。自主性主要体现在他们可以自由选择作物的品种和数量，并且可以决定是否要加入产业化。通过调查及走访，笔者发现，农户是否会加入产业化的影响因素主要有几点：参与后的收入、参与的成本和技术服务等。

① 收入

随着太子参药用价值的普及以及全民养生观念的形成，我国太子参价格一直处于上升趋势，据太子参专业市场销售数据显示，"柘荣太子参"货源充足，价格保持基本稳定。由于价格的持续走高，当地太子参种植面积也有所增加。这种由于价格走高带来的刺激，导致种植户种植面积增加，相应地提高了市场上太子参的供给量。在调查走访过程中，笔者了解到，企业给农户的收购价格平稳合理，会提高农户将太子参卖给企业的积极性。从调查数据中也可以看出，农户的销售渠道分布中，太子参产量多的区域大多是龙头企业重点收购的区域，且收购数量多，价格合理[78]。

② 成本

农产品的成本也就是种植成本，主要有参种的价格，劳动力价格，发布或者收集市场信息，物流费用，化肥、灌溉等机械费用。对于农户来说，由于其规模小，购买参种时无法形成议价能力，只能被动接受价格，如果参与产业化经营可以联合购买参种，降低农户购入价格，且有专业技术人员进行指导。龙头企业上门收购农户的太子参，进行产业化经营后，可以省去农户搜集市场信息、物流运输等费用，根据走访及调研的数据显示，有龙头企业参与指导的农户，会更及时地预防各种灾害，并能及时的施肥灌溉。福建省的农民大多倾向留在家乡工作，较少外出就业，产业经营化带来的较低种植成本会使农户更愿意在家务农，促使农业产业化经营中的劳力年龄结构更合理[78]。

③技术支持

太子参的产业化发展进程中离不开技术支持，技术的参与会促使太子参更好地生长，以及更多高附加值产品出现，而农户缺乏技术的实力，与此相比，龙头企业或中介组织的技术支持对"柘荣太子参"产业化就显得尤为重要。"柘荣太子参"种植技术的要求较高，然而我国农户的基本素质水平普遍较低，多根据经验采取传统的、初级的种植技术，难以达到企业的要求。为了适应农业产业化的需要，如何通过技术支持提高农户的技术素质已经成了柘荣县进行太子参产业化过程中的一个重要任务[79]。

由于农户只是太子参的生产参与者，占据产业主导地位的是龙头企业，他们拥有最终的领导权，可以选择参与产业化的农户，故产业化过程中农户的自身特性，以及所处的环境条件也影响着他们能否参与并适应"柘荣太子参"产业化的进程。龙头企业会对生产基地的基本条件及其耕地、水资源、交通以及农户的素质进行多方面的考察，严格筛选基地与参与户。因此参与户的自身特性、所处的环境条件都在很大程度上决定了他们是否具备了"柘荣太子参"产业化的硬性条件[80]。

在调查问卷的设计中，笔者通过统计技术人员每年的指导次数和龙头企业（收购方）指导的次数来对技术支持进行评价。根据问卷调查结果显示，农户种植的太子参的质量与其接受指导次数成正相关。

（2）中介组织的影响因素

龙头企业和农户之间有时候很难进行接洽，此时中介组织就是双方的纽带，连接着龙头企业和农户，是必不可少的中间环节，并且承担了"柘荣太子参"产业化的组织管理与协调监督的作用。中介组织一般是由大中型的农场来担当的，根据其在模式中的地位和作用而有所区别。中介组织在"柘荣太子参"产业化中的参与程度，主要受到以下几个因素影响[80]。

①收益

在"柘荣太子参"产业化中，中介组织的利润来源主要是通过契约和利益机制参与"柘荣太子参"产业化经营，并从中分享生产和销售环节的利润。因此，中介组织的利益也就可分为两个部分：一部分来自参种销售的增益，另一部分是来自太子参本身销售的增益。这两个部分的收益就构成了中介组织的主要收入。

② 实力

能否参与产业化经营，扮演中介的角色，主要取决于中介组织的实力，这也是"柘荣太子参"产业化能否顺利进行的重要影响因素。占据领导地位的龙头企业，为了保证产业化顺利进行，选取中介组织的时候一般会以其综合实力而定，主要有几个方面的考量：技术力量、经济实力、信誉、加工能力、销售能力等。因此，中介组织的实力是其能否被龙头企业选中合作，参与产业化经营的决定因素。

（3）龙头企业的影响因素

农户、中介组织能否参与产业化经营，主要是由龙头企业确立资格，龙头企业作为"柘荣太子参"产业化的领导者，要同时兼具组织、市场开拓、营运、联合内外、产品研发创新、服务等功能，是整个产业化发展的领头羊、带动者[81]。因此，龙头企业自身的实力与管理带动能力决定了"柘荣太子参"产业化发展的成效与结果，龙头企业在产业化经营中主要受到以下几个因素的影响：

① 监管机制

如何制定合理有效的监管机制，监管督促农户履行合同要求。农户是否按照要求进行种植决定了太子参产品的质量，也最终决定了龙头企业生产产品的市场竞争力。在调研过程中，笔者发现，规模较小的农户的遵守等级普遍较低，监管制度的制定还是有其存在的必要性的。

② 龙头企业实力

作为产业化经营的领导者、组织者与营运管理者，龙头企业的实力决定了产业化发展的程度及水平，必须具备一定的实力才能推行产业化经营，主要有这几个层面：资本力度、技术水平、组织化程度等[82]。根据前期调研及走访，笔者得出，龙头企业的资本力度决定了推行太子参产业化的渠道布局、产品推广、品牌宣传等基础建设；龙头企业的技术水平影响太子参生产的质量与品质，生产及加工的能力，进一步影响到柘荣太子参的市场竞争力；其组织化程度决定了"柘荣太子参"产业化发展的管理制度及营运能力，进一步影响太子参产业化发展的规模与成效。

③龙头企业的收购价格波动程度

农户种植产品的积极性来自价格的激励，此激励分为增长性和稳定性，通常农户获取稳定的价格保证是其参与生产的前提，价格波动越大，农户参与生产的可能性也就越低。市场价格无法保持平稳，而龙头企业在此时就起到了维持市场价格的作用，可以与农户以稳定的价格签订合约，保证农户的利益安全，农户参与产业化的意愿就会增强。通过对调研数据的统计，笔者进一步分析得出：农产品市场价格波动很大且有企业采取稳定价格机制签约农户的地区，农户参与产业化经营的意愿更强烈。

④科研育种机构科研水平

龙头企业的技术支撑是科研育种机构。科研育种机构的研究水平、研究能力、研发成功将直接决定"柘荣太子参"的品质与性能，进而影响到"柘荣太子参"产业化水平和效果。不同品种的"柘荣太子参"差异显著，除了表现在个体产量的不同上，在基因稳定上也有很大的差异，基因优良的太子参品种能够抵抗更强烈的气候、环境的影响，并且抗虫性也极为不错。同时，品质良好的太子参直接影响"柘荣太子参"的市场需求及公司形象。因此和科研水平高的育种机构合作，能够增加太子参品种优良性的几率，从而促进太子参产业化的程度。

2.2.2 外部影响因素

"柘荣太子参"产业化除了受到农户、中介组织和企业的影响外，还受到来自政府、市场等外部环境的影响。主要包括政府补贴、药材市场秩序，农业管理体制以及相关法律法规等。

（1）政府补贴

政府补贴在很大程度上会影响农户的决策。政府对农产品进行一定程度的补贴会提高农户的种植积极性，政府补贴还包括对龙头企业的政策优惠。在调查问卷中我们设置了一个专项来度量政府补贴，分为三种情况，即基本没有、中等水平和非常高，实际数量分析将在后文的计量中体现，可以预测影响是正方向的。

（2）药材市场秩序

药材市场秩序混乱，成为"柘荣太子参"产业化的巨大障碍。每年假冒伪劣的"柘荣太子参"给太子参产业造成千万亿的损失，同时也对农民生产经营造成了巨大影响。药材市场不规范问题也成了众多企业最为棘手的一个问题，而太子参市场混乱表现得尤为突出。其主要原因还是真品太子参价格较高，真品太子参良好的品质又深受广大消费者的偏好与信任，由于利益的驱使，不法商贩将不合格的太子参产品以高价销售给消费者，给太子参公司造成了巨大经济损失和信誉损失。

（3）药材管理机制与相关法律法规

我国药材管理机制不健全，相关法律法规不完善，这也给种子管理与产业化造成了巨大障碍。由于农业部所实行的农业管理不像法律一样具备行政执法的权力，在进行行政管理、工商管理、市场管理以及技术监督的时候不能配以行政执法的权力，往往导致理论体系与实际操作不能相互呼应，没有实际执行力的理论法规只是一张空文。因此除了农业部的农业法规以外，政府部门也需要对农业管理进行立法，赋予其法律权益，对相关法规进行修订、充实和完善，有必要进一步将农业产业的规范、原则以及体制与格局等进行明确定位，上升到国家法律层次，尽快出台新的种子法，使其具有更广泛的指导意义和现实可操作性。

2.3 小结

本节首先从"柘荣太子参"产业化的现状出发，分析存在的问题以及发展的优势。然后在此基础上分别从内部和外部对影响"柘荣太子参"产业化的因素进行分析。其中内部影响因素又分为农户的影响因素、中介组织的影响因素和龙头企业的影响因素三个方面；而外部影响因素有政府补贴、药材市场秩序和药材管理体制与相关法律法规三个影响因素。本章的影响因素分析为后面的模型构建及实证提供了理论依据。

3. "柘荣太子参"产业化影响因素模型构建与假设

在前人研究的基础上，结合"柘荣太子参"的特点和"柘荣太子参"产业化涉及的要素，确定了本研究的自变量和因变量，并提出"柘荣太子参"产业化影响因素模型以及各影响因素与产业化水平之间的相关关系的研究假设。

3.1 研究的变量

3.1.1 自变量

"柘荣太子参"产业化涉及多个部门，这些部门以一定的方式相关联，最终形成一个巨大的利益共同体。同时，这些部门又存在着利益的冲突关系，彼此之间相互制约、相互影响，而这些参与方也受自身条件和所处的外部环境的影响。"柘荣太子参"产业化内部体系涉及太子参育种机构、龙头企业、中介组织、农场职工户或农户等。"柘荣太子参"产业化外部体系受到来自政府、市场等外部环境的制约。主要包括国家宏观政策、管理体制、药材市场秩序以及相关法律法规等。

总结前面对"柘荣太子参"产业化影响因素的研究，本章认为"柘荣太子参"产业化的基本影响因素是农户、中介组织、龙头企业、外部环境。

在"柘荣太子参"产业化过程中农户是否参与农业产业化主要受参与产业化后的种植收益、种植成本和技术服务等因素的影响。种植收益的直接变化会影响农户种植的积极性，进而影响市场上农产品的供给量。较低的种植成本会使农户更愿意加入农业产业化经营中去。为适应产业化需要，通过技术服务提高农户的技术素质已成为"柘荣太子参"产业化的一项重要内容。在"柘荣太子参"产业化过程中，龙头企业和中介机构的专业技术人员采取多种形式（如专题讲座、专家技术人员现场讲解、示范等）对"柘荣太子参"产业化参与户进行技术培训，及时提供技术服务以解决实际生产问题，给参与户创造极好的学习机会，从而有效地提高参与户的技术素质，大大降低了参与户的经营风险，提高了"柘荣太子参"产业化水平。

中介组织连接着龙头企业和参与户，是承前启后的中间环节，承担了"柘荣太子参"产业化的组织管理与协调监督职能，其影响因素分为中介组织的收益和中介组织的实力。中介组织的收益时间是中介组织参与产业化积极性的主要因素。中介组织实力是中介组织能否参与"柘荣太子参"产业化的决定条件，也是"柘荣太子参"产业化能否顺利进行的重要影响因素。

龙头企业作为"柘荣太子参"产业化的最终组织者、带动者、市场开拓者和营运中心，内联生产户，外连市场，既是生产加工中心，又是科研和技术创新中心、服务中心，具有开拓市场、提供全程服务的综合功能，成为带动整个产业化系统有效运行的"火车头"。因此，龙头企业的实力与管理带动能力决定了"柘荣太子参"产业化的规模与成效。同时，龙头企业还受科研育种机构研究水平的影响。

综上所述，本研究的12个自变量包括：种植收益、种植成本、技术服务、中介组织收益、中介组织实力、农户对合同的遵守程度、龙头企业实力、龙头企业的收购价格波动程度、科研育种机构科研水平、政府补贴、药材市场秩序和药材管理体制与相关法律法规。

3.1.2 因变量

本章以产业化水平作为各个自变量对"柘荣太子参"产业化的规模与成效影响的因变量。太子参的产业化水平是"柘荣太子参"产业化的规模、产业化发展程度以及产业化所带来收益的体现。产业化水平越高表示"柘荣太子参"产业化发展程度越高，产业化越成熟，对于各个层面参与的角色所带来的效益也越大，最终对柘荣县整体经济的带动作用也越大。关于太子参产业化水平这个因变量的计量，丁建中从指标选择的可操作性、有用性、可比较性的角度出发，提出区域农业产业化水平综合评价指标体系、评价方法以及"四三一一"的权重确定原则[83]。本章对产业化水平从产业化带来的效益、产业化的满意程度、产业化对柘荣县经济的促进三个维度来衡量。对于产业化所带来的效益从对农户的效益、对中介组织的效益、对龙头企业的效益来考虑；对于满意程度，则在调查问卷中设置了一个调查项目，即用"你认为油茶的产业化水平如何"这个变量来反映，包括产业化基本没有、产业化程度较低、产业化程度一般、产业化程度良好、产业化程度非常高五种情况，每个情况对应的赋值分别是1、2、3、4、5。用这些数值来反映产业化水平可能比较粗糙，但在一定程度上还是能反映出基本的问题。对于产业化对柘荣县经济的促进作用则根据柘荣县经济增长情况来考量。

3.2 变量度量设计

本章12个自变量和1个因变量的测量范畴如表4-1。

表4-1 模型变量对应表

变　量	变量解释	测量维度
种植收益	农户种植太子参的收入	➤ 种植年总收入 ➤ 种植收益变化
种植成本	农户种植太子参的成本	➤ 种植年总成本 ➤ 种植成本变化
技术服务	龙头企业或中介组织对农户的技术服务	➤ 对农户的技术培训 ➤ 帮助农户解决问题
中介组织收益	中介组织参与产业化的收益	➤ 太子参种子的销售收益 ➤ 太子参的销售收益
中介组织实力	中介组织参与产业化的自身实力	➤ 中介组织的经济实力 ➤ 中介组织的技术力量 ➤ 中介组织的人力资源
农户对合同的遵守程度	农户按照龙头企业对农产品的要求进行种植的情况	➤ 农户的完成情况 ➤ 龙头企业的满意度
龙头企业实力	产业领导者龙头企业的自身实力	➤ 龙头企业的经济实力 ➤ 龙头企业的技术实力 ➤ 龙头企业的组织管理水平
龙头企业的收购价格波动程度	龙头企业收购价格的波动情况	➤ 价格波动程度
科研育种机构水平	育种机构的科研水平	➤ 育种机构的研究水平 ➤ 太子参品种优良情况
政府补贴	政府对农户和农产品的补贴	➤ 政府对农户的补贴 ➤ 政府对农产品的扶持
药材市场秩序	药材市场的市场秩序	➤ 假冒伪劣或掺假现象 ➤ 太子参的质检
药材管理体制与相关法律法规	对于药材管理的机制及相关的法律法规	➤ 相关制度和法规的制定 ➤ 法律法规的执行
产业化水平	太子参的产业化程度	➤ 产业化带来的效益 ➤ 产业化的满意程度 ➤ 产业化对柘荣县的经济促进

3.3 "柘荣太子参"产业化影响因素概念模型及假设

通过对本章第一节的相关文献研读以及第二节的影响因素分析，第三节确定了本研究的自变量和因变量，并以此提出来"柘荣太子参"产业化影响因素概念模型（如图4-2所示）

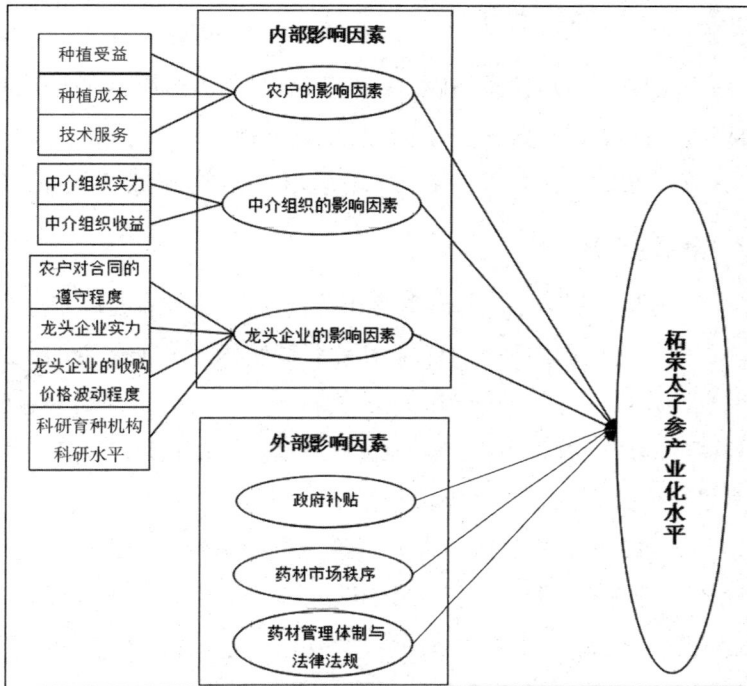

图4-2　"柘荣太子参"产业化影响因素概念模型

在前文的分析和上面的模型的基础上，本章选定了12个影响因素，每个影响因素又包含若干个维度，并提出了相应的研究假设如下：

假设H_1：种植收益与产业化水平正相关

假设H_2：种植成本与产业化水平正相关

假设H_3：技术服务与产业化水平正相关

假设H_4：中介组织收益与产业化水平正相关

假设H_5：中介组织实力与产业化水平正相关

假设H_6：农户对合同的遵守程度与产业化水平正相关

假设H_7：龙头企业实力与产业化水平正相关

假设H_8：龙头企业的收购价格波动程度与产业化水平正相关

假设H_9：科研育种机构科研水平与产业化水平正相关

假设H_{10}：政府补贴与产业化水平正相关

假设H_{11}：药材市场秩序与产业化水平正相关

假设H_{12}：药材管理体制及相关法律法规与产业化水平正相关

4. 问卷调查与数据分析

根据上一节的影响因素模型和假设，本节设计了实证研究的调查问卷，并对回收回来的有效问卷的样本数据进行描述性统计分析、信度与效度检验、单因素方差分析、相关分析和回归分析，根据实证分析的结果来验证提出的研究假设。

4.1 问卷设计与修正

根据上一节提出的影响因素模型及相关假设，对本节的调查问卷进行设计和修正。首先，借鉴国内外关于农业产业化影响因素实证研究的文献，结合自己的研究主题找出一些相关的有价值的资料，由于已有研究的问卷已经通过了信度和效度的检验，这样可以大幅度提高本节问卷的信度与效度，接着结合本研究的背景和研究目的，经过分析和修正得到需要的部分问卷题目。其次，对于无可参照的问题项，在文献研究和理论分析的基础上，遵循问卷设计的原则，自行设计了问题项，同时在问卷设计的过程中为了最大限度地降低问卷调查中的测量误差，提高变量的区别效力，本节对于全部指标都设计2个及以上的问题项，从而避免了单一问题项可能引起的测量误差。再次，本节对设计好的问卷，请相关专家对问卷的内容和指标进行评价，并通过同学、朋友在柘荣县进行小部分发放，对回收的小样本数据通过SPSS进行初步分析，并结合被调查者的意见，进一步修改问卷的问题项及描述方式，使被调查者在问卷调查过程中能准确地做出判断。最后，本节设计旨在研究并设计"柘荣太子参"产业化影响因素的调查问卷。

根据各因素的特性，笔者在设计调查问卷时采取了不同的数据收集方式，即实际数据方式与虚拟数据方式。虚拟数据收集方式采用李克特5级量表法进行，前人研究证明5级量表相比于7级量表更可靠，而且对于被调查者而言，5级量表相比于7级量表更容易区别和判断，从而可以保证数据的准确性。其中，1表示"完全不符合"、2表示"较不符合"、3表示"不清楚"、4表示"较符合"、5表示"完全符合"。采用实际数据收集方式的因素主要是调查对象的年龄、种植收益和成本、中介组织收益、柘荣县经济年收入等。本研究针对"柘荣太子参"产业化4方面的影响因素设计了4份调查问卷，即农户调查问卷、中介组织调查问卷、龙头企业调查问卷、柘荣县政府调查问卷。4份问卷的具体内容见附录。

4.2 数据分析方法与数据收集、样本描述统计

4.2.1 数据分析方法

本节研究的是太子参产业化水平与影响因素之间的关系，采用SPSS18.0进行分析，主要的分析方法有：描述性统计分析、信度与效度分析、相关分析、多元回归分析。

（1）描述性统计分析

通过频率等统计数据来了解样本的结构与分布情况。

（2）信度与效度分析

信度反映的是量表的可靠性和稳定性，一般采用内部一致性来表示，通常用Cronbach α值来度量。效度反映的是测量工具的有效性，是衡量测量工具的核心指标。效度的测量类型有效标关联效度、内容效度和构思效度三种类型。本节主要探讨的是构思效度，采用因子分析法来测量模型中变量问题项的构思效度。

（3）相关分析

相关分析考察的是变量间密切程度的一种常用的统计方法，它可以反映两个变量间线性关系的程度和方向，但不能确定变量之间是否存在因果关系。一般用Pearson相关系数r来衡量变量间的相关关系的强度，一般认为：$r < 0.2$时为不相关；$0.2 < r < 0.4$时为极弱相关；$0.4 < r < 0.6$时为较弱相关；$0.6 < r < 0.8$时为中等相关；$0.8 < r < 1$时为强相关。在本研究中，采用Pearson简单相关分析探讨变量之间的相关关系。

（4）多元回归分析

多元回归分析是由多个自变量的最优组合所建立的回归方程来解释和预测因变量的相关程度的分析。本节探讨"柘荣太子参"产业化影响因素12个指标与产业化水平的因果关系，并建立它们之间的线性回归模型。

4.2.2 数据收集与样本描述统计

为了研究"柘荣太子参"产业化影响因素，作者通过到柘荣县进行实地访谈和调研，分别对柘荣县270户农户和10家龙头企业进行问卷调查和访谈，这

次实地考察中共发放问卷270份，回收245份，有效问卷220份，问卷有效率为89.7%。

下面利用SPSS对有效问卷的样本数据进行描述性统计分析，总体上了解被调查者的特征。被调查企业情况如下表4-2（a）示。

表4-2（a） 龙头企业特征描述

企业情况		频　数	比　率（%）
企业性质	国　有	1	10.0
	乡　镇	6	60.0
	股　份	2	20.0
	合作/合资/外资	1	10.0
企业规模	小　型	9	90.0
	中　型	1	10.0
	大　型	0	0
科技含量	高科技企业	0	0
	非高科技企业	7	70.0
	其　他	3	30.0
与基地农户之间关系	合同关系	4	40.0
	市场关系	4	40.0
	无关系	0	0
	其　他	2	20.0

表4-2（a）显示：

从企业性质看，乡镇企业，占样本总数的60%，其他性质的企业只占极少一部分。结果毫不意外，乡镇企业占主要部分这种情况刚好跟柘荣县的情况吻合，柘荣县虽然环境优美，但地处偏僻，本身就是福建经济发展比较一般的县镇，企业主要以乡镇企业为主。

从企业规模来看，小型企业居多，比率为90%；中型企业在被调查中也只有一家，而大型企业则一家也没有。这主要还是因为柘荣县太子参产业化程度比较低，很难引起大中型企业的关注，一般还是由一些中介组织最后变身成小型龙头企业，承包产业链的领导者。

从科技含量的比例来看，大部分企业科技含量还是比较低，基本没有高科技企业，同样也是跟柘荣县的经济水平以及产业化刚起步有关系。

表4-2（b）　被调查者特征描述

个人情况		频　数	比　率（％）
性　别	男	190	86.4
	女	30	13.6
年　龄	25岁以下	5	2.27
	26—40岁	15	6.82
	41—50岁	190	86.4
	51岁以上	10	4.51
文化程度	小学及以下	155	70.5
	初中文化	37	16.8
	高中及以上	28	12.7
种植面积	3亩及以下	12	5.5
	3—5亩	55	25.0
	5—10亩	130	59.1
	10亩以上	23	10.4
家庭年收入	1万元以下	76	34.5
	1—2万元	115	52.3
	2—5万元	13	5.9
	5万元以上	16	7.3

被调查者的情况如表4-2（b）所示：

从被调查者的性别和年龄来看，在220户被调查农户中，207户的户主为男性而且户主年龄总体偏大。其中，41—50岁（包括50岁）的男性户主为190人，占86.4％，女性户主的年龄为40岁以下和50岁以上。这符合我国农村的基本情况，即年龄偏大的长者来担当户主而且一般家庭中多以男性为户主。

从文化程度来看，由于柘荣县居民整体文化程度偏低，所以调查的220户农户中，文化程度为小学及以下的农户为155户，达到70.5％，具有初中文化程度的农户为37户，其余农户的文化程度为高中及以上。

从种植面积情况来看，由于柘荣县地处山区，所以农户家庭自己的种植面积较多，其中包括自耕田地和集体耕种田地。农户家庭种地面积在5亩及以下的有67户人家，种地面积在5—10亩及以上的农户有153户。

从家庭年收入来看，被调查者的家庭年收入在1万元以下的有76户；在1—2万元之间的有115户；而2万元以上的仅有29户。

4.3 样本的信度和效度检验

4.3.1 样本信度分析

本节采用Cronbach的一致性系数（α系数）和修正条款的总相关系数（Corrected Item-Total Correlation，CITC）检验测量问题项的信度。吴明隆（2010）认为：总量表的信度系数在0.80以上，可以认为量表的信度很高，大于0.70且小于0.80的量表信度可以接受；而分量表的信度系数大于0.70可以认为量表的信度很高，处于0.60和0.70区间的勉强可以接受[81]。Churchill（1979）的做法是计算CITC，其值小于0.5则删去指标；同时计算α系数，如果α系数在0.6以上，说明指标的可靠性是可以接受的。本节筛选题目的标准如下：Cronbach α信度最好在0.7以上，最低0.6，同时利用CITC值作为辅助，以0.5作为临界值，如果CITC值低于临界值，同时检验删除问题项后Cronbach α是否有明显的提升，如果是则删除该问题项，否则不予剔除[82]。本节利用SPSS18.0软件对"柘荣太子参"产业化影响因素指标的各问题项进行信度检验。具体检验结果见表4-3。

表4-3 样本的Cronbach α信度检验

因素指标	问题项	校正项目总相关（CITC）	删除题目后的α值	α系数
种植收益	N1	0.606	.a	0.755
	N2	0.606	.a	
种植成本	N3	0.586	0.667	0.754
	N4	0.629	0.634	
技术服务	N5	0.616	0.710	0.779
	N6	0.625	0.709	
	N7	0.559	0.739	
	N8	0.570	0.748	
中介组织实力	Z1	0.692	0.828	0.860
	Z2	0.705	0.824	
中介组织收益	Z3	0.599	0.549	0.815
	Z4	0.619	0.622	
农户对合同的遵守程度	Q1	0.660	0.526	0.749
	Q2	0.535	0.613	
龙头企业实力	Q3	0.703	0.750	0.881
	Q4	0.712	0.736	
	Q5	0.680	0.789	

（续 表）

因素指标	问题项	校正项目总相关（CITC）	删除题目后的α值	α系数
龙头企业的收购价格波动程度	Q6	0.703	0.750	0.843
科研育种机构科研水平	Q7	0.703	0.750	0.857
	Q8	0.712	0.736	
	Q9	0.680	0.789	
政府补贴	W1	0.460	0.526	0.795
	W2	0.556	0.661	
	W3	0.613	0.638	
药材市场秩序	W4	0.760	0.526	0.827
	W5	0.613	0.688	
药材管理机制和法律法规	W6	0.460	0.526	0.727
	W7	0.613	0.388	
产业化	C1	0.632	0.856	0.872
	C2	0.512	0.868	
	C3	0.500	0.868	
	C4	0.603	0.858	
	C5	0.629	0.858	

从表4-3中可以看到，中介组织收益、中介组织实力、龙头企业实力、龙头企业的收购价格波动程度、科研育种机构科研水平、药材市场秩序和产业化水平的Cronbach α系数大于0.8，具有非常好的内在一致性信度；种植收益、种植成本、技术服务、农户对合同的遵守程度、政府补贴和药材管理体制与相关法律法规的Cronbach α系数大于0.7，也在可以接受的范围之内。而且每个测量问题项的CITC相关系数均大于0.5，因此，种植收益、种植成本、技术服务、中介组织收益、中介组织实力、农户对合同的遵守程度、龙头企业实力、龙头企业的收购价格波动程度、科研育种机构科研水平、政府补贴、药材市场秩序和药材管理体制与相关法律法规等问卷设计的问题项信度较高，具有很高的可靠性，可以通过信度检验。

综上所述，各因素指标的Cronbach α结果都较为理想，说明各因素所有题项的一致性非常好。因素的总体Cronbach α系数高达0.907，说明量表有着较高的内部一致性和量表信度，该测量工具具有较好的信度。

4.3.2 样本效度分析

本节利用SPSS18.0软件，采用因子分析方法对问卷量表的建构效度进行分析。一般情况下，KMO（Kaiser–Meyer–Olkin Measure of Sampling Adequacy）值在0.90以上被认为是极适合进行因素分析的，在0.80到0.90之间被认为是良好的；而在小于0.80且大于0.60的区间内是可以忍受的，在0.60以下则是勉强或不可接受的（Kaiser，1974）。本节选取KMO值大于0.6作为检验的标准。本节将对"柘荣太子参"产业化影响因素各变量逐一进行效度检验。

（1）农户影响因素的效度检验

运用SPSS18.0软件，对农户影响因素指标在量表中的问题项N1–N8进行KMO和Bartlett球体检验，结果如表4–4所示。

表4–4 KMO 和 Bartlett 的检验

KMO 抽样适度测定值		0.761
Bartlett的 球形度检验	近似卡方	167.902
	自由度df	28
	显著性Sig.	0.000

从表4–4的结果可知，对农户影响因素的问题项进行因子分析得到其KMO值为0.761，显著大于0.60；同时Bartlett球体检验显著性Sig.为0.000，小于0.001，满足因子分析的条件。

表4–5 农户影响因素的解释总方差

成 分	初始特征值			提取平方和载入	
	合 计	方差的 %	累 积 %	合 计	方差的 %
1	3.149	39.363	39.363	3.149	39.363
2	1.405	17.562	56.925	1.405	17.562
3	1.018	12.724	69.649	1.018	12.724
4	0.636	7.948	77.596		
5	0.525	6.558	84.155		
6	0.480	6.006	90.161		
7	0.418	5.224	95.385		
8	0.369	4.615	100.000		
提取方法：主成分分析					

从表4–5的结果可知，有三个成分的特征值大于1，农户影响因素指标得到

了3个因子，这3个因子共同解释了农户影响因素总方差的69.649%，总体上这3个因子的解释效果比较理想。

表4-6　农户影响因素的因子载荷矩阵

	成　分		
	1	2	3
N1　种植收益	0.362	0.760	−0.095
N2　种植收益	0.306	0.611	0.391
N3　种植成本	0.842	0.037	0.111
N4　种植成本	0.732	0.276	0.047
N5　技术服务	0.052	0.235	0.777
N6　技术服务	0.192	0.027	0.830
N7　技术服务	0.022	0.075	0.860
N8　技术服务	0.171	0.071	0.854

从表4-6可以清楚地看出问题项N1、N2在成分2上载荷系数较高，而这两个问题项主要反映的是种植收益，因此，可以将成分2命名为种植收益；同理，问题项N3、N4在成分1上载荷系数很高，这两个问题项主要反映了种植成本，因此，可以将成分1命名为种植成本；问题项N5、N6、N7、N8在成分3上载荷系数很高，而这四个问题反映的是技术服务，因此，可将成分3命名为技术服务因子。从因子分析的结果得出了农户因素分成了三个因子，与本章的假设模型和问卷设计的构思保持一致。

（2）中介组织影响因素指标效度检验

运用SPSS18.0软件，对中介组织指标在量表中的问题项Z1—Z4进行KMO和Bartlett球体检验，结果如表4-7所示。

表4-7　KMO 和 Bartlett 的检验

KMO 抽样适度测定值		0.608
Bartlett 的球形度检验	近似卡方	77.049
	自由度df	6
	显著性Sig.	0.000

由表4-7的结果可知，对中介组织影响因素的问题项进行因子分析得到其KMO值为0.608，大于0.60；同时Bartlett球体检验显著性Sig.为0.000，小于0.001，

满足因子分析的条件。

表4-8 中介组织影响因素解释的总方差

成 分	初始特征值			提取平方和载入	
	合 计	方差的 %	累 积 %	合 计	方差的 %
1	2.156	53.888	53.888	2.156	53.888
2	1.009	25.230	79.118	1.009	25.230
3	0.478	11.941	91.059		
4	0.358	8.941	100.000		
提取方法：主成分分析					

由表4-8可知，有两个成分的特征值大于1，中介组织影响因素指标得到了两个因子，这两个因子共同解释了中介组织影响因素变量总方差的79.118%，总体上这两个因子的解释效果比较理想。

表4-9 中介组织影响因素的因子载荷矩阵

	成 分	
	1	2
Z1 中介组织实力	0.880	0.158
Z2 中介组织实力	0.881	0.171
Z3 中介组织收益	0.120	0.882
Z4 中介组织收益	0.208	0.851

从表4-9可以清楚地看出问题项Z1和Z2在成分1上载荷系数很高，而这两个问题项主要解释的是中介组织实力，因此，可以将成分1命名为中介组织实力因子；同理，问题项Z3和Z4在成分2上载荷系数很高，这两个问题项主要反映了中介组织收益，可以将成分2命名为中介组织收益。从因子分析的结果得出了中介组织影响因素分成了两个因子，与本章假设模型和问卷设计的构思保持一致。

（3）龙头企业影响因素指标效度检验

运用SPSS18.0软件，对龙头企业影响因素指标在量表中的问题项Q1—Q9进行KMO和Bartlett球体检验，结果如表4-10所示。

表4-10 KMO 和 Bartlett 的检验

KMO 抽样适度测定值		0.837
Bartlett 的球形度检验	近似卡方	290.230
	自由度df	36
	显著性Sig.	0.000

由表4-10的结果可知，对龙头企业影响因素的问题项进行因子分析得到其KMO值为0.837，显著大于0.60；同时Bartlett球体检验显著性Sig.为0.000，小于0.001，满足因子分析的条件。

表4-11　龙头企业影响因素解释的总方差

成分	初始特征值			提取平方和载入	
	合　计	方差的 %	累　积 %	合　计	方差的 %
1	4.343	48.250	48.250	4.343	48.250
2	2.070	11.887	60.137	2.070	11.887
3	1.616	11.285	71.422	1.616	11.285
4	1.012	6.805	78.227	1.012	6.805
5	0.517	5.750	83.977		
6	0.465	5.166	89.143		
7	0.431	4.790	93.933		
8	0.299	3.323	97.256		
9	0.247	2.744	100.000		
提取方法：主成分分析					

从表4-11的结果可知，有四个成分的特征值大于1，龙头企业影响因素的指标得到了四个因子，这四个因子共同解释了龙头企业影响因素变量总方差的78.227%，总体上这四个因子的解释效果比较理想。

表4-12　龙头企业影响因素的因子载荷矩阵

	成　分			
	1	2	3	4
Q1 合同遵守程度	0.645	0.129	0.213	0.150
Q2 合同遵守程度	0.782	0.297	0.122	0.100
Q3 龙头企业实力	0.148	0.249	0.051	0.502
Q4 龙头企业实力	0.242	0.058	0.317	0.623
Q5 龙头企业实力	0.310	0.175	0.036	0.762
Q6 收购价格波动	0.051	0.364	0.786	0.345
Q7 育种科研水平	0.121	0.816	0.153	0.224
Q8 育种科研水平	0.379	0.755	0.117	0.416
Q9 育种科研水平	0.231	0.785	0.307	0.317

从表4-12可以清楚地看出问题项Q1、Q2在成分1上载荷系数较高，而这两个问题项主要反映的是龙头企业影响因素中农户对合同遵守的程度，因此，可以将成分1命名为合同遵守程度因子；同理，问题项Q3、Q4和Q5在成分4上载荷系数很高，这三个问题项主要反映的是龙头企业影响因素中的企业实力，因此，可以将成分4命名为企业实力因子；问题项Q6在成分3上载荷系数很高，而这个问题反映的是龙头企业影响因素的收购价格波动情况，因此，可将成分3命名为收购价格波动因子；问题项Q7、Q8和Q9在成分2上载荷系数很高，这三个问题项主要反映的是龙头企业影响因素中的育种科研水平，因此，可以将成分2命名为科研水平因子。从因子分析的结果得出了龙头企业影响因素分成了四个因子，与本章的假设模型和问卷设计的构思保持一致。

（4）外部环境因素指标效度检验

运用SPSS18.0软件，对外部环境因素指标在量表中的问题项W1—W7进行KMO和Bartlett球体检验，结果如表4-13所示。

表4-13 KMO 和 Bartlett 的检验

KMO 抽样适度测定值		0.807
Bartlett 的球形度检验	近似卡方	318.827
	自由度df	21
	显著性Sig.	0.000

从表4-13的结果可知，对外部环境因素的问题项进行因子分析得到其KMO值为0.807，显著大于0.60；同时Bartlett球体检验显著性Sig.为0.000，小于0.001，满足因子分析的条件。

表4-14 外部环境因素解释的总方差

成 分	初始特征值			提取平方和载入	
	合 计	方差的 %	累 积 %	合 计	方差的 %
1	4.190	59.860	59.860	4.190	59.860
2	2.030	14.719	74.579	2.030	14.719
3	1.619	8.849	83.429	1.619	8.849
4	0.433	6.186	89.615		
5	0.320	4.568	94.183		
6	0.237	3.389	97.572		
7	0.170	2.428	100.000		
提取方法：主成分分析					

从表4-14的结果可知，有三个成分的特征值大于1，外部环境因素的指标得到了三个因子，这三个因子共同解释了外部环境因素变量总方差的83.429%，总体上这三个因子的解释效果比较理想。

表4-15 外部环境因素的因子载荷矩阵

	成 分		
	1	2	3
W1 政府补贴	0.128	0.929	0.412
W2 政府补贴	0.394	0.796	0.234
W3 政府补贴	0.204	0.848	0.167
W4 市场秩序	0.869	0.172	0.057
W5 市场秩序	0.817	0.290	0.341
W6 管理体制和法律法规	0.154	0.214	0.844
W7 管理体制和法律法规	0.320	0.175	0.720

从表4-15可以清楚地看出问题项W1、W2和W3在成分2上载荷系数较高，而这三个问题项主要反映的是外部环境因素中的政府补贴，因此，可以将成分2命名为政府补贴因子；同理，问题项W4和W5在成分1上载荷系数很高，显著大于0.70，这两个问题项主要反映的是外部环境因素的药材市场秩序，因此，可以将成分3命名为市场秩序因子；问题项W6和W7在成分3上载荷系数很高，显著大于0.70，这两个问题项主要反映的是外部环境因素的药材管理体制和法律法规，因此，可以将成分3命名为管理体制和法律法规因子。从因子分析的结果得出了外部环境因素分成了三个因子，与本章的假设模型和问卷设计的构思相一致。

（5）产业化水平指标效度检验

运用SPSS18.0软件，对产业化水平指标在量表中的问题项C1—C5进行KMO和Bartlett球体检验，结果如表4-16所示。

表4-16 KMO 和 Bartlett 的检验

KMO 抽样适度测定值		0.827
Bartlett 的球形度检验	近似卡方	176.884
	自由度df	10
	显著性Sig.	0.000

从表4-16的结果可知，对产业化水平的问题项进行因子分析得到其KMO值为0.827，显著大于0.60；同时Bartlett球体检验显著性Sig.为0.000，小于0.001，满

足因子分析的条件。

表4-17 产业化水平解释的总方差

成 分	初始特征值			提取平方和载入		
	合 计	方差的 %	累 积 %	合 计	方差的 %	累 积 %
1	3.245	64.897	64.897	3.245	64.897	64.897
2	0.622	12.440	77.337			
3	0.457	9.138	86.476			
4	0.399	7.974	94.450			
5	0.278	5.550	100.000			
提取方法：主成分分析						

从表4-17的结果可知，只有一个成分的特征值大于1，产业化水平的指标只有一个因子，这个因子解释了产业化水平变量总方差的64.897%，总体上这个因子的解释效果比较理想。

表4-18 物理环境成分矩阵

	成 分
	1
C1 物理环境	0.793
C2 物理环境	0.779
C3 物理环境	0.833
C4 物理环境	0.822
C5 物理环境	0.799
提取方法：主成分分析法	

因为只有一个因子，无法进行正交旋转。由表4-18的成分矩阵可以清楚地看出问题项C1至C5在成分1上载荷系数都显著大于0.70，而这五个题项主要解释的是产业化水平指标，因此，可以将成分1命名为产业化水平因子。从因子分析的结果得出了产业化水平只有一个因子，与本章假设模型和问卷设计的构思一致。

综上所述，本节已经对样本数据的相关测量问题项进行了信度和效度的检验，调查问卷问题项的信度通过验证；在此基础上，对样本数据进行效度检验，调查问卷问题项的效度通过验证。

4.4 数据分析

4.4.1 相关分析

本部分主要是采用Person相关分析法，进行双侧显著性检验来判断"柘荣太子参"产业化影响因素与产业化水平及"柘荣太子参"产业化影响因素之间的相关关系，初步判断本章所提出的研究假设的基本状况。

通过表4-19（a）的结果表明中介组织收益和合同遵守程度与其他影响因素相关比较强，以及种植收益和种植成本与其他影响因素相关也比较强，其他各自变量之间基本上不存在高度相关。

表4-19（a）　相关性

		种植收益	种植成本	技术服务	中介组织实力	中介组织收益	合同遵守程度	龙头企业实力	收购价格波动	育种科研水平	政府补贴	市场秩序	管理机制和法律法规
种植收益	Pearson相关性	1	0.791**	0.580**	0.474*	0.759**	0.808**	0.713**	0.778**	0.809**	0.804**	0.841**	0.761**
	显著性（双侧）		0.000	0.000	0.000	0.000	0.000	0.000	0.000	0.000	0.000	0.000	0.000
	N	81	81	81	81	81	81	81	81	81	81	81	81
种植成本	Pearson相关性	0.791**	1	0.538**	0.583*	0.663**	0.743**	0.697**	0.718**	0.767**	0.770**	0.701**	0.669**
	显著性（双侧）	0.000		0.000	0.000	0.000	0.000	0.000	0.000	0.000	0.000	0.000	0.000
	N	81	81	81	81	81	81	81	81	81	81	81	81
技术服务	Pearson相关性	0.580**	0.538**	1	0.341*	0.397**	0.468**	0.554**	0.412**	0.551**	0.503**	0.559**	0.433**
	显著性（双侧）	0.000	0.000		0.002	0.000	0.000	0.000	0.000	0.000	0.000	0.000	0.000
	N	81	81	81	81	81	81	81	81	81	81	81	81
中介组织实力	Pearson相关性	0.474**	0.583**	0.341**	1	0.402**	0.413**	0.375**	0.430**	0.400**	0.442**	0.369**	0.453**
	显著性（双侧）	0.000	0.000	0.002		0.000	0.000	0.000	0.000	0.000	0.000	0.001	0.000
	N	81	81	81	81	81	81	81	81	81	81	81	81
中介组织收益	Pearson	0.759**	0.663**	0.397**	0.402**	1	0.745**	0.661**	0.731**	0.748**	0.721**	0.772**	0.666**
	显著性（双侧）	0.000	0.000	0.000	0.000		0.000	0.000	0.000	0.000	0.000	0.000	0.000
	N	81	81	81	81	81	81	81	81	81	81	81	81

（续　表）

		种植收益	种植成本	技术服务	中介组织实力	中介组织收益	合同遵守程度	龙头企业实力	收购价格波动	育种科研水平	政府补贴	市场秩序	管理机制和法律法规
合同遵守程度	Pearson	0.808**	0.743**	0.468**	0.413**	0.745**	1	0.770**	0.805**	0.837**	0.742**	0.806**	0.738**
	显著性（双侧）	0.000	0.000	0.000	0.000	0.000		0.000	0.000	0.000	0.000	0.000	0.000
	N	81	81	81	81	81	81	81	81	81	81	81	81
龙头企业实力	Pearson	0.713**	0.697**	0.554**	0.375**	0.661**	0.770**	1	0.726**	0.752**	0.736**	0.718**	0.666**
	显著性（双侧）	0.000	0.000	0.000	0.001	0.000	0.000		0.000	0.000	0.000	0.000	0.000
	N	81	81	81	81	81	81	81	81	81	81	81	81
收购价格波动	Pearson	0.778**	0.718**	0.412**	0.430**	0.731**	0.805**	0.726**	1	0.793**	0.771**	0.821**	0.750**
	显著性（双侧）	0.000	0.000	0.000	0.000	0.000	0.000	0.000		0.000	0.000	0.000	0.000
	N	81	81	81	81	81	81	81	81	81	81	81	81
育种科研水平	Pearson	0.809**	0.767**	0.551**	0.400**	0.748**	0.837**	0.752**	0.793**	1	0.789**	0.873**	0.753**
	显著性（双侧）	0.000	0.000	0.000	0.000	0.000	0.000	0.000	0.000		0.000	0.000	0.000
	N	81	81	81	81	81	81	81	81	81	81	81	81
政府补贴	Pearson	0.804**	0.770**	0.503**	0.442**	0.721**	0.742**	0.736**	0.771**	0.789**	1	0.804**	0.768**
	显著性（双侧）	0.000	0.000	0.000	0.000	0.000	0.000	0.000	0.000	0.000		0.000	0.000
	N	81	81	81	81	81	81	81	81	81	81	81	81
市场秩序	Pearson	0.841**	0.701**	0.559**	0.369**	0.772**	0.806**	0.718**	0.821**	0.873**	0.804**	1	0.761**
	显著性（双侧）	0.000	0.000	0.000	0.001	0.000	0.000	0.000	0.000	0.000	0.000		0.000
	N	81	81	81	81	81	81	81	81	81	81	81	81
管理机制和法律法规环境	Pearson	0.836**	0.788**	0.576**	0.465**	0.787**	0.863**	0.783**	0.853**	0.883**	0.842**	0.871**	0.788**
	显著性（双侧）	0.000	0.000	0.000	0.000	0.000	0.000	0.000	0.000	0.000	0.000	0.000	0.000
	N	81	81	81	81	81	81	81	81	81	81	81	81

**.在0.01水平（双侧）上显著相关

表4-19（b）　相关性

		种植收益	种植成本	技术服务	中介组织实力	中介组织收益	合同遵守程度	龙头企业实力	收购价格波动	育种科研水平	政府补贴	市场秩序	管理机制和法律法规	产业化水平
产业化水平	Pearson相关性	0.889**	0.782**	0.536**	0.452**	0.803**	0.891**	0.759**	0.871**	0.904**	0.858**	0.930**	0.910**	1
	显著性（双侧）	0.000	0.000	0.000	0.000	0.000	0.000	0.000	0.000	0.000	0.000	0.000	0.000	
	N	81	81	81	81	81	81	81	81	81	81	81	81	81

从表4-19（b）可知，"柘荣太子参"产业化各影响因素与产业化水平的关系中，种植收益、种植成本、技术服务、中介组织实力、中介组织收益、合同遵守程度、龙头企业实力、收购价格波动、育种科研水平、政府补贴、市场秩序管理机制和法律法规及产业化水平存在正相关关系（p＜0.01），且相关系数分别为0.889、0.782、0.536、0.452、0.803、0.891、0.759、0.871、0.904、0.858、0.930、0.910、1；通过以上分析和表4-19（b）的结果，初步验证了"柘荣太子参"产业化影响因素与产业化水平之间相关关系的假设模型。

4.4.2 回归分析

本部分在相关分析的基础上，进一步考察变量之间因果关系，主要的思路是，先采用强迫进入多元回归分析，得到全部的影响因素自变量与产业化水平因变量的回归模型，然后再用逐步回归分析方法建立影响因素与产业化水平之间的最终的回归方程，通过各影响因素对产业化水平的回归分析对模型的假设关系进行验证。

（1）回归模型的检验

本章主要针对多元线性回归的三大基本问题来对回归模型进行检验，判断样本数据是否符合回归分析的要求。

① 多重共线性

多重共线性是指一个或者多个自变量与其他自变量有线性关系。吴明隆（2010）指出可用容忍度（tolerance）、方差膨胀因子（VIF）和条件指针（CI）来判断变量间是否存在多重共线性[81]。一般而言，VIF介于0到10区间内表明回归模型不存在共线性问题；VIF介于10到100区间内，表明回归模型存在较强的共线性问题。容忍度是VIF的倒数其在0到1的区间内，越接近0，表示VIF越大，表明变量之间存在着很强的共线性。本章选取容忍度和方差膨胀因子作为判断回归模型是否存在共线性的指标。

② 序列相关

序列相关是回归模型中的不同的残差项之间具有相关关系。本章通过判断回归模型中的Durbin-Watson值（DW值）来检验模型的序列相关问题，检验的标准是：如果DW值在1.5至2.5的区间内（或者接近于2），那么可以判断误差项之间不存在自相关的现象。

③异方差

异方差是指因变量随着自变量的变化，方差存在明显的变化趋势，即模型中的不同的残差项之间具有不同的方差。本章利用散点图分布规律来判断回归模型是否存在异方差的现象。

（2）多元回归分析

本章先使用强迫进入的回归分析方法，将所有影响因素变量全部进入回归模型，分析本章先前建立的模型及提出的各项假设的验证情况，之后采用逐步回归分析法，确定最终的回归方程。

由表4-20（a）分析结果可知，所有变量的VIF值分布在1.626到9.560的区间内，均小于临界值10，因此可以判断回归模型不存在共线性的问题；由表4-20（b）所示，DW检验值为2.030，介于1.5到2.5的区间内且非常接近2，表明误差项之间不存在序列相关的现象，误差项基本上是独立的；通过以上分析可知，本章的回归模型通过检验。

表4-20（a） 回归系数与显著性系数检验表[a]

模型		非标准化系数		标准系数	t	Sig.	共线性统计量	
		B	标准误差	试用版			容差	VIF
1	（常量）	7.875	3.099		2.541	0.013		
	种植收益	0.275	0.148	0.115	1.864	0.067	0.175	5.703
	种植成本	0.005	0.140	0.002	0.034	0.973	0.238	4.210
	中介组织收益	0.007	0.134	0.002	0.049	0.961	0.503	1.990
	中介组织实力	0.049	0.118	0.014	0.416	0.678	0.615	1.626
	合同遵守程度	0.063	0.109	0.027	0.579	0.565	0.314	3.189
	龙头企业实力	0.518	0.139	0.224	3.719	0.000	0.186	5.386
	收购价格波动	0.214	0.173	0.058	1.240	0.219	0.304	3.292
	育种科研水平	0.254	0.134	0.108	1.901	0.062	0.210	4.770
	政府补贴	0.332	0.161	0.136	2.060	0.043	0.153	6.521
	市场秩序	0.300	0.141	0.119	2.123	0.037	0.213	4.686
	管理机制和法律法规	0.549	0.124	0.307	4.447	0.000	0.141	7.102

a. 因变量：产业化水平

表4-20（b）　模型汇总

模　型	R	R方	调整R方	标准估计的误差	R方更改	F更改	df1	df2	Sig.F更改	Durbin-Watson
1	0.977ª	0.955	0.946	1.09585	0.955	109.521	13	67	0.000	2.030

由表4-20（b）可知调整的判定系数R^2为0.946，与1很接近，表明模型的拟合优度很高，回归模型很大程度上解释了因变量产业化水平。由表4-20（c）结果显示：F统计量为131.522，概率P值为0.000，小于0.001，线性回归方程具有显著性，可以拒绝偏回归系数同时为零的假设。因此，因变量与自变量的线性关系显著，可用线性模型来描述产业化水平与各影响因素之间的关系。

表4-20（c）　Anova

模　型		平方和	df	均方	F	Sig.
1	回　归	1709.788	13	131.522	109.521	0.000
	残　差	80.459	67	1.201		
	总　计	1790.247	80			

由表4-20（a）可以建立如下线性回归方程：

产业化水平＝0.115×种植收益+0.002×种植成本+0.002×技术服务+0.14×中介组织收益+0.027×中介组织实力+0.224×合同遵守程度+0.058×龙头企业实力+0.108×收购价格波动+0.136×育种科研水平+0.119×政府补贴+0.307×市场秩序+0.099×管理机制和法律法规

但是在显著性水平为0.05的条件下，除了合同遵守程度、育种科研水平、政府补贴、市场秩序、法律法规外，剩余的变量的回归系数显著性检验的概率P值都大于0.05，表示这些变量的偏回归系数和0没有显著差异，与因变量的线性关系不显著，应该从方程中剔除。下面采用逐步回归方法重新确立回归方程。逐步回归分析的结果如表4-21所示。

表4-21（a） 模型汇总

模型	R	R方	调整R方	标准估计的误差	更改统计量					Durbin-Watson
					R方更改	F 更改	df1	df2	Sig.F更改	
1	0.930a	0.865	0.864	1.74606	0.865	508.213	1	79	0.000	
2	0.960b	0.922	0.920	1.33592	0.057	56.954	1	78	0.000	
3	0.969c	0.938	0.936	1.20067	0.016	19.562	1	77	0.000	
4	0.972d	0.944	0.941	1.14446	0.006	8.749	1	76	0.004	
5	0.974e	0.948	0.945	1.11381	0.004	5.240	1	75	0.025	
6	0.975f	0.951	0.947	1.08983	0.003	4.337	1	74	0.041	
7	0.976g	0.953	0.949	1.06802	0.003	4.054	1	73	0.048	2.120

从表4-21（a）可知，经过了七步完成回归方程的建立，得到的第七个模型为最终确定的模型。在逐步回归的过程中方程的拟合优度逐渐提高，同时自变量对因变量的解释量也在提高。

表4-21（b） Anova

模型		平方和	df	均　方	F	Sig.
1	回　归	1549.398	1	1549.398	508.213	0.000a
	残　差	240.849	79	3.049		
	总　计	1790.247	80			
2	回　归	1651.042	2	825.521	462.561	0.000b
	残　差	139.205	78	1.785		
	总　计	1790.247	80			
3	回　归	1679.243	3	559.748	388.281	0.000c
	残　差	111.004	77	1.442		
	总　计	1790.247	80			
4	回　归	1690.703	4	422.676	322.705	0.000d
	残　差	99.544	76	1.310		
	总　计	1790.247	80			
5	回　归	1697.204	5	339.441	273.615	0.000e
	残　差	93.043	75	1.241		
	总　计	1790.247	80			
6	回　归	1702.355	6	283.726	238.881	0.000f
	残　差	87.892	74	1.188		
	总　计	1790.247	80			

（续　表）

7	回　归	1706.979	7	243.854	213.784	0.000g
	残　差	83.268	73	1.141		
	总　计	1790.247	80			

表4-21（c）　回归系数与显著性系数检验表[a]

模　型		非标准化系数		标　准系　数	t	Sig.	共线性统计量	
		B	标准误差	试用版			容　差	VIF
1	（常　量）	1.252	1.136		1.102	0.274		
	市场秩序	1.665	0.074	0.930	22.544	0.000	1.000	1.000
2	（常　量）	16.349	2.181		7.495	0.000		
	市场秩序	1.083	0.096	0.605	11.334	0.000	0.350	2.861
	合同遵守程度	0.933	0.124	−0.403	−7.547	0.000	0.350	2.861
3	（常　量）	12.891	2.110		6.108	0.000		
	市场秩序	0.853	0.100	0.477	8.490	0.000	0.256	3.913
	合同遵守程度	−0.797	0.115	−0.344	−6.912	0.000	0.325	3.080
	政府补贴	0.552	0.125	0.219	4.423	0.000	0.328	3.046
4	（常　量）	10.482	2.170		4.830	0.000		
	市场秩序	0.789	0.098	0.441	8.044	0.000	0.243	4.109
	合同遵守程度	−0.715	0.113	−0.309	−6.311	0.000	0.305	3.275
	政府补贴	0.421	0.127	0.167	3.314	0.001	0.288	3.469
	管理机制和法律法规	0.294	0.099	0.139	2.958	0.004	0.331	3.022
5	（常　量）	9.015	2.207		4.084	0.000		
	市场秩序	0.709	0.102	0.396	6.963	0.000	0.214	4.668
	合同遵守程度	−0.635	0.116	−0.274	−5.488	0.000	0.277	3.605
	政府补贴	0.343	0.128	0.136	2.677	0.009	0.268	3.732
	管理机制和法律法规	0.260	0.098	0.123	2.661	0.010	0.323	3.092
	种植收益	0.312	0.136	0.131	2.289	0.025	0.213	4.699
6	（常　量）	7.266	2.317		3.136	0.002		
	市场秩序	0.608	0.111	0.340	5.492	0.000	0.173	5.768
	合同遵守程度	−0.543	0.122	−0.235	−4.470	0.000	0.241	4.152
	政府补贴	0.304	0.127	0.121	2.395	0.019	0.262	3.816
	管理机制和法律法规	0.243	0.096	0.115	2.529	0.014	0.321	3.115
	种植收益	0.301	0.133	0.126	2.254	0.027	0.212	4.706
	育种科研水平	0.309	0.149	0.127	2.083	0.041	0.178	5.619

（续　表）

模　型		非标准化系数		标　准系　数	t	Sig.	共线性统计量	
		B	标准误差	试用版			容　差	VIF
7	（常　量）	5.974	2.360		2.532	0.014		
	市场秩序	0.554	0.112	0.310	4.959	0.000	0.163	6.119
	合同遵守程度	−0.474	0.124	−0.205	−3.829	0.000	0.223	4.494
	政府补贴	0.264	0.126	0.105	2.101	0.039	0.256	3.911
	管理机制和法律法规	0.213	0.095	0.101	2.234	0.029	0.313	3.193
	种植收益	0.292	0.131	0.122	2.232	0.029	0.212	4.712
	育种科研水平	0.299	0.146	0.123	2.050	0.044	0.178	5.626
	收购价格变动	0.243	0.121	0.103	2.013	0.048	0.244	4.092
a.因变量：产业化水平								

表4-21（b）中的第七个模型是最终的方程，模型中的F统计量为243.854，概率P值为0.000，小于0.001，线性回归方程具有显著性。因此被选入的影响因素与产业化水平之间具有显著的线性关系。根据表4-21（c）可以确定最终的回归方程是：

产业化水平＝0.310×市场秩序−0.205×合同遵守程度+0.105×政府补贴+0.101×管理机制和法律法规+0.122×种植收益+0.123×育种科研水平+0.103×收购价格变动。

4.5 小结

本节主要是对第3节提出的影响因素模型进行实证研究。首先，对回收来的问卷数据进行描述性统计，发现样本对象分布比较均匀，不会对研究造成系统性的偏差。其次，通过对量表问题项的信度与效度的分析，对量表问题项的可靠性和稳定性进行检验，运用因子分析方法对量表问题进行建构效度的检验。然后，对产业化各影响因素之间及它们与产业化水平进行相关性分析，结果发现，自变量与因变量之间存在较强的相关关系。最后，通过多元回归方法来验证自变量与因变量之间的实质关系。由此得出结论：市场秩序、合同遵守程度、政府补贴、管理机制和法律法规、种植收益、育种科研水平、收购价格变动与产业化水平有显著的线性关系，是影响产业化水平的重要因素，其他因素对产业化水平的影响一般。

5. 小结

5.1 实证分析结果讨论

本章通过对相关文献的研究，将"柘荣太子参"产业化影响因素分成农户因素、中介组织因素、龙头企业因素和外部环境因素四个方面，设计了影响产业化水平的因素模型和研究假设，然后通过问卷调查对"柘荣太子参"产业化的影响变量关系进行实证分析并对提出的假设进行验证，具体的结果讨论如下。

5.1.1 农户因素和中介组织因素与"柘荣太子参"产业化水平的关系

根据相关分析的结果可知，在"柘荣太子参"产业化中农户和中介组织涉及的影响因素与产业化水平具有相关关系。在显著性水平为0.01条件下，种植收益、种植水平、技术服务、中介组织实力与产业化水平有较强的正相关关系，验证了本章前面提出的假设。在强迫进入回归分析时，种植收益、种植成本、技术服务、中介组织实力与产业化水平的标准化系数分别为0.115、0.002、0.002、0.014，只有种植收益在显著性水平为0.05的条件下，被逐步回归方法筛选得到，因此种植收益是影响"柘荣太子参"产业化的效果的重要因素，其他三个为一般因素。

5.1.2 龙头企业因素与"柘荣太子参"产业化水平的关系

根据相关分析的结果可知，在显著性水平为0.01条件下，龙头企业实力与产业化水平成较强的正相关关系，验证了本章前面的假设。在强迫进入回归分析时，收购价格波动、合同遵守程度、龙头企业实力与产业化水平的标准化系数分别为0.027、0.224，0.058，只有合同遵守程度在显著性水平为0.05的条件下，才能被逐步回归方法筛选得到，因此合同遵守程度是影响"柘荣太子参"产业化的效果的重要因素，其他两个为一般因素。

5.1.3 外部环境因素与"柘荣太子参"产业化水平的关系

根据相关分析的结果可知，在显著性水平为0.01条件下，外部环境因素与产业化水平均具有较强的相关关系。在显著性水平0.01条件下，育种科研水平、政府补贴、药材市场秩序、药材管理机制和法律法规的相关系数均超过0.800，因此外部环境涉及的各因素与产业化水平成较强的正相关关系，验证了本章前面的假设。同时，在强迫进入回归分析时，政府补贴、药材市场秩序、药材管理机制和法律法规与产业化水平的标准化系数分别为0.136、0.119、0.307，因此外部环境的三个因素政府补贴、药材市场秩序、药材管理机制和法律法规是影响"柘荣太子参"产业化的效果的重要因素。

本章通过问卷调查实证研究了"柘荣太子参"产业化影响因素，并对前文提出的假设进行验证。研究结论如表4-22示。

表4-22 研究假设的检验结果

假　设	内　容	结　论
H1	种植收益与产业化水平正相关	支　持
H2	种植成本与产业化水平正相关	支　持
H3	技术服务与产业化水平正相关	支　持
H4	中介组织收益与产业化水平正相关	不支持
H5	中介组织实力与产业化水平正相关	支　持
H6	农户对合同的遵守程度与产业化水平正相关	支　持
H7	龙头企业实力与产业化水平正相关	支　持
H8	龙头企业的收购价格变动程度与产业化水平正相关	支　持
H9	育种机构科研水平与产业化水平正相关	支　持
H10	政府补贴与产业化水平正相关	支　持
H11	药材市场秩序与产业化水平正相关	支　持
H12	药材管理体制和法律法规与产业化水平正相关	支　持

5.2 促进"柘荣太子参"产业化的对策与建议

农业的产业化是达到中国农业实现现代化目标的重要途径。因为我国农民人数众多，土地相对匮乏，所以只有不断加快发展农业产业化，才能够让农民有更多的发展。但同时也应该意识到，我国地域广阔，地域性差别大，在实施农业产业化的进程中，特别需要注意地域差别、具体农产品的特性差别，走出带着区域特色的农业产业化道路。本章通过对"柘荣太子参"产业化的研究，进而对"柘荣太子参"产业化影响因素进行分析并提出研究模型和假设，然后对其进行验证，最后提出相应的解决意见，希望据此对柘荣县太子参的产业化所存在的问题以及产业化的发展提供实践意义，促使柘荣县太子参产业发展成为国际闻名的太子参产业基地。

5.2.1 加大推广生产技术标准化的力度，提高"柘荣太子参"的品质

近几年，我国民众总体生活水平不断提升，包括太子参在内的大多数农产品质量安全的问题已逐步成为公众关心的焦点。同时，由于全球经济的一体化和我国中药材加快走向世界的进程，使得这类产品的质量安全问题成为产业可持续发展的首要问题。虽然柘荣县具有较好的地理环境因素，能够充分发挥其在太子参产业的优势地位，但是太子参的种植是以千万家农户为基础，因为农民文化水平普遍较低，对于一些农业投放品，如农药化肥的投放仍然有很多不合理甚至是错误的地方。为此，应该加强对太子参标准化栽培的力度，规范化农户对农药化肥等的使用，保证太子参的绿色环保，尽量做好对太子参农药残余物等有害物质的控制，从而全面提高"柘荣太子参"的质量，生产出质量有保障、安全有保证，既高效又可控的太子参品种。

5.2.2 加大资金投入，发展科技和教育

首先，加强生产技术培训，提高从业人员的知识和业务素质。一方面，对全县农业技术人员进行全面系统的技术技能培训，提高他们的专业技术水平，从而为农户提供更好的服务；另一方面，对种植的农户、营销人员进行有针对性的实用技术培训，以提升生产技术的水平。

加强与院校科研机构合作，开发太子参深加工产品，提升太子参的科技含量、增加其附加值、延伸太子参产业链，从而做好"柘荣太子参"产业。要重视利用省农科院和福建农林大学丰富的人才、科研资源，加大政府财政投入，建设先进的太子参研究和开发基地，支持太子参种质资源的收集、保存、评价、利用和品种选育等基础性、长期性的工作[82]。这方面，发达国家的做法是值得借鉴的。该县设有很多研究推广中心，专门从事应用研究和技术推广工作。中心的研究人员还负责对当地农业公司、农场和包装间的技术人员进行培训和

指导，固定时间进行农田的信息交流和处理。总而言之，要保证福建在太子参领域能够充分应用先进的科研力量，为实现产业化作保障[84]。

5.2.3 通过培育龙头企业促进"柘荣太子参"产业化

实行"龙头企业+中介组织+基地+农户"的模式组织生产，加强推进太子参产业化经营，一方面可以促使农户太子参栽培的标准化，另一方面还可以充分发挥龙头企业在基地建设、开拓市场、产品研发、加工增值等多方面的优势，从而加快柘荣太子参的产业化。除此之外，还应重点培育闽东力捷迅、福建天人药业、福建广生堂等龙头企业，从而带动全县太子参产业的发展[45]。

5.2.4 注重开发，延伸太子参产业链

政府应鼓励县内优势药业企业，如力捷迅、广生堂、天人药业等企业，以企业为主体，高等院校和科研单位为依托的产、学、研相结合，形成相互渗透、互为补充的太子参新药研究开发体系，创制并发展太子参深加工产品，从而提高太子参附加值。虽然柘荣县内的药业企业也长期从事太子参深加工，如力捷迅、广生堂等还相继开发复方太子参颗粒、"好味口"太子参含片，使企业的太子参附加值显著提高，但与省外的太子参加工企业相比，差距甚远。以江西省的江中制药以例，其太子参深加工产品——"江中"牌健胃消食片，年产值就达5亿多元，为此，政府应扶持优势太子参企业，走太子参深加工研发道路，从而做好"柘荣太子参"产业[45]。

第五章

漳浦县六鳌特色小镇
主导产业选择及其发展策略

1. 前言

1.1 研究背景

2014年3月16日，新华社发布中共中央、国务院印发的《国家新型城镇化规划（2014—2020年）》，提及"帮助中小城市得到快速发展，也是改善城镇规模结构的关键点，小城镇在发展过程中应该借用城镇内外的优质资源来促进小城镇的特色产业得到进一步发展"。我们应该将特色当作小城镇发展的重点，而随着城市化进程的不断加快，也使得小城镇特色变为了自身发展的重要渠道。由于小城镇都在向特色方向发展，更多小城镇应该关注如何在发展过程中融合特色产业开发、疏解大城市中心城区功能、服务"三农"、特色产业链开发等工作，逐步提升国内社会大众的生活品质、改善城镇生态环境、体现出城镇产业具备的特色、促进城镇群体协调发展。然而，通过了解当下特色小镇主导产业的发展状态可以发现，其产业特色的独特性不强，没有有效运用人才扶植政策，未加大力度开展公共基础设施的配套建设工作，也没有深入挖掘、开发特色小镇的主导产业等。另外我国特色小城镇确定的主导产业以及发展模式也都比较类似，多数都在复制大城市，品牌效应不佳。

为此，本章以漳浦县六鳌特色小镇主导产业选择及发展为分析对象，按照产业集聚理论，进一步研究了该小镇选择主导产业的具体缘由，分析了其中涉及的相关问题以及相关影响因素，提出加强该小镇主导产业选择力度、帮助其主导产业开展建设工作的相关措施。

1.2 研究意义

1.2.1 选题目的

（1）经过研究六鳌特色小镇主导产业以及发展情况，获取当下影响该小镇主导产业以及发展的相关因素。

（2）按照产业集聚理论，进一步汇总分析国内以及国外特色小镇主导产业的选择与建设情况，并运用整合分析方式来确定六鳌镇开展特色小镇建设工作、选择主导产业的方式。

（3）研究六鳌镇开展特色小镇建设工作的发展趋势以及定位问题，可有效提升特色小镇选择主导产业的准确度，并助力其主导产业得到更好发展。

1.2.2 选题意义

当前有关特色小镇产业选择上的研讨工作还有待深入研究，涉及的问题过多，而面对六鳌特色小镇产业选择的有关研究成果不多。为此，本章把特色小镇产业选择当成了分析对象，经过理论性分析，可丰富特色小镇主导产业建设选择的相关理论。

六鳌特色小镇产业很多，需要保障特色资源开发、滨海旅游业发展、海洋食品开发、文化古迹保护等工作顺利开展，并需要重视其中涉及的风险和职责。然而，该小镇各个建设阶段中出现的不同问题，并不利于该小镇主导产业的选择、建设和发展，本章采用案例分析方式，研究影响六鳌特色小镇主导产业选择以及发展状况的相关因素以及出现影响因素的缘由，运用理论和实践相关结合的方式，助力六鳌经济发展。尽快开展六鳌特色小镇主导产业建设工作，研讨出可帮助六鳌特色小镇主导产业在将来能够获得更大发展的有效对策。可见，通过开展此项研究工作，对于其他类似小镇的发展和特色产业选择来说，也会带来较大的参考价值。

1.3 文献概述

目前，国内以及国外在此方面的研究成果很多。本章在知网中将"特色小镇建设"当作关键词时，可以在知网中获得1944个相关资料，并且都涵盖在期刊中，这些资料基本上都在分析特色小城镇开展建设工作中的具体环境、发展策略、创新模式、当下状态、路径优化措施等内容。另外，把"特色小镇主导产业"当成关键词时，能在知网上寻获的资料数量共计7个，主要是在研究特色小镇主导产业的多元融合方式、支撑产业上的问题。

1.3.1 国外文献综述

（1）相关特色小镇研究

19世纪初，欧美经济发达国家的城镇化水平已经非常高，尤其是20世纪70年代之后，城镇化发展模式出现了不同种类，并逐渐面向特色城镇化方向发展，也积累了较多成功经验。

哈里斯（Harris）和乌尔姆（.Ulman，2006）通过共同研究，提出了有关城镇化发展的新见解。他们认为，城市布局基本上属于多核心模式，在城镇布局中需要展现出自身的核心特点，并按照功能进行分类，也可以理解为，为了获得最大收益把功能分区集中进行分布，而此类见解也在推崇面向"特色"城镇化的发展方向。纲纳·缪达尔（Myrdal，2007）通过研究，提出应循环积累因果关系理论，在该理论中需要关注经济和社会这两个可以相互影响的因素，而经济发展也需要运用社会资本，让资本和劳动力面向规模化发展，并不断加快城镇化进程。伯吉斯（2011）是美国的一位社会学家，他通过对比分析不同的人口类型以及地区类型，提出了有关城镇的"中心论"，并依据城市结构特征来研究各个城镇发展过程中出现的变化，展示出和城镇化特色有关的内容。

由于大家都在关注城镇化中涉及的"特色"问题，其体现出的作用也获得了人们的重视。特维达尔（Tveitdal，2004）在研究发展中国家城镇化问题后得出，城乡二元结构会导致农村地区的劳动力面向城市流动，可展示出城市具备的一定优势，也可以让大家了解到城市和农村地区相互之间的区别，而出现此现象的主要缘由在于，城市拥有自身"特色"，因而在城镇建设过程中，应该体现出城镇特色，让城乡获得更强的竞争实力。Fields（2005）通过分析提出，城市在经济互动中，城镇应该被看作是城市的一部分，而不同城镇需要对应的经济实体也各不相同，这些区别也将体现在各个经济实体相关之间，并形成竞争性，另外对于特色竞争优势来说，还会获得更多资本、人才、技术，并展现出"特色"带来的价值。

随着城镇化问题的深入研究，多数学者也都在研究如何将地区特色、旅游特色运用到小城镇建设中，并正在进一步研讨特色产业、特色旅游和城镇化发展相互之间的联系。罗伯特·马德拉戈（Robert Madrigal，1995）分析了城镇化建设过程中如何运用特色旅游资源的发展模式后提出，政府需要关注小城镇旅游发展问题，并为了促进其良好发展体现出社区加入相关工作的主动性同时还要重视社区的收益，而宏观层面上设定的旅游战略对于开展具体工作来说并不能带来更大价值。格雷厄姆·帕莱特（Graham Parlett，1995）等人共同对英国爱丁堡历史古镇旅游业开展实地调查工作以后提出，该地区旅游业发展对本地以及相关产业可以体现出乘数效应，而本地旅游业也有助于当地经济快速发展，并可以成为该地区的主要产业。约翰·阿卡纳（John Akana，2007）站在发展中国家的角度，研讨了旅游和国家社会经济相互之间具备的关联性，这将有助于经济发展状态不佳的农村得到更快发展，体现出城镇旅游带来的关键价值。

国外有关特色小镇的研究起步较早，主要因为欧美国家开展城镇化建设工作比较早，所以相关研究也随之展开。同时欧美国家开展城镇化建设工作的时间较长，特别是21世纪之后，小城镇建设给城市化发展带来了极大的促进作用，而美国、加拿大、德国、法国、意大利、英国、澳大利亚、日本等国家历经长时间发展后，更加关注特色小城镇的建设工作。国外关于特色小镇的研究非常广泛，既有针对概念和特征的研究，也有针对小镇"特色"的研究，还有针对特色小镇发展模式的研究。国外在特色小镇建设中已经具备了较高水平、积累了较多成功经验，并在其中获取了相当多的研究成果，已经形成了特色小镇理论研究体系，值得学习借鉴。

（2）主导产业研究

早期提出主导产业定位理论的是罗斯托。他在研究该理论的过程中认为，不管在哪个国家，都是通过某个产业来发展经济，并逐步带动其他产业共同发展，并以此方式不断提升经济的增长幅度，而起到带领作用的产业或者部门也被称为主导产业或者主导部门。另外，在该理论中，还把经济部门分成了不同类型，其中分别涵盖了衍生增值部门、辅助增值部门、主导增值部门。在主导部门内，应该体现出产业联动效应、提升增长率、运用比较先进的技术，而在经济发展过程中，还应对该部门进行优化改进。为此，主导部门应该展现出较高增长率、技术创新能力、良好辐射联动效应。

主导产业运作各个阶段，需要运用比较优势理论。此理论是亚当·斯密以及李嘉图共同分析以后提出的，其中涉及了两个成本理论，它们分别为"绝对成本理论"及"相对成本理论"。以赫克歇尔及俄林为典型代表提出的H-O理论，也是该理论在第二个时期得以发展的关键。而在第三个时期，则主要运用了阶段比较优势理论和新贸易理论。由于经济发展水平显著提高，单一运用比较优势理论体现出的作用开始减弱，因而逐步出现了产品生命周期理论、人力资本理论等。

在主导产业选择标准和评估上，筱原三代平作为一名日本的学者通过研究提出了"筱原两基准"理论，并成了主导产业选择分析的依据，而"两基准"可以理解为，生产率上升基准及收入弹性基准。通过分析收入弹性基准可以发现，它的作用在于研究人均收入增长率和需求增长率之间的占比情况，而获得的占比数据可以显示出不同产业需求量和社会大众收入水平相互之间的关联关系。当收入弹性基准高于1时，人均收入攀升，并有助于增加产业需求，并且产业需求的增加效果也会好于收入提升情况。收入弹性基准中的弹性数值攀升时，可说明产业需求会增加，相反状态时则会提升国内居民收入、减少产业需求。

国外对主导产业的研究起步早，研究时间长，研究的视角广，研究比较深入，研究的重点在主导产业的选择标准、主导产业选择的理论基础以及主导产业评估等方面，侧重于理论研究，并已经取得了很多有用的研究成果，形成了主导产业研究理论体系。

1.3.2 国内研究综述

（1）有关特色小镇的研究

在国内城镇化发展过程中，20世纪50年代开始出现了城市化，然而受到历史因素的影响，其发展收效不佳。改革开放后，城镇化工作开始引起大家的重视，并在政策、社会、经济等有利因素的促进下，逐步提高了城镇化发展水平和发展速度。而在城镇化发展过程中，国内相关专家和学者也进一步对城镇化发展进行了研究，并拓展了研讨范畴。

其中一些研究侧重特色小镇的分类和特征方面，例如，仇丽萍（2017）通过分析认为，特色小镇涉及的类型很多，分别为历史文化类型、时尚创意类型、城郊休闲类型、特色产业类型、新兴产业类型、交通区位类型、生态旅游类型、资源禀赋类型、高端制造类型、金融创新类型，而这些类型的小镇也需要按照需求进行选用，并体现出其特色。周觅（2017）通过研究得出特色小镇应具备展现发展实力、建设观念、本质含义等特征，当阐述了有关非区非镇的含义以后，他还提倡集中运用建设资源，创建更好的生态环境，采用可持续发展、保护生态、紧凑布局的建设观念，逐步优化分配高端资源，运用信息互联网和高效交通网络等，促进特色小镇建设能够和自身依靠的大城市功能在优势上实现对接。

还有一些研究侧重于特色小镇融资方面，重点研究特色小镇与PPP结合。例如，宋眉（2017）通过研究提出，在建设特色小镇的过程中，需要关注社会影响力以及区域效应，运用共享招商引资模式来开展相关招商工作。在投资融资方式上，应该把项目投资当成关键，采用城市投资以及旅游投资方式，积极促进不同投资平台之间合作发展，运用的框架模式为基金资金+PPP开发资金+城市投资+旅游投资。宋喜锋（2017）通过分析提出，开展特色小镇建设工作的过程中，需要关注到投融资模式的可持续状态，其中也涉及了如何把开发性银行投资、PPP开发、基金、政府贴息、商业银行信贷等运用到农业、文娱以及景点的开发建设中，并确保社会公共福利以及基础设施建设工作正常开展，而在外部资源中，还需要吸收更多大品牌和知识产权等。陈磊（2017）通过研究认为，特色小镇在运营的各个阶段，政府需要给予大力帮助，例如创建特色小镇相关产业项目，为精准扶贫、产业基金、PPP项目等投入更多资金并制定有利政策。

另外一些研究侧重于特色小镇产业发展。例如，黄莹（2017）通过研究撰写了《江苏省首个"互联网小镇"——石塘人家的特色之道的探索》，站在准确治理、文化和旅游、产业经济、开发规划的视角，研究了该地区具备的特色，并十分关注小镇创新体系如何适应本地发展的问题，展现出小镇运行机制的网络化、平台化、主体的智库化以及多元化。李妍、马丽斌、刘婷婷、唐敏（2017）通过共同研究撰写了《绿色发展理念下PPP支持河北特色小城镇发展的创新对策》，在其内容中提到，开展特色小镇建设过程中，应该关注三个准则，它们分别为深化改革、按照市场运作、体现特色。另外，在开展实际工作中应该避免运用同样形式，按照产业以及市场运作情况，依据发展目标来开展相关工作，不能以违法违规方式进行圈地运动，需要体现出自身特色，不应该设定强制性建设标准。傅小敏（2017）通过分析发现，在建设特色小镇的休闲聚集区过程中，需要运用和消费有关的聚集效应维护当下消费群体，并不断拓展消费。另外，应该同时开展产业联动网络和居住区集群这两项建设工作，在开展产业联动网络的建设时应该关注中心小镇拥有的辐射性，并以此来促进特色产业以及旅游产业得到发展，逐步构建特色产业集群，为本地带来更多的就业岗位。而在发展居住区集群时，还应该把农村以及小镇居民区逐步变为特色产业得以发展的居住地以及游客住宿区等。

一些研究侧重特色小镇建设策略方面。例如，罗珊（2017）经过分析认为，特色小镇发展过程中，应该将企业当成主体，把小镇当作核心，让政府提供更多有利政策，设定出休闲集中区、产业联动网、居住聚集群、社区配套网、核心产业园区等，而政府还应该准确地定位小镇、科学进行规划、开展项目服务审批工作以及基础设施建设工作等，并积极促进本地和相关企业共同得到发展。郁建兴、张蔚文、高翔、李学文、邹永华、吴宇哲（2017）等人通过共同研究认为，在选择特色小镇模式时，需要具备产业开发潜质、特色、发展条件，形成多个产业共同发展，并按照第三产业为重点，逐步改变生态环境、生活环境、生产环境，重视特色村镇的基础服务工作、产业培育工作、环境建设工作，逐步完善水电气暖、道路修建、环境整治等工作。

国内关于特色小镇的研究比国外晚，主要因为国内特色小镇建设起步较晚，随着特色小镇建设的不断展开，国内关于特色小镇的研究也在逐渐增多，大部分业内专家都提出了自身重要见解，不断完善了特色小镇建设理论体系。目前，国内在特色小镇相关研究中主要研究特色小镇分类、特征、融资、产业发展和建设策略，并研究取得了一些成绩。本章可以借鉴其中比较成熟的研究成果，为本章的研究提供研究思路和理论支持。

（2）有关主导产业的研究

国内相关专家学者在开展主导产业研究工作时，多数都将罗斯托理论当作依据，并且获得了不同的研究结果，一些学者认为主导产业主要是为了展现出其联动辐射效应，而不是产业结构占据的比例，另有专家则提出，只有产业结构中主导产业占据的比例较高，才会有助于其他产业共同发展。一般来说，特色小镇拥有的规模不大，用地面积小，涉及的产业数量不多，因而产业结构内的主体应该面向构建产业链的发展。本章比较认可第二种见解，认为特色小镇应该将联动效应以及产业占比相互结合起来，运用产业服务以及产业应用来促进特色产业快速发展。

20世纪80年代，我国开始关注主导产业选择问题，并研究了国内以及国外产业定位的相关实例，提出了有关三基准以及四基准等理论。在开展此类研究工作的过程中，重点分析了运作机制、产生环境、自身特点对主导产业变动规律以及构建环境带来的影响力。例如，刘克利经过研究湖南主导产业，运用主成分分析法来设定相关定位模型，而赵其国等人通过共同研究运用了密切值法模型、构造评价指标开展了相关研讨工作，进一步分析、评估了乡镇地区主导产业的定位方式。另外，谢奉军通过运用层次分析法来设定模型，研究了政府产业定位在各个时期体现出的价值，并设定了前期时期、选择时期、调整时期、评价时期等。

由于国内关于主导产业的研究相比国外较晚，在研究中主要借鉴国外的研究成果。但是近年来随着主导产业逐渐被重视，相关的研究已有很多。在中国知网，以主导产业作为主题进行检索，从2000年1月至2017年6月，有19821篇相关文献。这些研究将为本章开展特色小镇主导产业选择以及发展的研究工作提供更多有效依据。

（3）特色小镇主导产业选择的相关研究

特色小镇主导产业选择的相关研究和本章的研究比较接近，相关的研究不是很多，但其中有一些研究取得了一定的研究成果，值得学习借鉴。特色小镇的发展离不开特色产业的支撑，特色小镇的发展也是特色产业的选择、规划、培育、形成集群和产业品牌的过程。特色小镇的发展首先要进行特色产业的选择，特色产业选择工作是特色小镇发展建设的首要工作。国内通过研究下发了《关于加快特色小镇规划建设的指导意见》，其内容提及，特色小镇在发展过程中，需要获得信息经济、实体经济、制造业、环保事业的支持，并完善相关基础配套设施，按照本地情况来确定主导产业，设定自身发展战略，促进产业、文化、旅游共同发展，通过产业发展来助力经济发展、提升社会大众生活品质。

特色小镇发展中要改善产业结构、确定主导产业。这个过程中需要考虑环境因素，涉及地理位置、天气、矿产等因素。而为了促进区域经济进一步发展，还需要考虑周边环境，提高资源使用率，让人类和自然都能和谐发展。特色小镇在发展中要提升自身竞争实力，需要运用独特的发展模式，不但需要关注经济收入问题，还需要重视主导产业的创建工作，并将其当作特色小镇发展战略中的关键点。为了展示出自身竞争优势，还需要关注本地的自身优势、潜力、辐射力，创建出自身产业品牌。而政府以及相关单位也需要了解到，促进优势产业发展可构建出本地特色，以便大家进行识别，帮助本地经济得到快速发展。为了成为一个特色小镇，应该关注自身独特性，形成其他地区不具备的产业独特性，运用本地资源优势、历史底蕴、风俗文化等创建自身产业品牌。

周子晟（2017）通过研究认为，特色小镇在建设过程中需要依据旅游以及特色产业来发展休闲区以及产业园区，并构建出产业、社区、居住综合发展的建设开发构架，而特色小镇开发建设的关键点为设定出符合本地发展的特色产业。主导产业选择不能脱离小镇实际。一些特色小镇在主导产业选择过程中并不是依据小镇自身优势，而是盲目跟风，盲目照搬其他地区的成功经验，确立自己的主导产业。例如现在很多小镇将旅游业作为主导产业，投入大量资金和人力兴建旅游设施，搞旅游开发。但是一些小镇并没有优质的旅游资源，旅游产业作为主导产业并不合理，主导产业的选择脱离本地实际。

于新东（2015）提出特色小镇产业选择既是一个空间问题，也是一个时间问题。从产业落地、转移与替代的空间布局角度来看，特色小镇产业选择模式有三种类型：本土培育型、外来移植型、内外结合型。从产业兴起、发展与演化的时间序列角度来看，特色小镇产业选择模式有四种类型，即先天型、依赖型、后天型和淘汰型。他提出特色小镇的产业选择要建立健全三大机制，即确保特色小镇产业选择科学且准确的保障机制，特色小镇产业选择行为理性化的约束机制和特色小镇产业选择与时俱进的创新机制[85]。

王越、赵祉淇、于思扬（2017）提出产业是城镇发展的基础与动力，是特色小镇建设的重要支撑，特色产业是小镇"特色"的集中体现。科学合理地选择主导产业，明晰发展思路与重点，对于特色小镇建设意义重大。他们以辽宁省特色旅游乡镇赵圈河镇为研究对象，在研究其产业发展基础，深入挖掘其发展潜力，剖析存在问题的基础上，提出其产业定位，并制定了具体的发展对策建议。

陈晓蓁（2017）以主导产业选择与发展理论为依据，结合特色小镇的发展特点，对影响特色小镇发展的因素进行分析，通过建立主导产业选择的指标体系，构造主导产业选择模型，并结合云栖小镇的具体事例，对模型计算结果进行应用，对云栖小镇的主导产业选择与后期发展提出相关建议同时，分析了影响特色小镇主导产业选择的因素，主要有自然资源、地理位置、现有产业结构和基础设施建设完善程度等，并根据指标体系的构建原则构造指标体系，最终形成评价目标的线性组合式，进而得出主导产业。通过对云栖小镇实际情况的分析，对云栖小镇主导产业的选择和后期发展提出建议[85]。

通过对相关研究的梳理可以看出，关于特色小镇产业选择的研究主要集中在特色小镇产业选择模式、选择机制、评价指标等，并且结合具体案例的实际情况，提出相应的产业发展策略。本章可以借鉴相关研究，进一步完善特色小镇主导产业选择指标体系，结合六鳌的实际情况，提出具有可操作性的策略。

2. 特色小镇概念及理论基础概述

2.1 特色小镇概念

特色小镇可以理解为具备特色以及相关文化气氛的现代化群落，它属于特色小镇，并不是传统概念上的小镇，此类小镇独立存在，不归属于行政单元；另外，此类小镇也不属于开展建设中的"区"，不同于工业园区或者旅游园区；而单一产业、不同功能的重叠也不能体现出此类小镇的本质内涵。作为特色小镇，必须拥有特色，并设定出清晰的产业定位、文化内涵、旅游重点、社区功能运作平台，融合生态上、生产上、生活上的有关内容。在建设特色小镇过程中，应该设定出产业规划，体现出本地的独特文化。另外，特色小镇需要蕴含自身独特文化，具备开展旅游业的条件，不断研究本地文化特征，体现出良好价值，采用创新方式构建出文化资本，并运用到此类小镇规划建设工作中，这将有助于展现出此类小镇真正的文化内涵，提升大家对它的认可度。此外，特色小镇不但应该拥有游客喜爱的景点，还需要提供休闲娱乐场所，在建设此类小镇时，应该关注智能化以及人性化问题，把建筑和本地环境融合起来，这将有助于居住在小镇的人们拥有良好生活以及工作环境，让他们更加热爱自己的居住地。通过分析上述内容可以得出，当具备了上述四种因素以后，能建设出受到社会大众以及游客认可的小镇。通过了解特色小镇可发现，其中涉及了不同类型，它们分别为科技型、产业型、农业型、文化旅游型。这些特色小镇历经几十年的发展，当下已经获得了很大变化，并可以体现出四个版本：其一，为1.0版本，属于小镇＋"一村一品"，它按照本地自然环境建设而成，主要为了服务于"三农"，与其他方面的关联性不大，并主要面向农业生产发展一体化方向发展；其二，2.0版本，当农民和企业建立合作关系以后，可将多余的农产品提供给企业，并从中获得一定收入；其三，20世纪末期出现的3.0版，此时服务业逐步得到了发展，而小镇也开始通过开展旅游业、休闲娱乐行业得到快速发展；其四，4.0版本，特色小镇开始和现代化城市共同发展，可逐步完善城市功能。

2.2 特色小镇基本特征

特色小镇的关键在于体现出自身"特色"，而体现出小镇所具备的独特性主要体现在产业、配套设施、制度和功能。也是开展相关规划工作过程中需要关注的工作。

特色小镇的产业具有特色和创新型。特色小镇要重视高端服务业，把先进技术运用到传统产业中，关注对外发展带来的作用，提高本地区的竞争实力，不断促进本地经济快速发展。另外，特色小镇和产业园区、传统小镇不一样，产业园区比较关注产业链的构建情况以及产业集群外延状态，而特色小镇主要运用当地特有资源开展开发工作。

特色小镇配套设施要全面体现"特色"。特色小镇建设用地，主要位于城市中或者城市周边，它可独立存在，并能够和其他附近地区进行合作发展。同时特色小镇要帮助创业人员顺利开展相关工作，运用互联网、大数据等高新技术为大家创建良好的创业环境。此外，特色小镇构建的交通以及公共服务等，都会和周边城市融合发展，而传统小镇位置偏远，基础设施建设不完善，不能及时获取外界信息。特色小镇需要展现出自身独特的风格，提升本地社会大众的满意度和认可度，提升创业人员和公司管理人对其认可度，提升其工作积极性，促进本地在未来得到稳定发展。

特色小镇要围绕发展目标建立配套制度。特色小镇要建立起产业、资金、人才相关的激励制度。特色小镇应该关注人才培育问题，吸引更多学历高、综合素质高的人才，让这些人运用自身创新精神以及高超技术开展相关工作。特色小镇需要关注自治性，运用选举方式来构建自治组织，这些组织需要管理日常工作，体现出良好的民主性、专业性、针对性，并制定出完善的管理机制以及政策，关注本地社会大众需求，创建出良好的创业环境。

特色小镇经济、社会和生态等各功能之间要协调发展，结构合理。在生态环境上，特色小镇建设过程中应关注选址问题，只有选定环境优美的地区，才能吸引更多创业人才、公司、社会大众前来，并促进旅游业、房地产业得到同时发展。在人文环境上，特色小镇应重视本地居民以及企业的满意度，构建出具备自身特征的文化，不断增加小镇的文化内涵。另外，在促进本地发展的过程中，不但需要关注经济收益的提升问题，还需要关注良好文化氛围的创建问题，这对于小镇在未来能否得到良性发展非常关键。

3. 特色小镇主导产业选择的指标体系构建

3.1 特色小镇主导产业选择影响因素

3.1.1 自然资源

区域主导产业对比选择的时候，所参考的因素有很多，其中自然资源是必须要高度重视的因素，分析选择的主导产业是否能够实现当地资源的有效利用，提高产量，推动当地相关产业的发展。在特色小镇规划中，自然资源是不可缺少的，特色小镇的发展要做到因地制宜，而因地制宜就要求主导产业的发展和当地的资源优势结合在一起。另外自然资源利用中也要保护周围的生态环境，实现绿色长远发展，提高资源利用率，基于此特色小镇才能够长久地存在下去，造福于人类。

3.1.2 地理位置

因为区域经济的发展需要多方因素的支持，所以在针对区域经济发展给出战略方案的时候，一方面要分析区域中各种因素，另一方面也需要对区域周围的因素进行分析，例如周边经济发展水平、产业概况和发展前景等。结合国家现行的法律制度，以及当地经济发展所享有的优惠政策等，与其他区域建立起合作关系，打造产业辐射性的综合产业集群，通过逐步的合作与发展，在全国甚至国际范围内形成相关产业发展经济圈。对国内经济发展模式进行分析可以发现，区域经济的发展和地理位置之间的关系是不可分割的，例如长三角和经济特区等的城市发展水平要明显高于西部城市发展水平，这主要是由地理位置的不同决定的。东部地区靠近沿海，交通便利，对外开放程度高，为当地经济的发展提供了各种支持。

3.1.3 现有产业结构

在进行区域主导产业对比选择的过程中，还需要考虑当地和周围地区的产业结构，编制与当下经济发展概况相对应的发展方案。其他产业结构要和主导产业结构对应起来，建立战略合作伙伴关系，降低发展费用，实现技术、资源的共享，实现发展上的共赢。在不同经济发展阶段，发展重点也会不同，经济发展的初期，重工业和农业是主导产业，随着信息技术的出现和升级以及区域开放水平的提升，制造业和信息服务业开始逐步成为主导产业。结合特色小镇而言，要重视信息技术的应用，利用好云计算与大数据等先进的技术，来为经济发展注入更多的活力。基于此，发展战略的编制要结合当地经济发展结构和模式，将最优的产业作为主导产业。

3.1.4 相关配套设施

新世纪我国经济呈现出新的发展态势，经济的有效发展需要和外界进行畅通无阻的流通。也就是说任何一个区域的发展都需要健全的基础设施，通过完善的地铁、高架、水路、高速和航运等交通枢纽为该区域和外界的交流提供坚实的保障，保证各种经济要素的有效流动。简言之，一个区域具备立体化全方位的交通基础设施后，才能够在市场发展中掌握主动权。除此之外还需要不断提升科技信息化水平，比如通过网络办公的形式降低人力资源成本，提高办公效率，推动传统产业以全新的态势发展。

（1）资金储备力量

资金储备力量一方面是指当地政府在主导产业发展上提供的资金支持额度，另一方面是指当地金融产业融资水平以及资金流通的畅通度。由于特色小镇发展有区域限制，依靠自身并不能够实现顺利发展，需要当地政府为其提供一定的资金支持，且要健全当地商业银行金融体系贷款机制，盘活当地资金链，形成良性的资金流通循环，为特色小镇区域经济的发展提供一定的资金储备力量。

（2）劳动力资源

我国有着庞大的劳动力市场，劳动成本优势明显，不足的是劳动者素质和学历需要提升。我国城市周边以及农村等地区的劳动力大约在全国所有劳动力中占据一半，但是在受教育水平上和大城市劳动人口相比存在明显差距。且中小城市政府在教育事业发展上并未提供充足的资金，甚至部分中小城市政府在教育事业上的投入还不足大城市的一半。劳动者质量低，很多农村年轻人将大城市作为自己的发展基地，能够在小县城发展且想长久地留在小县城的农村劳动力非常少。经济的发展从根本上来说离不开每个人的支持，因此特色小镇经济的发展还需要引进足够的人力资源，进行针对性的培训，提高当地劳动者的劳动素质和技能，为当地经济建设和社会发展做好人力资源保障。

3.1.5 市场需求

市场需求是所选择的主导产业生存、发展和壮大的必要条件。没有足够的市场需求拉动，主导产业部门迟早会衰落，所以主导产业选择时要充分考虑市场情况，明确市场需求。一个地区确立的主导产业一定要满足现在市场或未来市场，只有这样的主导产业才能长期稳定地作为一个地区的主导产业，为地区的经济发展起到引领和辐射作用。如果一个产业已经不能满足市场需求，缺乏长期发展的潜力，就不能成为主导产业。

3.2 特色小镇主导产业选择指标评价体系

3.2.1 指标评价体系的构建原则

在确定主导产业之前，首先要对该区域中的各个重点产业的整体实力进行对比分析。不同的产业在特征、规模和性质等方面存在差异，因此无法直接对比，所以在具体的选择分析上，应该结合量化的指标进行各个产业产能的探究分析。但是不同的分析研究者所结合的理论知识或者代表的利益主体不同，因此在选择指标体系的时候也会存在差异性。基于此，应该结合科学可行的方法理论进行量化指标的设计和选择。在这个过程中要注意三点：①结合实际情况进行主导产业评价指标的选择，只有这样才能够将选择分析工作与现实问题联系在一起，才能够保证所选择的主导产业是科学可行的，能够真正带动经济的发展，解决经济上相关的问题；②指标要具备量化性，在对比分析中，结合数据等量化的指标才能够保证分析结果的可行性和科学性。就特色小镇规划而言，所选择的指标一方面要结合现实问题，一方面也要注重指标的量化；③经济在前行的过程中，主导产业也在实现动态化发展，因此选择的评价指标要定期进行更新，不仅可以对主导产业与其他产业的关系进行科学分析，且具备动态性，能够在不同时间里对主导产业进行动态性的评价，对不同阶段的主导产业发展态势进行对比。

3.2.2 特色小镇主导产业选择指标评价体系

特色小镇主导产业选择指标评价体系主要依据层次法原则构建，指标评价体系包括目标层、一级指标层、二级指标层三个层次。为了更好地确定一级指标层和二级指标层评价，本章首先依据指标评价体系的构建原则，拟定了一级指标层和二级指标层。目标层是顶层，即特色小镇主导产业选择指标。一级指标层是中间层，包含发展潜力、产业关联度、可持续发展、科技水平及就业情况五个指标。二级指标层即底层，包含需求收入弹性、销售增长率、影响力系数、感应度系数、环境资源保护投入、成本费用率、科技人员比重、创新企业占比、就业吸纳率和投入创造就业率10个指标。通过分析，本章将需求收入弹性和销售增长率代表发展潜力指标，将影响力系数和感应度系数代表产业关联度指标，用环境资源保护投入和成本费用率代表可持续发展指标，用科技人员比重和创新企业占比代表科技水平指标，用就业吸纳率和投入创造就业率代表就业情况指标。特色小镇主导产业选择指标评价体系详见表5-1。

表5-1 特色小镇主导产业选择指标评价体系

目标层A	一级指标层B	二级指标层C
特色小镇主导产业选择指标	发展潜力B_1	需求收入弹性C_1
		销售增长率C_2
	产业关联度B_2	影响力系数C_3
		感应度系数C_4
	可持续发展B_3	环境资源保护投入C_5
		成本费用率C_6
	科技水平B_4	科技人员比重C_7
		创新企业占比C_8
	就业情况B_5	就业吸纳率C_9
		投入创造就业率C_{10}

二级指标的量化处理如下：

需求收入弹性（C_1）：是指在其他条件不变的情况下，特色小镇某一产业的产品需求增长率和当地国民收入的比值。特色小镇某产业的发挥潜力和该产业的需求收入弹性密切相关。

销售增长率（C_2）：是指特色小镇某一产业销售收入增长与上一年销售收入总和的比率，销售增长率直接反映某一产业的发展情况，同时表明该产业的市场能力大小。

影响力系数（C_3）：主要指特色小镇内的某一产业对其他产业的影响程度。通常情况下影响力系数如果大于1即表明该产业具有巨大的影响力。影响力系数越大该产业对企业产业的影响程度越大。

影响力系数，$H_i = \sum_{i=1}^{n} S_{ij} / \frac{1}{n} \sum_{i}^{n} \sum_{j}^{n} S_{ij} (i=1, 2, \cdots n)$，其中是矩阵中第 i 行 j 列的元素，n 为某产业部门数。

感应度系数（C_4）：与影响力系数正好相对，反映特色小镇中某一产业受小镇内其他产业影响的程度。通常情况下感应度系数如果大于1即表明该产业受其他产业巨大的影响。感应力系数越大表明其他产业对该产业的影响程度越大。

影响力系数，$H_2 = \sum_{i}^{n} S_{ij} / \frac{1}{n} \sum_{i}^{n} \sum_{j}^{n} S_{ij} (i=1, 2, \cdots n)$，其中是矩阵中第 i 行 j 列的元素，n 为某产业部门数。

环境资源保护投入（C_5）：某一产业的发展离不开当地环境资源，如果需要消耗大量的环境资源，则表示该产业可持续发展能力并不强。环境资源保护投入的金额越大，表明该产业的可持续发展能力越弱。

成本费用率（C_6）：是指特色小镇中某一产业在一定的时间内创造的利润与该产业消耗的所有成本的比率。成本费用率越高，表明该产业盈利能力越强，创造相同的利润需要的成本越少，可持续发展能力相对越高。成本费用率计算公式如下：

成本费用率 = 某产业利润总和/某产业的总成本费用

科技人员比重（C_7）：某产业中科技人员占总员工的比重能在一定程度上反映该产业的创新能力。为了统计和研究更具操作性，本章将科技人员比重定义为本科及以上学历者占总员工的比例。科技人员比重可以体现某一行业人才结构，科技人员比重越大，则该产业的高端人才所占比重越大，科技创新能力相对越高。

创新企业占比（C_8）：特色小镇某一产业的科技水平和该产业创新企业数量密切相关，创新企业数量占比直接反映该产业创新水平。本章将某产业创新企业数量和该产业所有企业数量的比值作为创新企业占比。

就业吸纳率（C_9）：特色小镇中某一产业的总产值和该产业的就业人数的比率为就业吸纳率。就业吸纳率直接反映某产业产值和就业关系，因此可以用就业吸纳率评价某产业解决特色小镇人口就业的能力。就业吸纳率计算公式如下：

就业吸纳率 = 某产业的就业人数/某产业的总产值

投入创造就业率（C_{10}）：指特色小镇中某一产业发展过程中资金投入与就业人数的比率。投入创造就业率表明某一产业在单位投入中能提供给劳动者就业岗位。该指标同时反映提供一个就业岗位需要投入的资金数量，表明某产业的就业能力大小。投入创造就业率计算公式如下：

投入创造就业率 = 某产业年均就业人数/某产业年均固定资产总额

3.2.3　特色小镇主导产业评价指标选择的主要方法

（1）层次—主成分分析法应用的可行性

在评价指标选择上，本章结合主成分分析法，即先通过主观评价的方式，对评价指标赋予权重，接着通过样本数据将影响因素的主要影响成分提取出来，通过定性和定量的分析方法提高分析结果的客观性。因为采用量化分析方法，构建分析模型，因此分析结果的科学性可行性都得到了保障，防止单一主观分析个人色彩太重导致分析结果不切实际问题的产生。另外假如只通过主成分分析法进行评价模型的建立，即使客观性得到保障，但是没有考虑到每个指标的重要水平，也会导致分析结果和实际出现差距。基于此，本章通过定性和定量的分析方式，一方面需要考虑指标重要性，另一方面需要保证分析结果客观性。除此之外，本章借助SPSS软件进行相关数据的处理，提高数据核算结果的准确性，让本章论点更容易被人们所认可。

（2）基于层次—主成分分析法的评价模型

特色小镇主导产业的选择方法有很多，可以分为定性分析和定量分析。主导产业选择的关键是确定各个产业的权重，主观赋权法和客观赋权法两种方法都比较常用，也各有优势，本章通过分析，主要采用二者相结合的方法，这样会让结果更具科学性。本章主要采用层次—主成分分析法，其中层次分析法是定性分析，主成分分析法是定量分析，将两种分析法有效结合，进行综合分析，让分析结果更加科学有效。

层次分析法也叫AHP分析法，在因素较多的情况下比较常用。它将影响因素分为三个层次，通过主观分析，对每个层次因素进行比较，赋予权重，让问题逐渐简化，但由于主观赋权的主观因素影响很大，因此科学性比较差。前文已经介绍了如何构建层次结构模型，即将影响因素分为目标层、一级指标层、二级指标层三个层次，完成评价指标体系构建。

（3）层次—主成分分析法的评价模型构架的主要步骤

① 完成层次结构模型的构建：上文中已经构建完成。

② 确定每个指标权重。

除了目标层，将一级指标层和二级指标层中每个指标以上一级指标为准则两两进行比较，利用萨迪1-9标度法将两两比较结果记录，形成判断矩阵。萨迪1-9标度法见表5-2。

构建某一产业的判断矩阵 $A_i = \begin{bmatrix} a_{11} & \cdots & a_{1n} \\ \vdots & \cdot & \vdots \\ a_{n1} & \cdots & a_{nn} \end{bmatrix}$ ，利用根值法对每个矩阵进行求解，

每个判断矩阵的最大特征值 λ_{imax} 及每个指标权重值 W_{ij}。然后对判断矩阵做一致性检验。如果一致性检验结果比率小于0.1，表明判断矩阵具有合理性；如果一致性比率大于0.1，则表明判断矩阵不合理，需要做进一步调整。判断矩阵只有通过一致性检验，才表明排序结果具有有效性。判断矩阵一致性检验计算方法：

C.I. = $(\lambda_{imax} - n) / (n-1)$

C.R.= $\dfrac{C.I.}{R.I.}$ ，其中n代表判断矩阵的阶数。

表5-2　萨迪1-9标度法

判断尺度（a_{ij}）	含　义
1	a_i 和 a_j 一样重要
3	a_i 比 a_j 稍微重要
5	a_i 比 a_j 明显重要
7	a_i 比 a_j 强烈重要
9	a_i 比 a_j 极端重要
1/3	a_j 比 a_i 稍微重要
1/5	a_j 比 a_i 明显重要
1/7	a_j 比 a_i 强烈重要
1/9	a_j 比 a_i 极端重要
2、4、6、8	表示相邻两标度之间折衷时的标度

R.I.可以通过查表获得。R.I.对照见表5-3。

表5-3　R.I.对照表

阶　数	1	2	3	4	5	6
R.I.	0	0	0.52	0.89	1.12	1.26
阶　数	7	8	9	10	11	12
R.I.	1.36	1.41	1.46	1.49	1.52	15.4

③ 提取主因子。

运用主成分分析法提取主因子，这一过程是以数据分析为基础进行的客观分析。通过对指标进行简化处理，将多个指标简化为少量几个相对独立的指

标；通过线性组合，可综合反映评价目标，选取的新指标即为提取的主成分。

④ 原始数据标准化处理。

通过收集获得的原始数据，先要进行加权处理，但是因为原始数据的单位不同，所以得到的经过加权处理的原始数据不具有可比性，需要对这些数据进行标准化处理后，才能进行后续比较。原始数据的标准化处理过程如下：

D_i为原始数据。E_i为加权后原始数据，W_i为利用层次法得到的指标权重。

$$E_i = D_i \cdot W_i$$

原始数据的初始矩阵为A：

$$A = \begin{bmatrix} u_{11} & u_{12} & ... & u_{1m} \\ u_{21} & u_{22} & ... & u_{2m} \\ ... & & & \\ u_{n1} & u_{n2} & ... & u_{nm} \end{bmatrix}$$ （n为备选产业数量，m为评价指标数量）

标准化过程是将均值变为0，方差变为1，通过以下公式计算：

$$\bar{u}_j = \frac{1}{n}\sum_{i=1}^{n} u_{ij}$$

$$S_j = \sqrt{\frac{1}{n-1}\sum_{i=1}^{n}(u_{ij} - \bar{u}_j)^2} \ (i=1, 2, \cdots, n \quad j=1, 2\cdots, m)$$

$$V_{ij} = \frac{u_{ij} - \bar{u}_j}{S_j}$$

通过计算可以得到处理后的标准化矩阵B：

$$B = \begin{bmatrix} v_{11} & v_{12} & ... & v_{1m} \\ v_{21} & v_{22} & ... & v_{2m} \\ ... & & & \\ v_{n1} & v_{n2} & ... & v_{nm} \end{bmatrix}$$ （n为备选产业数量，m为评价指标数量）

⑤ 计算相关矩阵的特征值与特征向量S12。

首先，求得标准化矩阵B的协方差阵$\sum$。

$$\sum = |\ \text{cov}(2,1) \quad \text{cov}(2,2)\ldots\text{cov}(1,m)\ |$$

其中 $\text{cov}(x, y) = \text{cov}(y, x) = \frac{1}{N-1}\sum_{i=1}^{N}(x_i - \bar{x})(y_i - \bar{y})$

其次，计算相关矩阵特征值λ。

令$|B - \lambda I| = 0$，I为单位矩阵，可以得到每个评价指标的非负数特征值，共有m个，将特征值排序，设定 $\lambda_1 \geq \lambda_2 \geq \lambda_3 \geq \cdots \lambda_m \geq 0$。

然后，计算出对应的特征值λ的特征向量L。

$L_m = [l_{m1}, \; l_{m2} \cdots l_{mm}]$

再求得 r 个主成分 y_u。

$y_r = l_{r1}X_1 + l_{r2}X_2 + l_{r3}X_3 + \ldots l_{rm}X_m$

r 个主成分相互不相关，其中第一个主成分体现各指标的主要问题，参考价值也最大，第二个主成分体现指标问题比第三个重要，依次类推。各成分组合起来能达到累计贡献率85%以上，基本可以解释评价对象。

最后，通过累计贡献率大于85%的标准得出主成分个数，并得出第1至第 r 个主成分的线性组合式就是研究的最后结果。

4. 六鳌镇的产业发展及主导产业选择实证分析

4.1 六鳌镇现状分析

六鳌镇位于闽东南沿海地区，是半岛乡镇，截至2017年整个城镇的人口为2.9万人，面积达到4588公顷，漳云线和沿海大通道疏港公路线路畅通无阻，是国家4A级景区翡翠湾度假中心、千年海蚀奇异景观抽象画廊和省级文物保护单位所在地，当地的地瓜和紫菜知名度非常高，也是福建省的渔业基地之一。漳州是对台贸易的主要渠道，当下该城镇已经实现了良好发展，各种经济指标在全县各乡镇排名非常靠前，经统计发现2017年六鳌镇实现的固定资产投资是17亿元，同比增长30.4%。规模工业产值达到26.67亿元，同比增长3.9%，实现8662万元的财政收入，同比增长23.5%，成为推动漳浦旅游和工业前进的龙头城镇。

4.2 六鳌镇产业的发展现状分析

六鳌镇产业主要有临港工业、滨海旅游、传统农业。

临港工业发展规模逐渐得到扩张。在经济发展中，集约型经济发展模式逐步替代粗放式经济发展模式，经济结构也得到了完善，知识密集型产业逐步替代劳动密集型产业。一帆重工扩建重组成功，可以对更复杂的船舶进行分段处理加工，且产能得到明显提升，在2014年被当地评为龙头企业，每年上缴的税额超过2000万元，连续10年被当地县委和县政府评为"纳税大户"，属于东南沿海规模最大且生产水平最高，设施最先进和健全的船舶分段制造厂。福建福船一帆新能源有限公司于2015年对该公司进行并购，一建期间公司拿出6亿元作为建设发展资金，且在一年内完成建设，得以投产，实现业务规模的扩张。年产风力发电塔筒产品达到400套，年产值在13亿元以上，创利税8000多万元。在足够的资金支持下，该公司于2016年进行产能项目的扩建，共投入资金13亿元，目的是发展成为福建省内规模最大的海上风电装备制造中心，推动漳州产业转型升级，在产业发展中充当起领头羊的角色。大唐风电公司投入11亿元资金用于风力发电项目的建设，当下已经实现并网发电，成为福建省规模最大且能力最强的风力发电厂。除此之外，江苏瑞雪和福利来等食品海外加工企业不断进行品牌的打造，提升生产技术，所打造的鳌岛紫菜、鳌岛食品和六鳌紫菜等品牌已经走向海外，对虾和鲍鱼等产业在品牌的带领下也实现了有效发展，为当地渔民增收提供了更多的途径，为海洋经济发展注入活力。

滨海旅游业发展速度得到提升，发展规模得以扩张。当地大力发展旅游业，打造滨海旅游名镇，将旅游业作为整个城镇产业发展中的重点产业，且先后成功引进福建漳州翡翠湾旅游发展有限公司、福建抽象画廊旅游开发有限公司、漳浦县大澳湾生态旅游有限公司3家文化产业法人单位。在这些公司中，福建漳州翡翠湾旅游发展有限公司属于规模以上的公司，在一期和二期建设工作结束后，2013年成为福建省旅游产业发展中的重点项目，且在2015年被评为国家4A级景区。景区建成后先后开展各种特色活动，比如"沙雕艺术节""人体彩绘"等。另外东门景观、六鳌古城北门、店下村古城南门改造工程正在如火如荼的建设中，古城开发项目也已正式开展，东门、店下美丽乡村和鳌西以及鳌东结合当地资源，对传统建筑和当地文化习俗等进行有效利用，建设为闽南滨海渔村特色乡村。据统计，整个城镇每年接待游客80万人次，旅游产业中实现的直接收入达4亿元人民币，滨海旅游业发展带来的经济效益非常可观，六鳌旅游市场的发展顺风顺水。

传统农业得以有效发展。当地先后在龙美、大澳和新垱等地区进行农田建设示范工程，且在营里和山门等地区进行农田示范基地的建设。先后建设六鳌地瓜、大葱等农产品基地五千亩，先后组建多家专业合作社，打造整个乡镇规模最大的紫菜养殖基地，该基地面积超过2万亩，且拥有国家地理标志证明商标，为了推动这些工作的顺利进行，政府所投入的资金共4000多万元。

4.3 六鳌镇产业发展的影响因素

4.3.1 自然资源

六鳌镇三面环海，土地资源有限，其中耕地9200亩，林地2万亩，海岸线总长38公里，拥有浅海滩涂面积6万亩。耕地主要种植地瓜、大葱、萝卜等。其中地瓜年总产量为2202吨，大葱年总产量为4万吨，萝卜年总产量为12250吨。海产资源丰富，拥有万亩紫菜、5600亩虾池、3000口网箱和30多家鲍鱼育苗养殖场在内的高优海产品养殖业。

六鳌镇拥有着大量的旅游资源，分为自然旅游资源及人文旅游资源。其中自然旅游资源为抽象画廊、翡翠湾景区、虎头山、六鳌八景等；人文旅游资源为六鳌古城、传统风貌建筑群、东门美丽乡村、沿海岸线风车等。

4.3.2 地理位置

六鳌镇地处福建省东南沿海突出部，镇域范围三面临海，介于厦门、汕头两大经济特区之间，东北处与深土镇接壤，仅与古雷港一水之隔，遥相呼应，内含浮头湾，对接台湾海峡，与台湾岛隔水相望，距漳浦县城50公里，距漳州市区100公里，距厦门市区70公里，距台湾高雄160海里，距汕头85海里，海岸线长38公里，拥有虎头山和大澳湾两处深水良港，地理区位十分优越。

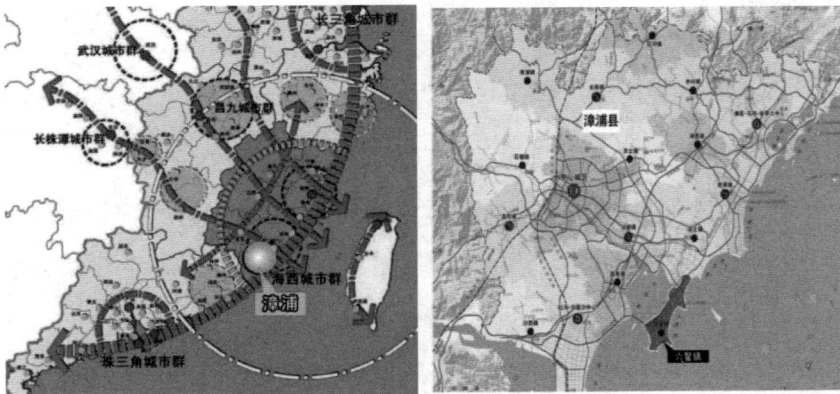

图5-1 六鳌镇区位图

4.3.3 现有产业结构

截至2017年底，全镇国内生产总值31.2亿元，其中第一产业生产总值3.6亿元，第二产业生产总值24.9亿元，第三产业2.7亿元，第一、二、三产业总值之比为11：80：9。

从三类产业发展方面看，第一产业由农业、渔业构成，农业以种植业为主，渔业以海产品养殖、海洋捕捞为主；第二产业主要有海产品加工、食品加工、砂土加工、风车组装等行业；第三产业主要由旅游业、商贸服务业等构成。

4.3.4 相关配套设施

六鳌镇交通发达，县道"深六线"从深土镇山尾村坑内社省道漳云线分出，在深土镇深土村与新修建的沿海大通道交叉，通至六鳌虎头山，贯穿整个六鳌半岛，村道"中山路"从鳌中通往山门村，途径鳌东、鳌西、东门、山门4个村。全镇各村已实现水泥道路村村通，村镇人居环境明显改善。六鳌镇拥有多个码头，如大澳3000吨级综合码头、崂岈山3000吨级船舶分段制造专用码头、龙美500吨级码头（原为铝矿专用码头）、菜屿陆岛交通码头、虎头山二级渔港等，水路交通便利。

目前规划区由六鳌变电站（在新厝村）供电，变电站有变压器1台，容量2500KVA。目前规划区的用电线路走向为电网由北（龙美）至南（虎头山）覆盖全镇，各个行政村均设有变压器，全镇共有31个，全镇年用电量约30万千瓦时。在健全基础配套措施，统筹推进城镇化进程方面，六鳌镇投入巨大，相关配套设施也在不断完善。

4.4 六鳌镇主导产业选择实证分析

4.4.1 主导产业选择指标评价体系的构建

上一章节已经建立了特色小镇发展过程中主导产业的10个评价指标，已经有了评价指标体系，现结合六鳌镇的实际情况及发展中的优势和劣势，进行具体分析，运用层次法对评价指标进行权重分析。

为了更好地研究六鳌镇主导产业选择问题，笔者咨询了三位当地专家和两位主抓经济的政府工作人员，让他们对一级指标层中的五个指标两两进行比较，对各项指标进行打分，将对比结果进行整理，建立判断矩阵。五个指标为发展潜力B_1、产业关联度B_2、可持续发展B_3、科技水平B_4、就业情况B_5。打分结果见表5-4。

表5-4 一级指标层判断矩阵打分结果

B	B_1	B_2	B_3	B_4	B_5
B_1	1	3	2	3	3
B_2	1/3	1	2	2	2
B_3	1/2	1/2	1	2	2
B_4	1/3	1/2	1/2	1	2
B_5	1/3	1/2	1/2	1/2	1

对该矩阵进行一致性检验，C.R.=（λ_{imax}−n）/（n−1）/1.12=0.065<0.1。符合一致性的要求，计算这5个指标的群体相对权重为：ω（发展潜力）=0.357，ω（产业关联度）=0.215，ω（可持续发展）=0.214，ω（科技水平）=0.143，ω（就业情况）=0.071。

对一级指标层中各二级指标进行比较，形成判断矩阵。发展潜力指标中的两个指标需求收入弹性C_1和销售增长率C_2进行比较，对指标进行打分，将对比结果进行整理，建立判断矩阵。打分结果见表5-5。

表5-5 发展潜力判断矩阵打分结果

C	C_1	C_2
C_1	1	1
C_2	1	1

计算这两个指标的群体相对权重为：ω（需求收入弹性）=0.5，ω（销售增长率）=0.5。

产业关联度指标中的两个指标影响力系数C_3和感应度系数C_4进行比较，对指标进行打分，将对比结果进行整理，建立判断矩阵。打分结果见表5-6。

表5-6 产业关联度判断矩阵打分结果1

C	C_3	C_4
C_3	1	2
C_4	1/2	1

计算这两个指标的群体相对权重为：ω（影响力系数）=0.667，ω（感应度系数）=0.333。

可持续发展指标中的两个指标——环境资源保护投入C_5和成本费用率C_6进行比较，对指标进行打分，将对比结果进行整理，建立判断矩阵。打分结果见表5-7。

表5-7 产业关联度判断矩阵打分结果2

C	C_5	C_6
C_5	1	1
C_6	1	1

计算这两个指标的群体相对权重为：ω（环境资源保护投入）=0.5，ω（成本费用率）=0.5。

将科技水平指标中的两个指标——科技人员比重C_7和创新企业占比C_8进行比较，对指标进行打分，将对比结果进行整理，建立判断矩阵。打分结果见表5-8。

表5-8 产业关联度判断矩阵打分结果3

C	C_7	C_8
C_7	1	2
C_8	1/2	1

计算这两个指标的群体相对权重为：ω（科技人员比重）=0.667，ω（创新企业占比）=0.333。

将就业情况指标中的两个指标——就业吸纳率C_9和投入创造就业率C_{10}进行比较，对指标进行打分，将对比结果进行整理，建立判断矩阵。打分结果见表5-9。

表5-9 产业关联度判断矩阵打分结果4

C	C_9	C_{10}
C_9	1	1
C_{10}	1	1

计算这两个指标的群体相对权重为：ω（就业吸纳率）=0.5，ω（投入创造就业率）=0.5。

通过上述分析可以得到5个特征向量，即W_1={0.5, 0.5}，W_2={0.667, 0.333}，W_3={0.5, 0.5}，W_4={0.667, 0.333}，W_5={0.5, 0.5}，进行一致性检测，C.R.=0.04≤0.1，符合检验要求。10个指标的权重如下：ω（需求收入弹性）=0.5，ω（销售增长率）=0.5，ω（影响力系数）=0.667，ω（感应度系数）=0.333，ω（环境资源保护投入）=0.5，ω（成本费用率）=0.5，ω（科技人员比重）=0.667，ω（创新企业占比）=0.333，ω（就业吸纳率）=0.5，ω（投入创造就业率）=0.5。

对各评价指标进行组合加权处理，可以得到各个评价指标的综合权重。计算结果见表5-10。

表5-10 评价指标综合权重表

序　号	评价指标	综合权重
1	需求收入弹性C_1	0.179
2	销售增长率C_2	0.179
3	影响力系数C_3	0.143
4	感应度系数C_4	0.072
5	环境资源保护投入C_5	0.107
6	成本费用率C_6	0.107
7	科技人员比重C_7	0.095
8	创新企业占比C_8	0.048
9	就业吸纳率C_9	0.035
10	投入创造就业率C_{10}	0.035

4.4.2 主导产业的选择

六鳌镇依托独特的自然环境特点，重点发展六大产业，即风电开发、船舶制造、砂矿开发、海产品加工、港口物流、滨海旅游。前文已经对评价指标体系进行了分析和说明，接下来要运用主成分分析法对六大产业进行定量分析，通过收集的数据计算并加权得到指标结果，详见表5-11。

表5-11 六大产业指标计算结果

	风电开发	船舶制造	砂矿开发	海产品加工	港口物流	滨海旅游
需求收入弹性	0.03824	0.01292	0.00542	0.00324	0.01012	0.02136
销售增长率	0.00125	0.00217	0.00176	0.00264	0.00375	0.00425
影响力系数	0.05483	0.02171	0.00422	0.00712	0.01346	0.04818
感应度系数	0.00428	0.00388	0.00270	0.00177	0.00515	0.00464
环境资源保护投入	0.00426	0.00474	0.00784	0.00148	0.00313	0.01216
成本费用率	0.01425	0.02186	0.04137	0.00846	0.00652	0.04018
科技人员比重	0.07157	0.06928	0.00878	0.00417	0.00372	0.00582
创新企业占比	0.12546	0.11216	0.04535	0.07917	0.00652	0.04737
就业吸纳率	0.00248	0.00195	0.00081	0.00297	0.00147	0.00982
投入创造就业率	0.00071	0.00062	0.00043	0.01414	0.00041	0.00275

根据主成分综合模型计算出六个产业的综合主成分值,见表5-12。

表5-12 六个产业综合主成分值表

产业名称	产业分值	排　序
风电开发	0.6147	1
船舶制造	0.4211	3
砂矿开发	0.0179	6
海产品加工	0.0346	5
港口物流	0.1472	4
滨海旅游	0.5218	2

4.4.3 结果分析

通过以上的分析结果可以看出:风电开发排名第一,产值分值达到0.6147。风力发电之所以能排名首位,是由于六鳌镇地理位置和产业规划共同影响,六鳌镇地处六鳌半岛,年平均风速大于6.5—7m/s,有足够的建设场地,交通方便,这些都为风电开发提供了基础条件。而六鳌镇发展规划以绿色、环保、可持续、知识密集型为重点,风电产业恰恰符合所有要求,得到了政府的大力支持。同时六鳌镇已经有了福建省最大的风力发电场——大唐六鳌风电场,可以以此为依托,将风电产业作为主导产业,做大做强。

滨海旅游产业排名第二,也是六鳌特色小镇的主导产业之一。主要是因为六鳌镇自然资源丰富,同时旅游产业绿色环保,带动作用明显,可以解决大量劳动力就业问题。但是滨海旅游业科技含量不高,增长率和影响力一般,所以排名在风力开发之后。

船舶制造排名第三,也是六鳌特色小镇的重点发展产业。六鳌镇东临台湾海峡,拥有优质海港,适合船舶制造业发展。同时已经拥有省级龙头企业一帆重工,在船舶分段加工处理方面处于国内领先水平,可以以此为依托,大力发展船舶制造,带动当地就业。船舶制造产业影响力巨大,销售增长率高,所以成为六鳌特色小镇主导产业。但是因为船舶制造产业属于重工业,会给当地环境保护带来压力,所以排名靠后一些。

综合考虑,六鳌镇要继续坚持"依港立镇、工业强镇、旅游兴镇、科学发展"的战略部署,利用好六鳌镇滨海的地理优势,选择好主导产业,重点发展风电开发、滨海旅游和船舶制造产业。

5. 六鳌镇主导产业存在问题及发展策略

5.1 六鳌镇主导产业存在问题

通过上文的分析可以看出六鳌特色小镇主导产业应该是风电开发、滨海旅游和船舶制造产业。但是实际操作中六鳌镇在建立特色小镇的过程中，对产业利用方面和研究还存在出入，依然存在一些问题。

5.1.1 产业发展重点不突出

六鳌镇产业发展存在的问题有重点不突出，多产业发展缺乏重点，优势产业得不到重点扶植。六鳌镇主导产业选择本身存在很多困难，同时各部门从自身的角度出发，更多地考虑自己的利益，在主导产业的选择过程中都有自己的主张，最后导致多个产业作为主导产业，共同发展。六鳌镇现在除了发展风电开发、滨海旅游和船舶制造产业外，还在重点发展砂矿开发、海产品加工、港口物流、农产品种植开发等。六鳌镇在这些产业方面也具有一定的优势，但是这些产业优势不明显，而且六鳌镇的财力、物力、人力有限，如果多产业发展会造成投资分散，缺乏特色，并制约三个主导产业的发展。

5.1.2 政府对主导产业支持力度不够

六鳌镇政府对主导产业支持力度不够，没有为三个主导产业发展提供足够的基础设施和配套设施。六鳌为沿海半岛，目前出岛唯一的一条深六线超出了其道路的交通承载量。每到旅游旺季人车混杂，堵车成灾，其他道路也多为尽端式交通，缺乏环状出岛通道。而且六鳌镇的基础设施基本都集中建设在镇区，旅游区大部分集中在东部沿海，空间分布不匹配也是制约旅游发展的一大要素。政府服务意识有待加强，体制创新力度不够。六鳌镇主导产业的发展离不开政府的支持，如果政府不对主导产业进行政策支持，主导产业就得不到更大的发展空间，也不能发挥带动作用，推动六鳌经济整体发展。

5.1.3 主导产业没有形成品牌

六鳌镇主导产业缺乏知名度，没有形成品牌。六鳌镇一直坚持全产业发展，这和六鳌镇在很多领域具有一定优势有关。但是这些优势并不明显，并不能让这些产业成为知名品牌。六鳌镇三个主导产业都没有进行品牌塑造，没有形成知名品牌，没有成为六鳌镇的名片。例如：六鳌镇有六鳌古城、虎头山、崂屿山、鸟嘴山、沿海岛屿等良好的旅游资源，但是各种旅游资源的开发仍处于初级阶段，缺少深度开发，没有形成品牌效益，这对六鳌镇打造特色小镇非常不利。

5.1.4 三个主导产业缺少融合

六鳌镇没有将三个主导产业进行融合，拓展产业链。现在六鳌镇风电开发、滨海旅游和船舶制造产业三个主导产业更多的是独立发展，没有进行有效融合。六鳌镇产业发展不平衡，第三产业比较薄弱，城镇服务业水平有待提升。船舶制造产业发展与自然景观存在较大冲突，甚至会破坏宝贵的滨海资源。第三产业的收入比例偏低，在一定程度上限制了第一、二产业的发展及农村剩余劳动力的转移，制约城镇化进程。旅游业的开发目前也是以简单的观光游、一日游等为主，景区景点之间缺乏联系，旅游配套也较为低端，缺少中长期度假游和全域旅游的引导，且受季节影响较大，游客量的潮汐效果十分明显。从长远看，六鳌镇的主导产业要想更好地发展，必须要进行三产融合，而且要在三个产业融合发展过程中重视可持续发展，只有这样才能发挥主导产业作用，完成六鳌特色小镇建设目标。

针对以上问题，为了让六鳌镇主导产业更好发展，本章提出以下主导产业发展策略，希望对六鳌镇主导产业的发展具有一定借鉴作用。

5.2 六鳌镇主导产业发展策略

5.2.1 科学定位，注重特色主导产业有机融合和发展

六鳌特色小镇的建设首先要进行科学定位，选好主导产业，利用当地特色资源，注重主导产业有机融合。我们需要认识到，六鳌特色小镇不属于城市区域，也不属于乡镇形式下的行政区，而是基于全新模式与理念的特定区域。六鳌特色小镇的空间基础设计需要结合六鳌各种相关要素，综合分析各方面建设工作，全面落实建设方案。主导产业发展规划中需要将各个主导产业进行有机融合。六鳌小镇因为面积有限，功能设计和区域配套设施的设计需要进行各个领域的科学融合，基于领先性和协调性进行区域规划，对企业发展模式、人口

劳动力分布、生态环境保护需求以及国土资源利用情况等进行系统的分析，科学合理地明确区域产业支撑力、资源承载力、人口承载力以及环境承载力等，利用好当地特色资源，打造产业、城市、人口、文化相统一的全新绿色发展方案。

5.2.2　完善配套，为主导产业提供全方位支持

首先，政府要对主导产业提供政策支持。六鳌特色小镇的主导产业包括风电开发和船舶制造产业，这两个产业的发展离不开科技创新，而知识产权保护既可以保护创新成果，也可以让企业放心大胆地进行科技开发。健全相关的法律和规章制度，给出可行的配套政策和措施，推动六鳌特色小镇进行知识产权的创造、保护和管理以及运用等，促使风电开发和船舶制造产业两个主导产业的企业能够重视对知识产权的科学利用，实现企业整体技术水平的提升，走创新道路，实现长远发展。并且针对侵犯入驻企业注册商标等行为进行严厉惩罚，为创业创新等工作的进行提供法律、政策和机制等的支持，推动六鳌特色小镇能够在公平的竞争环境里实现秩序化发展。

其次，政府要完善主导产业相关的配套设施。进行技能型技术的推广，健全六鳌特色小镇相关基础设施，实现六鳌智能要素的有机融入，例如通过大数据和互联网技术实现对游客信息的搜集、整理与分析，对各种公共场所的秩序进行监控，且将信息系统、资源环境和区位交通等整合成一个系统的网络，打造智能化公共区域，健全智能全面的公共服务体系。滨海旅游是六鳌主导产业之一，相关配套设施的建设可以提高游客服务质量，且实现服务的智能化，游客可以通过网络的形式在任何时间里都能够进行有关旅游信息的咨询，通过健全的配套设施推动六鳌特色小镇的滨海旅游产业科学发展。

最后，政府应增强服务职能，加大体制创新力度。六鳌特色小镇的建设与产业转型升级是息息相关的，政府要打造服务型政府，转变职能，进行政府机制的创新，通过高质量的公共服务和科学的工作态度等，为六鳌特色小镇主导产业发展提供坚实保障。漳浦县政府可以针对六鳌特色小镇建设这项工作成立专业的小组，进行小组人员的科学配置，为六鳌特色小镇主导产业发展提供各方面支持。发展需要每个人的努力，构建基于漳浦县委县政府的小组，领导特

色小镇建设工作的秩序化开展，从整体的发展角度为六鳌特色小镇建设提供科学的指导，为基础设施建设等相关工作的开展进行监督管理。

5.2.3 加强宣传，打造六鳌主导产业品牌

（1）滨海旅游产业应重视文化内涵

六鳌特色小镇滨海旅游产业需要对六鳌当地传统优秀文化进行继承、创新和发扬，推动文化创新产业的健康发展。六鳌特色小镇的打造中，必须要对当地资源进行科学整合和利用，其中文化资源是非常关键的一部分，这需要我们对文化的内涵有科学的分析和全面的掌握。六鳌有着悠久的历史，明清年间抗击倭寇的古城堡赫然屹立，花岗岩筑成的长1815米的城墙，盘山遍植的榕树伸出支支巨大的"龙爪"紧紧抓住城墙，形成"城在林中建、榕在城中长"的滨海奇观。六鳌已经修缮古城北门，实施局部城墙修复、平台铺装、景观布局、夜景亮化等工程，是省级文物保护单位。六鳌需要进行地方特色文化的挖掘，将这部分文化放入公共文化服务范围内，实现小镇文化资本存量的提升，推动滨海旅游文化产业的健康发展，提高六鳌文化软实力，增强文化凝聚力。

六鳌特色小镇要想实现长远发展，就要保持业态的多样性，为游客提供更多体验式的旅游项目，吸引更多游客，延长游客在当地逗留的时间，这是旅游业发展的基础，也是六鳌宾馆、餐饮业等产业发展的有利因素。简言之，小镇不仅仅是暂时居住的一个空间，还是一个良好的生活场所，只要这个场所有着足够的吸引力，满足游客所需，提高卫生水平和服务质量，注重细节的完善，为游客带去良好的体验，且赋予当地相关产品的可售性，则可以实现当地休闲健康产业、民间艺术文创产业、体育户外产业等的有效发展，丰富经济业态。

另外，文化需要和六鳌区域的发展结合在一起，六鳌特色小镇发展上的科学规划，需要做到空间上的科学规划，通过详细对比分析后，进行文旅空间的打造。打造积极向上的空间氛围，融入六鳌当地特色文化元素，将文化元素和城镇的空间设置结合在一起，建设富有文化气氛的六鳌空间，通过优秀且富有当地特色的文化气氛，吸引更多企业的入驻。

（2）加强宣传，打造风电开发和船舶制造产业品牌

六鳌特色小镇在风电开发和船舶制造产业品牌建设上，可以通过如下几方

面开展：第一，进行品牌识别，要利用现有资源，提高产品质量和售后服务水平，让风电产品和船舶制造产品占领市场的同时赢得口碑；第二，进行六鳌特色小镇品牌结构的完善，风电开发和船舶制造产业品牌管理者在进行品牌建设之前，需要给出一个科学可行的品牌建设方案，根据方案保证品牌建设工作的秩序化进行；第三，重视品牌效应的科学反馈，六鳌特色小镇品牌管理者应该在品牌识别的体系中，通过各种可行的方式与工具，与小镇中具有代表性的企业和人群进行有关品牌信息的沟通交流，及时改善品牌建设的不周到之处，实现风电开发和船舶制造形象的提升，拥有更高的知名度。

六鳌的船舶制造产业中，一帆重工在2014年被评为省级"龙头"企业，是东南沿海规模最大、设施最完善、生产能力最强的船舶分段制造厂。风电开发产业中，一帆新能源是福建省唯一具有陆用和海上风电产品制造能力的新能源公司。投资11亿元的大唐风电场项目已并网发电，是福建省最大的风力发电场。漳浦县政府要重视舆论宣传，应该与社会媒体进行合作，针对六鳌风电开发和船舶制造产业发展和壮大及时地报道，让六鳌风电开发和船舶制造产业被更多社会群众所知晓，实现六鳌知名度的提升，进一步促使更多的企业和人才入住六鳌。

5.2.4　重视联动，实现三个主导产业融合

（1）拓展产业链

六鳌特色小镇主导产业是风电开发、滨海旅游和船舶制造产业，应让这三个产业内部进行更加科学的互动，形成三个产业集群。但同时要注意产业集群中假如存在大量的竞争，竞争程度在合作程度之上，则只能够通过集群获取集聚效应，而如果集群中的合作要比竞争多，则不仅要打造集聚效应，同时还需要打造联合行动效应，要促使六鳌小镇中各个主体进行大量的合作而非过度竞争，从而实现横向一体化，也就是小镇周边每个网络节点之间应进行及时的联系，六鳌特色小镇主导产业要做先行者，发挥出榜样的力量，在信息扩散、销售网络和辐射与示范等方面为其他产业的发展提供借鉴，实现经济产业发展的统一化，每个区域在产业链条中承担着不同的工作，扮演着不同的角色，实现相互补充、相互推动的发展。

六鳌要全力推动要素市场的发展，打造健全的产业链，实现经济发展的分工协作，即经济发展的专业化。比如风电开发产业需要风机零部件制造、风机制造及风电场运营三大环节，为了让风电开发产业更好地发展，就需要有要素市场，例如零部件制造、电子工程、电气制造等，这样六鳌特色小镇风电开发产业才有可能实现长期发展。同时，还要避免不合法竞争，对市场中各个主体的发展进行规范约束。六鳌特色小镇的发展中，产业要有所侧重，保证主导产业和特色小镇建设目标的一致性，实现特色产业在六鳌区域中集聚在一起，形成更强大的发展团体，辐射周边经济发展，提高当地经济实力。

（2）重视三产融合

2015年，中央政府出台一号文件，即《关于落实发展新理念加快农业现代化实现全面小康目标的若干意见》，且国务院通过《关于农村一二三产融合发展指导意见》，强调农业发展的重要性，且指出要将人文和科技与农业结合在一起，为农业的发展赋予更强的推动力，大力打造现代农业产业、经营和生产体系，实现一二三产业的有机发展，打造美丽宜居的乡镇。六鳌特色小镇建设中除了重视第二产业的风电开发和船舶制造，以及第三产业滨海旅游外，还应重视第一产业发展。就六鳌特色小镇发展而言，要坚持生态农业，生态经济，长远发展等思想和模式，将一二三产业融合在一起，实现秩序化发展，且要重点突出区域特点，实现乡村、景观、文化、生态和农业全方面推进，将农业、工业和服务业的有机融合作为基础，将休闲农业和乡村旅游业作为特色产业，进行美丽乡村的打造，实现科学技术和农业的结合，实现六鳌特色小镇发展模式的创新。

6. 小结

国家将特色小城镇建设作为城镇建设的重点，漳浦县六鳌特色小镇在这样的大背景下得到了良好的发展机遇。为了更好地完成漳浦县六鳌特色小镇建设，就要确立六鳌特色小镇的主导产业，本章选择了定性和定量相结合的层次——主成分分析法进行研究，通过构建层次——主成分分析法的评价模型，数据收集和分析，确定六鳌特色小镇的主导产业，并提出主导产业发展建议。

特色小镇主导产业选择指标评价体系构建要遵循科学性、可量化、动态性原则。指标评价体系主要依据层次法原则构建，指标评价体系包括目标层、一级指标层、二级指标层三个层次。目标层是顶层，即特色小镇主导产业选择指标。一级指标层是中间层，包含发展潜力、产业关联度、可持续发展、科技水平及就业情况五个指标。二级指标层即底层，包含需求收入弹性、销售增长率、影响力系数、感应度系数、环境资源保护投入、成本费用率、科技人员比重、创新企业占比、就业吸纳率和投入创造就业率10个指标。

　　基于层次——主成分分析法的评价模型，将六鳌镇的风电开发、船舶制造、砂矿开发、海产品加工、港口物流、滨海旅游六大产业实际情况数据带入模型，当因素指标编号为4时，累计总方差88.23%，已经超过85%，这表明4个主成分已经可以反映原始数据的绝大部分信息，所以可以得出漳浦县六鳌特色小镇主导产业选择可以提出4个主成分因子。

　　通过层次——主成分分析法的评价模型分析，六鳌镇主导产业是风电产业、滨海旅游，所以六鳌镇要继续大力发展风电产业，将风电产业做大做强。同时滨海旅游产业排名第二，大力发展滨海旅游。综合考虑，六鳌镇要继续坚持"依港立镇、工业强镇、旅游兴镇、科学发展"的战略部署，利用好六鳌镇滨海的地理优势，选择好主导产业，重点发展。

　　六鳌镇主导产业发展可以在以下几个方面继续加强。一是科学定位，注重特色主导产业有机融合和发展；二是完善配套，为主导产业提供全方位支持；三是加强宣传，打造六鳌主导产业品牌；四是重视联动，实现三个主导产业融合。

第六章

产业融合视角下漳州市佛昙镇
渔家乐发展模式及优化研究

1. 前言

1.1 研究背景

　　近年来，我国旅游业体现出逐渐向纵深发展的趋势，旅游资源的内涵变得越来越广泛，原本属于农业范畴的乡野风光、田间耕作、特色农产品、乡间民俗文化等均成为可被开发利用的旅游资源；同时，城市生活节奏的加快、休闲方式的单一以及城市的环境问题等使人们越来越向往回归农村悠闲的田园生活。正是这种渴望回归原始、自然、生态的"乡愁"情结催生出了一种新的旅游模式——乡村旅游。2015年以来，我国陆续出台相关政策支持乡村旅游的发展，并在规划引导、财政贴息、闲置资源盘活、配套设施提升、文化遗产普查与保护等方面扶持乡村旅游。2017年10月，党的十九大报告中"乡村振兴战略"及"绿水青山就是金山银山"理念的提出更是为乡村旅游发展注入了新的动力。乡村旅游在我国的发展虽然起步较晚，但发展速度极为迅猛，营业收入增长十分迅速，这都得益于旺盛的需求市场以及政策的大力支持和推动。数据显示，2018年我国休闲农业和乡村旅游接待人次突破30亿，营业收入达8000亿元，乡村旅游示范县（市）不断增多。同时，在空间布局上，乡村旅游已从零星分布转向集群式分布，景点也从原来的城市郊区或景区周边逐渐推向更多更适宜的区域。乡村旅游的发展既满足了当前人们的消费需求，又提高了农村自然资源的开发和利用率，还促进了农村经济发展和农民增收，为城乡统筹发展提供了新的途径，是乡村振兴产业的一支新兴力量。

乡村旅游是以农村和农业特色资源为基础的产业，其发展势必离不开与传统农业的交叉与融合。首先，传统农业与乡村旅游融合，有助于推动农业现代化。二者的融合发展，不仅能够深度挖掘农业资源的功能和价值，使农业资源得到充分利用，同时也推动了特色农产品产业链的形成，提升了传统农产品的附加值，加快推动了农业现代化建设步伐。其次，传统农业与乡村旅游融合，有助于优化农业功能和要素配置，调整农业产业结构，促进农产品加工业的发展，带动农村第三产业如物流业、运输业、餐饮业的发展，并吸收大量农村富余劳动力转向旅游业，为农民的就业和增收提供良好的机遇和平台，改善过去主要依赖第一产业的收入结构。最后，传统农业与乡村旅游融合发展还有利于农村环境的优化，推进美丽乡村的建设。

传统农业与乡村旅游的共同发展必然会出现产业融合的现象，那么如何在产业融合的基础上，传统农业与乡村旅游的互动发展模式有哪些，存在什么问题及相应的改进对策就成为当前急需解决的问题。

1.2 研究目的和意义

1.2.1 研究目的

本章在产业融合的视角下，以佛昙镇渔家乐为案例，梳理佛昙镇的概况、旅游资源以及开发模式，并对渔家乐的发展进行SWOT分析，旨在了解渔家乐发展的基础条件、开发现状及其发展的优势、劣势、机遇和威胁。同时，通过收集问卷了解渔家乐游客消费行为，挖掘发展中存在的问题，并对佛昙镇渔家乐旅游的产业融合情况进行分析，旨在为相关政府部门制定政策以及渔家乐创办者的经营提供有用的理论依据和对策建议。

1.2.2 研究意义

（1）理论意义

虽然已有较多的学者采用单一案例研究的方式对渔家乐的发展进行了探

究，但尚未有学者从产业融合的角度，并以渔家乐为例来探索传统农业与乡村旅游发展的互动发展模式。同时，对渔家乐的研究也主要以理论分析或案例研究为主，鲜有学者通过问卷调查获取一手资料，指出其发展中存在的问题，并对其产业融合情况进行分析，从而更好地为当地渔家乐旅游的开发策略提供具体可操作的对策建议。本研究有助于弥补已有研究的不足，扩展产业融合理论以及渔家乐的研究范围。

（2）实践意义

虽然佛昙镇渔家乐发展已取得一定的成效，自发性开展的渔家乐项目规模以及数量都在增加，影响力也逐渐上升，但仍存在不少的问题。本研究的结论有助于为佛昙镇渔家乐的发展提供真实客观的数据支撑，分析其发展的优势、劣势、机遇和挑战，并科学指导渔家乐旅游的产业融合，对推动渔家乐的健康发展、农业的转型升级、农村面貌的改善、农民的创富增收都具有重要的现实意义。

1.3 研究内容与研究方法

1.3.1 研究内容

首先，本章通过梳理相关理论基础及国内外文献，找出已有文献的不足以及本研究的突破点；其次，分析传统农业和乡村旅游的产业融合，在理论上支持本章研究渔家乐的可行性；再次，对佛昙镇传统农业和渔家乐旅游融合发展的现状进行详细的分析，包括梳理佛昙镇的概况和旅游资源、渔家乐的开发模式、分析渔家乐的优势、劣势、机遇和威胁，并通过收集问卷了解渔家乐游客的消费行为，挖掘渔家乐融合情况以及发展中存在的问题。最后，针对本章的研究结论，提出促进佛昙镇渔家乐旅游产业融合的对策建议。

1.3.2 研究方法

（1）文献研究法

一方面，使用中国知网、万方数据和维普资讯等平台，查找和收集国内外大量相关文献的查阅和整理分析，确定产业融合、渔家乐的概念与内涵，研究渔家乐在国内外的现状和发展趋势，了解目前国内渔家乐发展出现的问题及解决办法，以此为基础对佛昙镇渔家乐现状展开研究。另一方面，通过对文献的

收集和比较分析，为探究佛昙镇渔家乐具体的发展策略提供了参考价值

（2）实地调研与走访

对佛昙镇渔家乐的经营景区包括佛昙镇渔家乐等休闲渔业经营场所进行反复、深入的观察和实地调查，了解佛昙镇渔家乐旅游的实施情况，并通过与当地渔家乐产业链关键人物（比如渔家乐经营者、游客、导游以及景点负责人等）进行面对面的交流，获取佛昙镇渔家乐的发展优势及面临的问题，以便为之后的渔家乐研究提供基础。

（3）问卷调查分析法

本章拟选取佛昙镇渔家乐经营场所为调查地点，设计问卷，并利用问卷对佛昙镇休闲渔业产业链关键人物（比如渔家乐经营者、游客、导游以及景点负责人等）进行数据收集。另外，利用科学统计软件对问卷进行分析，以获取佛昙镇渔家乐的发展状况、游客特征和游客需求的第一手资料。调查方法选用随机抽样法。

（4）SWOT分析法

本章通过对福建省漳州市佛昙镇渔家乐旅游进行SWOT分析，列出优势、劣势、机会和威胁，为当地渔家乐的开发策略提供制定依据。

2. 产业融合及产业互动发展的相关研究

2.1 理论基础

2.1.1 产业融合理论

现在的产业融合随着人们的消费需求已经向传统化、自然化和无形化进行转变，使得旅游和农业两个完全不相干的产业联系在一起。可以说旅游和农业的相互融合形成了农业旅游的新型业态。农业旅游是把农业生产、农民生活和农业经营相组合的一种经营模式，是新型的旅游模式，可以满足城市人们享受自然、回归田园生活的需求（方世敏，王海艳，2019）[86]。为了满足农业旅游的需求，在农业资源的基础上融入旅游要素，可以丰富旅游的项目，增加旅游产品，对促进旅游业起到了优化的作用。旅游服务向农业产业延伸，对农业的增长也具有促进的作用，可以提高农业产业各要素的价值创造能力，从而改善农

业的产业结构。

（1）产业融合的概念

国内外对产业融合（Industry convergence）的研究主要集中于概念、类型、动力和效应分析。产业融合的研究起源于罗森伯格（Rosenberg）对机械行业的研究，他发现通用技术被应用于多个行业，由此提出了"技术融合"（Rosenberg，1963）[87]。尤菲（Yoffie，1966）[88]，格林斯坦（Greenstein）和康纳（Khanna，1997）[89]也分别从不同的角度，进一步提出产业融合是为适应工业发展趋势或适应产业增长而导致的产业边界的收缩、模糊或消失。李小静和赵美玲（2017）指出，产业融合是区域经济理论发展中的一个概念，指的是由于技术变革或制度创新的影响，某种产业的经济活动产生了具有趋势性的跨产业经济现象，一般表现为产业互相渗透、互为交叉和重组[90]，其实质是产业一体化（冯建国，陈奕捷，2011）[91]。随着经济发展的全球化，市场体制与产业体系的不断细分，产业融合已成为产业发展和转型升级的重要手段，多个不相同的产业或者行业在技术上和制度上采取创新的方式，将技术、市场和业务相互渗透和交叉，从而达到改变产品的功能，并且形成新的形态，导致产业之间的边界变得模糊，直至融为一体，在动态发展的过程中形成新的业态。

已有的研究在不同的视角下对产业融合进行分类，主要包括：（1）从过程的视角，产业融合是逐步从技术的融合到产品和业务的融合，再到市场的融合，最后是产业融合的全过程；（2）从产品服务和产业组织结构的视角，随着产品功能性的改变，提供产品的公司和机构之间的边界也越来越模糊；（3）从产业创新和产业发展的视角，不同的产业和相同的产业在不同行业的技术与制度创新的基础上存在着相互渗透和相互交叉，最后融为一体，逐步形成新型产业形态的动态发展过程（张功让，陈敏姝，2011）[92]。

（2）产业融合的驱动因素

作为产业创新的一种新模式，产业融合是社会生产力进步以及产业结构优化升级的必然趋势。为了更全面地了解和掌握产业融合的内在规律，我们首先需要研究产业融合形成的驱动因素。一些学者对此进行了相应的研究，通常认为产业融合的驱动因素包括技术的进步、管理的创新、政策管制的放松、市场的需求与自由竞争等（余佳，游达明，2018）[93]。较早的研究认为技术创新或技术融合使得各产业或各行业部门的成本结构、生产工艺和生产技术等方面的差异逐渐缩小，最终形成不同产业间通用的技术，因此，技术创新与扩散是产业融合的主要推力和源泉（Porter，1985）[94]。随着研究的深入，Yoffie（1996）[88]、植草益（2001）[95]等学者认为政策管制放松降低了行业间的壁垒，为产业融合提供了重要的外部条件，加之行业内促进竞争的技术和管理创新、战略创新等因素，共同加速了产业融合的进程。随着经济的发展，人们的生活水平逐渐提高，进而对物质生活和消费方式的追求也变得越来越个性化、多样化。市场需求的不断变化使得企业必须推出新颖的产品或服务，迫使企业不断进行转型与升级。市场需求驱动的融合会进一步影响政府管制的放松，使原来独立发展的产业得以凭借技术和经营的优势互相介入，并进一步激化企业之间竞争。

（3）产业融合的效应

关于产业融合的效应，学者已做了大量的研究，主要包括产业的创新效率、产业绩效、产业结构升级。同一产业下的不同行业或不同产业之间的融合发展，不仅能够有效降低成本，而且有利于生产效率的提高、管理力量的增强以及资源利用效率的提高。同时，通过吸收新动能，克服或缓解产业发展中存在的痼疾，产业的融合发展能够创造出新技术、新业态和新模式，有助于延伸产业链条、产业重构以及产业优化升级。就产业融合的创新效应而言，已有的研究主要聚集于理论层面，大多数学者均肯定了产业融合对技术创新活动具有重要的影响作用。陈柳钦（2007）认为不同产业的技术融合能够缩短产品生命周期，使得现有技术或产品被取代的节奏更快，有助于为新产品或新服务的出现提供机会[96]。李琳，罗瑶（2019）以制造业为例，通过耦联评价模型和随机前沿分析方法构建面板回归模型，证实产业融合对创新效率具有显著的正向影响，具体表现为技术融入、知识传递和风险控制等三个维度[97]。王成东（2017）也发现产业融合是产业研发效率的影响因素之一[98]。除了对创新效率和研发效率有积极影响之外，孙会敏等（2019）还发现来自农产品加工、化工产业和农业的融合与农业绩效这些变量之间存在长期均衡的关系，即一、二、三产业融合对农业绩效具有显著的积极影响[99]。吴福象和朱蕾（2011）以北京和上海六大支柱产业为例，通过实证检验发现，产业融合通过信息技术的嵌入和传统产业的改造，促进了产业结构的转换，这种影响作用最终表现在产业结构的转换值、结构熵指数以及摩尔结构转换值三个方面[100]。周春波（2018）以文化和旅游产业融合为例，发现产业融合对旅游产业结构升级具有显著正向影响效应，该效应在考虑空间作用下具有稳健性；同时，市场力量还会增强产业融合对旅游产业结构升级的提升效应[101]。

2.1.2 系统论

系统论是在宏观视角下对事物的发展变化从整体上掌握其内在的规律，同时还需寻找每个要素之间的联系（郝伟光，2018）[102]。所有的事物都从属于系统，并且是系统中的一个分支，这些分支有机地联系在一起从而形成一个整体，而每个分支又具有相互联系的影响，同时它们对系统之外的事物也产生作用。

传统的产业在分立思维的影响下，对促进产业发展和提高产业的竞争力有着促进的作用。然而人们更多关注的是产品升级和技术创新等内部产业的问题，系统的思想人们关注的较少，这需要人们将关注由部分转移到整体上去，要用整体的视角对事物进行观察和分析，从而寻找他们之间的关联。这样的做法对不同的产业相互促进和融合都能起到积极的作用。对农业旅游的研究不仅要对旅游系统进行研究，还要对农业系统进行研究，更要对农业系统和旅游系统从整体上进行研究。旅游系统主要是以游客的旅游需求为研究目标，在游客旅游的过程中如何使旅游主体、旅游客体和旅游媒介的各个要素有效的关联并且发生作用，需要遵循事物生长的客观规律，同时还要按照人的意志进行筛选和调整，这个系统非常庞大且在这个系统中的生物、自然和人类的生产生活也非常复杂。

2.2 国内外研究综述

2.2.1 传统农业与乡村旅游产业互动发展相关研究

20世纪50年代以来，传统农业与旅游业的融合发展就已成为国内外旅游研究的热点（刘红，张岚，2015）[103]。已有的文献普遍认为，农业与旅游业的融合发展能够有效促进农村经济的多样化（Lobo等，1999）[104]，并且为农产品提供更多的市场销售机会，有助于提高当地农民的收入和福利水平（Akpinar等，2004）[105]，拓展农业的功能和形式（Kline和Milburn，2010）[106]，延伸或重构农业产业链，使传统农业产业得以转型升级，实现一、二、三产业的融合发展（刘红，张岚，2015）[103]。近年来，随着我国旅游业向纵深发展的趋势，乡村农业资源也逐渐被开发利用为旅游资源；同时，城市生活节奏的加快以及环境问题等使人们越来越渴望回归原始、自然、生态的"乡愁"情结，这催生了乡村旅游，同时传统农业与旅游业的融合也越来越紧密，并成为学者和实践者共同关注的话题。传统农业和旅游业在不断的发展变化中，边界也被打破，逐步的产生了潜在地关联，对于有关联的一部分可以放到同一个研究系统中进行研究，对农业旅游实现融合和发展更加有利。对于农业旅游的开发，这是一个系统工程，需要在农业系统基本属性的基础上遵循旅游系统的一般要求。目前，关于传统农业与旅游业融合发展的相关研究，主要集中在融合基础、动力机制、耦合机制、融合模式、发展及优化路径等方面。

（1）农业与乡村旅游融合发展的基础条件

① 传统农业资源

传统农业的传承和发展，主要依靠的是农村的生态系统，而生物的多样性和优良的自然环境共同造就了传统耕作的农业文化。传统农业和当地的自然景观以及特色民族文化等元素耦合而成独具特色的乡村人文景观，而这些正是乡村旅游发展中最为基础也最为重要的旅游资源。从乡村旅游的内涵来看，乡村旅游是指借助乡村的生态环境，糅合当地的生态景观、农业生产、田园风光以及乡村民俗文化等元素，利用城乡差异来规划设计和组合产品，创造休闲、娱乐、体验、度假、游览以及购物等多种功能的旅游形式（郭军，张效榕，孔祥智，2019）[107]。

② 传统农耕文化

现存传统农业的耕作区一般位于环境相对闭塞且交通较为不便的山区，有的甚至是不宜居住或不宜进行农业生产的地区。然而，当地农民却依靠自己的智慧，因地制宜，合理利用自然资源，创造了与环境和谐相处、生态可持续发展的农耕技术和种养理念。传统农业生产区具有生物多样性、无污染的山地生态系统、传统的耕作方式、独特的农业文化以及传统朴素的人文特色，形成了具有观赏价值的原生态农业景观（张进伟，2016）[108]。

③ 传统农业生态思想

传统农业与现代农业的发展有着本质上的区别，其中最为关键的是本源性不同。现代农业生产的环境代价过高，并且可逆性较差，违背了我国传统的天人合一的生态思想；而传统农业倡导的是健康朴素的生态思想，尊崇精耕细作且尊重作物生长规律的农业生产理念，从而奠定了传统农业与乡村旅游的持续融合发展的理念基础。

虽然以上这些要素不同于其他的旅游产品，但却共同构成了乡村旅游最重要的旅游资源，而这种差异也是对城市居民产生吸引力的重要因素（刘孝蓉，胡明扬，2013）[109]。

（2）传统农业与乡村旅游互动发展的要素

① 功能和资源的互动

传统农业和旅游各自的功能是价值创造的主要来源（Luloff等，1994）[110]。功能的互动促进两大产业互相朝着彼此不断地跨界、拓展和渗透。单纯的传统农业或者旅游业所具备的功能通常比较单一，功能价值的创造力较弱，尤其是在当前居民消费结构转变、产业结构转型升级的背景下，实现产业发展必须融合其他产业的功能并不断进行创新，从而提升产业的核心竞争力。传统农业的资源、环境、景观、民俗活动等，通过一定的包装和改造，可以为旅游业的发展提供良好的基础。由于旅游业的开发也相应地改善了农村的基础设施建设、村容村貌、生态环境；旅游业带来的人力资本、资金和信息也在很大程度上促进了农业的持续发展。

② 市场的互动

传统农业和旅游业原本都有属于自己的消费市场，然而通过融合发展，两大产业之间的市场却形成了互补互动、相辅相成的关系（罗兹曼，2009）[111]。乡村旅游的涉农活动往往聚集了大量的游客，催生了许许多多的相关行业，间接地为农业的生产和销售带来了商机。同时，旅游线路的设计也会考量目的地农业的发展水平、基础设施的完善情况以及特色农产品的开发现状等，以此来吸引游客，促进旅游活动的顺利开展。

③ 资本的互动

资本是产业发展不可或缺的重要支撑，是传统农业和乡村旅游产业发展的核心资源（孟铁鑫，2019）[112]。缺乏资本的投入，无论是传统农业还是乡村旅游产业，都是无法生存和发展的，更难言二者之间的融合发展。伴随着传统农业和乡村旅游的融合互动，资本也同时在进行跨产业流动。一方面，乡村旅游的开发有助于我国传统农业的多元化发展，在资本价值最大化的利益驱动下，大量的旅游产业资本必将注入农业中，促成农业旅游经营实体的规模化和多元化；另一方面，传统农业的多元化发展，也会间接吸引更多的政府财政和商业资本的注入，用于提高和改善乡村的基础设施建设和服务接待设施，从而也极大地提升乡村旅游产业的经济效益。

④ 人才的互动

产业要发展，人才是第一资源。在知识经济时代背景下，人才要素是产业获取核心竞争力的关键要素，无论是机会或资源识别、获取和整合，技术的创新升级或资本运作，都离不开人才尤其是创新型人才的支撑。随着传统农业和乡村旅游互动发展日趋紧密，越来越多的人才投入到两大产业中，而既懂农业又懂旅游业经营管理和营销的复合型人才队伍是最受青睐的，也已成为当前产业发展中人才培养的重点。

（3）传统农业与乡村旅游互动发展的多重效益

① 经济效益

由于多种条件的制约，传统农业无法通过增加产量的方式来提高经济效益。因此，为了达到经济效益，传统农业必须转变思路，通过提高农产品的附加值、延长产业链等途径来获取更高收益，而乡村旅游正好契合了农业发挥多功能性、提升经济效益的需求（由玉坤，2017）[113]。乡村旅游通过挖掘和利用传统农业的优势资源，可以最大限度地增加农产品价值，从而实现经济利益的最大化，使传统农业得以长久发展。

② 生态效益

传统农业对生态环境的破坏程度较轻，在生产过程中，对自然资源的利用率也比较高，尊崇了人与自然和谐相处、天人合一的生态理念，通过低污染、低能耗的生产方式，维护了乡村的生态系统平衡。传统农业与乡村旅游的有效结合，能够更好地保护环境和资源，为游客创造新环境的同时也能提高农业生产效率。

③ 社会效益

传统农业的种植技术较为原始，很难创造出高产量并获得较高的经济效益，因此很多农村劳动力选择外出务工以获取更高的收入。传统农业与乡村旅游的结合发展，为当地农民提供了在家门口就业创业的机会，极大地提高了当地农村的经济生活水平（牛天依，邱瑛，2015）[114]。为营造良好的旅游环境、乡村社区、生态环境、习俗文化等都起到了极大的保护和改善作用。因此，传统农业和乡村旅游能够有效地提高乡村的社会效益。

2.2.2 渔家乐相关研究

（1）渔家乐旅游的概念

渔家乐是新兴的一种旅游项目，主要是沿海地区渔民为向往自然、渴望放松心情的城市现代人提供的一种具有当地特色的休闲旅游方式（王依欣，2008）[115]。渔家乐旅游一般包含品尝当地特色海鲜、欣赏海岛风光、垂钓、游泳和体验渔家捕鱼等休闲娱乐活动。渔家乐的发展主要是依托地理环境和自然资源的优势，发挥当地的特色，在发展渔家乐旅游业的同时对海岛渔业的特色经济也起到了强化的作用，拓展了海洋经济发展的新方向。

（2）渔家乐的特点

① 投入资金少，见效快

渔家乐旅游是我国渔业产区经济发展到一定程度之后的产物，为城市居民休闲度假提供了新的可用空间。渔家乐旅游将渔村和渔家的资源整合后将渔业优势变为经济优势，是很好的产业转型，转型后渔民的收入得到大幅增长。而渔家乐的旅游项目自身也具有投资少、收益快、风险小等特点。

② 渔家民俗生活气息浓重

渔家乐在我国沿海地区兴起，始于20世纪90年代，形成动力来自沿海城市的旅游人数不断增多，导致住宿供应不足，于是其周边郊区的渔家就自发组成了临时为游客提供住宿的民宿，以补充沿海旅游城市的不足。随着城市居民对渔家旅游的热度增加，渔家乐也逐步形成并完善，为城市居民提供了更多更好的旅游项目，同时政府也将渔家乐纳入管理体系，渔家乐的发展也逐步走向正规化。

③ 海洋特色突出

渔家乐旅游的发展主要是依托海洋资源，沿海城市发展迅猛，海洋资源为渔家乐提供了发展的必要条件，渔家乐也是海洋旅游产业的其中一个分支产业。21世纪是海洋的世纪，国家也为渔家乐的更好发展颁布和出台了一系列的利好政策，为渔家乐的发展提供了便捷的条件和资金的支持。建设新农村、发展循环经济、走可持续发展道路都是我国现阶段尤为重视的。渔家乐的发展可以减少对海洋的过度捕捞、缓解水产养殖的压力，同时也促进了新农村的建设，为美丽乡村的建设提供了有利的条件。

（3）渔家乐的相关研究

现有的关于渔家乐的相关研究主要集中于渔家乐发展中存在的问题、相关发展对策等方面。我国渔家乐兴起于20世纪末，发展极为迅速，发展空间也很大，但也出现了许多的问题，学者们对这方面已有了大量的探讨。主要的问题包括渔家乐提供的产品或服务质量较低、知识性体验较差、饮食或娱乐缺乏"渔味道"、村庄落后、基础设施不完善、环境破坏、政府管理不力等（王腾飞，马仁锋，吴丹丹，2016）[116]。李志霞（2018）以山东省日照市"渔家乐"为例，探究了"渔家乐"产业发展的对策，提出应突出渔村特色，进行合理统一的规划，同时应注重产品创新和品牌推广[117]。吴书音和王晓彤（2017）从政府和经营者的视角，指出渔家乐的发展不仅需要政府加大政策扶持力度，给予渔户资金与管理上的支持以完善基础设施，引导渔户发展多层次的渔家乐项目，同时经营者自身也需要增强产品的市场竞争力，积极拓展网络营销方式[118]。于子彬和耿相魁（2019）进一步指出，渔家乐的发展还应对经营者加强培训，提高经营素质，注重绿色发展[119]。

2.3 文献述评

本节主要是对本章所涉及的理论基础和相关研究文献进行系统梳理和综述。首先，对研究涉及的产业融合理论和系统论进行介绍，在理论上支持研究渔家乐的可行性。其次，对传统农业与乡村旅游互动发展的相关文献进行梳理，总结了农业与乡村旅游融合发展的基础条件、互动发展要素及多重效应。最后，对渔家乐相关研究进行总结，发现已有的文献主要集中于对渔家乐发展存在的问题和对策研究，其中高质量论文非常少，多见于硕博士论文。虽然已有较多的学者采用单一案例研究的方式对渔家乐的发展进行探究，但尚未有学者从产业融合的角度并以渔家乐为例来探索传统农业与乡村旅游发展的互动发展模式。同时，对渔家乐的研究也主要以理论分析或案例研究为主，鲜有学者通过问卷调查获取一手资料并进行SWOT分析，从而更好地为当地渔家乐旅游的开发策略提供具体可操作的对策建议。

3. 传统农业和乡村旅游的产业融合分析

3.1 传统农业和乡村旅游融合的动力

3.1.1 需求动力

随着物质文明越来越丰富，人们对精神的追求也越来越高，对旅游资源的认识也发生了较大的变化。以前人们对旅游资源的认识大都停留在具有悠久历史的名胜古迹和自然风光上，而现今，旅游资源的范畴也得到了拓宽，在旅游消费需求的刺激下产生了各种可以满足旅游消费者的要素。只要是对游客产生吸引的，无论是自然、文化还是客观事物都可算作旅游资源[120]。旅游资源因为具有独特的魅力，只有起到吸引的作用，游客才会去旅游，所以旅游资源的根本就是对游客的吸引力的大小。农村习以为常的农耕方式、田园生活、农业手工艺品等，在城市人的眼中变得稀奇和有趣，这些资源就成为农业旅游的宝贵资源。也正是由于城市居民对农村田园生活的向往，农业旅游业才得以发展，农业旅游资源的价值才被认可并被开发。

在工业化发展的同时，城市化的进程也在加速发展，人流密集，车水马龙，城市居民多生活在嘈杂的环境之中，因此与大自然接触的机会就变得非常少，人们追求自然、渴望田园生活的愿望也就愈发强烈。与大自然接触可以缓解城市居民在生活和工作中的压力，放松心情，舒缓紧张的情绪。

人类的需求是有一定的层次性和规律性的。当人们产生旅游需求后，需求也会由低层次逐步向高层次转化。一般观赏类的旅游已经无法满足人们的需求，个性化的旅游项目及体验已成为城市居民所追求新的旅游需求[121]。农业中的自然资源在经济发展中具有极大的优势。我国的农业发展历史悠久，将农业的自然资源与农业生产相结合，不仅可以增加农业的无形价值，还可以提升城市居民的旅游体验。

3.1.2 供给动力

供给动力主要包括农业技术的推动和农业改革要求两个方面。一方面是随着工业化进程的加速，农业生产中的劳动力也逐步向服务业转移，并产生了观光农业和休闲农业。在工业化技术的推动下，农业也在采取现代化的技术，农业机械化和信息化技术也在提高，还将现代化的经营方式和管理理念引入到农业生产中，完善了现代化农业的体系。而对于农业主体的农民来说，国家也正在实施科技扶贫政策，将农业信息化技术推广到农民中去，农民的科技文化水平得到了有效的提升，对农业的生产方式变革也起到了推动的作用。农业科技的发展加速了休闲农业和观光农业的发展。现代农业具有集约化的特点，打破了传统农业受土地制度的限制，实现了农业土地制度的改革，为发展农业旅游业提供了便利条件。

3.1.3 支撑动力

支撑动力包含经济支持、土地制度和基础建设三个方面。经济支持，国家已经取消了农业税，减少了农民农业生产的负担，同时国家还颁布了许多惠农政策，对农业生产给予相当大的资金补贴和优惠政策。国家和政府针对发展农业旅游也开展了旅游扶贫工作，对一些农业旅游项目进行拨款，对农村的基础设施进行翻修和兴建。

农村土地流转等相关政策的实施对农业旅游的发展起着巨大的推动作用。土地是农业发展的基础，同时土地也是发展农业旅游的必备条件。在2018年1月，我国将宅基地所有权、资格权和使用权三权分置，落实宅基地集体所有权，保障宅基地农户资格权，适度放活宅基地使用权，这一利好政策为发展农业旅游提供了有利条件。

发展新农村建设，加快城乡统筹是我国政府尤为关注的，各级政府也为新农村的建设投入大量的财力和物力，并将"生产发展、生活宽裕、乡风文明和村容整洁"作为建设目标。在2017年11月，习近平总书记倡导推进"厕所革命"，并指出厕所问题不是小事情，是城乡文明建设的重要方面。厕改是改善农村卫生条件，提高农民生活质量的一项重要工作，在新农村建设中具有标志性[122]。"厕所革命"既是发展农业旅游的基础，也是必要条件，为农村旅游指引了发展方向。

3.2 传统农业和乡村旅游融合的过程

3.2.1 关联基础

农业和旅游业的融合就是将农业资源作为基础资源为旅游业提供服务，同时旅游业又为农业提供服务和创新。在农业和旅游业融合的过程中需要将农业、旅游业、农村和农民等相关的要素建立一个相关联的体系。农业的相关资源是发展农业旅游的基础，在对农业资源筛选的过程中，需要选择适合发展农业旅游的资源。如表6-1所示，农业旅游资源丰富，农业旅游的种类繁多，不同的地区要根据当地的地域特色来发展农业旅游。

表6-1 农业旅游资源分类及基本类型

资源主类	资源亚类	资源基本类型
田园风光	林业景观	山地森林垂直景观
	农业景观	山地农业景观
		坡地经济林景观
		丘陵农田风光
	牧业景观	草地牧业景观
	渔业景观	江河湖泊溪流
		渔业场景
现代农业产业	特色作物种植地	示范农田区
	规模经济种植地	高效农业示范区
		品种示范区
		新特蔬菜种植地
		药材种植地
	果园及茶园	桔　园
		茶　林
	林场养殖	特种林林场
		特种养殖园
	花卉苗圃	花卉园
		大型苗圃

（续　表）

资源主类	资源亚类	资源基本类型
农事活动及设施	农贸活动	鱼市、花市、果市
		耕作、修剪、灌溉
	农作过程	生产加工
	农业设施及建筑	水库、堤坝
		民间生产工具
农业产物	果品蔬菜	果品蔬菜
	药　材	名贵药材
		特色补品
		茗　茶
	民间小吃	民间风味
		乡土菜系
农业文化	民间习俗	农事庆祝
		农业祈祷
		农事音乐
		民间集会
		民间曲艺
		民间剪纸

资料来源：岳凤霞.农旅融合视角下宜宾县冠英现代农业产业园旅游发展研究[D].成都理工大学，2017.

3.2.2 要素整合

农业旅游是将农业资源有效地进行整合，并且延伸到服务领域。在农业产业上融入旅游业需要在农业资源的基础上把吃、住、行、游、娱等要素经过合理的设计融入农业之中，既满足游客对农业体验的需求，又为游客提供良好的服务。将各个要素进行整合需要注意的是要以满足游客的体验为导向，为游客提供丰富多彩的体验项目[123]。以游客的旅游需求为发展目标，为游客提供更多参与农家生活的服务项目，比如垂钓、采蘑菇、采摘和进行农业劳作体验，等等，同时还要满足游客休闲娱乐、放松心情的需求。丰富的娱乐项目可以延长游客游玩的时间，让游客在参与到农业劳作时可以放松心情，缓解生活工作中的紧张感，让游客的身心得到彻底放松。

3.2.3 发展阶段

农业旅游在我国的发展大致可以分为三个阶段：萌芽阶段、发展阶段和成熟阶段。萌芽阶段是从20世纪80年代开始，一些农民在农业生产之余以个体的形式经营农业活动以满足家庭、市场的需求，这时的旅游主题不清晰，旅游性质也不明确。发展阶段是从20世纪90年代开始，以中小旅行社为主，开发农业旅游，为城市居民提供农业旅游的服务。在发展阶段，农业旅游的活动项目增加，农业旅游的特色更为显著，但是在规模和品牌上仍有很多不足之处。进入21世纪以后，农业旅游进入成熟期，在这一时期，农业旅游的活动内容非常丰富，农业旅游的盈利方式也更为具体。大型的旅游公司在旅游项目的开发上则更加注重品牌效应和特色服务。由图6-1可以看出农业和旅游业融合发展的过程。

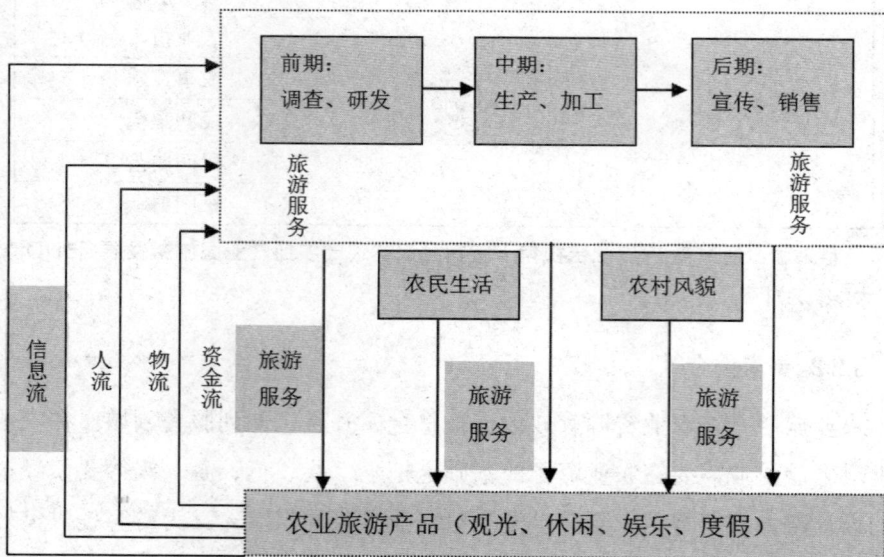

图6-1 农业和旅游业融合发展过程图

3.3 传统农业和乡村旅游融合的模式

农业和旅游业的融合受地理环境、旅游资源禀赋和经济发展等多因素的影响，不同的开发思路和经营模式所形成的农业旅游模式也呈现多样化。如表6-2所示，为较典型的农业旅游发展模式。

表6-2 典型的农业旅游发展模式

类　　型	简　　介	适用性
村民自行 开发模式	农民以个人和家庭为单位自行开发的农业旅游	城市或客源地周边地区，适用于农业旅游的初级阶段
政府主导 开发模式	政府征用农民土地建立旅游景区，投资修建基础设施和相关项目，引导农民在景区内经营项目	自然风景优美的大型风景区，农民收入与景区经营息息相关
村集体主导 开发模式	以村集体为单位共同开发的农业旅游项目，农民入股获得经营权，村集体与农民共同获利	集中在集体经济力量大的农村集体
企业为主体 开发模式	大型企业对景区进行开发和投资，吸收农民参与和入股	适合具有特色农业产业的地区，且与城市相邻
混合 开发模式	由多个不同的主体联合对景区开发，主要模式为"公司+农户+村委+合作社"	受市场条件和旅游资源条件影响较大

资料来源：陈宗宁.基于全域旅游视角下松溪县休闲农业与乡村旅游发展研究[D].福建农林大学，2017.

4. 佛昙镇传统农业与渔家乐旅游融合发展现状

4.1 佛昙镇概况和旅游资源

佛昙镇位于漳浦县的东北部，属于亚热带海洋性季风气候，倚山面海，海岸线较长，约2.5公里，地处厦门港南岸，是漳浦县东北沿海重镇和著名的侨乡，与台湾海峡相邻，近海称佛昙湾。全镇的土地总面积为80平方公里，其中的花林、东坂、下苏、先锋、下坑、岸头、石埕、大白石、后社、后许、轧内均在海岸线上。良好的地理位置和气候条件，使佛昙镇具备发展渔家乐旅游的先天条件。除此之外，佛昙镇还充分利用和改善外部条件，推动旅游业的发展。

首先，大力推动新农村建设。为改善渔村环境，佛昙镇投入大量的资金用于完善当地的基础设施，例如建立垃圾填埋场，对村内的垃圾进行清理和填埋；加大新农村的建设和宣传活动，并以部门帮扶的形式建立"样板村"，以带动佛昙镇其他村庄，大大提升渔村的面貌，推进佛昙镇的美丽乡村建设。其中，轧内村、后许村就是美丽乡村的创建村，这两个村庄依山傍海彼此相连，村头巷尾和田间地头非常整洁，公路沿海一直修至村庄内，交通十分方便。

其次，积极开展水产养殖。佛昙镇水产养殖面积约为4万亩，河豚养殖量较大，有70%的虾池都在套养河豚，年产量可达3000吨，是福建省河豚育苗量最多、养殖面积最大、产量最高的地区。

最后，努力传承原生态艺术品。佛昙镇在传统农业中保存了很多与农业场景有关的原生态手工艺术品和制作技艺。通过充分利用当地的优势资源，挖掘当地的能工巧匠和民族艺术家，佛昙镇在传承文化的基础上，采用现代产业的方式，再现原生态的艺术品，不仅挖掘出许多艺术品的市场价值，而且使传统文化得以更好的传承。这些艺术品都与当地的农民生活和生产息息相关，有用手工编制的簸箕、筛子和箩筐等，具有原生态粗犷质朴感的木椅、木桌、木凳等，还有非常具有佛昙镇地域特色的剪纸艺术品。

除此之外，佛昙镇还拥有许多古迹景观，比如鉴湖、台湾宜兰祖庙、漳浦陈氏祖祠、古樟树、古榕树群等。

综上所述，优越的地理条件、良好的渔村环境、浓郁的民族风情、质朴的农业生产生活以及优美的自然风光等旅游资源，为佛昙镇发展渔家乐创造了最好的基础条件。通过对这些旅游资源进行改造、整合，佛昙镇渔家乐可以为游客提供丰富的特色项目，如民俗艺术渔家乐、品味海鲜美食、从事农业生产体验活动、体验渔民生活的乐趣、游山玩水欣赏优美的自然风光等。

4.2 佛昙镇渔家乐旅游开发模式

根据不同的开发主体，佛昙镇的渔家乐旅游开发主要有以下3种模式。

4.2.1 企业独立开发模式

当地政府通过招商引资，对引进的企业给予一定的政策优惠，让企业对旅游片区进行整体开发，发展渔家乐旅游以及开发一些休闲娱乐项目。由于渔家乐旅游的开发者多为有实力的企业，在开发建设方面，合理的规划性，实用性与娱乐性兼备，同时，企业在对渔家乐旅游开发利用上整体布局合理，从而在有限的空间可以获得更多的利益。因此，企业独立开发模式要比农户自己经营的渔家乐规模更大，休闲娱乐设施项目更为齐全。

4.2.2 村集体主导开发模式

渔家乐旅游的规划项目有些是以村集体为主导进行开发，以村集体为单位成立旅游公司，渔民以集资的方式入股，村民参与到旅游公司运营的整个过程中。渔民的收入主要分为工资和股份分红两部分。以村集体主导开发的渔家乐旅游模式顺应了时代的发展，不仅在渔村和休闲农业的基础上将休闲旅游和生态农业有机地进行整合，使佛昙镇渔家乐旅游在增加收入的同时，还实现了农业旅游的一个飞跃。

这种开发模式最大的优点是使村民可以进行有序的良性竞争，在发展渔家乐旅游的同时，还可以对旅游资源和生态环境进行保护，避免因发展和扩充渔家乐旅游而导致环境和旅游资源的破坏。

4.2.3 村民独立开发模式

村民独立开发模式是由村民自发组织成立的渔家乐，在资金投入上也是由村民独立完成并且自负盈亏。政府会对创办渔家乐的村民在政策上给予支持，资金上给予帮助，同时还会设立管理机构，对渔家乐进行规范化管理、统一开发、统一宣传。当地村民可以利用剩余劳动力发展渔家乐旅游，在增加农民就业渠道的同时，对整个乡村的发展也起到了促进作用。村民独立开发的模式在佛昙镇是最为常见的，很多渔民都以家庭为单位创办渔家乐，但规模一般都比较小，而且彼此之间存在着较大的竞争压力，在竞争、服务和环境保护等方面还存在着较多的问题。

4.3 渔家乐游客消费行为分析的问卷调查

本章通过随机抽样的方法发放问卷调查以了解佛昙镇的发展方向、模式以及游客的来源、需求和偏好等旅游市场的相关信息，旨在为佛昙镇渔家乐进行合理有效的规划提供真实有效的数据依据。本次的问卷调查由两部分内容组成。第一部分为游客的基本信息，例如年龄、性别、职业、收入等；另一部分的内容主要是以游客的满意度为主，例如，渔家乐项目的住宿条件、游玩项目的消费情况、餐饮服务等。

4.3.1 样本来源与步骤

本研究的问卷调查时间选择在渔家乐旅游的旺季，因为游客较多，此次的问卷调查结果非常具有代表性。地点主要分布在渔家乐资源丰富、发展较为完善的地区，如花林、东坂、下苏、先锋、后许、轧内等地。在样本的选择上，调查的男女比例差异不大，年龄以20—55岁的游客占多数，进行实地随机抽样，问卷调查由游客填写。根据统计，共发放300份调查问卷，回收有效问卷293份，有效率达到98%。

4.3.2 游客基本信息分析

在性别结构方面，男性有121人，占总数的41%；女性为172人，占总数的59%，男女比例差距不大（详见表6-3）。由于女性游客略多于男性，佛昙镇渔家乐在旅游产品开发设计上应多对女性的需求加以考虑。

表6-3 佛昙镇渔家乐游客性别一览表

性　别	人　数	占　比
男	121	41%
女	172	59%

资料来源：问卷调查

在年龄方面，佛昙镇渔家乐旅游的游客年龄段主要集中在20—55岁，占比高达87%；20岁以下及55岁以上的游客占比较低（详见表6-4）。20岁以下的游客因为多数都未成年，经济没有独立，一般都是跟随父母出游，很少有单独出游的情况。中年游客有一定的经济基础，又因为长期生活在城市，工作压力非常大，身心都需要得到放松，所以对渔家乐的休闲旅游需求较大。老年人由于时间充裕，又具备经济条件，是正逐步壮大旅游群体。佛昙镇渔家乐对中青年市场要进一步开发，在娱乐设施项目上要符合中青年的口味，对于老年人也要提高重视程度，开拓和挖掘老年人的市场。

表6-4 佛昙镇渔家乐游客年龄一览表

年　龄	人　数	占　比
20岁以下	18	6%
20—25岁	42	14%
25—35岁	45	15%
35—45岁	94	33%
45—55岁	74	25%
55岁以上	20	7%

资料来源：问卷调查

在学历方面，拥有大学及以上学历的游客数量最多，高达52%（详见图6-2），可见较高学历的人对精神活动也有一定的追求。面对高学历的游客，佛昙镇渔家乐旅游在娱乐项目开发方面应该更加注重精神文化的需求，让游客在放松心情的同时又能体会到特有的民俗文化，从而达到丰富游客的精神需求。

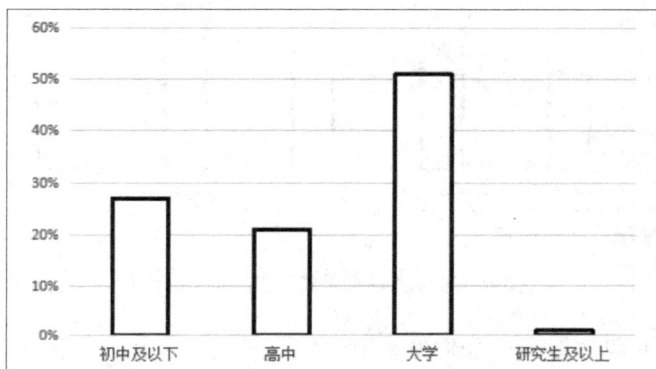

资料来源：问卷调查

图6-2 佛昙镇渔家乐游客学历一览表

在职业方面，在受访的293人中，来自企业的有71人，占总人数的24%，是休闲渔业旅游的主力军；其余的依次为行政事业单位22%、退休人员19%、学生14%、商贸人员8.5%、自由职业者6.9%，占比较低的为农民，为4%（详见图6-3）。根据数据可知，城市居民压力越大旅游需求越高，佛昙镇渔家乐旅游应根据旅游对象设立特定的游玩项目。

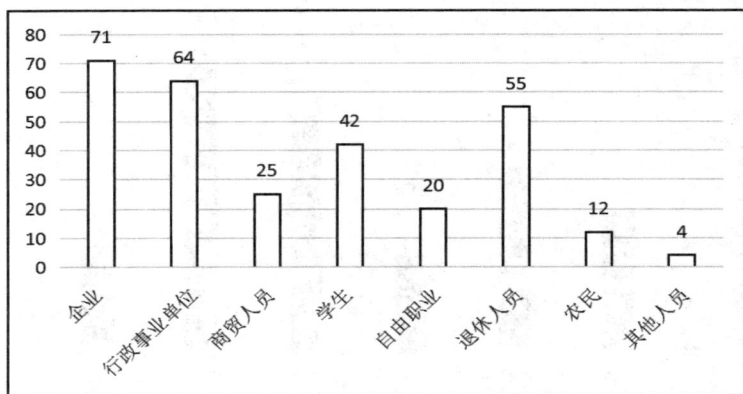

资料来源：问卷调查

图6-3 佛昙镇渔家乐游客职业一览表

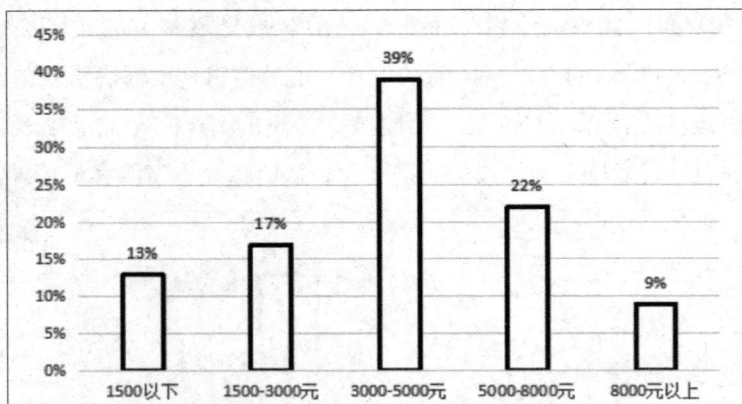

资料来源：问卷调查

图6-4 佛昙镇渔家乐游客收入情况分析

由图6-4可知，月收入为3000～5000元的游客对养生需求最为迫切，占总比39%；月收入5000～8000元的游客居第二位占比为22%；月收入1500～3000元的排第三位，占比为17%；1500元以下和8 000元以上收入的游客占比最小，分别为13%和9%。学生游客由于经济条件有限，他们对旅游的需求并不高；而高收入人群，一般是单位的骨干或者管理者，工作压力大，通常花费在工作上的精力较多，旅游次数相对较少。佛昙镇渔家乐旅游开发所针对的群体应以中等收入群体为主，在制定价格的过程中，应以适中、适宜为原则，让游客在游玩的同时能感觉到物超所值。

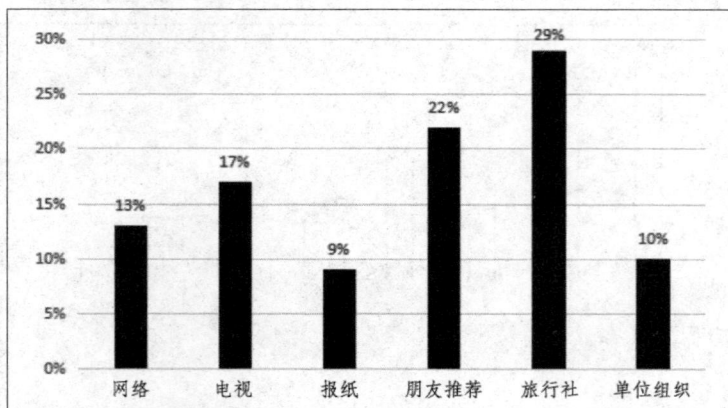

资料来源：问卷调查

图6-5 游客出游信息获取途径

由图6-5可知，游客获取出游信息的主要途径为旅行社的宣传、朋友推荐和电视信息。通过网络平台、报纸等渠道获取信息的游客比例较小。由此可见，游客获取旅游信息的渠道较多。佛昙镇渔家乐旅游应在拓宽现有的宣传渠道上，让更多热爱渔家乐旅游的游客获得更多的资讯。佛昙镇渔家乐的经营户更应看重回头客，在经营上要树立口碑和品牌，让获得良好体验的游客向其朋友推荐。在原有的宣传模式上还要加强应用新媒体的力量，结合多种宣传渠道为佛昙镇渔家乐旅游进行宣传。

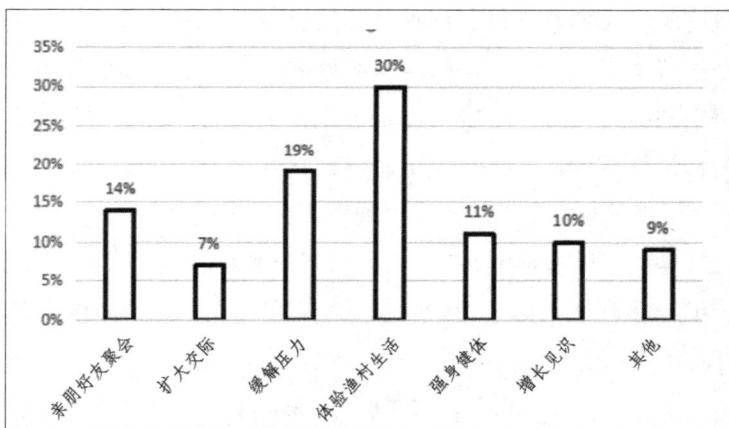

资料来源：问卷调查

图6-6 游客出游的目的

由图6-6可以看出，旅游者的兴趣与年龄、职业有一定的联系，同时又与旅游产品的种类有直接的联系。从调查对象中可以看出，多数游客是来体验渔村生活和缓解生活压力，说明佛昙镇渔家乐旅游环境优美、具有特色，适合休闲度假。在对游客出游目的进行调查时，本研究发现亲朋好友聚会也占有较高比例，为14%，因此佛昙镇渔家乐旅游应紧贴游客的出游目的，增设让游客有更好体验的娱乐项目。

4.4 佛昙镇渔家乐旅游的产业融合分析

4.4.1 佛昙镇渔家乐旅游产业融合动力

随着经济的迅速发展，快节奏的城市生活给居民带来了巨大的生活压力，城市居民生活工作压力增大，很多居民希望通过体验乡村生活来缓解生活压力。近年来，国内一些大城市居民收入水平普遍提升，具备休闲旅游的消费能力，可以在节假日放松心情，体验农村的慢生活。因此，佛昙镇渔家乐发展势头良好，旅游收入也在不断攀升，对福建省的农业旅游发展起到了带动作用。

由于发展渔家乐旅游带动了当地经济的快速发展，当地的产业结构进行了调整，农业与旅游业进行了有效的融合。渔民也转变了生产方式，在从事农业生产的过程中兼具创办渔家乐旅游，取得了经济的增收。

近年来，佛昙镇的经济保持良好的发展势头，产业结构也得到了调整，在财政上，政府和渔民的收入都得到了较大的提高。特别是在招商引资方面采用了多种合作形式来促进乡村渔家乐旅游的发展。由于佛昙镇的渔家乐旅游非常具有前景，引来众多投资主体进行投资。也正是因为这些主体的投资，佛昙镇渔家乐旅游已经形成规模，并逐步走向规范化。由于有充足的资金作保障，渔家乐的河豚已经由美食逐步发展成为一条全新的产业链。

目前，佛昙镇已经成为福建省最大的河豚养殖基地，全镇的河豚养殖面积为三万余亩，年产量为三千余吨。佛昙镇全镇有80%的农民从事河豚养殖和相关产业，不仅开发了河豚罐头、河豚水饺、河豚酒等美食美酒，还以河豚为主要材料开发了祛斑、抗皱的美容产品以及河豚剪纸、河豚油画、河豚形象的玩具等，可以说佛昙镇已成为集河豚养殖、餐饮、旅游为一体的河豚特色小镇。

在政策扶持上，随着佛昙镇渔家乐旅游发展规模的逐步扩大，知名度越来越高，政府也非常重视佛昙镇渔家乐旅游的发展，并制定了相关政策，为渔民发展渔家乐提供了便利条件。同时又对渔民实施资金扶持、减免税费等优惠政策。

4.4.2 佛昙镇渔家乐旅游产业融合过程

在佛昙镇渔家乐旅游产业的融合过程中，农业和旅游业有着较为完善的关联基础。从农业资源上看，佛昙镇传统的农业、渔业有着悠久的历史，不仅农业种类丰富，渔业资源也极为丰富，特别是河豚尤为出名。

从旅游资源上看，鉴湖有十六胜景，景色优美，有古樟、古榕，还有历史遗迹——鸿江书院。特别是岱嵩的纯渔业村资源和大多数渔业兼农业的乡村，可以说发展渔家乐的旅游资源非常丰富。

农业和旅游业的要素要进行整合，这就需要依托农业资源和旅游资源为基础。渔家乐旅游属于农业旅游，而农业旅游的发展是基于农业资源和旅游资源的基础之上的。佛昙镇拥有自然风光、古朴建筑、民俗风情，同时又兼备农业耕作的传统工业；是将自然与人文、传统与现代等多种资源有效的融合，不仅突出了当地的地域特色，随着渔家乐旅游的发展，当地的旅游资源也得到了开发和利用，突出了渔家乐旅游的特色，丰富了旅游内容。

佛昙镇有效利用具有当地特色的农、林、牧、副、渔等各种农业资源，开发具有特色的渔家乐旅游，是发展农业旅游的最重要的一步。如何能抓住乡村的特色，突出特色，将特色资源融合到渔家乐旅游之中，是发展特色渔家乐旅游的关键。只有突出特色，明确主打产品，才是农业旅游的发展方向。

4.4.3 佛昙镇渔家乐旅游产业融合创意

佛昙镇有效地将农业、休闲渔业和文化创意进行了融合。三者互为一体、互相提升、互相渗透，并分析创意产业在渔家乐中的作用，为佛昙镇的旅游商品开发、渔家乐服务项目和旅游营销等方面找到融合的切入点，并深度挖掘佛昙镇渔家乐的乡村旅游与农业生活的融合点，打造出完美的渔家乐旅游项目。

4.4.4 佛昙镇渔家乐旅游产业融合效果

（1）经济社会效益显著

佛昙镇具有丰富的渔业资源，在发展渔家乐旅游方面有着丰富的渔业、湖泊资源，加之地理位置良好，海岸线长，属于南亚热带海洋性季风气候，温度适宜，同时又拥有深厚的历史底蕴，为佛昙镇发展渔家乐旅游提供了便利的条件。该镇在发展渔家乐旅游的同时，农村的建设也有了提升，为不富裕的乡村带来了经济收入，人均收入均有增长，有效地推动了新农村建设。渔家乐旅游的开发为农业生产、技术开发、市场贸易等方面都带来了影响，可以说农业旅游的发展基础为农业和农民指引了发展方向，带来了一定的经济效益。

（2）农业旅游内容丰富

佛昙镇有农业生态园区、鉴湖名景、林业资源、特色渔村、书院遗迹等丰富的旅游资源。特色的渔村生活，经过历史的沉淀，形成了具有独特风格的渔民生活、民俗文化。在这里，游客不仅可以游览特色景观，还可以垂钓、捕捞，体味渔家生活的乐趣。在渔民创办的各色渔家乐中，游客可以体验农业劳作、采摘新鲜水果和蔬菜、品味渔家饭菜，还可以购买渔家的手工艺品和土特产。

（3）休闲渔业与乡村生活完美融合

佛昙镇在休闲渔业方面融入了现代技术。在乡村的农业生产中，将农业技术与城市人们的需求融入渔家乐之中。游客不仅可以观光、欣赏渔家打鱼生活，体验农业生产生活，还能够领略佛昙镇独有的文化内涵，并且还可以亲自体会耕种、捕鱼、种植、采摘等农家生活的乐趣。

4.4.5 佛昙镇渔家乐旅游产业融合互动模式

佛昙镇采取了创新的产业融合模式，在拓展渔家乐产业边界的同时，又和农业更好地融合在一起，并坚持渔家乐+的产业融合发展思路，进一步加强了渔家乐与农业、文化产业、商业、旅游业等方面的融合发展，打造了新的创意渔家乐休闲旅游的新业态。佛昙镇通过渔家乐+产业融合延伸产业链，产生新业态，途径主要包括渔家乐的休闲渔业生活→农家乐的生活体验→旅游新体验与文化融合创新→渔家乐与美丽乡村建设融合→旅游与新型城镇化建设融合等。

4.5 佛昙镇渔家乐旅游发展SWOT分析及问题分析

渔家乐作为一种新兴的旅游项目，非常具有发展前景。佛昙镇的渔家乐旅游虽然起步较晚，但是在国家和地方政策的支持下，已初步形成规模化，旅游项目也增添了不少。渔家乐的游玩项目有古色古香的渔排垂钓，游客们想吃哪种海鲜都可以自己参与到其中，自己动手抓新鲜的海鲜；还有丰富多彩的海上休闲娱乐活动，在游玩之余可以吹吹海风，听听渔歌，乘古船畅览海景。

4.5.1 佛昙镇渔家乐发展的优势（STRENGTH）分析

（1）佛昙镇的渔民朴实、热情、好客

佛昙镇民风淳朴，渔民待游客非常热情，给来游玩的游客留下了深刻的印象。渔民经营渔家乐也都是本着诚信经营的宗旨，让游客在体验新鲜的渔民生活，品味鲜美海鲜的同时可以感受到热情的服务，良好有序的竞争环境让游客的渔家乐旅游得到较好的体验。在良好有序的竞争环境下，佛昙镇的渔家乐旅游规模也在逐步扩大。

（2）佛昙镇诚信经营文化赢得游客信任

在佛昙镇，家家户户的渔民都能用河豚做出拿手菜。在东坂河豚美食一条街上，来自五湖四海的游客可以非常放心地享受美味。佛昙镇以河豚产业发展为基石，构筑起佛昙诚实守信的经营文化。一条鱼成长为一种文化——这是一种以命相托的诚实守信的文化，实现群体力量敬畏生命的自律规范，赢得人们敢于以命相托的信任，这是当前市场经济条件下的"金不换"。河豚是有剧毒的，但却又是极鲜的美味，佛昙镇烹饪河豚的厨师都是具有专业资质的，不仅可以烹饪出美味的佳肴，而且对食客的安全也有保障，在佛昙镇品河豚，没有发生一例食品中毒事件。

4.5.2 佛昙镇渔家乐发展的劣势（WEAKNESS）分析

目前，佛昙镇渔家乐虽然发展不错，但通过调查分析，其自身存在的问题也比较突出，主要体现在：

（1）基础设施不完善，住宿环境缺少标准化

在对佛昙镇渔家乐旅游发展的调研中，我们发现佛昙镇渔家乐的基础设施并不完善。渔家乐旅游虽然吸引了大批的游客，但是佛昙镇的基础设施薄弱，道路交通并不发达，面对游客的增长，配套的客船数量并没有增加，游船的载客量不高。为游客提供服务的都是小渔船，游客乘坐渔船、海上游的需求不能得到较好的满足。渔家乐的住宿条件也非常简陋，游客一般都住渔家的院子，没有独立卫浴，缺少标准化的住宿条件。

（2）缺乏统一规划，项目缺乏创新

虽然佛昙镇渔家乐发展自开发以来已经初具规模，但目前兴盛的状况在很大程度上得益于游客数量较多。不少游客反映，旅游项目缺乏统一的规划，每个渔家乐提供的项目几乎一样，户户相同，没有太大的差别，缺乏创新，无法满足游客多层次、多元化的旅游需求和期望。同时，由于经营方式同质化严重，产生了较为激烈的价格和成本竞争，不仅影响了经营者的收入，也使游客体验感大大下降。

（3）业态无序发展，旅游市场秩序混乱

由于缺乏统一完善的管理制度，渔家乐的竞争形式和竞争程度缺乏有效的

规范，导致佛昌镇渔家乐市场秩序混乱，乱象丛生。经营渔家乐的渔民常常违反价格自律争抢游客、相互诋毁信誉、拒绝接受日常管理，导致渔家乐经营户的盈利能力大大减弱，同时也使佛昌镇渔家乐元气大伤，发展遭遇瓶颈。

（4）服务人员素质较差，服务质量低

由于佛昌镇渔家乐有很大一部分是渔民以家庭为单位自主开发的，因此取得合法资质的渔户较少，软硬件设施不够完善，经营管理缺乏经验，其雇佣的服务员大多没有接受过严格统一的培训就直接上岗，经常引发纠纷被游客投诉，成为旅游市场监管的难点。

4.5.3 佛昌镇渔家乐发展的机会（OPPORTUNITY）分析

（1）人民的生活水平提高，潜在客户群体大

随着人们的生活水平不断提高，旅游需求越来越大，以往的旅游模式已经无法满足人们对大自然的向往，感受乡村自由的愿望。佛昌镇依托丰富的海洋资源，淳朴的民风，具有地域特色的海鲜产品为城市居民提供景色优美、渔家文化浓郁的特色旅游服务。受到周边以及大城市的居民欢迎，渔家乐旅游潜在的客户群体也非常巨大。

（2）政府大力支持，渔家乐旅游业兴旺

当地政府积极行动，出台一系列扶持政策，加大资金投入，完善佛昌镇基础设施建设，积极推进美丽乡村建设，为发展"渔家乐"注入了强大活力，旅游业快速发展。为吸引客源，当地政府抓住区位优势，主动与相邻城市对接，加强旅游合作，积极利用网络、新媒体等形式对佛昌镇进行宣传。如今，佛昌镇渔家乐旅游已成为当地经济发展的支柱性产业和战略性产业。

4.5.4 佛昌镇渔家乐发展的威胁（THREAT）分析

（1）缺乏渔家乐发展的专项数据

佛昌镇的第三产业的数据收集主要针对渔业和旅游业这两个方面，对休闲渔业和渔家乐项目的数据并没进行专项的收集，渔家乐的经济收入包含渔业的经济效益和旅游业的经济收入。在渔家乐的整个运营阶段，对渔民的创收情况，渔家乐的游船等项目的经营收入没有相关统计数据，这就很难精确地研究渔家乐对佛昌镇的经济发展做出的具体贡献。由于缺乏专项数据进行分析，对

佛昙镇渔家乐的发展预测造成了困难，对渔家乐的发展前景无法做出准确的预测和判断。

（2）同行业的竞争压力

近年来，随着人们对休闲的要求越来越高，渔家乐旅游可谓遍地开花。除了佛昙镇，其他地区也都在积极发展渔家乐，这无疑给佛昙镇渔家乐的发展带来了一定程度的压力和威胁。

（3）对周边环境破坏严重

随着佛昙镇渔家乐旅游的兴起，游客在品尝海鲜、农家菜和游玩的同时，也给周边环境造成一定的破坏。游客还发现渔家乐的前厅环境干净，而后厨和农家院的背后并不干净。在佛昙镇开办渔家乐的门槛低，村民开办渔家乐主要是以创收为目的，并不会注意对周边的生态环境进行保护，甚至为了开办渔家乐还以牺牲良好的环境为代价。其中还有不法分子抱着投机的心理，为了自己的利益不惜牺牲周边的环境，对周边环境造成较大的污染。渔家乐的创办主体多为农民，农民在创办渔家乐基础设施等方面愿意投入资金，而对产生的垃圾、污水等却不愿投资进行处理。佛昙镇大都是以村民独立开发为主的模式经营渔家乐旅游，村民在投资经营渔家乐的同时，已经没有能力再对旅游资源的保护进行投入。经营渔家乐旅游容易对周边的自然环境造成一定的不良影响，然而农业旅游的最大卖点就是自然环境优美，能给城市居民带来回归大自然的感觉，自然资源环境在渔家乐旅游中尤为重要，这需要重点保护。

（4）渔家乐旅游没有形成规模化

河豚是当地的特色水产品，味道极美，但是由于渔民受经济条件限制，经营渔家乐旅游不具有规模化，大都采用大排档的形式经营海鲜产品，在加工工艺上和口味上还存在一定的欠缺。佛昙镇渔家乐旅游在整体上没有进行规划，政府也没有做整合工作，都是农民自发形成的。因此，这种零散的渔家乐无论是住宿条件，还是渔家乐餐饮、休闲景点都不具规模，更显得杂乱。

（5）渔家乐旅游仍处于初级阶段

佛昙镇的渔家乐旅游发展时间不长，在发展旅游的很多方面还不完善。渔家乐最初是渔民自发形成的，在规模上和规划上并不完善，旅游设施也不齐全，渔家乐的卫生环境也不理想，特别是个人创办的渔家乐中厨房和厕所环境较差，服务水平也参差不齐，严重影响了游客的生活体验。佛昙镇的渔家乐旅游仍处在发展的初级阶段，政府介入的力量不多，多方面并不完善。政府对渔民创办渔家乐旅游实施的优惠政策不多，渔民要扩大规模，建设大型的渔家乐也缺少相关政策的指引。同时，因为佛昙镇的渔家乐旅游多数为渔民自发建成的，在旅游管理和服务方面缺乏有效的管理模式和服务方式，在统一、规范化管理方面还有欠缺。

（6）旅游景点配套设施不完善

渔家乐旅游的配套设施主要包括交通、卫生、景区特色、餐饮、住宿条件、水电网供应等多方面细微而又全面的设施服务。佛昙镇渔家乐虽然已经修建了公路，但是海边、渔村等景区的停车场容量小、公路路面较窄，无法满足多车同时行驶。由于游客的增多，垃圾和污水也急剧增多，垃圾处理设施不完善，餐饮多以大排档为主，餐饮卫生条件不达标的地方多，同时对食品安全监管不能做到全面监督，存在较大的安全隐患。旅游景区环境卫生较差，影响游客欣赏自然风光和舒缓心情。由于多方面的基础设施不完善，对游客产生了极大的影响，降低了游客的满意度，直接影响渔民的收入。

（7）特色农产品缺乏

佛昙镇渔家乐旅游多数是渔民自发，当地特色的农产品没有得到深度的挖掘和更好的开发。河豚是非常具有当地特色的食品，但也只是在渔民经营的大排档中可以品尝到，并没有形成对河豚食品的开发和产业化的生产，游客只能在佛昙镇品尝到鲜美的河豚，农产品与旅游联系的紧密度不够，没有特色农产品满足游客需求。

5. 佛昙镇渔家乐旅游产业融合的促进对策

5.1 加强政府管理职能

5.1.1 加大资金投入，扩大发展规模

政府要对佛昙镇的渔家乐旅游加大资金投入，扩大发展规模。政府还需实施优惠政策和条件，吸引有规模的企业为渔家乐进行投资。政府统一为渔家乐

旅游制定发展规划和具体实施细则，对原有的规模小、设施不完善的渔家乐进行升级改造，以达到符合环境卫生标准、符合安全保护标准和设施完善的渔家乐。政府应对渔民创办的渔家乐进行规模整合，在整体上实施协调发展，使佛昙镇的渔家乐形成规模化，从而提高其市场竞争力。

5.1.2 积极拓展市场，促进旅游与农业融合发展

在农产品的销售方面，要积极拓展市场、整合中小涉农企业的农产品信息，采用集中宣传的方式来降低营销成本，打造佛昙镇的品牌，树立品牌效应，从而实现规模化的经营。同时针对农民不会使用网络，不会通过互联网销售产品等问题，帮助他们搭建网络信息平台，在宣传农产品和渔家乐旅游的同时，提供销售信息。此外，还要引导从业人员，特别是产业经营者培养网络营销意识，积极拓展市场，促进旅游与农业协同发展。

5.1.3 完善基础设施建设，为游客提供便利

要完善佛昙镇的水、电、网等的基础设施建设，确保游客用水、用电和用网，保证整个佛昙镇都有无线网络覆盖，为游客提供电子支付的便利条件。应为游客提供邮寄特色农产品的服务，保证游客在佛昙镇渔家乐品尝到的美味同样也可以邮寄到家中，游客返程之后依然可以和亲朋好友共享美味。还需要对服务设施进行完善，在佛昙镇的商业路段、汽车站和高速路口设立显著的渔家乐旅游信息宣传栏，为游客提供旅游咨询和指导。还需要在佛昙镇景区和渔家乐比较集中的地区设立救助服务设施，并将乡镇医疗、消防和公安等机构进行整合，建立应急预警机制，确保游客旅游安全。

5.1.4 培养渔家乐专业人才，提升旅游服务整体水平

佛昙镇的渔家乐旅游处于初期发展阶段，且发展规模较小，以渔民自发成立的居多，随着游客的增多、渔家乐旅游规模和项目的扩大，佛昙镇亟需渔家乐旅游的专业人才，政府可以进行旅游管理等方面的专业人才引进。同时，政府还应开办培训班，对渔家乐的经营者进行培训，培养和发展渔家乐专业人才，达到提升渔家乐旅游服务的整体水平，打造专业化、品牌化的渔家乐休闲旅游业的目的。

5.2 加强经营者自身经营管理能力

5.2.1 发展"旅游+"和智慧旅游，打通产业融合路径

佛昙镇可以通过发展"旅游+"和智慧旅游，充分打通旅游产品融合发展的路径。首先要实施智慧旅游。在佛昙镇的智慧旅游实施设计中，游客通过应用系统与职能管理部门进行联系，在完成了游客端的旅游体验优化的同时，也能促进政府的职能化管理，并且还能通过大数据实现旅游管理上的优化。佛昙镇的旅游区、餐饮饭店、旅行社等旅游参与行业部门，都可以通过使用智慧旅游工具，使从业内容、人员管理和游客实现良性结合，组成旅游创建主体。此外，智慧旅游还包括了对交通信息、气象预报、医疗等方面信息的整合，这些信息都对佛昙镇的渔家乐旅游业的融合起到了促进作用。

5.2.2 依托水产养殖业，创建海产品特色渔家乐

佛昙镇水产品极为丰富且种类众多，河豚是佛昙镇最有名的产品，应将当地特色的河豚实现产业化并打造为知名品牌，让品牌农产品为渔家乐旅游带来品牌效应，增加知名度。对于鱼类产品应该采取深加工的方式，延长产业链，提升农产品的价值。将鱼类农产品加工成鱼类罐头和即食休闲食品，方便游客购买、携带。随着产品深加工水平的提高，农户在销售鱼类产品时经济效益也有所增长。

5.2.3 挖掘传统菜式，创新渔家风味海产品

渔家乐的菜品单一，一般是渔民根据自己的口味以大排档的形式经营。建议渔民对菜品进行改良，开发既有渔家风味又有新意的菜品。同时还要用当地的特色食材——河豚、鲜笋等开发招牌菜，创立品牌。深度挖掘渔民的传统菜式，将经典与美味相结合，开发出更符合城市居民口味的菜品。

5.3 创新产业融合模式

5.3.1 创建企业+村委+农户开发新模式

佛昙镇在发展渔家乐旅游模式上要根据当地的实际情况，探寻最适合的发展模式。将企业投资与村委和农户进行整合，三部分主体共同成立股份制公司，企业负责公司的开发、发展规划和经营管理；农民以员工的形式工作，并

参与股份分红；村委以土地、乡村公共设施进行入股，共同参与渔家乐的经营管理。这种模式可以有效地调解农户与公司间的关系，协调发展渔家乐，有利于渔家乐的品牌树立、提升市场竞争力，扩大发展规模，带动地方经济增长。

5.3.2 村集体组织 + 管理协会指导 + 农户参与开发模式

家庭渔家乐的老板和村民都可以参与到这个模式中，政府还应成立渔家乐旅游管理协会，所有创办渔家乐旅游的村民都应该加入到协会中去，政府要对渔家乐的管理制定统一的管理标准，开办渔家乐旅游的村民要严格遵守协会的管理制度，政府和村集体组织还要专门对渔家乐旅游进行规范化管理。

5.3.3 加强农产品品牌和品类创新

挖掘渔村的传统手工艺品，将手工艺品在保留原有特色的基础上进行创新，创造既有渔村传统特色又受城市居民喜爱的手工艺品。对游客进行精准定位，分析游客的需求，开发适合城市游客的旅游产品。对生态农产品进行包装，研发精品礼盒，以满足城市居民的购买需求。

5.4 结语

渔家乐的旅游发展是在农业生产的基础上形成的，农业生产生活应与旅游业有效地融合。渔家乐离不开"三农"这个根本，所以在发展渔家乐旅游的模式上要坚持以农村剩余劳动力转移为发展目标，以增加农民的收益为最终目标。在渔家乐旅游经营方式上要突出渔民、渔村的生活，突出自然生态，体现当地独特的风味，对农业观光产业进行扶持。佛昙镇有良好的经济基础，旅游资源、海洋资源和历史文化资源丰富，可以说佛昙镇有着发展渔家乐旅游的最佳地理环境。近些年来，全国各地的渔家乐发展速度迅猛，出现了一批照搬照抄的渔家乐模式，在此情景下，佛昙镇为了更好地发展渔家乐旅游，就需要具备竞争优势，注重当地地域特色，彰显渔家特色，以渔家特色为立足点，再加上科学的规划和管理，完善政府在政策上的扶持，发展有规模化、有竞争力的渔家乐旅游模式。同时，还要把生态保护、绿色无污染的经营理念融入渔家乐旅游之中，使佛昙镇渔家乐旅游在发展上更具竞争力，走可持续发展的道路。

第七章

微型茶企社会网络
对茶叶营销渠道绩效的影响

1. 前言

1.1 研究背景

　　微型企业在消除贫困、增加就业和促进地方经济发展方面发挥了重要作用[124]，2019年"中央一号文件"提出将继续支持微型企业的发展。微型企业是指由农民创建、自我雇佣、家庭经营、企业绩效与家庭福利密切关联的经济组织[125]。微型茶企作为微型企业的一个分支，占中国茶业企业的大多数，为地方经济发展、收入增长和社会稳定做出了一定贡献。然而，受国内茶叶产能过剩、茶叶质量安全问题频发、网销茶价格恶性竞争等因素影响，大量微型茶企原有的营销渠道缺失，加之，微型茶企所拥有的自然资本、人力资本与社会资本较为有限，市场谈判能力较弱，导致茶叶营销渠道绩效下降[126]。课题组在调研过程中发现，微型茶企主要依靠亲属、好友、顾客和其他社会网络成员推荐等渠道销售茶叶，因此，社会网络中流动的信息、经验和关系作为微型茶企的重要资源，对营销渠道绩效的影响有着不可忽视的作用[127]。学术界对企业营销绩效相关领域已进行了大量探索，国外研究主要从产品种类[128]、市场导向[129]、目标导向[130]、领导风格[130]、信息技术[131]、顾客线上评论[132]、合作激励行为[133]等视角对企业营销绩效进行研究。国内研究则侧重于从营销创新[134]、营销能力[135]、品牌战略[136]、价格竞争[137]、信息共享[138-139]、外部知识获取[140]、顾客合法性感知[141]等角度对企业营销绩效进行研究。综上所述，从研究视角来看，以社会网络为视角对企业营销绩效进行研究的文献较少。而且，有关社会网络对企业营销绩效影响的研究，往往把社会网络视为一个整体来考察[142-143]，而从网络中心性、网络异质性、网络关系度三个维度构建微型茶企社会网络指标体系，考察其对营销渠道绩效影响的研究则更少。从研究对象来看，现有研究以大、中、小型企业的"营销绩效和营销渠道冲突"为主要研究对象，而对微型茶企的"营销渠道绩效"进行研究的文献较少。从数据来源来看，研究首次通过实地调研与深度访谈来获取福建省四市微型茶企的数据资料，这对填补稀缺的微观调研数据具有重要意义。因此，以社会网络为视角，对微型茶企营销渠道绩效进行研究，既是对社会网络理论的扩展，也是对营销渠道绩效研究的补充。

2. 社会网络概念界定及变量选取

2.1 概念界定与理论假设

在社会资本理论中，社会资本是指能够将社会结构转化为收益的一种资本。因其与经济资本、人力资本类似都能有效融入经济学分析框架，而逐渐被学术界所认可[144]。社会网络属于社会资本的一个分支，是借助信任、规范、互惠，利用血缘、地缘为基础形成的网络，能够推进社会结构向个体收益的有效转化[145]。网络中心性是指企业在社会网络中所处的位置与中心点的距离，占据中心位置的企业从网络中获益的能力较强[146]。网络异质性是指社会网络各节点上参与者的差异化程度，差异化资源数量的上升有利于推进现有资源和信息重组定位，网络规模也会随之扩展[147]。网络关系度，是指与网络成员的互动频率，网络关系度对提升企业营销渠道稳定性有所帮助[148]。渠道稳定性是指消费者承诺购买或合约签订数量的多寡[149]。另外，此次研究的"营销渠道绩效"与"营销绩效"不完全相同，是由交易销售绩效和交易弹性绩效两部分共同组成[150]。由于长期的市场信息不对称，"关系型交易"在中国已根深蒂固。企业社会网络的构建有利于降低资源约束、保障企业存续、提高营销绩效。从资源基础观的角度来看，微型企业在物质、信息、金融等方面的资源相对匮乏，市场竞争优势较弱，其营销渠道的建立与维系多依赖于社会网络。微型茶企能通过建立社会网络与企业、政府机关或其他组织消费者建立长期合作关系，使茶叶销售量长期处于稳定状态即较高的"渠道稳定性"，而稳定的茶叶营销渠道关系意味着微型茶企拥有稳定的销售预期，能够降低信息搜寻成本与市场交易成本[151]，进而提升交易销售绩效[152]。同时，持久的营销渠道关系有助于交易双方形成信任和依赖，能够根据环境变化对契约进行调整、折中，进而提高交易双方的满意度和交易弹性绩效[153]。因此，社会网络通过影响渠道稳定性来影响营销渠道绩效。由于茶叶交易市场的正式制度尚未完善，因此信息不对称长期以来阻碍有效交易的进行，降低了茶叶交易市场的运营效率。社会信任作为一种非正式的制度安排能够对正式契约制度的不足进行补充，有助于提升市场运营效率，进而提高企业营销绩效[154]。结合微型茶企及茶叶交易自身特点，此次研究在参照部分学者[147]量表的基础上将微型茶企社会网络划分为3个维度：网络中心性、网络异质性、网络关系度。这三者既可直接对营销渠道绩效产生影响，也可通过影响渠道稳定性，最终对营销渠道绩效产生影响。由此构建理论模型如图7-1所示，并提出如下假设：

H1：微型茶企社会网络对茶叶营销渠道绩效有正向影响

H1a：微型茶企网络中心性对茶叶营销渠道绩效有正向影响

H1b：微型茶企网络异质性对茶叶营销渠道绩效有正向影响

H1c：微型茶企网络关系度对茶叶营销渠道绩效有正向影响

H2：渠道稳定性在社会网络对茶叶营销渠道绩效影响中起中介作用

H2a：渠道稳定性在网络中心性对茶叶营销渠道绩效影响中起中介作用

H2b：渠道稳定性在网络异质性对茶叶营销渠道绩效影响中起中介作用

H2c：渠道稳定性在网络关系度对茶叶营销渠道绩效影响中起中介作用

H3：社会信任在渠道稳定性对茶叶营销渠道绩效影响中起调节作用

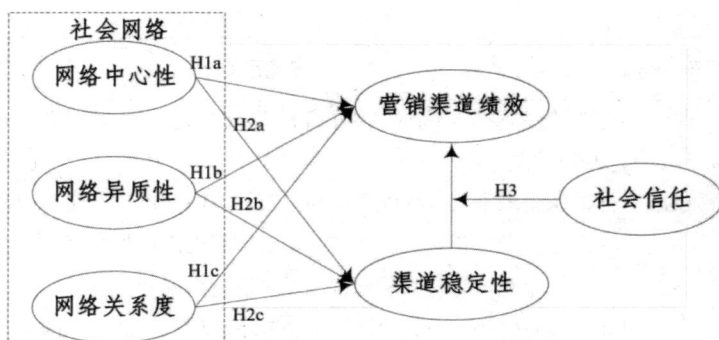

图7-1 理论假设模型

2.2 变量选取

由于研究中的核心解释变量社会网络、中介变量渠道稳定性、被解释变量营销渠道绩效均为潜变量，不可直接观测，因此需寻找代理变量进行测量。问卷中所使用的测量题项，均以相关领域权威期刊的成熟量表为基础，结合微型茶企自身特点进行修正所得。根据预调研结果进行最终修订，形成正式量表，在此基础上检验微型茶企社会网络影响茶叶营销渠道绩效的理论假设。具体测量量表及来源如表7-1所示。除此之外，此次研究还选取了企业主的性别、年龄、学历等个体特征变量和茶企成立年限等企业基本信息变量作为控制变量。

表7-1 变量及其代码

变量名称	符 号	测量题目
网络 中心性	NC	您的茶企与企业、政府机关或其他组织消费者的直接关系多于间接关系[155]
		您的茶企经常为其他茶企提供经验指导、建议或其他帮助[155]
		您的茶企通常占据社会网络关系的中心位置[147]
		您的茶企在社会网络成员中的影响力很大[147]
网络 异质性	ND	您的茶企与不同行业背景的企业或其他经济组织保持合作关系[156]
		您的茶企与不同行业背景的非营利性组织、协会保持合作关系[156]
		您的茶企与不同行业背景的茶叶消费者保持合作关系[156]
		您的茶企与政府机关、事业单位、国企等不同部门工作人员保持紧密联系[156]

（续　表）

变量名称	符　号	测量题目
网络关系度	NR	您的茶企经常与企业、政府机关或其他组织消费者进行沟通和交流[157]
		您的茶企经常与各种商会、高校或行业协会进行沟通和交流[157]
		您的茶企经常与亲戚、朋友、邻居或同行沟通和交流[158]
		您的茶企经常与茶叶爱好者或顾客进行沟通和交流[158]
渠道稳定性	CS	企业、政府机关或其他组织消费者承诺愿意继续与您的茶企合作[159]
		企业、政府机关或其他组织消费者承诺与您的茶企建立长期合作关系[159]
		亲戚、朋友、邻居或顾客承诺愿意继续消费您店的茶叶[159]
		亲戚、朋友、邻居或顾客承诺愿意推荐其他人消费您店的茶叶[159]
营销渠道绩效	MC	您的茶企与企业、政府机关或其他组织消费者能够合理回应彼此提出的问题[160]
		您的茶企与企业、政府机关或其他组织消费者能够对合约条款和合作事项进行灵活调整[160]
		您的茶企与企业、政府机关或其他组织消费者发生分歧时能够彼此折中满意解决[160]
		您的茶产品销售数量长期得到保证[150]
		您对您的茶产品销售价格感到满意[150]
		您对您的茶产品销售渠道感到便捷[150]
社会信任	ST	您对亲人、好友很信任[161]
		您对邻居很信任[161]
		您对非邻居同村村民很信任[161]
		您对村干部很信任[161]
		您对政府的管护制度很信任[161]

2.3 调查方法

调研组于2019年3月至5月对微型茶企企业主社会网络及茶叶营销渠道绩效等相关问题进行调研。调研方法为实地调研与深度访谈相结合，调研范围选取福建省内工商行政管理局登记的4个微型茶企数量最多的地级市即泉州市（6000余家）、南平市（5000余家）、宁德市（5000余家）、漳州市（4000余家）。此次调研共发放589份问卷，删除无效问卷、重复填写、数据缺失等问卷，回收有效问卷521份，有效率为88.5%，其中泉州市31.1%、南平市25%、宁德市23.8%、漳州市20.1%。调查问卷结构由两部分组成：一是基本信息，包括被调查者的性别、年龄、学历、茶企成立年限、主要营销渠道方式等；二是主体量表，采用Likert7点量表，每个题项可作"非常不同意—非常同意"7种不同态度程度的回答，并分别赋予1—7分。

3. 设定模型及处理数据

3.1 模型设定

以网络中心性、网络异质性和网络关系度为外生潜变量，以及营销渠道绩效为内生潜变量，运用AMOS 23.0构建微型茶企社会网络3个维度对茶叶营销渠道绩效直接影响的结构方程模型[162]（简称"模型1"），并对假设H1进行检验。

$$MC = \alpha_1 NC + \alpha_2 ND + \alpha_3 NR + e_1$$

式中MC表示营销渠道绩效；α表示模型1的标准化路径系数；e表示方程的残差项；NC表示网络中心性；ND表示网络异质性；NR表示网络关系度。

最后，由于调研数据类型为非正态分布的横截面数据，因此运用Bootstrap方法[163]和温忠麟[164]提出的结构方程中介效应的检验方法，构建渠道稳定性在微型茶企社会网络对茶叶营销渠道绩效影响中的中介效应检验模型（简称"模型2"），并对假设H2进行检验。

$$CS = \beta_1 NC + \beta_2 ND + \beta_3 NR + e_2$$

$$MC = \beta_4 NC + \beta_5 ND + \beta_6 NR + \beta_7 CS + e_3$$

式中CS表示渠道稳定性；β表示模型2的标准化路径系数。

因为渠道稳定性和社会信任两个潜变量的测量值均为等距的有序多分类数据，所以运用层次回归分析法，检验社会信任在渠道稳定性对营销渠道绩效影响中的调节效应[165]。通过对比两个线性回归模型拟合优度R2，以及两个模型F值变化的显著性，对假设H3进行检验。

3.2 数据处理方法

简单介绍调研对象基本信息数据分布状况，构建网络中心性、网络异质性、网络关系度、渠道稳定性、营销渠道绩效和社会信任6个潜变量的分析模型，对各个变量及模型整体进行信效度检验。信效度检验是为了检验各题项对潜变量测量的可靠性和有效性。其中，信度即可靠性，是指潜变量中各测量题项的内部一致性，信度值越高表示在同一潜变量中各代理变量之间测量结果的一致性水平越高。一般使用Cronbach's α值和组合信度值（CR）进行检验，当二者均超过0.7临界值时，信度为可接受范围。效度即有效性，它是指各测量题项能够准确测出潜变量的程度，效度值越高表示各代理变量测量结果与潜变量越吻合。一般用Kaiser-Meyer-Olkin值（KMO）和平均变异抽取量（AVE）进行检验，当KMO值大于0.7且AVE值大于0.5时，效度为可接受范围。

除此之外，在模型的拟合度检验中，绝对适配指标选取 $CMIN/DF$、$RMSEA$、GFI、$AGFI$这4个指标；相对适配指标选取TLI、NFI、IFI、CFI这4个指标；简约适配指标选取$PCFI$、$PGFI$这2个指标进行拟合度检验，各指标的评价标准如表7-2所示。

表7-2 拟合度指标评价标准

指　　标	评价标准	
	合　格	较　好
$CMIN/DF$	［3，5］	［1，3］
GFI	［0.7，0.9］	>0.9
$AGFI$	［0.7，0.9］	>0.9
NFI	［0.7，0.9］	>0.9
IFI	［0.7，0.9］	>0.9
TLI	［0.7，0.9］	>0.9
CFI	［0.7，0.9］	>0.9
$RMSEA$	［0.05，0.1］	<0.05
$PGFI$	>0.5	/
$PCFI$	>0.5	/

4. 结果与分析

在信效度检验中各潜变量的Cronbach's α值和组合信度值（CR）均大于0.8，超过临界值0.7，说明潜变量中各题项一致性水平较高，具有较高信度。问卷总体KMO值为0.921，各变量的KMO值均大于0.7，表明问卷效度较高。各项潜变量的因子载荷量介于0.68—0.93之间，且平均变异抽取量（AVE）值均大于0.5，体现较高的收敛效度。模型总方差解释率为71.7%，且各潜变量方差解释率均大于60%，说明模型解释程度较高。由于各潜变量之间可能存在潜在的替代关系，因此必须进行区别效度检验。检验结果显示，各潜变量之间的Pearson相关系数介于0.43—0.59之间，进行2倍标准误差加减（Φ±2SE）不包含1.0，且NC、ND、NR、CS和MC潜变量的AVE平方根均大于其与其他潜变量之间的Pearson相关系数，证明此问卷中各潜变量之间的独立性较强，具有较高的区别效度。

在模型的拟合度检验中，从检验结果与评价标准对比可以看出（表7-2和表7-3），模型1和模型2中CMIN/DF、GFI、AGFI、NFI、IFI、TLI、CFI、RMSEA、PGFI和PCFI指标均处于较好范围，表明两个模型的拟合效果较好，均可进行路径检验。

表7-3　模型拟合结果汇总

指　标	模型1	模型2
CMIN / DF	2.137	2.173
GFI	0.944	0.929
AGFI	0.926	0.910
NFI	0.948	0.940
IFI	0.972	0.967
TLI	0.966	0.961
CFI	0.972	0.966
RMSEA	0.047	0.048
PGFI	0.712	0.731
PCFI	0.819	0.833

4.1 描述性统计分析

描述性统计结果表明：微型茶企的企业主男性居多（88.9%）；年龄分布集中在18—49周岁之间（72.2%），以中青年为主；学历水平主要集中在小学至高中（70.9%），学历水平普遍较低；微型茶企成立年限则大多在4—10年（83.6%）；主要营销渠道方式为社会网络的茶企高达466家，占总样本数的89.4%，表明微型茶企主要依靠社会网络成员的宣传、介绍和推荐进行营销。各潜变量结果平均得分为：网络中心性5.21、网络异质性4.14、网络关系度3.78，说明社会网络3个维度中网络关系度的测量平均分最低，而网络中心性测量平均分则最高；渠道稳定性4.23和营销渠道绩效4.13二者测量平均分均处于一般水平；社会信任3.52测量平均分则处于较低水平。

4.2 微型茶企社会网络对茶叶营销渠道绩效具有显著正向影响

由模型1的路径系数分析结果可知，网络中心性与营销渠道绩效路径系数为0.15，即网络中心性每增加一个标准差营销渠道绩效将增加0.15个标准差（见表7-4），说明网络中心性正向影响营销渠道绩效，假设H1a成立，表明微型茶企的网络中心性可以提升茶叶的营销渠道绩效。原因可能是：茶叶销售市场机制并不完善，茶叶消费者倾向于通过茶饮交流圈或熟人引荐作为信息来源。微型茶企的网络中心性与其整合信息资源的能力正相关，随着网络中心性的提高，微型茶企逐渐占据了信息交流中枢。与消费者的直接联系增加，不仅可以更加便利地进行信息资源交换与整合，发掘潜在顾客资源并对顾客需求的变动做出快捷反应，而且更容易将现有茶叶消费者的关系模式扩展到新的消费者群体当中，引荐数量呈滚雪球态势增长，营销渠道绩效也会随之增加。

表7-4 模型路径系数检验结果

路 径	模型1		模型2	
	α	P值	β	P值
NC→MC	0.15	**	0.08	0.197
ND→MC	0.20	***	0.16	**
NR→MC	0.21	***	0.18	**
NC→CS	/	/	0.34	***
ND→CS	/	/	0.22	***
NR→CS	/	/	0.22	***
CS→MC	/	/	0.26	***

网络异质性与营销渠道绩效路径系数为0.20，即网络异质性每增加一个标准差，营销渠道绩效将增加0.20个标准差，说明网络异质性正向影响营销渠道绩效，假设H1b成立。这表明微型茶企的网络异质性对茶叶营销渠道绩效有一定的促进作用。原因可能是：一方面，随着网络异质性的提升，网络密度会随之降低，微型茶企接触异质性资源的机会随之增加，有利于推进现有资源和信息的

重组定位，进一步融合不同行业背景消费者的需求。网络异质性高也代表着网络规模拓展的潜力大，可以将原有社会网络拓宽到更多的茶叶潜在消费者群体当中的可能性较大；另一方面，网络异质性提升会导致微型茶企的非重复信息资源导入增加，使得微型茶企能够保持对信息资源的控制优势，在网络资源的分享和流动中占据重要地位，有利于微型茶企在对茶叶消费者的搜寻广度和发掘深度方面的延拓，进而提高微型茶企的营销渠道绩效。茶叶适宜饮用人群范围较广，遍布于各行各业。当微型茶企与不同行业背景的顾客、企业、行政事业单位、协会等消费者建立网络关系时，茶叶潜在消费群体的数量随之升高，其营销渠道绩效也将随之提升。

网络关系度与营销渠道绩效路径系数为0.21，即网络关系度每增加一个标准差，营销渠道绩效将增加0.21个标准差，表明网络关系度正向影响营销渠道绩效，假设H1c成立。这表明微型茶企的网络关系度一定程度上可以提升茶叶营销渠道绩效。原因可能是：微型茶企与茶叶消费者之间的网络关系度越高，双方的信息交流就越通畅，微型茶企对信息资源的吸收和利用能力也就越强。调研发现微型茶企经常通过实地拜访、电话沟通和微信交流等方式了解顾客的需求以及售后意见，努力与顾客建立起长期合作关系来提升复购率，推动后续茶叶销售业务的开展，促进微型茶企的健康发展。由于茶叶从种植到采摘再到加工制造等工序要求都十分精细，稍有偏差对茶叶品质都有很大影响，更类似于"黑箱操作"。而这些工序和流程都需通过频繁沟通与交流进行思想灌输，才能让消费者了解到该茶叶的优点，从而产生购买意愿。因此，网络关系度的提高不仅有助于提高顾客的黏性即交易弹性绩效，而且能够增加茶叶销量即交易销售绩效，从而提高营销渠道绩效。

4.3 渠道稳定性在微型茶企社会网络对茶叶营销渠道绩效影响中具有中介作用

由模型2中的路径系数检验结果可知，网络中心性→渠道稳定性→营销渠道绩效这两条路径的标准化路径系数值分别为0.34和0.26，均达到了99.9%的显著性水平。Bootstrap检验中渠道稳定性的间接效应为0.078（见表7-5），且偏度校正检验与百分位数检验值在95%的置信区间内都不包含0。由此可得，渠道稳定性在网络中心性对营销渠道绩效影响中起中介作用。同理可得，渠道稳定性在网络异质性、网络关系度与营销渠道绩效之间起中介作用。

表7-5 Bootstrap中介效应模型检验结果

路　径	直接效应	中介效应	偏度校正检验 95%置信区间		百分位数检验 95%置信区间	
			下　限	上　限	下　限	上　限
NC→MC	0.073	0.078	0.041	0.139	0.038	0.130
ND→MC	0.146	0.050	0.020	0.098	0.019	0.093
NR→MC	0.158	0.050	0.020	0.100	0.017	0.095

网络中心性经过渠道稳定性对营销渠道绩效的中介效应为0.078，网络中心性对营销渠道绩效的直接效应为0.073。模型1中网络中心性对营销渠道绩效的直接影响显著（$\alpha = 0.15$，$P < 0.01$），但在加入渠道稳定性中介变量（模型2）后却不显著（$\beta = 0.08$，$P = 0.197$），表明渠道稳定性在网络中心性与营销渠道绩效之间起完全中介作用，假设H2a得到支持。原因可能是：在社会资本理论中，中心性与群体效率密切相关，网络信息和资源一般倾向于朝网络中心度高的节点集中，微型茶企网络中心性越高越有可能获取网络内部的重要资源，对资源交换与整合越有利，其对网络中其他成员的影响力也就越强，与客户建立更多的直接联系，从而获得更多茶叶购买者的承诺或合约，即渠道稳定性增强，营销渠道绩效也会随之增加。

网络异质性经过渠道稳定性对营销渠道绩效的中介效应为0.050，网络异质性对营销渠道绩效的直接效应为0.146。在模型1中网络异质性对营销渠道绩效的直接影响显著（$\alpha = 0.20$，$P < 0.001$），在加入渠道稳定性中介变量（模型2）后仍然显著（$\beta = 0.16$，$P < 0.01$），但路径系数变小且显著性变弱。渠道稳定性在网络异质性与营销渠道绩效之间起部分中介作用，假设H2b得到支持。原因可能是：微型茶企通过与不同行业背景的消费者接触，占据缺少连接点的结构位置，既增加了非重复性资源的导入，又能桥接其他路径获取新的资源。另外，不同属性、角色和位置的多样化网络成员也可为微型茶企提供多方位的互补性支持，有助于保障微型茶企可持续发展，由此提高渠道稳定性，并最终将渠道稳定性转化为营销渠道绩效。

网络关系度经过渠道稳定性对营销渠道绩效的中介效应为0.050，网络关系度对营销渠道绩效的直接效应为0.158。在模型1中网络关系度对营销渠道绩效的直接影响显著（α=0.21，P＜0.001），在加入渠道稳定性中介变量（模型2）后仍然显著（β=0.18，P＜0.01），但路径系数变小且显著性变弱。渠道稳定性在网络关系度对营销渠道绩效影响中具有部分中介作用，假设H2c得到支持。原因可能是：微型茶企可通过增加与网络成员的互动频率，以增强网络关系度，使信息交流更加顺畅，对资源和信息的吸收能力也就更强，行动一致性也会越高，在其他条件不变情况下消费者倾向于优先向网络关系度强的茶企订购茶叶，进而增加渠道稳定性，并最终提升营销渠道绩效。

4.4 社会信任在渠道稳定性对茶叶营销渠道绩效影响中具有调节作用

在模型假设中，渠道稳定性的中介效应可能受社会信任调节效应的影响。因此，利用层次回归分析法对社会信任的调节作用进行检验，每组检验结果如表7-6所示。

表7-6 社会信任调节效应模型检验结果

变量名称	系 数		
	模 型3	模 型4	模 型5
性 别	−0.091	0.067	0.077
年 龄	0.159***	0.063*	0.059*
学 历	0.177***	0.077**	0.073**
茶企成立年限	0.047**	0.012	0.011
渠道稳定性	/	0.845***	0.856***
社会信任	/	0.787***	0.838***
渠道稳定性×社会信任	/	/	0.170***
常数项	−1.128***	−0.520**	−0.413**
R^2	0.064	0.682	0.711
R^2变化量	/	/	0.029
调整后R^2	0.056	0.678	0.708
F 值	8.761***	183.837***	180.708***

从模型回归结果看，模型4和模型5中F值显著变化，而且拟合优度（R^2）提

高了0.029；渠道稳定性与社会信任交互项显著，表明社会信任与渠道稳定性交互项增加了对方差的解释力，且交互项的回归系数为0.170，表明社会信任在渠道稳定性对营销渠道绩效影响中具有正向调节作用，验证了假设H3。原因可能是：社会信任降低了微型茶企在交易过程中所面临的风险和不确定性，提高了社会群体凝聚力，减少了个体博弈冲突产生的交易成本。通过社会信任对正式契约进行补充，以减少冲突带来的资源浪费，而渠道稳定性正是来源于茶叶消费者购买承诺或正式契约的数量。因此，随着社会信任水平的提升，承诺与合约的兑现程度也会有所上升，导致渠道稳定性对营销渠道绩效的作用增强。

5. 小结

5.1 结论

微型茶企社会网络对营销渠道绩效具有促进作用，且3个维度的作用强度总效应由大到小依次为：网络关系度、网络异质性、网络中心度。渠道稳定性在社会网络对营销渠道绩效影响中起中介作用，其中渠道稳定性在网络中心性对营销渠道绩效影响中起完全中介作用，在网络异质性、网络关系度与营销渠道绩效之间起部分中介作用。社会信任在渠道稳定性对营销渠道绩效的影响中起正向调节作用，表明随着社会信任水平增加，渠道稳定性转化为茶叶营销渠道绩效的程度越高。

5.2 建议

第一，重点构建关系网络维护体系，实现信息资源的高效传递与利用，因为微型茶企网络关系度的测量平均分最低，而对茶叶营销渠道绩效作用强度最强，所以微型茶企迫切需要提升网络关系度。

第二，拓展异质性社会网络，实现信息资源的有效开发和重组。首先，微型茶企要保持开放合作、积极拓展网络关系圈的态度；其次，微型茶企应拓展与不同单位成员的人际关系，获取政策优惠信息和消费支持；最后，微型茶企应尝试与不同行业背景的企业员工、科研机构建立联系，增加异质性网络资源、促进信息的重组，为茶企谋取更宽的营销渠道。

第三，占据社会网络中心位置，实现信息资源的快速交换与整合。首先，微型茶企应创新营销手段，利用微媒体等新事物，多媒介、多渠道推广茶企产品和服务，提升知名度。其次，微型茶企必须强化品牌建设，实现技术、产品服务等的创新，抢占市场先机，提升市场影响力。最后，微型茶企应尽可能与顾客群体建立直接联系，占据网络的中心位置，降低间接联系带来的交易成本。

第八章

农产品个体网商胜任力模型研究

1. 前言

1.1 研究背景

当今社会市场已经被互联网广泛覆盖，在人们的认知中可以通过互联网购买到大多数所需的产品，电子商务席卷整个商贸流通领域，并正以前所未有的规模扩张。如何实现"互联网+"已经成为组织、行业乃至国家增强实力的重要方向。随着"互联网+"时代的到来，我国的电子商务市场不断扩大并辐射到农村，农产品电子商务市场在农村的地位日益壮大。但现有的经济发展条件还无法完全适应快速发展的电子商务市场，使我国的很多企业在发展电子商务的过程中面临多种问题，其中最根本的问题就是电子商务人才的问题。农村电商在国家政策的号召下有了一定的发展，随着电商逐渐深入农村，部分农村转型为淘宝村，一些看到互联网机遇的农户开始尝试农产品电商经营模式，成为农产品个体网商。但是，市场中已有的农产品电商主体，总体实力较弱，许多商家缺乏经营电商的互联网基因。如何提高农户的电商经营能力，构建农产品个体网商胜任力模型是关键。本章对农产品个体网商的胜任力展开研究，探索出农产品个体网商应该具备的各方面能力，为农产品个体网商提升自身能力，提高网上经营业绩，促进收入增长提供指导，也为政府帮助农民就业、创业，促进农民增收提供思路，同时为政府找寻地方特色发展产业提供借鉴与参考。

1.2 研究意义

1.2.1 理论意义

电商人才在电子商务发展的今天并不陌生，学者们纷纷展开研究，为电商行业培养和找寻合适人才提供建议，但是，对于"电商人才需要具备什么样的能力"这些问题的研究还处于较为初级的阶段，而对于农产品个体网商的胜任力研究更是凤毛麟角。本章以农产品个体网商为研究对象，研究这一群体的胜任力模型，一方面将胜任力这一概念引入农村电商的研究，丰富了胜任力研究的成果；另一方面扩充了农产品电商的研究内容，为今后的相关研究奠定了理论基础。

1.2.2 实践意义

农产品个体网商要在激烈的市场竞争中谋求生存与发展，如何提升自身的实力成为其关键出路。本章以农产品个体网商为研究对象，研究这一群体的胜任力模型，为农产品个体网商自我提升提供了思路与方向，也为保障农产品电商市场的整体水平，帮助农村脱贫致富提供了新思路。

1.3 研究方法

1.文献分析法：通过阅读国内外关于农产品电商和胜任力方面的文献资料，梳理文章的文献综述与理论基础，为此次研究奠定理论基础。

2.调查研究法：采取问卷调查和访谈的方式，了解农产品个体网商胜任力模型的实际情况，得出模型构建的各个能力维度，为进一步地统计分析提供数据支持。

3.统计分析法：将收集到的有效问卷的相关数据进行整理，使用SPSS For Windows19.0统计软件分析数据，此次研究采用了如下分析方法：信度与效度分析、描述性统计分析、相关分析和回归分析等。

4.层次分析法：在确定了农产品个体网商胜任力模型的各个素质维度和能力因素后，利用层次分析法确定农产品个体网商胜任力模型各个素质因素的权重。

2. 农产品电商及胜任力模型的研究

2.1 农产品电商的相关研究

2.1.1 电子商务个体经营者的研究

目前，学者们主要将研究重点放在电商企业的研究上，往往忽视个体经营者这一市场中的特有群体，也很少有人对农产品个体网商展开细致的研究。本章的研究对象——农产品个体网商属于电子商务个体经营者的一部分，故在此介绍电子商务个体经营者的概念。

个体经营者（Self-employed）即自我雇佣者。国外学者帕克（Parker，2004）研究了自我雇佣者面临的宏观环境，亨利（Henley，2004）细致地分析了自我雇佣者的微观特质，主要包括性别、个体、人生经历等，从微观视角定义自我雇佣者[166, 167]。但市场中的自我雇佣者展现出丰富的个性特点，学者们难以做出统一的界定。布格尔斯迪克（Beugelsdijk）、诺德海文（Noorderhaven，2005）认为自我雇佣者不仅仅是指创业者，他们既有创业者的特性，也有创业者所没有的特质，自我雇佣者可涵盖创业者[168]。而戈曼（Gohmann，2012）则将自我雇佣者和创业者认定为同一群体[169]。也有其他一些学者在研究过程中尝试更为具体地界定其概念。特伦布莱（Tremblay）、配基（2010）将自我雇佣者界定为"拥有少数有限员工，且大多数员工属于非长期性雇佣，他们的创业活动较为松散，且经营维持主要依靠创业者的个人资源的一种独特经济业态"，这一概念强调了自我雇佣者的创业特质以及规模有限特性[170]。国内的相关研究更倾向于个体经营者这一概念，主要是指在个体或者家庭投资的基础上，通过个体或家庭劳动，具备合法资格从事经营活动的经营者。

综上所述，本章将电子商务个体经营者定义为基于个体或家庭的投资、劳动，在少数雇佣（一般少于8人）的辅助下完成电子商务经营工作的创业者。本章的农产品个体网商就是指从事经营农产品电子商务的个体经营者。

2.1.2 农产品电商的概念

鲁钊阳和廖杉杉（2016）认为农产品电商最早可以追溯到那些以电商模型销售农产品的企业。现今，销售农产品的企业以及平台都可以被称为农产品电商，其定义范围更加广泛[171]。黄晓伟（2017）、张勇和董会停（2017）认为那些采用了电商营销手段的农产品网络销售模式就是农产品电商，是传统农业与现代互联网的有机结合[172, 173]。尹元元、彭蜜香（2017）和陈静（2017）则将农产品电商定义为一种现代互联网商业模型，指利用电子商务平台实现农产品销售的模型，消费者网络支付下单，卖家通过物流快递将产品送达消费者手中，该种方式很大程度上缩短了流通环节，有巨大的商业价值，是现代快节奏生活的产物，能为都市中的人群提供便利性消费体验，节约了大量的时间成本[174, 175]。郭俐（2016）认为农产品电商是指将传统农产品流通渠道转变为由电商平台实现流通的一种模式。在农产品电商经营中，物流配送的地位非常重要，是农产品实现流通的关键所在[176]。谭本艳和文雅（2016）指出，农产品电商的出现改变了消费者的消费习惯，减少了他们实体消费的频率，这种模式带来的便利性受到消费者广泛青睐，同时扩大了农产品的市场空间，未来还有巨大的发展前景[177]。王胜和丁忠兵（2015）认为农产品电商的发展方便了城镇居民的生活，增加农村收入，同时还有利于农村居民的就业创业，整个产业链的发展会激发多种创新创业现象，有利于整个社会的就业发展[178]。

综上所述，本章将农产品电商定义为利用电子商务平台向消费者销售农产品，并依托网络支付体系在互联网上进行购买和支付业务，利用物流配送体系实现农产品商贸流通的一种网络营销模式。

2.1.3 农产品电商的模式研究

Wen（2007）提出了知识管理型农产品电商模式，该种模式强调了现代互联网知识的重要性，主要是依托于智能电子系统完成交易[179]。梁妮（2016）指出，现有农产品电商市场中，电商种类主要可以分为平台类电商，O2O电商模式，综合类电商三种。平台类电商是指将网络电商平台作为消费者与商家联系的媒介，并通过这一媒介完成交易购买行为，商家依据消费者提供的收货信息进行物流配送，实现农产品的流通。这种模式用户覆盖范围广，但分散性强，用户定位困难，容易造成由于信息不对称导致的消费者不满，还有许多进步的空间。O2O电商模式是一种线上线下结合的模型，有效结合了各自的优势和资源，有效利用互联网便利快捷优势的同时增加与客户之间的联系，该种模式很容易获得消费者的好评。这种模式的不足之处在于商家需要具备较高的素质，是线上线下连接平台构建时市场准入的主要门槛，前期投入较高，使用范围受限。综合类电商是平台电商与O2O电商相结合，用户覆盖范围更加广泛，优势也更加明显[180]。王丹（2016）将国内的农产品电商种类概括分为垂直电商模式、平台电商模式、原产地直销电商模式和实体超市线上销售模式[181]。韩智明、邵华清、国莉媛和王斌（2015）罗列了较有代表性的几种农产品电商模型：即O2O模式、C2C模式、B2C模式和B2B模式。O2O模式是线上交易和线下经营的有机结合，市场适应性强；C2C模式指个人对个人的运营模式，对农户的素质提出了新要求；B2C模式指商家对个人，该种模式较为常见，占据了绝大多数的市场份额；B2B模式是企业对企业，对企业规模要求较高，适合规模较大的国际生鲜贸易和大型配送[182]。

2.2 胜任力模型的相关研究

2.2.1 胜任力的概念

麦克利兰（McClelland，1973）最先提出"胜任力"概念，他认为员工能否获得好绩效，很大程度上由胜任力决定，体现为员工的个人特点和行为方式[183]。在他之后，心理学、管理学等多个研究领域引入了"胜任力"这一概念，并结合各自领域的特点，进一步深入研究。由于"胜任力"可应用到多个领域，不同学术领域的学者对其定义有各自的特点，主要有三种观点：

（1）个体的潜在特征

博亚特兹（Boyatzis，1982）认为胜任力是个体自身具备的特征因素，这些特征因素可以帮助个体在工作或者完成任务过程中取得出色的业绩[184]。李超、徐晟和赵雅（2017）提出，胜任力是指可以在活动行为过程中或者组织中区分出绩效优秀者和绩效平庸者的个体的潜在的特征，表现为动机、价值观和专业知识储备等[185]。李娟和范家元（2017）指出胜任力是可以用于区分绩效优秀与一般的个体特征，这些特征可以被测量或计算[186]。

（2）个体的相关行为

弗莱彻（Fletcher，1996）指出，胜任力是个体表现出的能够胜任某一工作的因素，且这些因素是可被观察与测量的，呈外显型，与个体可靠和符合逻辑的行为相关[187]。刘兴凤和张安富（2018）提出胜任力是促进优秀绩效的具体行为表现，例如技能、专业、有效管理时间和资源、创新、优秀品德以及高情商等[188]。刘松博、裴珊珊和梁爽（2016）提出胜任力是判断绩效执行水平的重要个体行为特征，例如知识、价值观、性格等[189]。

（3）个体的综合表现

还有部分学者指出胜任力是个体内在的潜在特征与外显的行为特征的综合体现，最终会体现为绩效水平的优劣。李德新和钟沛芳（2016）提出胜任力表现为个体为完成特定任务或担任某一职务而具备的知识、技能以及内在个性的组合[190]。袁连升和单双双（2016）指出胜任力是各种促进优秀绩效因素的组合，但这些因素的可观察程度不同，有些因素很容易被观察到，而有些因素很难观察，是需要在具体的工作中展现出来的潜在能力，且这些非外显的因素往往更能促进优秀绩效[191]。

2.2.2 胜任力模型的概念

目前胜任力模型概念的界定，主要有以下两种划分：

（1）胜任力各要素的组合

Rezgui，Mhiri和Ghédira（2012）指出胜任力模型是指个体要实现高绩效应该具备的专业能力和内在素养的组合[192]。威廉姆斯（Williams，1991）提出胜任力模型是工作中在完成任务时需要具备的各项有利于绩效能力因素的个性组合[193]。温雪霞（2017）将这一概念定义为组织中员工要确保有效完成工作任务应具备的能力要素组合，他指出，不同工作岗位中表现出不同绩效的员工，其胜任力模型有其自身的特点，会受工作岗位特点影响[194]。

（2）胜任力测评工具

刘正周、陈丹和张灿（2010）指出胜任力模型是检验为了完成某一工作或任务的绩效目标而应具备的组合能力特征要素的测评工具，它是有效鉴别造成不同个体绩效差异的内在原因，也可以帮助组织准确找到所需的优秀绩效人才，并为一般员工提高绩效指明方向，对该模型的应用是人力资源管理者必备的技能[195]。叶明（2015）表示胜任力模型是区分不同等级绩效者的持久特征，是管理工作的重要测评工具[196]。陈小平和孙延明（2017）认为胜任力模型是能够有效识别优秀人才，对组织成员各项能力进行测评，并对不同成员核心能力进行识别和描述的重要测评工具[197]。

由此可以得出，胜任力模型是绩效优秀的员工在岗位工作中所拥有的各种胜任力特征的概括与整合，这些特征是可以被测量的，且这些特征对于特定岗位而言具有一定的针对性与科学性。

2.2.3 胜任力测评研究的主要流派

赵曙明（2008）指出，当前胜任力测评研究得到了广泛的应用[198]。目前胜任力测评研究主要分为以下三个学派。

（1）培训领域的行为主义学派

谷向东、郑日昌（2004）和冯明（2001）认为该学派的初衷是要测评工作绩效，利用岗位分析工作，并结合岗位测评内容、程序与结果，最终得出与经营绩效直接挂钩的胜任力素质。行为主义学派注重描述岗位工作外显的技能，实际应用较为广泛，但是其缺点也很明显，即轻视了员工内在的人文素养对于岗位工作的重要性，易造成员工只注重技能培养，忽视精神丰富和社会政治素养的提升。但该学派也有其明显的适用优势，即在专业性强的工作领域或对强调专业技能测评的领域，该种应用学派能够较为客观、严谨地判断专业人士应具备的胜任素质[199, 200]。

（2）管理教育领域的通用性学派

周金元、刘兵、唐青（2013）和盖特伍德（Gatewood，2001）认为该学派有别于行为主义学派，他们更加关注深层分析，重视目标设定。该学派凸显了个体内在个性特征的意义，指出评价个体能力时不能仅关注专业技能，个人的动机、情绪、社会心理定位等也是不可忽视的重要因素。该学派的研究正好可弥补行为主义学派的不足。现今的人力资源管理应用中，管理教育领域的通用性学派的理论得到了广泛的认可，并在实际的管理应用中发挥重要的作用[201, 202]。

（3）高等教育领域的认知学派

陈云川和雷铁（2004）指出认知学派强调教育对于培养人才的重要性，他们认为人才培养要注重知识储备和认知技能的培养，是实现高绩效目标必备的因素。因为这些能力的提升可通过日常学习积累获得，但工作中这些认知技能的使用情况复杂多变，需要熟练掌握，从而保证可以应对各种环境。认知学派指出，为了适应多变的环境，个体需要内外兼修，以较高的综合素质去应对多变的外部情况。认知学派有其自身的缺陷，但可与行为主义学派相互整合，强调优秀的人才应具备认知知识与行为实践能力双重素质。这种理念对当今的教育机构理论与实践结合培养学生以及组织对员工的继续教育管理产生了重要影响[203]。

2.2.4 胜任力测评的主要方法

（1）心理测评

李明斐和卢小君（2004）认为心理测评是指利用训练有素的心理学家对受试者的特性和素质进行客观的测量，科学性较高。心理测评在人才管理中应用较多，例如职业倾向性测验、性格测试、人格测验、认知能力测验等都是较为常见的心理测评工具。心理测评方法强调了个体内在潜能的评价，能够较好地评价个体隐性但对绩效有利的能力素质，且具有操作简单，高效反馈以及评价客观性强的优点[204]。丁悦敏（2015）指出心理测评的缺点也不容忽视，缺点表现为开发周期过长，且针对性和变通性不足，需要与其他方法结合使用[205]。

（2）教育和环境考察法

王建民和杨木春（2012）指出该方法是让具有坚实教育知识背景的学者来测试个体的行为在不同环境下的变化，评价不同环境下个体的绩效表现，从环境应对情景中判断被试者的胜任力水平。该种方法指出，教育与环境会对个体的能力以及未来的职业生涯产生重要影响。该方法在人才测评应用中反响较好[206]。

（3）个体差异观察法

个体差异观察法是一个方法体系，较为常见的有以下几种。

第一，结构化面试。

徐长江、梁崇理和刘争光（2013）指出通过面对面直接接触，经过事先安排，面试官可以在双方的沟通和互动中观察和判断面试者的能力素质[207]。徐建平、周瀚、李文雅和张伟（2014）指出面试是现今应用较为广泛的人才选拔手段，在一定规范下通过直接接触的方式了解和判断应聘者的岗位素质能力以及未来的发展潜力。面试可根据是否被结构化分为两种，其中，非结构化面试对面试官的素质要求较高，否则很容易出现对面试者的偏见，或者被应试者的赞许和表演行为误导[208]。付国平（2014）指出由于面试过程会受到情景压力的影响，应试者和面试官的沟通会受到一定程度的扭曲，从而影响双方在面试中的表现，进而影响最终的面试结果。相比于非结构化面试，由于事前做了较为充分的准备和学习工作，面试的过程也会更加规范和科学，事前对面试官的统一培训可以提高面试官在面试过程中判断的准确性与公正性，从而提升最终结果的客观性和可靠性[209]。

第二，行为事件访谈法。

裴烨真和皑妍（2013）认为行为事件访谈法是以回顾过去情景的方式判断个体的能力，实际应用中让被访者描述他们工作中最成功与最不成功的三件事，详细描述当时的实际情况，具体内容是回答这个情境是怎样引起的，牵涉到哪些人；描述当时的真实感想；在当时情景下的目标任务以及当时的行为和最终的结果。然后，根据被访者的描述判断其在这一情景中表现出的胜任力特征。

通过比较某一任务中不同程度表现者的特质，来确定该职务的胜任力模型[210]。邱乔红（2011）、余婧（2010）指出，该种方法经过了实践的检验，表现出较好的实际应用性。通过这种方法可知，在任务杰出表现者身上体现出的特质正是目标岗位所需的胜任特质，采用这一方法招聘到的员工，在日后的工作岗位中的表现较好[211, 212]。

第三，评价中心技术。

孟卫东、于泽玮和司林波（2011）指出评价中心技术是有效结合多种素质测评方法的一种综合性人才素质测评技术[213]。吴启和张璐（2013）指出评价中心技术是指模拟一种较为真实的管理系统或场景，让被试者完成该情境下的工作，根据被试者的完成情况和情境应对反应判断其胜任力素质[214]。马庆霞（2015）指出在情境考察过程中，考官可以灵活地采用多种测评技术和方法，综合判断被试者在情境压力下的心理、行为以及绩效表现，最终形成对被试者综合能力的判断。评价中心技术最大的特点就是可以模拟真实情境和应用多种测评技术，可以有效弥补不同测评工具的不足[215]。

2.3 胜任力模型的理论基础

2.3.1 冰山模型

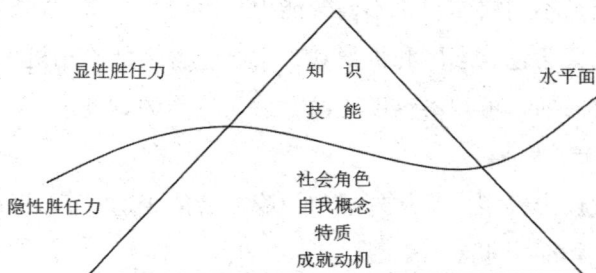

图8-1 冰山模型

冰山模型形似一座冰山，20%的体积在水面上，有80%的体积在水面下。管理学家麦克利兰（1973）经过多年研究发现人的素质与冰山有极其相似的结构。他认为知识、技能、社会角色、自我概念、特质和成就动机是最主要的胜任力素质，这6个因素的分布像冰山一样，分为水面上和水面下两个部分。水面上的能力因素是可以直接观察到的，包括知识、技能等，称为基准性胜任力素质；水面以下的能力因素是鉴别性胜任力素质，包括成就动机、社会角色、自我概念、特质等。基准性胜任力必不可少，但无法鉴别优异者，鉴别性胜任力素质可以将优秀个体与平庸个体区分开来。人们往往容易观察到在水面上的基准性胜任力素质，但却需要长时间才能了解个体的鉴别性胜任力素质。冰山模型强调了个体的胜任力素质是内外兼具的，仅仅看到表面的能力素质是无法对个体做出客观正确的判断的[183]。

2.3.2 洋葱模型

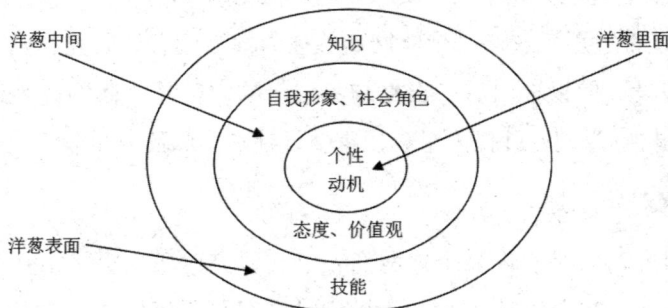

图8-2 洋葱模型

在冰山模型基础之上，理查德（Richard，1982）等人提出了另一个经典胜任力模型——洋葱模型（如图8-2）。洋葱模型指出个体的胜任力像洋葱一样由表及里分为不同层，不同层面包含不同的能力，表层为知识和技能素质，中间层为自我形象、社会角色、态度和价值观；中心包含个性与动机。这三个层面的胜任力素质由外向内，可观察难度越高，后天培养的难度也越高，对于个体胜任力的重要性也越高[216]。

上述的两种胜任力模型，都从外显和内隐或者能否通过后天习得两方对立视角区分胜任力模型的不同能力因素。

2.4 文献评述

根据对农产品电商以及胜任力的相关研究可以发现，关于胜任力的相关研究及理论已经较为成熟，而对农产品电商的研究也有了较为丰富的成果。但就目前的研究成果来看，很少有学者关注农产品个体网商，虽然有少数研究成果是关于农产品电商创业者的，但对农产品个体网商的胜任力的研究还属空白。本章的研究丰富了农产品电商的相关研究成果，也进一步丰富了胜任力研究的对象范围，为今后的进一步研究提供了理论指导与借鉴。

3. 农产品个体网商胜任力模型研究假设与问卷设计

考虑到农产品个体网商有其自身的特殊性，研究其胜任力时不能完全借鉴现有的胜任力研究量表，本章借鉴了麦克利兰（1973）、周劲波和郑艺杰（2017）、张文辉和胡蓓（2010）、黄永春和雷砺颖（2017）关于创业者胜任力和农村电商创业胜任力的量表，初步拟定生鲜农产品个体网商胜任力模型主要包括商务营销能力、管理能力、个人特质、专业知识和内在驱动这5个维度[183, 217-219]。但这5个维度是否适用于农产品个体网商胜任力模型还有待研究，基于此，提出本章的研究假设。假设提出后，根据初步拟定的农产品个体网商胜任力模型，借鉴已有的农村电商创业胜任力量表，重新设计本章的研究量表。

3.1 调查对象综述

本章的研究对象是农产品个体网商，这一研究对象主要是指基于个人或家庭的投资、劳动，在少数雇佣（一般少于8人）的辅助下完成农产品电子商务经营工作的创业者。从本章的研究对象来看，他们的胜任力有其特殊性，因其主要是以个人或者家庭为主体从事电子商务活动，他们能力的高低很大程度上决定着其农产品经营活动的成败，他们既要从事一般的生产经营活动又要对家人以及少数的雇佣对象进行管理，还要具备相应的互联网营销能力，因此，农产品个体网商需要具备综合素质，才能让其经营事业立足于市场，取得成功。在此次研究过程中，本章将根据农产品个体网商的特点，在问卷中有所考量。

3.2 研究模型的构建

随着互联网技术在农业生产经营中的广泛应用，农产品电子商务得到快速发展。越来越多的农民以及农产品的经营者开始利用电商平台销售农产品，农产品个体网商队伍逐渐壮大，在农产品电商市场中占据重要地位。但是，由于大多数农产品个体网商都是由农产品的生产者以及部分中间商转变而来，相关的互联网知识储备不足，因此，无法应对瞬息万变的电商市场。只有具备优秀的互联网基因，并能将之与农产品生产经营的专业技能有效整合，才能保证农产品个体网商经营事业的成功。因此，关注这一群体的胜任力素质模型，可以为农产品个体网商提升自身的能力，提高网商经营业绩，促进收入增加提供支持，也成为政府扶持农村、帮助农民提升技能实现再就业的重要内容。

根据前文对农产品个体网商以及胜任力模型的相关研究的文献梳理，构建本章的研究模型，研究每一个能力维度对农产品个体网商胜任力水平的影响，具体的研究模型如图8-3所示：

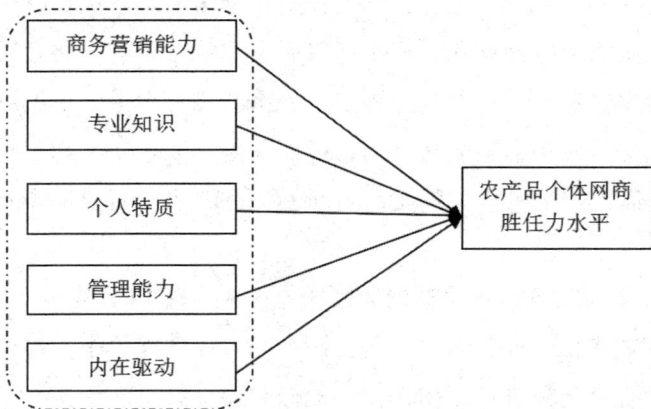

图8-3 农产品个体网商胜任力模型

3.3 研究假设

根据前文初步拟定的农产品个体网商胜任力模型可知，商务营销能力、专业知识、个人特质、管理能力和内在驱动是农产品个体网商胜任力模型的5个主要能力维度。

王艳、张晓明和胡宏力（2016）指出，农产品电商经营者除了需要提供优质的农产品，还需要具备线上经营的能力，掌握各种网络营销的能力，例如网店策划能力、营业推广能力、市场行情分析等能力，来保障网店的有效经营[220]。尹昕（2016）以跨境电商为研究对象，他指出，商务营销能力是任何经营者面对快速变化的市场所必备的核心竞争能力，是做出正确决策的基础[221]。综上所述，提出本章的研究假设1：

假设1：商务营销能力对农产品个体网商胜任力水平具有正向影响。

张文辉和胡蓓（2010）认为农村电商创业者应具备"知识资本"，他指出创业者掌握创业领域内的专业知识是创业成功的关键，没有专业知识的支撑，很难对创业前景做出正确的判断以及针对眼前的危机做出合理应对决策[218]。刘笑萍（2013）指出面对充满不确定性和激烈竞争的电商市场，只有保证电商创业者掌握有效的专业知识，才能为其创新创业行为提供可靠的知识支撑[222]。综上所述，提出本章的研究假设2：

假设2：专业知识对农产品个体网商胜任力水平具有正向影响。

周劲波和郑艺杰（2017）指出，农村电商创业者需要具备内在的胜任力维度，即个人品行和心理特征，主要包括责任心、勤奋务实等优良的品质，这些个人的内在品质是农村电商创业过程中面对服务对象必备的道德素质，是创业活动得以开展的内在基础[217]。缪熊（2016）在分析新型职业农民的胜任力时指出，每个人的人格特质都会影响其行为，进而影响其职业生涯和工作过程，良好的人格特质可以促进农民职业胜任[223]。根据上述学者的观点，本章提出如下假设3：

假设3：个人特质对农产品个体网商胜任力水平具有正向影响。

冯明（2017）指出创业者需要具备实际行动方面的能力来支撑他们日常的经营活动。他们既是老板也是工作人员，他们需要决策也需要执行，从而有效抓住各种机会，组建合适的团队，最终保障业务有效开展[224]。黄永春和雷砺颖（2016）指出，新兴产业的企业家需要具备管理能力，这是其职能胜任力的基础，他们必须能够根据自身的创业目标，制定创业计划，然后通过有效的管理来实现目标[219]。综上，本章提出下述假设4：

假设4：管理能力对农产品个体网商胜任力水平具有正向影响。

董坤祥、侯文华、丁慧萍和王萍萍（2016）指出，农村电商有别于传统的农业经营活动，是利用互联网平台开展的商业活动，因此，农村电商的经营者必须是创业者，需要具备超前的创新意识和成就欲望，才能驱使其突破传统的局限，开展新型的网络商业经营。他指出创新性可以帮助农村电商创业者取得差异化，对其经营绩效有正向意义，是促使其经营企业长远发展的重要指标[225]。海尼（Haynie，2010）[226]认为成就动机可以促进和激发创业行为，对成功具有强烈欲望的人，更有成就一番事业的可能，在面对创业困难时，这类人也更加从容。根据上述学者的观点，本章提出如下假设5：

假设5：内在驱动对农产品个体网商胜任力水平具有正向影响。

3.4 调查问卷的设计

3.4.1 问卷的框架

本章的问卷主体包含三方面的内容：导语，基本情况问题和主体问题。导语位于问卷的开头，主要是向被访者介绍此次问卷调查的目标和学术用途，发挥消除被访者顾虑的作用。基本情况问题主要包括年龄、学历、性别等，通过这些问题可以更全面地掌握被访者的情况，保障数据的可靠性。问卷的主体部分是研究农产品个体网商胜任力模型的素质因素，该模块是本章的主要数据来源，包含商务营销能力、管理能力、个人特质、专业知识和内在驱动5个维度。

3.4.2 问卷的设计过程

根据文献梳理结果可知，目前关于农产品个体网商胜任力的相关研究成果还很少，因此，本章的调查没有现成的量表可用。基于此，需要在现有的相关量表的基础上，结合农产品个体网商自身的特点，调整现有量表，重新设计符合本章研究需要的问卷。具体的设计过程如下：

（1）问卷初稿拟定

本章问卷设计，除了导语和基本问题，在原有借鉴量表的基础上，充分结合农产品个体网商的胜任力的特点，细致推敲每一个题项，尽可能依照理论依据，保障问卷的科学性，从而形成问卷的初稿。题项设计按照随机原则。问卷采取的是Likert5点量表法，各个问题的选项都有五个，分别为"非常不同意""不太同意""一般""比较同意""非常同意"，分值从1到5依次递增。

（2）专家参与修改问卷环节

为进一步提升问卷的科学性和各个题项的适用性，问卷初稿拟定后通过电话访谈以及面谈的形式，向3名对胜任力和3名对农产品电商有深入了解的专家咨询，让他们依据自身的理论基础和实践经验，审查问卷初稿，提出相应的修改意见。根据专家的意见，本章将"战略思考能力"和"计划制定能力"由原来的商务营销能力调整到管理能力维度，将"信息及物流整合知识"调整为"信息及物流整合能力"作为商务营销能力维度的因素；并增加了"农产品个体网商应关注市场变化，敏锐发现商机""农产品个体网商应具备指挥他人有效工作的能力""农产品个体网商可以很好地执行计划任务"这三个题项；删除了管理能力维度中的"影响力"因素。

（3）预调查环节

本章采用了预调查的方式对专家指导后的问卷进行检验，从而进一步完善问卷。问卷针对农产品个体网商胜任力模型素质因素进行调查。本次的预调查共发放问卷30份，最终回收有效问卷24份。在Cronbach's α信度系数法的检验下得出量表α系数基本在0.85以上，总体为0.87，说明本问卷信度良好。

3.5 调查问卷的发放与回收

此次调查问卷主要是向福建省内的农产品个体网商发放，采取纸质发放、问卷星和邮件方式，对在淘宝、微信等电商平台上的农产品个体网商进行调查。此次研究从2017年6月起正式展开，问卷共发放160份，回收149份，回收率达到了93%，其中有效问卷142份，有效率88.75%。最终的统计数据见表8-1。

根据表8-1可知，多数农产品个体网商年龄处于45岁以下，年轻人居多，因年轻人有更多的机会接触互联网以及电子商务，因此对新事物尝试的意愿也更强烈。学历大多为本科及以下，大学生和高中或中职学历的人较多，在实际的访谈研究中发现，农产品个体网商存在部分大学生返乡创业的现象。对于从事农产品电商经营年限和家庭人员参与经营的调查发现，大多数农产品个体网商经营年限在1—5年之间，还处于初创阶段，家庭成员多为2—3人，许多是家里的年轻人带着父母一起经营或者是较为年轻的夫妻店。

表8-1 研究样本情况表

		频　率	百分比
性　别	男	103	72.54%
	女	39	27.46%
年　龄	25岁以下	38	26.76%
	26—45岁	56	39.44%
	46—55岁	20	14.08%
	56岁以上	28	19.72%
学　历	初中及以下	41	28.87%
	高中或职中	51	35.92%
	大学本科	47	33.10%
	硕士、研究生及以上	3	2.11%
从事农产品电商经营的年限	1年以下	33	23.24%
	2—5年	65	45.77%
	6—10年	28	19.72%
	10年以上	16	11.27%
家庭成员参与经营人数	1人	29	20.42%
	2—3人	73	51.41%
	4—5人	23	16.20%
	5人以上	17	11.97%

4. 农产品个体网商胜任力模型素质因素调查结果分析

将有效问卷数据加以整理，运用SPSS 19.0软件对其进行统计分析，统计分析的过程需要用信度分析和效度分析检验问卷的可统计性；之后用因子分析、相关分析和回归分析验证本章的研究假设，即5个胜任力素质对农产品个体网商胜任力水平的影响关系。

4.1 问卷信效度分析

4.1.1 问卷效度分析

本章从内容效度和构建效度两个方面探讨量表的效度。

对于内容效度，本章的调查问卷从初稿拟定到终稿形成，既有理论来源依据，又有专家审查修改，最终的预调查也检验了问卷的适用性。整个环节程序严谨，每一个步骤也都秉持了严谨的原则，从而保障了问卷的内容效度。

关于问卷的构建效度，由于本章研究的是农产品个体网商胜任力模型，胜任力模型包含了不同的胜任力因素，因此，采用因子分析法检验问卷的构建效度，即采用主成分分析法和最大方差旋转法来对各题项展开分析，用以确定问卷构建效度。

在开展因子分析前，先利用项目—总体相关系数（CITC）分析法纠正条目，如表8-2所示：

表8-2 项总计统计量

题 项	项已删除的刻度均值	项已删除的刻度方差	校正的项总计相关性	项已删除的Cronbach's Alpha 值
F1农产品个体网商能通过各种渠道向公众传递网店的信息	121.39	249.224	0.539	0.951
F2农产品个体网商应熟练掌握网店构建知识	121.80	244.303	0.659	0.950
F3农产品个体网商能够适应市场的变化及时做出调整	122.22	243.642	0.553	0.951
F4农产品个体网商应具备对事物进行剖析、分辨和判断的能力	121.87	243.299	0.585	0.951
F5农产品个体网商应具备很强的工作责任感和社会责任感	121.58	247.665	0.653	0.952
F6农产品个体网商应具备强烈创新变革的意愿	121.89	251.609	0.658	0.952
F7农产品个体网商能以全局思维开展经营工作，全面考虑网店的整体与长远利益	121.64	245.396	0.652	0.950

（续 表）

题 项	项已删除的刻度均值	项已删除的刻度方差	校正的项总计相关性	项已删除的Cronbach's Alpha 值
F8农产品个体网商应善于组织协调所有资源获取最大利益	122.51	247.004	0.539	0.951
F9农产品个体网商应善于与经营相关的单位主体建立联系	120.58	244.645	0.691	0.950
F10农产品个体网商应掌握基本互联网知识	121.58	246.156	0.668	0.951
F11农产品个体网商能够处理好客户的不同需求问题	122.60	248.780	0.656	0.951
F12农产品个体网商应具备良好的人际沟通能力	121.36	251.487	0.577	0.951
F13农产品个体网商应具备有效监督管理的能力	121.31	244.814	0.343	0.951
F14农产品个体网商应具有充沛的精力去应对工作	121.31	244.765	0.708	0.950
F15农产品个体网商应具备主动面对农产品电商经营的各种问题，积极探索解决问题的意愿	121.38	245.862	0.691	0.950
F16农产品个体网商应该具备诚信意识并付诸经营实践过程	120.45	248.481	0.679	0.951
F17农产品个体网商应善于与他人合作	122.38	248.192	0.679	0.951
F18农产品个体网商应善于利用各种渠道提高网店的知名度和美誉度	122.22	245.341	0.611	0.952
F19农产品个体网商应意识到品牌的重要性	121.68	238.325	0.180	0.952
F20农产品个体网商应关注市场变化，敏锐发现商机	121.11	252.561	0.507	0.951
F21农产品个体网商可以很好地执行计划任务	121.57	248.491	0.520	0.950
F22农产品个体网商应充满自信，坚信自己有能力经营好网店	121.87	246.695	0.603	0.951
F23农产品个体网商应善于借助不同的机会不断学习	122.58	251.192	0.576	0.950
F24农产品个体网商应能够根据网店的经营需求制定合理的计划	121.34	246.868	0.671	0.950

（续　表）

题　项	项已删除的刻度均值	项已删除的刻度方差	校正的项总计相关性	项已删除的Cronbach's Alpha 值
F25农产品个体网商应了解农产品物流配送的所有渠道	121.72	245.366	0.635	0.951
F26农产品个体网商应具备良好的营销管理能力	121.57	247.798	0.583	0.951
F27农产品个体网商应具备指挥他人有效工作的能力	121.52	246.521	0.614	0.952
F28农产品个体网商应保持健康的身体状态	120.88	254.833	0.279	0.953
F29农产品个体网商应掌握所经营农产品的相关知识	120.88	255.846	0.568	0.953
F30农产品个体网商应善于与客户建立持久联系	121.24	248.188	0.664	0.951
F31农产品个体网商应合理整合信息与物流资源，提高网店配送效率	121.21	249.081	0.574	0.950
F32农产品个体网商应具备强烈的成就欲望	121.31	253.968	0.583	0.952
F33农产品个体网商应希望改变传统农产品经营的方式	121.64	247.485	0.562	0.951
F34农产品个体网商应具备良好的抗压力能力	121.10	250.673	0.547	0.953
F35农产品个体网商应具备良好的合作意识	120.12	249.856	0.542	0.952
F36农产品个体网商应掌握网店品牌建设知识	121.57	248.491	0.520	0.953
F37农产品个体网商应及时掌握各电商平台的政策知识	121.87	246.695	0.603	0.953
F38农产品个体网商应对自己的事业充满热情	122.58	251.192	0.576	0.951

首先，根据表8-2的数据分析显示，在所有的题项中，只有F13（0.343），F19（0.180），F28（0.279）这三个题项的相关系数低于0.5，不满足相关系数的最低标准。因此将F13（0.343），F19（0.180），F28（0.279）这三个题项删除，且删除后，Cronbach's α 值增加或不变。因此，经项目—总体相关系数

（CITC）分析法纠正条目，最终保留35个题项。之后，展开KMO和Bartlett球体检验，进一步判断问卷是否满足进行因子分析的要求，具体如图8-3所示：

表8-3 KMO 和 Bartlett 的检验

取样足够度的 Kaiser-Meyer-Olkin 度量		0.781
Bartlett 的球形度检验	近似卡方	3459.638
	df	548
	Sig.	0.001

其次，根据KMO度量标准可知，当KMO值在0.7—0.8之间，表示量表适合做因子分析。表8-3显示，本章问卷的KMO = 0.781，Bartlett球体检验的P = 0.001，低于指定显著性水平0.05，表明问卷的各个题项满足因子分析要求，可继续开展下一步分析。

再次，对35个题项进行因子分析，通过主成分分析法提取因子，并对其进行最大正交旋转，最后抽取特征值大于1的因子。特征大于1的方差贡献率及累积方差贡献率如表8-4所示。

表8-4 特征值大于1的因子及方差贡献率

成分	初始特征值			提取平方和载入			旋转平方和载入		
	合 计	方差的%	累积%	合计	方差的%	累积%	合计	方差的%	累积%
1	13.560	9.092	9.092	13.560	9.092	9.092	3.290	17.998	17.998
2	15.474	49.477	59.037	15.474	49.477	59.037	4.131	18.914	36.912
3	3.321	7.974	67.011	3.321	7.974	67.011	3.755	15.380	52.292
4	2.741	5.436	72.477	2.741	5.436	72.477	3.031	10.072	62.364
5	1.504	4.276	76.723	1.504	4.276	76.723	3.017	14.359	76.723

当各因子累计方差达50%以上时，量表建构效度达到可接受水平。本研究中特征值大于1的累积方差贡献率为76.723%，在共同度方面，所有题项的公因子方差都大于0.5，表明量表具有一定的建构效度。

最后，对各个因素旋转后的结果进行因子负荷，分析转轴后各个题项的因子负荷系数，并展开多次的因子分析，最终得出了5个因子。具体如表8-5所示：

表8-5 旋转成分矩阵a（删除题项后）

题　项	1	2	3	4	5
F30农产品个体网商应善于与客户建立持久联系	0.652				
F11农产品个体网商能够处理好客户的不同需求问题	0.756				
F26农产品个体网商应具备良好的营销管理能力	0.440				
F1农产品个体网商能通过各种渠道向公众传递网店的信息	0.664				
F9农产品个体网商应善于与经营相关的单位主体建立联系	0.539				
F20农产品个体网商应关注市场变化，敏锐发现商机	0.611				
F18农产品个体网商应善于利用各种渠道提高网店的知名度和美誉度	0.671				
F25农产品个体网商应了解农产品物流配送的所有渠道	0.586				
F31农产品个体网商应合理整合信息与物流资源，提高网店配送效率	0.659				
F29农产品个体网商应掌握所经营农产品的相关知识		0.507			
F10农产品个体网商应掌握基本互联网知识		0.643			
F2农产品个体网商应熟练掌握网店构建知识		0.777			
F37农产品个体网商应及时掌握各电商平台的政策知识		0.603			
F36农产品个体网商应掌握网店品牌建设知识		0.539			
F3农产品个体网商能够适应市场的变化及时做出调整			0.952		
F34农产品个体网商应具备良好的抗压力能力			0.520		
F16农产品个体网商应该具备诚信意识并付诸经营实践过程			0.887		
F22农产品个体网商应充满自信，坚信自己有能力经营好网店			0.652		
F5农产品个体网商应具备很强的工作责任感和社会责任感			0.756		
F14农产品个体网商应具有充沛的精力去应对工作			0.440		
F38农产品个体网商应对自己的事业充满热情			0.664		
F23农产品个体网商应善于借助不同的机会不断学习			0.539		
F12农产品个体网商应具备良好的人际沟通能力				0.567	
F8农产品个体网商应善于组织协调所有资源获取最大利益				0.577	

（续　表）

题　项	1	2	3	4	5
F4农产品个体网商应具备对事物进行剖析、分辨和判断的能力				0.603	
F21农产品个体网商可以很好地执行计划任务				0.653	
F17农产品个体网商应善于与他人合作				0.542	
F35农产品个体网商应具备良好的合作意识				0.635	
F24农产品个体网商应能够根据网店的经营需求制定合理的计划				0.611	
F27农产品个体网商应具备指挥他人有效工作的能力				0.671	
F7农产品个体网商能以全局思维开展经营工作，全面考虑网店的整体与长远利益				0.659	
F32农产品个体网商应具备强烈的成就欲望					0.567
F15农产品个体网商应具备主动面对农产品电商经营的各种问题，积极探索解决问题的意愿					0.577
F6农产品个体网商应具备强烈创新变革的意愿					0.603
F33农产品个体网商应希望改变传统农产品经营的方式					0.653

提取方法：主成分。

旋转法：具有 Kaiser 标准化的正交旋转法。

a. 旋转在 8 次迭代后收敛。

由表8-5可知，5个因子共解释了76.723%的方差，满足相关矩阵检验的要求。根据各个因子所包含题项的意义，笔者将因子1命名为商务营销能力，包含题项F30、F11、F26、F1、F9、F20、F18、F25、F31；因子2命名为专业知识，分别由题项F29、F10、F2、F37、F36组成；因子3命名为个人特质，包含题项F3、F34、F16、F22、F5、F14、F38、F23；因子4命名为管理能力，由题项F12、F8、F4、F21、F17、F35、F24、F27、F7组成；因子5命名为内在驱动，包含题项有F32、F15、F6、F33四项；因子6民命为团队合作，由题项F8、F4、F14、A28、A20组成。

4.1.2 问卷的信度检验

由于本章量表采用的是Likert5点量表的测量方法，决定采用Cronbach's α 系数法检查量表的内在一致性。结果如图8-6所示：

表8-6 农产品个体网商胜任力模型素质因素项总计相关性及Cronbach's α值

维　度	题　项	校正的项总计相关性	Cronbach's Alpha 值	Cronbach's Alpha 值
商务营销能力	F30农产品个体网商应善于与客户建立持久联系	0.652	0.874	0.951
	F11农产品个体网商能够处理好客户的不同需求问题	0.756		
	F26农产品个体网商应具备良好的营销管理能力	0.440		
	F1农产品个体网商能通过各种渠道向公众传递网店的信息	0.664		
	F9农产品个体网商应善于与经营相关的单位主体建立联系	0.539		
	F20农产品个体网商应关注市场变化，敏锐发现商机	0.611		
	F18农产品个体网商应善于利用各种渠道提高网店的知名度和美誉度	0.671		
	F25农产品个体网商应了解农产品物流配送的所有渠道	0.586		
	F31农产品个体网商应合理整合信息与物流资源，提高网店配送效率	0.659		
专业知识	F29农产品个体网商应掌握所经营农产品的相关知识	0.507	0.798	
	F10农产品个体网商应掌握基本互联网知识	0.643		
	F2农产品个体网商应熟练掌握网店构建知识	0.777		
	F37农产品个体网商应及时掌握各电商平台的政策知识	0.603		
	F36农产品个体网商应掌握网店品牌建设知识	0.539		
个人特质	F3农产品个体网商能够适应市场的变化及时做出调整	0.952	0.871	
	F34农产品个体网商应具备良好的抗压力能力	0.520		
	F16农产品个体网商应该具备诚信意识并付诸经营实践过程	0.887		
	F22农产品个体网商应充满自信，坚信自己有能力经营好网店	0.652		
	F5农产品个体网商应具备很强的工作责任感和社会责任感	0.756		
	F14农产品个体网商应具有充沛的精力去应对工作	0.440		
	F38农产品个体网商应对自己的事业充满热情	0.664		

（续 表）

维 度	题 项	校正的项总计相关性	Cronbach's Alpha 值	Cronbach's Alpha 值
	F23农产品个体网商应善于借助不同的机会不断学习	0.539		
管理能力	F12农产品个体网商应具备良好的人际沟通能力	0.567	0.862	0.951
	F8农产品个体网商应善于组织协调所有资源获取最大利益	0.577		
	F4农产品个体网商应具备对事物进行剖析、分辨和判断的能力	0.603		
	F21农产品个体网商可以很好地执行计划任务	0.653		
	F17农产品个体网商应善于与他人合作	0.542		
	F35农产品个体网商应具备良好的合作意识	0.635		
	F24农产品个体网商应能够根据网店的经营需求制定合理的计划	0.611		
	F27农产品个体网商应具备指挥他人有效工作的能力	0.671		
	F7农产品个体网商能以全局思维开展经营工作，全面考虑网店的整体与长远利益	0.659		
内在驱动	F32农产品个体网商应具备强烈的成就欲望	0.567	0.787	
	F15农产品个体网商应具备主动面对农产品电商经营的各种问题，积极探索解决问题的意愿	0.577		
	F6农产品个体网商应具备强烈创新变革的意愿	0.603		
	F33农产品个体网商应希望改变传统农产品经营的方式	0.653		

　　根据Cronbach's α系数的制定原则可知，当Cronbach's α系数大于0.6时，量表可信度较高。由表8-6可知，5个维度包含的所有题项的相关系数都在0.5水平之上，量表整体及各维度的Cronbach's α系数都超过了0.75，说明该量表的可信度达标。

4.2 农产品个体网商胜任力模型素质因素的因子分析

　　由上文研究可知，量表共可以抽出特征值大于1的因子有5个，分别名为商务营销能力、专业知识、个人特质、管理能力、内在驱动。5个因子共解释了76.723%的方差，其中方差解释量最大的是18.914%，之后依次是17.998%、

15.380%、14.359%、10.072%。根据以上的数据可以判定，检验后的量表具有良好的效度，证明农产品个体网商胜任力模型的素质因素由商务营销能力、专业知识、个人特质、管理能力、内在驱动这5个因子组成。具体如表8-7所示：

表8-7 农产品个体网商胜任力模型素质因素的因子分析与因子命名

因 子	特征值	方差贡献率 %	累积方差贡献率 %	因子命名
1	3.290	18.914	18.914	商务营销能力
2	4.131	15.380	34.294	专业知识
3	3.755	10.072	44.366	个人特质
4	3.031	17.998	62.364	管理能力
5	3.017	14.359	76.723	内在驱动

4.3 农产品个体网商胜任力素质因素与胜任力水平之间的相关分析

为了进一步探讨农产品个体网商胜任力模型各素质因素与胜任力水平的关系，笔者采用了皮尔逊（Person）对各变量进行相关性分析。从而确定5个因子与农产品个体网商胜任力水平的相关程度。

根据Person相关系数的解释原理，由表8-8可以看出商务营销能力、专业知识、个人特质、管理能力、内在驱动与胜任力水平之间呈现出显著的正相关，其中，商务营销能力这一因素的影响最大。

表8-8 农产品个体网商胜任力模型各素质因素维度与胜任力水平相关分析

各素质因素维度与胜任力水平	Pearson 相关性	显著性
商务营销能力——胜任力水平	0.478**	0.000
专业知识——胜任力水平	0.343**	0.000
个人特质——胜任力水平	0.182**	0.002
管理能力——胜任力水平	0.437**	0.001
内在驱动——胜任力水平	0.290**	0.000
**. 在 0.01 水平（双侧）上显著相关。		

4.4 农产品个体网商胜任力素质因素与胜任能力水平之间的回归分析

本章将胜任力水平作为因变量，以农产品个体网商胜任力模型的素质因素作为自变量，运用回归分析工具作多元线性回归分析，得出结论后运用最小二乘法进行模型评估。之后从中把t值达到0.05的显著标准筛选后进入回归方程。

4.4.1 线性回归前提假设检验

要展开接下来的研究，首先要确保回归模型的基本假设符合线性回归的基本要求。具体验证过程如下：

首先，通过绘制散点图来判断因变量和自变量之间是否满足线性关系的要求。根据之后的研究可以判断因变量胜任力水平与农产品个体网商胜任力模型的素质因素之间存在线性关系，符合回归分析的要求。

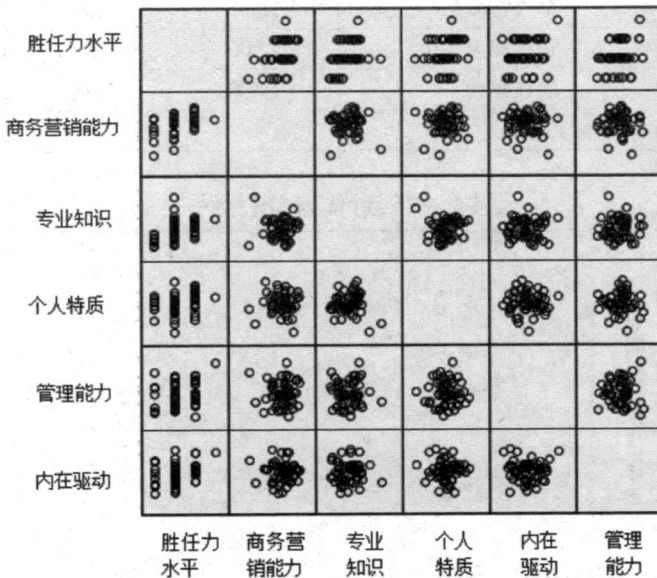

图8-4 因变量与自变量线性关系散点图

其次，采用了DW检验方法检验因变量的独立性。残差各项之间要相互独立，DW值就越接近2。数据的统计分析结果DW = 2.008，残差间趋向于无相关，因变量具有独立性。而自变量的独立性，可以采用多重线性检验判断。多重线性就是检验因变量之间的彼此关系，一般通过容忍度和方差膨胀因子两个指标来判断。容忍度处于0—1之间，容忍度越接近0，说明自变量之间存在共线性关系；方差膨胀因子（VFI）是容忍度的倒数，当VFI小于10的时候，说明自变量不存在多重共线性。根据表8-9可知，自变量之间不存在多重共线性。

最后，检验比较两组数据的方差，检验他们的精密度是否有显著性差异。如图8-5可知，多数观测量散落在0点水平线的两侧，预测值与残差之间没有明显的相关，回归方程满足方差齐性假设。

表8-9 农产品个体网商胜任力模型素质因素共线性检验结果[a]

模　型	共线性统计量	
	容　差	VIF
（常　量）	1.000	1.000
商务营销能力	1.000	1.000
专业知识	1.000	1.000
个人特质	1.000	1.000
管理能力	1.000	1.000
内在驱动	1.000	1.000
a. 因变量：胜任力水平		

因变量：农产品个体网商胜任力水平

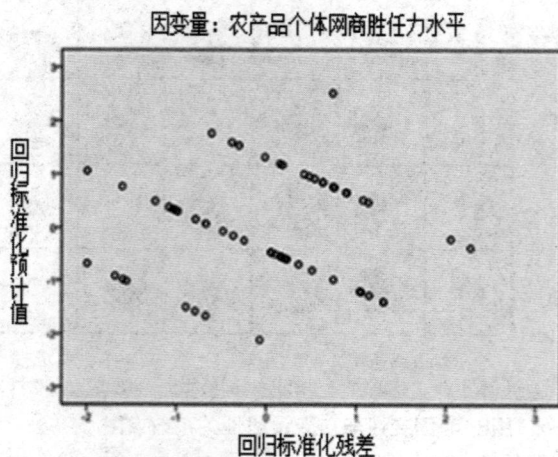

图8-5 因变量预测值与标准化残差

4.4.2 回归模型分析

经过上文对多元线性回归前提假设的检验，得出因变量农产品个体网商胜任力水平与自变量之间可以展开多元线性回归分析，具体的分析结果见表8-10：

表8-10 农产品个体网商胜任模型素质因素与胜任力水平之间的回归分析结果

变 量	非标准化系数		标 准系 数	t	Sig.
	B	标 准误 差	回归系数		
（常 量）	3.256	0.039		81.023	0.001
商务营销能力	0.330	0.041	0.468	8.447	0.000
专业知识	0.321	0.040	0.438	7.733	0.000
个人特质	0.207	0.039	0.291	5.128	0.002
管理能力	0.128	0.040	0.183	3.221	0.000
内在驱动	0.138	0.041	0.199	4.589	0.000
R^2	0.665				
调整的R^2	0.658				
F值	40.618				
Sig.	0.000				

如表8-10表示，$R^2 = 0.665$，修正的$R^2 = 0.658$，说明方程的拟合度较优，$F = 40.618$，$Sig = 0.000$，低于显著性水平的最低标准0.05，说明回归方程显著性水平较高，并且经过方差显著性检验后，可得出专业知识、商务营销能力、管理能力、个人特质、内在驱动这5个素质指标因素的回归系数P值都小于0.05水平，显著性水平较高。因此，该回归方程模型具有现实意义。

通过回归分析结果不难发现，5个胜任力素质因素都有显著性的标准化回归系数，且5个胜任力素质因素都列入回归方程，其中，商务营销能力的标准化回归系数最高，说明其与其他能力相比对农产品个体网商胜任力水平的影响最为显著。

4.5 总体的胜任力水平分析

根据农产品个体网商胜任力模型素质因素的调查研究可发现，胜任力素质指标的影响均值为3.24，根据Likert5点量表法的检测方法可知，所有胜任力素质因素对于胜任力影响的平均值要高于一般的水准。其中，商务营销能力对胜任力水平的影响最显著，其他因素排序依次为管理能力、专业知识、内在驱动、个人特质，具体的情况如表8-11所示。

表8-11 描述统计量

素质因素	题 项	数值	均值	标准差	方差
商务营销能力	F30农产品个体网商应善于与客户建立持久联系	3.65		0.703	0.582
	F11农产品个体网商能够处理好客户的不同需求问题	3.66		0.725	1.079
	F26农产品个体网商应具备良好的营销管理能力	3.39		0.763	0.496
	F1农产品个体网商能通过各种渠道向公众传递网店的信息	3.16		1.039	0.582
	F9农产品个体网商应善于与经营相关的单位主体建立联系	3.42	3.45	0.623	0.511
	F20农产品个体网商应关注市场变化，敏锐发现商机	3.49		0.748	0.321
	F18农产品个体网商应善于利用各种渠道提高网店的知名度和美誉度	3.86		0.605	0.366
	F25农产品个体网商应了解农产品物流配送的所有渠道	3.19		0.763	0.582
	F31农产品个体网商应合理整合信息与物流资源，提高网店配送效率	3.22		0.754	0.569
专业知识	F29农产品个体网商应掌握所经营农产品的相关知识	3.11		0.585	0.343
	F10农产品个体网商应掌握基本互联网知识	3.37		0.763	0.496
	F2农产品个体网商应熟练掌握网店构建知识	3.32	3.18	0.691	0.478
	F37农产品个体网商应及时掌握各电商平台的政策知识	3.01		0.691	0.478
	F36农产品个体网商应掌握网店品牌建设知识	3.07		0.804	0.647
个人特质	F3农产品个体网商能够适应市场的变化及时做出调整	3.44		0.804	0.647
	F34农产品个体网商应具备良好的抗压力能力	3.19		0.896	0.803
	F16农产品个体网商应该具备诚信意识并付诸经营实践过程	3.32		0.690	0.582
	F22农产品个体网商应充满自信，坚信自己有能力经营好网店	3.18	3.12	0.623	0.511
	F5农产品个体网商应具备很强的工作责任感和社会责任感	2.74		0.595	0.321
	F14农产品个体网商应具有充沛的精力去应对工作	3.11		0.732	0.511
	F38农产品个体网商应对自己的事业充满热情	2.97		0.748	0.321
	F23农产品个体网商应善于借助不同的机会不断学习	3.02		0.763	0.582

（续 表）

素质因素	题 项	数值	均值	标准差	方差
管理能力	F12农产品个体网商应具备良好的人际沟通能力	3.35	3.27	0.754	0.478
	F8农产品个体网商应善于组织协调所有资源获取最大利益	3.33		0.605	0.366
	F4农产品个体网商应具备对事物进行剖析、分辨和判断的能力	3.19		0.763	0.582
	F21农产品个体网商可以很好地执行计划任务	3.24		0.754	0.478
	F17农产品个体网商应善于与他人合作	3.22		0.585	0.429
	F35农产品个体网商应具备良好的合作意识	3.04		0.691	0.647
	F24农产品个体网商应能够根据网店的经营需求制定合理的计划	3.42		0.804	0.582
	F27农产品个体网商应具备指挥他人有效工作的能力	3.32		0.896	0.511
	F7农产品个体网商能以全局思维开展经营工作，全面考虑网店的整体与长远利益	3.28		0.690	0.321
内在驱动	F32农产品个体网商应具备强烈的成就欲望	2.95	3.17	0.655	0.803
	F15农产品个体网商应具备主动面对农产品电商经营的各种问题，积极探索解决问题的意愿	3.32		0.804	0.582
	F6农产品个体网商应具备强烈创新变革的意愿	3.28		0.896	0.511
	F33农产品个体网商应希望改变传统农产品经营的方式	3.11		0.754	0.803

4.6 分析小结

首先，本章对量表展开信度效度分析，通过对Cronbach α值、项已删除的Cronbach α值和CICT值进行观察，这些数字表明本章的量表可靠，可以作为本章研究的量表。其次，采用主成分因子分析法和最大方差正旋转法，抽取特征值大于1的5个因子，这5个因子解释方差数值符合理论要求，并根据各因子包含题项的涵义，分别命名为专业知识、商务营销能力、管理能力、个人特质、内在驱动。这5个因子作为农产品个体网商胜任力模型的素质因素。再次，通过相关分析得出这5个因素与农产品个体网商胜任力水平之间存在显著的相关性。最后，根据回归分析结果可以得出，5个因子的回归系数都具有显著性，5个因子都纳入回归方程，其中商务营销能力的数值表明其对农产品个体网商胜任力水平的影响最为显著。

根据数据分析的结果和本章的描述，以及对可信性、有效度、相关分析和回归分析等进行的研究，检验上文提出的假设，检验结果如表8-12所示：

表8-12 农产品个体网商胜任力模型研究假设结果

假 设	内 容	是否成立
假设1	商务营销能力对农产品个体网商胜任力水平具有正向影响	是
假设2	专业知识对农产品个体网商胜任力水平具有正向影响	是
假设3	个人特质对农产品个体网商胜任力水平具有正向影响	是
假设4	管理能力对农产品个体网商胜任力水平具有正向影响	是
假设5	内在驱动对农产品个体网商胜任力水平具有正向影响	是

5. 构建农产品个体网商胜任力模型

5.1 农产品个体网商胜任力模型构建

根据上文对农产品个体网商胜任力模型素质因素的因子分析，本章得出农产品个体网商胜任力模型应该包含商务营销能力、专业知识、个人特质、管理能力、内在驱动5个素质因素。根据问卷分析的结果，可以将这5个素质因素细分为不同的能力指标。商务营销能力包含客户关系管理能力、营销管理能力、公关能力、市场意识、网店推广能力、信息及物流整合能力；专业知识包含农产品知识、互联网知识、网店构建知识、品牌建设知识；个人特质包含弹性与适应能力、诚信、自信、责任感、精力充沛；管理能力包含人际沟通能力、组织协调能力、决策判断能力、执行能力、合作能力、计划制定能力、指挥能力、战略思考能力；最后是内在驱动，包含成就导向、主动性和创新意愿。这些能力素质因素共同构成了农产品个体网商胜任力素质模型，具体如表8-13：

表8-13 农产品个体网商胜任力模型指标体系

一级指标	二级指标	三级指标	理论依据
农产品个体网商胜任力模型指标体系	商务营销能力	公关能力 营销管理能力 客户关系管理能力 网店推广能力 市场意识 信息及物流整合能力	林存文和戴雪山（2017）[227] 王艳、张晓明和胡宏力（2016）[220] 陈银娟（2017）[228] 尹昕（2016）[221] 张康洁、蒋辉和张怀英（2017）[229]
	专业知识	网店构建知识 互联网知识 品牌建设知识 农产品知识	刘笑萍（2013）[222] 毛翠云和束翠丽（2014）[230] 邹俊（2011）[231] 张文辉和胡蓓（2010）[218]
	个人特质	弹性与适应能力 诚　信 自　信 责任感 精力充沛	汤敏、刘玉邦和曾川（2017）[232] 洪江涛、杨晓雁、施可人和陈纾雯（2016）[233] 周劲波和郑艺杰（2017）[217] 缪熊（2016）[223] 潘建林和金杨华（2010）[234]
	管理能力	执行能力 组织协调能力 决策判断能力 人际沟通能力 指挥能力 战略思考能力 计划制定能力 合作能力	冯明（2017）[200] 黄永春和雷砺颖（2016）[219] 潘清泉和韦慧民（2016）[235] 张炜和王重鸣（2004）[236] 洪江涛、杨晓雁、施可人和陈纾雯（2016）[233]
	内在驱动	成就导向 主动性 创新意愿	董坤祥、侯文华、丁慧萍和王萍萍（2016）[225] 黄永春和黄晓芸（2018）[237] Haynie（2010）[226] 张炜和王重鸣（2004）[236]

5.2 农产品个体网商胜任力模型各素质因素说明

5.2.1 商务营销能力

第一，公关能力。公关能力是指农产品个体网商能够采取有效的公关措施，利用多种渠道向公众传递网店的有利信息。此外，农产品个体网商在经营期间还应该与网店经营有关的单位和主体建立良好的联系，为网店的经营创造良好的环境。

第二，营销管理能力。营销管理能力是指农产品个体网商能够有效管理好营销过程中的各种资源和信息，并且有效处理营销过程中的冲突，最终为网商谋求最大的利益。

第三，客户关系管理能力。客户关系管理能力是指农产品个体网商能够有效地处理与不同的客户之间的关系，满足客户的各种需求，解决消费者的各种售后问题，并善于与客户建立持久联系，从而提高重复购买频率和网店业绩。

第四，网店推广能力。网店推广能力是指农产品个体网商将网店及其品牌向公众推广的能力，能够有效地利用各种渠道提高网店的知名度和美誉度，从而提高网店的销量。

第五，市场意识。市场意识是指农产品个体网商能够认识到市场对于农产品电商经营的重要性，并且时刻关注市场的变化，然后结合自身的资源和其他环境条件，发现市场中的商机，维持网店的运营与市场的高适应性。

第六，信息及物流整合能力。信息及物流整合能力是指农产品个体网商需要熟练掌握农产品经营信息和物流整合的能力，一方面要了解农产品配送的所有可能渠道以及相关的费用，从而选择效率和服务最优的配送方式；另一方面要掌握各种市场信息渠道以及物流信息，从而将二者有效整合，降低配送成本和经营成本，提高消费者的满意度。

5.2.2 专业知识

专业知识是农产品个体网商胜任力模型的基础素质因素，是农产品电商经营的前提与基础。除了必备的农产品知识，互联网知识、网店构建知识以及品牌建设知识也是必不可少的专业知识。

第一，互联网知识。互联网知识是指农产品个体网商具备互联网的相关知识，会运用电脑以及相关的互联网工具，懂得不同的互联网渠道知识，了解农产品电商经营的平台与渠道并熟练运用的技能。

第二，网店构建知识。网店构建知识是指农产品个体网商掌握农产品电商经营平台网店的知识，能够熟练地在淘宝、京东、阿里巴巴、拼多多、快手、抖音等电商平台构建网络店铺，这一能力直接反映在用户能否快速检索到本店产品信息方面，是重要的信息传递能力。

第三，品牌建设知识。品牌建设知识是指农产品个体网商掌握创建品牌与运营品牌的专业知识,能够利用这些知识帮助构建自己的农产品品牌,并借助合理渠道扩大品牌的影响力和知名度,提高产品附加值,创造更多的价值。

第四,农产品知识。农产品知识是指农产品个体网商对其所经营的相关农产品的相关知识有着充分了解,可以分辨出农产品的种类、品质、生产周期与特质等,能在经营过程中根据自己掌握的农产品知识进行合理的定价与验收,为电商出售的农产品质量提供专业支撑。

5.2.3 个人品质

第一,弹性与适应能力。弹性与适应能力是指农产品个体网商能够适应市场的变化,及时作出调整,从而使网店的经验理念和方式适应市场的需求,提高网店的绩效。此外,个体网商还应具备较好的抗压能力,当网店运营面临危机与挑战,商家面对压力时依然能够沉着冷静,做出正确的判断和决策。

第二,诚信。这里的诚信是指农产品个体网商应具备良好的诚信意识,并在农产品电商经营过程中遵守诚实守信的原则,从而为网店品牌奠定良好的口碑。

第三,自信。自信是指农产品个体网商相信自己能够经营好农产品网店,相信自己可以克服经营过程中的各种困难,最终实现自己的经营目标。

第四,责任感。责任感是指农产品个体网商需要具备很强的工作责任感和社会责任感,在工作过程中,尽职尽责,出现问题勇于承担责任,具有敬业精神;经营过程中,要主动承担社会责任,保证所销售产品的食品安全,主动帮助他人,向社会贡献力量。

第五,精力充沛。农产品个体网商要有充沛的精力去面对农产品经营工作,对自己的工作事业充满热情与信心,愿意全身心投入到经营工作中去。

5.2.4 管理能力

第一,执行能力。执行能力是指农产品个体网商能够很好地执行制定好的计划,保证计划目标的完成,将各个环节的工作任务落实到位。

第二,组织协调能力。组织协调能力是指农产品个体网商应该善于协调自身所具备的资源,协调网店内部的人员,从而促进网店经营目标的实现。

第三,决策判断能力。决策判断能力是指农产品个体网商具备良好的对事物进行剖析、分析和判断的能力。能依据自身的知识技能和所掌握的资源,将各种信息与网店目标的实现相结合，最终做出有利于网店经营发展的正确决策。

第四，人际沟通能力。人际沟通能力是指农产品个体网商需要掌握良好的人际沟通技巧，善于与他人沟通交往，能够与网店发展相关的所有人建立良好的联系。

第五，指挥能力。指挥能力是指农产品个体网商能够有效地指挥他人工作的能力。

第六，战略思考能力。战略思考能力是指农产品个体网商能够根据网店的内外部环境和条件，以全局的思维开展经营工作，全面考虑网店的整体与长远利益，制定自己较长时间内的发展目标，并制订可供选择的战略计划。

第七，计划制订能力。计划制订能力是指农产品个体网商能够根据网店的资源，制定合理的经营目标，确定好目标实现的支持要素，并将网店的总体规划细分为不同的计划方案。

第八，合作能力。合作能力是指农产品个体网商具备良好的合作意识，并能够有效处理好与团队之间的关系，促进与他人的有效合作，最终实现经营目标。

5.2.5 内在驱动

第一，成就导向。成就导向是指农产品个体网商具备引起、维持和指引其获得成功的内在动力，表现在一个人为了实现奋斗目标而持续努力，不断前行，并选择有利于成功的行为。

第二，主动性。主动性是指农产品个体网商具备主动面对问题和解决问题的内在意愿，有主动参与到农产品电商经营的活动中去的意愿。

第三，创新意愿。创新意愿是指农产品个体网商不能安于现状，具备强烈的变革意愿，希望改变现状获取更高的成就，改善现有的不足，创造出不同的条件和结果。

5.3 层次分析法确定胜任力模型各素质因素的权重

5.3.1 层次分析法确定权重的步骤

本章采用层次分析法确定农产品个体网商胜任力模型素质指标因素的权重。层次分析法适用于目标多、因素多以及准则的复杂系统中的权重分析。具体的步骤如下：

（1）建立层次递阶结构

根据层次递阶结构的定义及特征，以及上文中分析的农产品个体网商胜任力模型素质因素，构建本章所需的农产品个体网商胜任力素质指标因素的递阶结构。最高层次是农产品个体网商胜任力模型的素质，准则层、方案层则是农产品个体网商胜任力素质指标的各个能力要素。准则层有商务营销能力、专业知识、个人特质、管理能力、内在驱动。方案层是准则层之下包括的26个能力指标因素，具体内容如表8-14所示：

表8-14 农产品个体网商胜任力模型素质指标体系

目标层	准则层	方案层
农产品个体网商胜任力模型指标体系A	商务营销能力B_1	公关能力C_{11}
		营销管理能力C_{12}
		客户关系管理能力C_{13}
		网店推广能力C_{14}
		市场意识C_{15}
		信息及物流整合能力C_{16}
	专业知识B_2	网店构建知识C_{21}
		互联网知识C_{22}
		品牌建设知识C_{23}
		农产品知识C_{24}
	个人特质B_3	弹性与适应能力C_{31}
		诚　信C_{32}
		自　信C_{33}
		责任感C_{34}
		精力充沛C_{35}
	管理能力B_4	执行能力C_{41}
		组织协调能力C_{42}
		决策判断能力C_{43}
		人际沟通能力C_{44}
		指挥能力C_{45}
		战略思考能力C_{46}
		计划制定能力C_{47}
		合作能力C_{48}
	内在驱动B_5	成就导向C_{51}
		主动性C_{52}
		创新意愿C_{53}

（2）构造比较判断矩阵

本章根据问卷的有效数据对每一胜任力维度内所有因素的重要性进行两两比较，构造比较矩阵。目标层为A，B_k（$k=123\cdots\cdots n$）为准则层因素，C_i（$i=123\cdots\cdots n$）为方案层因素，对于n个元素来说，得到两两比较判断举证C=（C_{ij}）n×n，其中C_{ij}表示因素i和因素j相对于目标层的重要值，一般来说判断矩阵如下形式：

B_k	C_1	C_2	......	C_n
C_1	C_{11}	C_{12}	......	C_{1n}
	C_{21}	C_{22}	......	C_{2n}
......	......	......	......	......
C_n	C_{n1}	C_{n2}	......	C_{nn}

矩阵C具有如下的性质：

（1）$C_{ij} > 0$；

（2）$C_{ij} = 1 / C_{ij}$

（3）$C_{ij} = 1$（i，$j = 1$，2，......，n）

本章层次分析法采用了Saaty，T.L（1978）的1—9比例标度法用于量化定性的意见。具体如表8-15所示：

表8-15 判断矩阵标度及其含义

序 号	重要性等级	C_{ij} 赋值
1	i，j 两因素同等重要	1
2	i 因素比 j 因素稍微重要	3
3	i 因素比 j 因素明显重要	5
4	i 因素比 j 因素强烈重要	7
5	i 因素比 j 因素极端重要	9
6	i 因素比 j 因素稍不重要	1/3
7	i 因素比 j 因素明显不重要	1/5
8	i 因素比 j 因素强烈不重要	1/7
9	i 因素比 j 因素极端不重要	1/9

注：C_{ij}={2,4,6,8,1/2,1/4,1/6,1/8}表示重要性等级介于C_{ij}={1,3,5,7,9,1/3,1/5,1/7,1/9}[238]。

（3）判断矩阵的一致性检验

根据矩阵理论知，若λ₁，λ₂，……，λₙ是满足公式$A_x = \lambda_x$的数时，并且对于所有的$a_{ij} = 1$，则：

$$\sum_{i=1}^{n} \lambda_i = n \qquad (5-1)$$

显然，当矩阵具有完全一致性时，$\lambda_1 = \lambda_{max} = n$，其余特征根都等于零，反之，则会有$\lambda_1 = \lambda_{max} n$，其余特征根$\lambda_1$，$\lambda_2$，……，$\lambda_n$有如下关系：

$$\sum_{i=1}^{n} \lambda_i = n - \lambda_{max} \qquad (5-2)$$

可以通过判断矩阵的特征根来检验判断的一致程度，因为判断矩阵不具有完全一致性时，相应的特征根就会改变。

在层次分析法中引入判断矩阵最大特征根以外的其余特征根的负平均数，作为度量判断矩阵偏离一致性的指标，即使用：

$$CI = \frac{\lambda_{max} - n}{n - 1} \qquad (5-3)$$

CI值与判断矩阵偏离完全一致性程度呈正相关；CI接近0的程度与判断矩阵的一致性呈正相关。显然，当判断矩阵具有一致性时，$CI = 0$，反之亦然。因此可知：$CI = 0$，$\lambda_1 = \lambda_{max} = n$判断矩阵具有完全一致性。

由于不同层次的判断矩阵的一致性存在差异，因此CI值也不同，于是可以通过将CI与平均随机一致性指标RI进行比较来检验判断举证的一致性。其中，

$$CR = \frac{RI}{CI} \qquad (5-4)$$

RI的具体值如表8-16所示，若存在$CI < 0.10$，说明矩阵具有满意的一致性，否则需要调整修改。

表8-16 平均随机一致性指标

矩阵阶数	1	2	3	4	5	6	7	8	9
RI值	0.00	0.00	0.58	0.90	1.12	1.24	1.32	1.41	1.45

（4）层次单排序

层次单排序是需要计算判断举证的最大特征根以及特征向量，具体计算过程如下：

第一，计算判断矩阵的每一行元素的乘积M_j

$$M_j = \prod_{j=1}^{n} a_{ij} \quad i,j = 1,2,\ldots\ldots,n \qquad (5-5)$$

第二，计算M_i的n次方根W_i

$$\overline{W_i} = \sqrt[n]{M_i} \qquad (5-6)$$

第三，对向量$\overline{W}=[\overline{W_1}, \overline{W_2}, \ldots\ldots, \overline{W_n}]^T$正规化（归一化处理），

$$W_i = \frac{\sqrt[n]{M_i}}{\sum_{i=1}^{n} \sqrt[n]{M_j}} \qquad (5-7)$$

则$W=[W_1, W_2, \ldots\ldots W_n]^T$就是所求的特征向量。

第四，计算判断矩阵的最大特征根λ_{max}

$$\lambda_{max} = \frac{1}{n}\sum_{i=1}^{n}\frac{(AW)_i}{W_i} \qquad (5-8)$$

其中$(AW)_i$表示向量AW的第i个因素。

（5）层次总排序

总排序是自上而下逐层排序，计算出同一层次内的单排序结果后，再计算本层次所有因素与上一层次相比的权重赋值，从而计算得出所有最低层次因素的权重赋值，并得出总体排序。最后再进行一致性检验，一致性检验需要从高层次到低层次依次开展。

5.3.2 农产品个体网商胜任力素质指标因素的权重分析

根据上文整理出的利用层次分析法的步骤计算农产品个体网商胜任力模型素质指标因素的权重。具体的计算结果如表8-17所示：

（1）A-B层指标权重

表8-17 A-B层指标权重

A	B_1	B_2	B_3	B_4	B_5	权　重
B_1	1	3	7	1	5	0.362
B_2	1/3	1	5	1/3	3	0.163
B_3	1/7	1/5	1	1/7	1/2	0.043
B_4	1	3	7	1	5	0.352
B_5	1/5	1/3	2	1/5	1	0.071

λ_{max}=5.129，CI=0.032，RI=1.1200，CR=0.029<0.1，满足一次性检验。

（2）B-C层指标权重

表8-18 商务营销B_1-C指标权重

B_1	C_{11}	C_{12}	C_{13}	C_{14}	C_{15}	C_{16}	权　重
C_{11}	1	1/8	1/5	1/7	1	1/4	0.034
C_{12}	8	1	3	2	8	5	0.391
C_{13}	5	1/3	1	1/3	5	3	0.158
C_{14}	7	1/2	3	1	7	5	0.2967
C_{15}	1	1/8	1/5	1/7	1	1/4	0.034
C_{16}	4	1/5	1/3	1/5	4	1	0.086

λ_{max}=6.272，CI=0.054，RI=1.24，CR=0.044<0.1，满足一次性检验。

表8-19 专业知识B_2-C指标权重

B_2	C_{21}	C_{22}	C_{23}	C_{24}	权　重
C_{21}	1	5	7	3	0.558
C_{22}	1/5	1	3	1/3	0.122
C_{23}	1/7	1/3	1	1/5	0.057
C_{24}	1/3	3	5	1	0.263

λ_{max}=4.177，CI=0.059，RI=0.90，CR=0.066<0.1，满足一次性检验。

表8-20 个人特质B_3-C指标权重

B_3	C_{31}	C_{32}	C_{33}	C_{34}	C_{35}	权　重
C_{31}	1	2	5	3	4	0.417
C_{32}	1/2	1	4	2	3	0.263
C_{33}	1/5	1/4	1	1/3	1/2	0.062
C_{34}	1/3	1/2	3	1	2	0.160
C_{35}	1/4	1/3	2	1/2	1	0.096

λ_{max}=5.070，CI=0.0175，RI=1.12，CR=0.016<0.01，满足一次性检验。

表8-21 管理能力B_4-C指标权重

B_4	C_{41}	C_{42}	C_{43}	C_{44}	C_{45}	C_{46}	C_{47}	C_{48}	权　重
C_{41}	1	1/4	1/7	1/3	2	1/4	1/6	1/2	0.034
C_{42}	4	1	1/4	2	5	1	1/3	3	0.117
C_{43}	7	4	1	7	6	2	9	3	0.350
C_{44}	3	1/2	1/5	1	4	1/2	1/4	2	0.075
C_{45}	1/2	1/5	1/8	1/4	1	1/5	1/7	1/3	0.024
C_{46}	4	1	1/4	2	5	1	1/3	3	0.117

（续 表）

B_4	C_{41}	C_{42}	C_{43}	C_{44}	C_{45}	C_{46}	C_{47}	C_{48}	权 重
C_{47}	6	3	1/3	4	7	3	1	5	0.233
C_{48}	2	1/3	1/6	1/2	3	1/3	1/5	1	0.050

λ_{max}=8.731，CI=0.104，RI=1.41，CR=0.074<0.1，满足一次性检验。

表8-22 内在驱动B_5-C指标权重

B_5	C_{51}	C_{52}	C_{53}	权 重
C_{51}	1	7	3	0.649
C_{52}	1/7	1	1/5	0.072
C_{53}	1/3	5	1	0.279

λ_{max}=3.065，CI=0.033，RI=0.58，CR=0.057<0.01，满足一次性检验。

得出B层以及C层各个胜任力素质因素的权重后，将C层胜任力素质因素的指标权重值乘以上一层级指标的权重值，得出各个胜任力素质因素的最终权重值，具体如表8-23所示：

表8-23 各个指标因素权重总排序

层　　次	指标因素	权　　重	排　序
A–B	商务营销能力B_1	0.362	1
	专业知识B_2	0.163	3
	个人特质B_3	0.043	5
	管理能力B_4	0.352	2
	内在驱动B_5	0.071	4
商务营销能力B_1	公关能力C_{11}	0.0123	17
	营销管理能力C_{12}	0.1415	1
	客户关系管理能力C_{13}	0.0572	6
	网店推广能力C_{14}	0.1074	3
	市场意识C_{15}	0.0123	18
	信息及物流整合能力C_{16}	0.0311	11
专业知识B_2	网店构建知识C_{21}	0.0910	4
	互联网知识C_{22}	0.0199	13
	品牌建设知识C_{23}	0.0093	21
	农产品知识C_{24}	0.0429	8

（续　表）

层　次	指标因素	权　重	排　序
个人特质B_3	弹性与适应能力C_{31}	0.0179	15
	诚　信C_{32}	0.0113	20
	自　信C_{33}	0.0027	26
	责任感C_{34}	0.0069	23
	精力充沛C_{35}	0.0041	25
管理能力B_4	执行能力C_{41}	0.0120	19
	组织协调能力C_{42}	0.0412	10
	决策判断能力C_{43}	0.1232	2
	人际沟通能力C_{44}	0.0264	12
	指挥能力C_{45}	0.0084	22
	战略思考能力C_{46}	0.0412	9
	计划制定能力C_{47}	0.0820	5
	合作能力C_{48}	0.0176	16
内在驱动B_5	成就导向C_{51}	0.0461	7
	主动性C_{52}	0.0051	24
	创新意愿C_{53}	0.0198	14

根据表8-23可知，农产品个体网商胜任力模型各个素质因素指标全总的排序从大到小依次是营销管理能力、决策判断能力、网店推广能力、网店构建知识、计划制订能力、客户关系管理能力、成就导向、农产品知识、组织协调能力、战略思考能力、信息及物流整合能力、人际沟通能力、互联网知识、创新意愿、弹性与适应能力、合作能力、公关能力、市场意识、执行能力、诚信、品牌建设知识、指挥能力、责任感、主动性、精力充沛、自信。

5.4 分析小结

本章在构建农产品个体网商胜任力模型后，采用层次分析法对胜任力模型的各个素质维度以及各个维度包含的素质因素的权重进行分析，最终得出结论：农产品个体网商胜任力模型的5个素质维度中，商务营销能力和管理能力所占比重最高，需要农产品个体网商重点培养。在各个三级素质因素中，营销管理能力、决策判断能力、网店推广能力、网店构建知识、计划制订能力这5个能力因素最为重要。不难发现，这几个能力因素都与农产品个体网商的经营管理活动有直接关联性，但这些能力往往也是农产品个体网商的短板所在。由于农产品个体网商多为农民出身，他们中许多人对销售信息、产品分销、网店推广等信息收集渠道了解不足，除了对现有的农产品电商经营的理解不足外，还受到很多传统农产品销售思维的局限，很难完全适应农产品个体网商的角色，农产品电子商务经营能力还有待培养。此外，由于农产品个体网商自身能力的局限，在其胜任力模型中占据重要地位的管理能力，他们同样较为欠缺，同时由于对现代市场经营以及企业管理的认知不足，加之自身科学文化素质不足，他们对如何提升农产品电子商务经营所需的管理能力也较为迷茫。

因此，对于那些有意愿要开展农产品电商个体经营的主体以及现有的农产品个体网商，本章提出如下建议：

第一，个人层面。农产品个体网商以及潜在的农产品个体网商要提高自身的胜任力水平，进而实现较高的经营绩效。首先，应该注重自身商务营销能力的培养。对农产品电子商务市场要提前做好充足的了解，并有意识地加强自身对互联网以及现今电子商务知识的储备，只有充分了解农产品电子商务经营的整个流程，熟悉农产品电商销售的主要平台，以及这些平台的经营规则和开店程序，并发现消费者的痛点，才能保证正确而有效地经营好农产品电子商务网店。其次，要注重自身管理能力的培养。农产品个体网商虽然是个体经营，但是其有别于传统农产品的生产经营，经营一家农产品销售网店，要像经营一家小型企业一样，其主要的经营管理者要具备良好的管理能力。农产品个体网商可以在经营之余学习企业管理知识，并将这些管理知识代入实际的网店经营中，总结出自己的管理经验和方式。此外，农产品个体网商还应有意识地培养自己对于市场的感知以及表达能力，加强自身的人际沟通能力，在经营管理实践中不断学习和成长。最后，农产品个体网商可以向那些成功的农产品个体主或者农产品经营企业学习，借鉴他们的成功经验，提升自身的能力，增强网店的整体实力。

第二，政府层面。农产品个体网商作为政府"互联网+农业"政策落地的重要载体，政府应加强对农产品个体网商的扶持。根据农产品个体网商胜任力模型的分析结论可知，商务营销能力和管理能力是个体网商经营的最为重要的能力因素，其中营销管理能力、决策判断能力、网店推广能力、网店构建知识、计划制订能力的重要性最为突出，但这些能力往往也是农产品个体网商所欠缺的或者制约其经营绩效的短板。政府可以加强农产品电子商务的宣传与引导，定期设置农产品电子商务经营管理课程，为农产品个体网商提供专业的技能培训，帮助个体网商提升自身能力，也吸引更多的农户加入农产品电商经营，促进农村剩余劳动力就业和农业现代化发展。

6. 小结

本章主要研究农产品个体网商的胜任力模型，最终得出如下结论：

第一，随着我国电子商务的发展以及农村经济的转型变革，许多农民凭借自身靠近农业的优势以及对互联网技术的了解，将二者有效结合，成为农产品个体网商。本章的研究一方面为丰富农产品电商以及胜任力的研究成果作出贡献，另一方面也为农民在新经济时期创业就业提供指导与借鉴。

第二，本章采取问卷调查辅助少数实地访谈的方法展开研究，对农产品个体网商胜任力模型的素质因素展开研究，得出胜任力模型的素质因素，最终形成农产品个体网商胜任力模型。研究得出，农产品个体网商胜任力模型的素质因素主要包含5个维度，分别是商务营销能力、专业能力、个人特质、管理能力和内在驱动。

第三，根据数据分析结果得出农产品个体网商胜任力模型的素质因素后，采用层次分析法对农产品个体网商胜任力模型的各个素质因素的权重进行分析，最终计算分析得出农产品个体网商胜任力模型的素质因素的5个维度中，商务营销能力的权重最高，其他能力维度的重要性依次排序为管理能力、专业知识、内在驱动和个人特质。

第九章

顾客感知质量对顾客在线黏性的影响

1. 前言

随着"互联网+"的发展，消费者的购物习惯也发生了极大的改变。例如，大型木质家具产品具有占地面积大、价格高、物流成本高、后续服务要求高等特征，O2O模式（包括O2O网站）因其线上预定、线下体验及服务的运行模式可缓解B2C模式销售面临的部分压力，可在很大程度上满足消费者对大型木质家具购买的需求[239]。学者们对家具O2O模式展开的研究时间较短，尚未检索到国外相关文献；在公司层面，国内学者关于家具O2O模式的研究集中于营销策略[240-241]、物流配送[242-244]、电子商务发展策略[245]、企业运营现状[246-249]等方面；在消费者层面，学者们的研究集中于用户体验[250]、用户购买意向[251]、品牌忠诚度[252]等方面；这些研究都重视企业层面而忽视消费者层面、重视案例类定性研究而忽视定量研究。在线黏性指网站具有的吸引和保留顾客的能力，表现为顾客对网站产生信任的心理黏性以及对网站持续访问的行为黏性，高程度的在线黏性（高信任度及访问频率）对顾客网购行为具有正向影响[253]。在线黏性的已有研究主要基于C2C、B2C背景下展开，认为影响顾客在线黏性的因素可分为网站层面（网站质量、网站内容、网站环境等）和用户层面（信任、体验、顾客感知质量）[254-258]，但是这些研究均未对网站类型进行细分，导致在线黏性存在定义与衡量指标不一致的情况。那么，木质家具O2O网站的在线黏性应该如何测量？木质家具企业应采用何种措施来保持顾客对O2O网站的在线黏性？木质家具O2O第三方平台网站和自建网站之间的区别体现在哪些方面？这3个问题是家具电子商务消费升级的难点，也是木质家具企业转型升级的关键。ABC态度模型是通过分析认知、情感以及行为倾向三者之间的关系解释说明顾客态度如何形成的模型，被广泛应用于探讨B2C、C2C等电子商务模式下顾客购买意愿及购买行为的研究，为木质家具O2O网站在线黏性的研究提供了理论支持[259-261]。因此，基于ABC态度模型，针对木质家具O2O网站顾客在线黏性展开研究，研究结果可为加强顾客对木质家具O2O网站的依赖性进而提高企业的经营业绩与竞争优势提供一定的理论依据。

2. 研究假设与问卷设计

2.1 研究假设

基于ABC态度模型，在认知层面上，顾客对木质家具O2O网站的感知质量主要体现在感知系统质量、感知服务质量及感知产品质量三个方面。感知系统质量影响顾客期望[262]，感知服务质量影响顾客满意与忠诚相关情感要素[263]，感知产品质量影响顾客的搜索与购买意愿[264-265]。

在情感层面上，信任理论认为信任有利于顾客与企业交换关系的价值创造，信任倾向会影响顾客购买意愿等行为倾向[256]；根据社会交换理论，顾客与木质家具O2O网站卖方之间关系良好发展的前提是卖方向顾客展示其可信度并且被顾客感知[256]，而网站的支付安全度、产品质量和后续维修等都有助于顾客对该网站在感知质量上形成信任，从而提升网站的吸引力。同时，以顾客对网站的信任为前提，通过顾客与服务人员的交流沟通达成共识，提升顾客利益感知，使之对网站形成情感黏性，在需求的推动下进一步形成行为黏性。因此，顾客对家具O2O网站的感知质量可能受其对网站信任程度的影响。在行为层面上，购物前顾客通过访问O2O网站形成对其交易安全性、信息丰富性、客服专业性的感知，进而对比分析产品的性价比与卖方提供的维修服务，从而作出行为决策；购物后顾客对网站形成持续信任，进而重复访问网站产生行为偏好。理性行为理论认为消费者的实际行为难以用相关数据衡量，因为行为意向与行为直接相关，所以将行为意向作为行为的替代变量[261]。

综合以上分析，提出6个假设。

H1：感知系统质量对木质家具O2O网站顾客在线黏性具有正向影响

H2：感知服务质量对木质家具O2O网站顾客在线黏性具有正向影响

H3：感知产品质量对木质家具O2O网站顾客在线黏性具有正向影响

H4：信任在感知系统质量和木质家具O2O网站顾客在线黏性间起中介作用

H5：信任在感知服务质量和木质家具O2O网站顾客在线黏性间起中介作用

H6：信任在感知产品质量和木质家具O2O网站顾客在线黏性间起中介作用

根据假设，以ABC态度模型为基础，构建如图9-1所示的假设结构路径图。其中，认知层面包含感知系统质量、感知服务质量及感知产品质量，情感层面为顾客信任，行为倾向层面为顾客在线黏性。

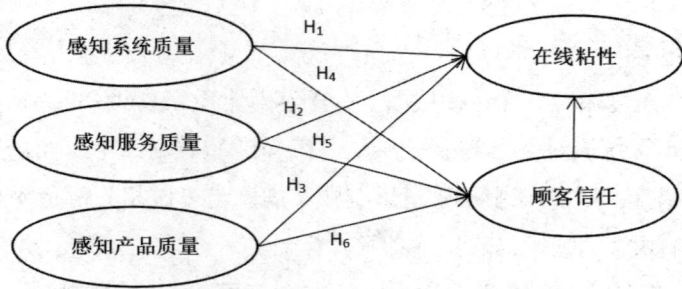

图9-1 假设结构图径图

2.2 问卷设计

参考已有的相关文献[251-252, 254, 266-271]进行量表设计，具体如下：顾客个体特征因素在一定程度上会影响顾客购买意愿、行为与在线黏性；且从心理学上分析，个体的信任倾向也会受到个人受教育程度的影响，因此选取性别（X_1）、年龄（X_2）、学历（X_3）、月工资（X_4）作为控制变量，初步形成预调查问卷；从顾客感知质量（感知系统质量、感知服务质量、感知产品质量）、顾客信任、顾客在线黏性3个方面出发设计相应的量表形成预调查问卷；调查问卷采用7级量表，将大型木质家具O2O网站消费者对感知质量的认知及在线黏性的行为进行量化分析，分别用1—7分表示顾客认同程度，1分为"完全不认同"、2分为"不认同"、3分为"比较不认同"、4分为"一般"、5分为"比较认同"、6分为"认同"、7分为"完全认同"。

　　根据对营销领域专家、家具城顾客以及新装修小区业主的实地访谈结果对问卷进行修改，从而形成最终问卷。其中，为确保调查对象能够准确清楚地理解问卷题项的含义，针对福州市某小区业主发放30份问卷进行预调查。最终问卷主要由三部分构成：第一部分为问卷筛选项"是否在家具O2O网站上购买过大型木质家具"；第二部分为被调查者基本信息，包括性别、年龄、学历、平均月工资、职业等；第三部分为问卷主体量表（表9-1）。

表9-1　调查问卷指标体系

变量类型	变量	符号	测量题项
因变量	顾客在线黏性	Y	相对于其他木质家具网站，我停留在这个家具O2O网站的时间较长
			我平均每个月至少浏览一次该木质家具O2O网站
			我收藏、加购、评论过该木质家具O2O网站家具产品
			如果该木质家具O2O网站有相关促销信息，我会首先打开这个家具网站
			如需购买木质家具，我会首先想起该家具O2O网站
			相对于其他木质家具网站，我会持续在这个O2O网站购物
中介变量	顾客信任	M	我相信该木质家具O2O网站的声明与承诺是可靠的
			我相信该木质家具O2O网站能够履行其工作职责与义务
			我相信该木质家具O2O网站是具有竞争力的
			我相信该木质家具O2O网站不仅关注自身收益，也关注顾客利益
			我相信该木质家具O2O网站提供的信息
			我有信心向其他人推荐该木质家具O2O网站
自变量	感知系统质量	O₁	我认为该木质家具O2O网站的用户设计易于导航
			我认为该木质家具O2O网站具有快速的反应与交易处理能力
			我认为该木质家具O2O网站具有保护用户信息的安全性
			我认为该木质家具O2O网站能够提供安全的交易环境
			我认为该木质家具O2O网站的信息栏目丰富
			我认为该木质家具O2O网站提供详细的产品介绍及在线评价
	感知服务质量	O₂	我认为该木质家具O2O网站线上客服能够及时准确地给予业务建议
			我认为该木质家具O2O网站拥有留言板、线上社群等线上交流渠道
			我认为该木质家具O2O网站能够按时准确交付产品，满足安装与维修需求
			我认为该木质家具O2O网站卖方具有专业的家装设计师
			我认为该木质家具O2O网站卖方能够及时处理退换货、保修要求
			我认为该木质家具O2O网站卖方能够认真处理投诉问题

（续 表）

变量类型	变量	符号	测量题项
自变量	感知产品质量	O_3	我认为该木质家具O2O网站的产品质量安全可靠
			我认为该木质家具O2O网站的产品价格优惠
			我认为该木质家具O2O网站的产品种类丰富
			我认为该木质家具O2O网站的产品具有异质性
			我认为该木质家具O2O网站的产品设计人性化
			我认为该木质家具O2O网站的产品可定制

3. 数据来源与研究方法

3.1 数据来源

根据《2017中国家居消费者洞察报告》[272]和《2018年家居家装行业人群洞察白皮书》[273]可知，一线城市和二线城市的居民对O2O网站的接受度以及认可度都比较高，因此选取北京市和福州市的居民作为顾客群体进行分析。

为收集关于O2O第三方网站以及O2O自建网站消费体验的信息，2019年7月至9月通过问卷调查法和访谈法对福州市闽侯县上街镇福晟钱隆学府、福晟钱隆城、福晟钱隆公馆的小区业主，福州左海家具城、博仕家具城、祥光红木家具城的顾客以及北京市木质家具O2O网站的顾客进行研究数据收集；涉及的企业有宜家、红星美凯龙、林氏木业、索菲亚、美乐乐和齐家。研究共发放问卷336份，回收的有效问卷为289份（其中，福晟钱隆学府46份、福晟钱隆城34份、福晟钱隆公馆43份、左海家具城39份、博仕家具城27份、祥光红木家具城21份、北京市79份），有效问卷率为86.01%。

3.2 研究方法

3.2.1 信效度检验

由于研究数据均来源于问卷调查，为避免研究结果产生共同方法偏差，首先，利用KMO和Bartlett对数据进行初步检验，分析数据是否适合进行因素分析；然后，通过构建五因子模型（基准模型：O_1，O_2，O_3，M，Y）、四因子模型（备选模型：O_1+O_2，O_3，M，Y）、三因子模型（备选模型：$O_1+O_2+O_3$，M，Y）、二因子模型（备选模型：$O_1+O_2+O_3+M$，Y）、单因子模型（备选模型：

$O_1+O_2+O_3+M+Y$）计算拟合指标。如果五因子模型（基准模型）的拟合指标优于其他备选模型，则说明五个变量之间具有良好的区分效度，并且共同方法偏差对研究结果不会产生影响，可进行下一步假设验证分析。

此外，利用Alpha、CR、AVE以及AVE平方根对问卷的信效度进行检验，接着分析各变量之间的相关性，具体而言：如果Alpha与CR值大于0.700的临界值，说明问卷的信度在可接受范围之内；如果AVE大于0.600，说明问卷的收敛效度在可接受范围之内；如果各变量的AVE平方根大于变量之间的相关系数，则各变量的辨别效度良好。

3.2.2 层次回归分析

由于研究顾客在线黏性需要采用2个以上的影响因素作为自变量来解释自身变化，而且因变量和自变量均为连续变量，因此，采用层次回归分析法分析顾客感知质量对顾客在线黏性的影响以及顾客信任在二者之间的中介作用：

$$Y_n =\sum \alpha_{ni}X_i+\gamma_n M+\beta_{nj}O_j+\varepsilon_n \tag{1}$$

式中Y表示因变量；n表示第n个模型；X_i表示第i个控制变量；M表示中介变量；O_j表示第j个自变量；α_{ni}、β_{nj}、γ_n表示回归系数；ε_n表示第n个模型的随机误差项；$n =1, 2, \cdots\cdots, 7$；$i =1, 2, \cdots\cdots, 4$；$j=1, 2, 3$。

基于层次回归分析原则（第一层放入控制变量，第二层放入控制变量和自变量，第三层放入控制变量、自变量和中介变量，分别用R2和F值表示模型的拟合优度与显著性），设计7个模型对假设进行检验。

模型1为基础模型，是控制变量（X_i）对顾客在线黏性（Y）的回归模型，即：

$$Y_1 =\sum \alpha_{1i}X_i+\varepsilon_1 \tag{2}$$

模型2为控制变量（X_i）和感知系统质量（O_1）对顾客在线黏性的回归模型，即：

$$Y_2 =\sum \alpha_{2i}X_i+\beta_{21}O_1+\varepsilon_2 \tag{3}$$

模型3为控制变量（X_i）和感知服务质量（O_2）对顾客在线黏性的回归模型，即：

$$Y_3 =\sum \alpha_{3i}X_i+\beta_{32}O_2+\varepsilon_3 \tag{4}$$

模型4为控制变量（X_i）和感知产品质量（O_3）对顾客在线黏性的回归模型，即：

$$Y_4 = \sum \alpha_{4i} X_i + \beta_{43} O_3 + \varepsilon_4 \tag{5}$$

模型5、6、7表示在控制变量（X_i）和自变量分别为O_1、O_2、O_3的基础上，加入中介变量（M）后对顾客在线黏性（Y）的回归模型，即：

$$Y_5 = \sum \alpha_{5i} X_i + \gamma_5 M + \beta_{51} O_1 + \varepsilon_5 \tag{6}$$

$$Y_6 = \sum \alpha_{6i} X_i + \gamma_6 M + \beta_{62} O_2 + \varepsilon_6 \tag{7}$$

$$Y_7 = \sum \alpha_{7i} X_i + \gamma_7 M + \beta_{73} O_3 + \varepsilon_7 \tag{8}$$

参考已有文献对中介效应的检验方法[274]分析顾客信任在顾客感知质量和顾客在线黏性之间的中介作用，即：在回归模型中加入中介变量后，如果自变量与因变量之间关系仍然显著，则表明该中介变量在自变量与因变量间起部分中介作用；反之，如果加入中介变量后自变量与因变量之间关系不显著，则表明中介变量在自变量与因变量间起完全中介作用。

3.3 数据处理

利用SPSS 21.0对数据进行描述性统计分析、信效度分析以及层次回归分析。利用AMOS 24.0进行验证性因子分析以及各变量间的相关性分析。

4. 结果与分析

描述性统计结果表明：被调查者中男女比例较为均衡，年龄以31—40岁为主（54.33%），具有本科学历的人居多（58.13%），月工资4001—7000元的人居多（55.36%）。可见，被调查者的顾客特征与消费者网购家具样本[275]及中国互联网络信息中心的数据大体上一致，因此具有较好的代表性。对数据进行KMO检验和Bartlett球形检验的结果显示：KMO = 0.897，Bartlett值为8645.932，$p < 0.001$，因此该数据适合进行因素分析且问卷结构效度较高。验证性因子分析结果（表9-2）显示：五因子模型的χ^2/df大于1小于3、CFI大于0.900、GFI接近0.900、NFI大于0.900、RMSEA小于0.08、SRMR接近0.05，拟合指标优于其他模型，表明5个变量之间具有良好的区分效度，即五因子模型（基准模型）最优，不适合将多个变量融合为一个维度（4个备选模型）进行检验，也表明共同方法偏差不会对研究结果产生严重影响，可进行下一步假设检验。问卷的信效度检

验结果为：Alpha与CR值都大于0.800，超过临界值0.700，AVE均大于0.600，说明问卷的信度和收敛效度良好。

表9-2　验证性因子分析结果

模　型	χ^2	Df	χ^2/df	CFI	GFI	NFI	RMSEA	SRMR
五因子模型	638.613	385.000	1.659	0.970	0.876	0.929	0.048	0.071
四因子模型	1183.570	389.000	3.028	0.907	0.746	0.868	0.084	0.116
三因子模型	1422.169	392.000	3.628	0.879	0.725	0.842	0.096	0.091
二因子模型	2139.505	394.000	5.430	0.796	0.619	0.762	0.124	0.113
单因子模型	2699.994	395.000	6.835	0.730	0.558	0.699	0.133	0.142

由相关性分析结果（表9-3）可知：各变量AVE平方根均大于变量之间的Pearson相关系数，因此变量的辨别效度良好，且各变量相关性显著。

表9-3　相关性分析结果及信效度检验

变　量	Alpha	CR	AVE	O_1	O_2	O_3	M	Y
O_1	0.921	0.913	0.640	0.800				
O_2	0.925	0.916	0.649	0.506**	0.806			
O_3	0.919	0.905	0.620	0.544**	0.449**	0.787		
M	0.944	0.943	0.734	0.561**	0.472**	0.444**	0.857	
Y	0.898	0.899	0.600	0.365**	0.355**	0.372**	0.428**	0.775

注：*表示$p<0.05$，**表示$p<0.01$；对角线粗体值为AVE平方根，下三角为Pearson相关系数

4.1　感知质量对顾客在线黏性具有显著正向影响

4.1.1　感知系统质量正向影响顾客在线黏性

模型1与模型2对比，当基础模型加入变量感知系统质量（O_1）时，感知系统质量对顾客在线黏性（Y）的解释程度（$\triangle Adj.R^2$）增加了0.11，F值显著变化，而且感知系统质量（O_1）的系数在0.001的水平上显著（表9-4），说明顾客的感知系统质量对顾客在线黏性存在极显著的正向影响作用，假设H1得到验证。

一方面，如果木质家具O2O网站的系统易于导航、反应便捷、安全性高，则可以为顾客提供稳定而便捷的操作、减少顾客对网页跳转的等待时间、保证消费过程中个人隐私不被泄露，从而维持顾客对木质家具O2O网站访问的兴趣，提升顾客的消费体验，有助于提升顾客的在线行为黏性。另一方面，在顾客搜索心仪产品时，网站信息栏目的丰富性能够为顾客提供最准确有用的信息，方便顾客比较同类型产品的优劣，有利于顾客在该系统中获取功利性价值，从而提升顾客对木质家具O2O网站的在线行为黏性。

表9-4 回归分析结果

	X_1	X_2	X_3	X_4	O_1	O_2	O_3	M	R^2	Adj.R^2	F
模型 1	0.043	−0.059	−0.016	0.145**	/	/	/	/	0.030	0.016	2.187
模型 2	0.040	−0.016	0.027	0.141**	0.347***	/	/	/	0.149	0.134	9.885***
模型 3	0.030	−0.071	0.013	0.128**		0.333***	/	/	0.14	0.125	9.192***
模型 4	0.054	−0.060	−0.024	0.120*			0.393***	/	0.183	0.169	12.703***
模型 5	0.032	−0.031	0.020	0.120	0.165*			0.322***	0.219	0.202	13.168***
模型 6	0.026	−0.058	0.015	0.112*		0.175**		0.332***	0.224	0.208	13.574***
模型 7	0.041	−0.053	−0.007	0.107*			0.259***	0.298***	0.254	0.238	15.968***

说明：*表示$p<0.05$，**表示$p<0.01$，***表示$p<0.001$。

4.1.2 感知服务质量正向影响顾客在线黏性

模型1与模型3对比，当基础模型加入变量感知服务质量（O_2）时，感知服务质量对顾客在线黏性的解释程度增加了0.11，F值显著变化，且感知服务质量的系数在0.001的水平上显著，说明感知服务质量对顾客在线黏性存在显著正向的影响作用，假设H2得到验证。这一结论与针对B2C网络顾客在线黏性研究结论一致[276]。

线上客服及时准确地给出业务建议，有利于提升顾客的购买意向及获得良好的用户评价；网站按时准确交付产品，满足顾客的安装与维修需求，认真处理投诉问题，能够有效避免客户的流失，提升顾客对该网站的偏好，进而提升在线心理黏性。

4.1.3 感知产品质量正向影响顾客在线黏性

模型1与模型4对比，当基础模型加入感知产品质量（O_3）时，感知产品质量对在线黏性的解释程度增加了0.15，F值显著变化，且感知产品质量的系数在0.001的水平上显著，则说明感知产品质量对顾客在线黏性存在显著正向的影响作用，假设H3得到验证。

从以往产品质量后果变量的研究来看，学者更加关注顾客感知价值、在线购买决策及顾客满意度等研究[277-279]。顾客在购买之前，将产品与其他网站产品及实体店产品进行对比，高性价比影响顾客对该网站产品的收藏及加购，无形中提升了顾客对家具O2O网站的访问频率，从而影响顾客对网站的短期在线黏性；顾客购买产品后，产品的质量直接影响顾客再次购买该网站产品的意愿以及对网站的访问次数，从而影响顾客对家具O2O网站的长期在线黏性。

4.2 顾客信任在感知质量与在线黏性间起部分中介作用

4.2.1 顾客信任在感知系统质量与在线黏性间起部分中介作用

由模型5、6、7的中介效应回归结果（表9-4）可知，在模型2的基础上加入顾客信任（M）得到模型5，模型5与模型2相比F值显著变化，感知系统质量对顾客在线黏性的直接效应由0.35变为0.17，仍然保持0.05水平上的显著性，说明顾客信任在感知系统质量与在线黏性之间起部分中介作用，假设H4得到验证。说明感知系统质量不仅可直接对在线黏性产生影响，还可通过顾客对网站这个虚拟购物环境的真实性、安全感的相信程度产生影响。当网站受到病毒攻击而家具网站的法律与技术不足以保障交易安全时，会使顾客对O2O网站的信任度降低，进而造成顾客流失的结果。

4.2.2 顾客信任在感知服务质量与在线黏性间起部分中介作用

在模型3的基础上加入顾客信任得到模型6，模型6与模型3相比F值显著变化，感知服务质量对顾客在线黏性的直接效应由0.33变为0.18，仍然保持在0.01水平上显著性，说明顾客信任在感知服务质量与在线黏性之间起部分中介作用，假设H5得到验证。这表明感知服务质量不仅可直接对在线黏性产生影响，还可通过顾客对家具O2O网站提供的上门安装、定制化服务后续评论及买家秀的信任程度产生影响。相对于C2C模式下木质家具网站配送到家，最后一公里难以保障、木质家具维修难以保证，B2C模式下木质家具网站因顾客量庞大难以提供优质的定制化服务的缺陷而言，木质家具O2O网站优势凸显。例如，索菲亚木质家具O2O第三方网站为顾客提供定制化系列服务，包括免费上门量尺、免费出设计方案、全国配送安装及五年质保、终身维护，在这一社会交换过程中顾客对服务人员产生了情感信任与能力信任，使顾客再次购买家具时，在产品价格差距不大时会优先考虑向该家具企业进行购买。

4.2.3 顾客信任在感知产品质量与在线黏性间起部分中介作用

在模型4的基础上加入顾客信任得到模型7，模型7与模型4相比F值显著变化，感知产品质量对顾客在线黏性的直接效应由0.39变为0.26，仍然保持0.001的显著性，说明顾客信任在感知产品质量与顾客在线黏性之间起部分中介作用，假设H6得到验证。这表明感知产品质量不仅可直接对在线黏性产生影响，还可通过顾客对家具O2O网站提供线下体验店家具图片与视频传递的视觉感知产生影响。相对于C2C模式下木质家具网站产品质量参差不齐、种类单一及B2C模式下木质家具网站产品退换率高，木质家具O2O网站拥有线下体验店提供产品体验，缓解了部分压力。例如，林氏木业家具O2O第三方网站平台的买家秀通过图片与视频的形式展示了自然真实的衣柜与餐桌等产品信息，增强了潜在顾客的信任度；土巴兔互联网家装公司利用虚拟现实（VR）及加强现实（AR）的技术来赢得顾客信任，其中VR技术配合顾客家装与木质家具定制全景图，让顾客能浸入式体验到未来家装成效以及大型木质家具陈设效果；AR技术可使顾客通过扫描房屋的全景，自行在线上选择家具产品及家装建材，从而提升顾客对设计师及家装公司的信任感，利用顾客自行设计的家装家具模型赢得独具一格的浸入式体验，进而赢得顾客偏好。

5. 小结

5.1 结论

在发展木质家具O2O背景下，感知系统质量、感知服务质量及感知产品质量对在线黏性具有显著正向影响，其中感知产品质量大于感知系统质量大于感知服务质量；顾客信任在感知系统质量、感知服务质量及感知产品质量与在线黏性间起部分中介作用，其中信任对感知系统质量的影响大于感知服务质量大于感知产品质量。这可能是因为本研究是基于木质家具O2O网站进行的，顾客首先需要对家具网站的承诺声明及网络运营环境产生信任感之后，才会进行家具产品的搜索。在木质家具O2O网页自助确认完产品的质量之后，顾客可进一步询问线上客服、家装设计人员。在这一互动过程中，服务人员展示的专业性、良好态度、产品的详细介绍的可信度都会影响顾客对感知产品质量的信任度。

5.2 建议

5.2.1 加强木质家具O2O网站的安全、在线评价与信用建设

根据信任承诺理论可知，网站卖家的承诺及线上顾客对卖家的信任决定了企业营销效果的好坏，O2O网站交易安全性是顾客特别看重的因素。虽然木质家具O2O第三方网站购物的安全性有所提升，但仍有不法分子通过网站的安全漏洞进行窃取顾客信息、盗刷顾客资金等非法行为，且木质家具O2O自建网站建设仍不成熟。为此，木质家具企业首先应加强网站安全建设，保障网站支付安全，注重对顾客个人隐私信息的保护，进而提升顾客信任；其次推动木质家具O2O自建网站建设顾客在线评价模块、买家秀及商家信用等级展示，让潜在顾客参考已购顾客对木质家具气味、纹理、舒适度、外观材质、工艺水平、直观感受等评价做出消费决定，也可让卖家根据顾客评价改进产品与服务，打造品牌信用度与口碑。

5.2.2 利用VR、AR及云计算等新技术加强木质家具O2O网站家具实感体验

根据具体认知理论可知，顾客个体认知的构建依赖于对外界事物的感知与体验，VR、AR及云计算等新技术能带来的现实世界和虚拟家装环境的交互，提升顾客对家具与家装的真实感知。首先，在家具有形产品方面，O2O网站网页设计上体现出与C2C、B2C网站的区分度，利用定制化特点可按照不同的家装风格进行产品归类，网站上展示的木质家具产品视频与图片多由距离顾客最近的线下体验店家具成品拍摄，并依据家具产品特殊性利用VR、AR及云计算等新技术提供3D成像，消除顾客在收到大型家具时的落差感，降低退货率。其次，在木质家具设计及搭配等无形服务方面，设计师上门服务时，利用VR、AR及云计算等新技术，从顾客的生活场景出发，设计智慧化家居生活空间。

5.2.3 设立木质家具O2O网站专属的家具论坛

根据沉浸理论可知，木质家具O2O网站良好的沉浸体验会吸引线上顾客并且使其改变态度及行为，包括对网站的忠诚度、使用时间及频率。首先，利用QQ、微信、豆瓣等社交平台设立品牌家具专属的讨论群组或论坛，由专业的木质家具导购和家居设计师担任管理人员，定期为顾客就如何挑选良好的木质家具等问题进行答疑，加强顾客归属感。其次，可定期举办木质家具保养知识分享会以及木质家具混搭大赛，设立一些混搭小达人奖项给参赛顾客，未参赛顾客通过投票进一步提升参与感。最后，利用相关社交电商平台进行引流，例如利用小红书社交平台形成木质家具与家装兴趣社区，引导线上流量变现；也可利用拼多多等电商平台打开木质家具O2O网站三、四线顾客群体，在打开知名度的同时通过销售裂变降低成本，提升价格敏感性顾客对木质家具O2O网站的活跃度。

5.2.4 提升木质家具O2O网站客服及售后服务质量

木质家具O2O网站的客服人员是企业除去家具外对顾客展示的又一卖点，体现的是家具企业的整体形象，且顾客对木质家具的进一步感知是通过服务人员来实现的，因此服务人员针对不同类别木质家具的挑选与搭配等问题的专业性至关重要。因木质家具相对于其他类别的家具来说，容易受到环境影响而更需要家具网站提供后期木质家具去污、维护等系列售后服务。为此，木质家具企业可将线下实体店具备专业知识的服务人员转为线上客服的储备人员，当线上专业客服回答不了顾客关于木质家具的问题时，可将距离顾客较近的实体店服务人员转接至线上答疑，或是引导顾客至线下进行家具产品体验。木质家具O2O自建网站可通过设置自助服务平台，在无人工客服提供服务的时间段为顾客提供简单的问题咨询服务。此外，木质家具企业还应安排专门的物流运输监督人员确保木质家具的顺利运达，降低运输损坏率，同时提供售后投诉渠道，包括邮箱、客服及热线等。

5.3 讨论

第一，从已有关于木质家具O2O模式的研究来看，学者更加关注顾客家具购买行为以及品牌忠诚度[250-252]，忽略了高心理黏性与行为黏性才能引致购买行为的分析，进而忽略对O2O网站质量的评估。根据对比分析顾客对木质家具O2O

第三方网站平台与木质家具O2O自建网站平台的访谈结果可知,第三方网站平台的感知系统质量较高,顾客使用频率较高,这是因为第三方网站平台(如淘宝网)相对自建平台来说网页易于导航、反应速度更快、提供在线评价模块,且第三方网站平台具有专门的顾客维权机构,故其顾客使用频率与偏好更高。

第二,研究拓宽对木质家具O2O网站感知服务质量的定义,除了对木质家具线下体验店服务人员以及设计师的直观感受,还结合线上客服的专业家具知识讲解、家具社交论坛互动、线上人员对顾客居住地最近线下体验店的引流,提升顾客的体验感。根据对比分析顾客对木质家具O2O第三方网站平台与木质家具O2O自建网站平台的访谈结果可知,第三方网站平台的感知服务质量较高,这是因为第三方网站平台相对自建平台来说在线客服的回复速度更快,但顾客表示第三方网站平台及自建网站平台的客服专业性都不高,并对具体线下店产品不熟悉。

第三,调研问卷在之前成熟量表的基础上,结合木质家具O2O网站的特点增加了对木质家具产品时尚感、产品独特性及可定制性的研究,虽然理性行为理论与计划行为理论认为顾客感知的主观意识在测量上具有不确定性,但结果表明结合木质家具O2O网站特点的顾客产品感知对在线黏性具有显著影响。根据对被调查人员的访谈结果可知,北京宜家的被调研对象表示宜家可在自建线上网站先浏览家具产品再到线下店去感受产品质量,木质家具专业人员样板间的设计与搭配尽显产品时尚感,顾客反馈种类繁多且相对人性化,大型家具可通过线上下单再由距离顾客最近产库发货,效率高且具有优质的售后服务。林氏木业家具O2O第三方网站平台也具备了相应的线下店导航功能,相对宜家网站来说具备有买家秀与顾客评论模块,其中评论模块还从使用舒适度、外观材质、工艺水平、直观感受等方面对顾客评论进行引导,进一步增强了已购顾客的购物体验,并有助于提升潜在顾客产品质量感知。

第十章

基于TAM的森林旅游
O2O模式消费者接纳意愿研究

1. 前言

随着互联网快速发展，传统森林旅游采用的"景点门票+导游线路解说"的营销模式已缺乏吸引力，而"互联网+森林旅游"形成的森林旅游O2O模式（Online To Offline，线上线下电子商务）逐渐发展为一种新的旅游形式[280]，为森林旅游重新聚集游客提供了新途径。关于O2O模式在旅游界应用的研究，国内外已有相当丰硕的研究成果。国内已对在线旅游商业模式[281-282]、在线旅游消费者态度与决策[283-284]等进行研究。国外主要是从需求和供给两个视角展开研究，需求主要是研究旅游者在线行为，如在线旅游信息搜索[285]、用户分享参与[286]等；供给主要是从在线旅游分销（分销渠道与酒店合作）[287]、在线旅行社（服务质量与营销策略）[288]等视角进行研究。但是，较少学者把O2O模式运用到森林旅游进行研究。针对森林生态旅游方面的研究，国内学者主要是集中在发展规划[289]、资源开发[290-292]等方面的研究，而国外学者还研究了消费者环境教育[293-294]等方面的问题。"互联网+森林旅游"模式是充分利用现有的森林生态资源和基础设施，通过网络平台引导对接，并以观光、度假、探险等为目的的旅游活动，建立了一种线上线下相结合的新型森林旅游模式[295]。此外，森林旅游

O2O模式利用互联网的信息集成优势，有利于快速宣传森林生态旅游商标，推广优质林产品展销平台，促进林业产业创新转型[296]。但是，森林旅游如何借助互联网发展出可持续经营的盈利模式？如何确保消费者能接纳森林旅游O2O模式，其影响因素有哪些？关于这些问题的研究还比较少。因此，笔者以技术接受模型（Technology Acceptance Model，TAM）为基础，通过构建森林旅游O2O模式消费者接纳意愿的模型来研究这些问题。从现实意义出发，通过揭示消费者接纳森林旅游O2O模式的关键因素，为景区利用森林旅游O2O模式有效锁定消费者提供建议。从理论意义出发，从消费者感知价值视角研究用户接纳新模式的动因，以期望研究结果能够为森林旅游O2O模式接纳意愿形成机制提供理论依据。

2. 数据与方法

2.1 模型假设

技术接受模型最开始是用来解释用户对信息系统的使用态度和接纳意向[297]，后逐渐被应用在电子商务研究领域，成为探究影响消费者对线上消费接纳意愿的关键因素。该理论认为感知有用性与易用性能有效影响个体使用态度，使用态度与系统有用性两者决定个体的接纳意向，最后个体接纳意向将决定个体行为。在此基础上，以互联网发展为背景，提出拓展TAM，增加并验证了享乐因素对个体使用态度和接纳意愿的影响[298]；但由于在线旅游产品的无形性和特殊性，消费者对在线旅游产品的风险感知会比购买其他产品更强，所以感知风险对在线旅游产品消费者购买意愿有负向影响[299]。森林旅游O2O环境是基于互联网技术产生线上森林旅游产品（服务）交易的环境，因此在本次研究中引入了技术接受模型。将森林旅游O2O模式下的感知价值维度划分为实用、易用、风险、享乐4项，并按"森林旅游O2O模式消费者感知价值（外部因素）→森林旅游O2O模式消费者使用态度→森林旅游O2O模式消费者接纳意愿"这一影响过程构建概念模型（图10-1），提出理论假设。

H1：实用对森林旅游O2O模式消费者使用态度有正向影响

H2：易用对森林旅游O2O模式消费者使用态度有正向影响

H3：风险对森林旅游O2O模式消费者使用态度有负向影响

H4：享乐对森林旅游O2O模式消费者使用态度有正向影响

H5：森林旅游O2O模式消费者使用态度对森林旅游O2O模型接纳意愿有正向影响

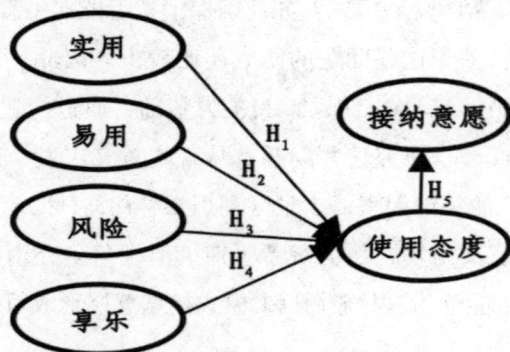

图10-1 假设模型

2.2 变量选取

由于是从技术接受模型的研究视角分析消费者对森林旅游O2O模式的使用态度与接纳意愿，因此以相关领域已经被验证过的成熟量表为基础，结合森林旅游O2O模式的实际特点对各潜变量测量量表进行修正，形成测量量表以及调研问卷。调研问卷的测量指标如表10-1所示。

表10-1 变量及其代码

变　量	代码	测量题项	代码
接纳意愿	Y	我愿意了解森林旅游O2O模式购买森林旅游产品（服务）[300]	Y_1
		我打算今后使用森林旅游O2O模式购买森林旅游产品（服务）[300]	Y_2
		以后如果有需要，我会优先考虑使用森林旅游O2O系统购买森林旅游产品（服务）[300]	Y_3
		我会积极向家人朋友推荐使用森林旅游O2O系统购买森林旅游产品（服务）[300]	Y_4
		我愿意通过我的社交软件分享使用森林旅游O2O模式购买森林旅游产品（服务）体验或经验[300]	Y_5
使用态度	T	使用森林旅游O2O模式购买森林旅游产品（服务），我感觉很新鲜[301]	T_1
		使用森林旅游O2O模式购买森林旅游产品（服务），我感觉很喜欢[301]	T_2
		使用森林旅游O2O模式购买森林旅游产品（服务），我感觉很信任[301]	T_3

（续　表）

变　量	代码	测量题项	代码
实　用	S	使用森林旅游O2O模式购买森林旅游产品（服务），我觉得价格折扣低[302]	S_1
		使用森林旅游O2O模式购买森林旅游产品（服务），我觉得提高了制定森林旅游计划效率[302]	S_2
		使用森林旅游O2O模式购买森林旅游产品（服务），我能掌握真实全面的森林旅游景区信息[302]	S_3
		使用森林旅游O2O模式购买森林旅游产品（服务），我觉得比到传统的旅游景区购买更便捷[302]	S_4
易　用	G	学会使用森林旅游O2O模式购买森林旅游产品（服务），我不需要花费很多的时间和精力[297]	G_1
		使用森林旅游O2O模式购买森林旅游产品（服务），我觉得购买程序比较简单[297]	G_2
		使用森林旅游O2O模式购买森林旅游产品（服务），我觉得客服能帮助我解决问题[297]	G_3
风　险	F	使用森林旅游O2O模式购买森林旅游产品（服务），网站商家的产品（服务）可能虚假[299]	F_1
		使用森林旅游O2O模式购买森林旅游产品（服务），我觉得到森林旅游景点后不断加价[299]	F_2
		使用森林旅游O2O模式购买森林旅游产品（服务），我觉得会泄露个人隐私[299]	F_3
享　乐	X	使用森林旅游O2O模式购买森林旅游产品（服务），能让我发现许多有趣的东西[303]	X_1
		使用森林旅游O2O模式购买森林旅游产品（服务），能让我体验到多样的服务[303]	X_2
		使用森林旅游O2O模式购买森林旅游产品（服务），能让我和朋友分享有趣的购买经历[303]	X_3

2.3　调查方法

为了保证使用测量量表测量结果的信度和效度，在进行正式调研之前，首先，邀请研究领域专家对题项进行审阅和修正，主要审阅测量题项内容是否完整表达潜变量的含义，具体指标的表述方式是否清晰，以此对调研问卷进行整体修正。其次，通过预调研小样本数据，对测量题项进行项目相关性分析，删除、修正信度偏低的题项。最后，在此基础上形成正式的调研问卷。利用身边有在线旅游经验的大学生、职场人士等进行预调研，发放问卷30份，并根据他们的建议对问卷中易造成迷惑或用词不当之处进行修改。

调查问卷主要由两部分组成：第一部分是主体量表，主要针对模型假设影响因素的潜变量进行设置，包括消费者感知价值（实用、易用、风险、享乐4个维度）、森林旅游O2O模式消费者使用态度、森林旅游O2O模式消费者接纳意愿；主体量表采用Likert量表，每道题项的选项设置为从"完全不同意"到"完全同意"5种不同程度的回答，分值为1—5分。第二部分是被调查对象的社会背景，包括性别、年龄、学历、职业、月收入等。

调查采用问卷星收集样本，共回收296份问卷，其中284份有效，有效率为95.95%。

2.4 数据处理方法

运用SPSS 21.0对调查对象基本情况进行描述性统计分析，利用LISREL 8.70结构方程模型软件构建感知价值的4个因素（实用、易用、风险、享乐）与森林旅游O2O模式消费者接纳意愿关系的结构方程模型[304]。

2.5 数据检验方法

首先，对调研数据进行验证性因子分析，计算项目—总体相关性系数，检验调研数据的信效度；其次，通过调研数据对理论模型进行SEM检验；最后，得到模型的拟合指数和假设检验结果。

3. 结果与分析

描述性统计结果表明，被访者的男女比例均衡；年龄层主要分布在19—48岁，占79.6%；被访者学历为大专及以上的，占84.2%；月收入以中等水平的居多。模型检验结果显示，各潜变量组合信度值（CR）和Cronbach's α均大于临界值0.6，表明问卷具有良好的信度。各潜变量测量题项的标准化因子载荷系数处于0.555—0.820之间，载荷值均大于0.5，且t值均远大于3.29，系数高度显著，显示较好的收敛效度。据参考文献[305]对判别效度验证的建议，各潜变量之间相关系数在0.519—0.808之间，且各相关系数加减标准误差的2倍（φ±2SE）后均不含有1.0，说明各潜变量概念之间相互独立，问卷具有良好的判别效度。模型的拟合指数$\chi^2/Df=2.8<5$，$SRMR=0.0629$，$RMSEA=0.0799$，其他拟合指数GFI、NFI、CFI、IFI、RFI、TLI均大于临界值0.9，说明所有指标值都处于模型拟合参考指标的合理分布范围，模型具有良好的拟合效果。

3.1 实用、易用、享乐对森林旅游O2O模式消费者使用态度具有正向显著影响

在结构方程模型路径分析中，实用对森林旅游O2O模式消费者使用态度具有正向显著影响（表10-2），H1得到支持。因为时间的有限性和努力的有价性，所以消费者倾向花费更少的时间和较少的努力来完成活动[306]，而森林旅游O2O模式所具备的便捷性与时效性正好满足消费者需求。因此，消费者对使用森林旅游O2O模式态度表现积极。

表10-2　模型假设检验结果

假　设	路　径	γ值	t值
H1	实用→森林旅游O2O模式消费者使用态度	0.23	3.04
H2	易用→森林旅游O2O模式消费者使用态度	0.20	2.71
H3	风险→森林旅游O2O模式消费者使用态度	−0.22	−3.17
H4	享乐→森林旅游O2O模式消费者使用态度	0.42	4.67
H5	森林旅游O2O模式使用态度→森林旅游O2O模式接纳意愿	0.87	11.56

易用对森林旅游O2O模式消费者使用态度具有正向显著影响，但易用对消费者使用森林旅游O2O模式态度的影响程度较低，H2得到支持。这说明当越来越多的70后、60后群体开始愿意尝试使用一些网络工具时，互联网网站搜索与购买产品流程的简单易懂性是大多数用户愿意学习使用该模式并产生积极态度的重要因素。易用相比其他因素效应较低，这可能是由于问卷样本选择大多是有互联网使用经验的年轻一代群体，他们使用网络的经验比较丰富，所以对线上交易模式也更熟悉。

享乐对森林旅游O2O模式消费者使用态度具有正向显著影响，H4得到支

持。模型假设检验结果显示，其效应值最高，说明享乐是影响消费者使用森林旅游O2O模式态度的最主要因素。追求趣味、愉悦等感官体验是大多数人行为的本质，因此享乐是消费者购买行为产生的重要动机。随着自由行、散客出游人数的增多，个性化的旅游行程规划已成为游客出行前的必修课，在平台上参与森林旅游产品的设计过程，消费者能寻找志趣相投的旅伴，分享旅游活动的经验，享受不一样的乐趣。

3.2 风险对森林旅游O2O模式消费者使用态度具有负向显著影响

风险对森林旅游O2O模式消费者使用态度具有显著负向影响，H3得到支持。这一结论与前人对感知风险与使用态度关系[307-308]的研究结论一致，这也说明了消费者普遍认同使用森林旅游O2O模式购买旅游产品比传统线下购买存在更多的风险，如旅游网站可能先以低价吸引消费者再在景区不断额外收费，交易时存在个人隐私泄露问题等。当消费者感知风险程度强于收益时，会因担忧风险产生而改变其森林旅游O2O模式的使用态度。

3.3 森林旅游O2O模式消费者使用态度对森林旅游O2O模型接纳意愿具有正向显著影响

森林旅游O2O模式消费者使用态度对森林旅游O2O模式的接纳意愿也具有显著正向影响，H5得到支持。理性行为理论（TRA）与计划行为理论（TPB）提出个体行为态度会影响其行为意图，研究结论与之一致。当个体对某项行为的主观性感知是好的，那么就会产生相对应好的态度，进一步导致行为意向加强，反之就会减弱。这说明森林旅游O2O模式消费者使用态度是森林旅游O2O模式能否被消费者接纳的决定性因素。

4. 小结

4.1 结论

实用、易用、享乐对森林旅游O2O模式消费者使用态度具有正向影响，风险对森林旅游O2O模式消费者使用态度具有负向影响，其中对森林旅游O2O模式消费者使用态度影响程度最高的是享乐；森林旅游O2O模式消费者使用态度对森林旅游O2O模型消费者接纳意愿具有正向显著影响。

4.2 建议

第一，打造消费热点，满足消费需求。为提升消费者的实用感知，开展O2O模式的森林旅游景区就必须在价格、质量及线下体验服务等方面着手，针对消费者的差异化需求，提高森林旅游产品组合的灵活性，致力于为消费者提供贴心的定制体验。森林旅游大多针对自驾游旅客，可以为他们提供自驾游路线的最优时间、景点组合选择，使他们的旅游项目、住宿、行程进度等计划更加明确。

第二，拥抱互联网，优化服务平台。森林旅游网站系统不仅需要开发智能化网络平台，利用大数据分析消费者的需求点与兴趣点，有针对性地进行森林旅游营销产品推送，还需要研发相应的手机App，如增加智能搜索功能，让消费者可以随时随地进行旅游产品的浏览与制定；开发路线自成地图技术，能帮助消费者解决旅途迷失难题等，从而提高竞争力。

第三，完善监管机制，解决信任障碍。为提升消费者的信任，降低风险担忧，首先要完善森林旅游O2O模式的管理机制和法制建设，政府部门应严格审查商家的资质与信誉；其次要简化线上交易过程，提高交易安全保障水平，提升消费者对于线上支付的信任感和依赖度；最后要做好口碑营销。

第四，提供创新服务，升级营销模式。为增强消费者的享乐感知，需要针对消费者需求从多维视角挖掘一些具有主题化和差异化的创意性体验活动。

第十一章
永春佛手茶区域品牌传播策略研究

1. 前言

1.1 背景

21世纪以来，中国农业的发展步入了一个崭新的阶段，与此同时，也面临着不断变化的新形势的考验。国内农产品数量从原有不足转为区域性及结构性过剩，农产品质量不高、品牌竞争力不强成为影响进一步提高农业效益的关键性因素。当今的市场是品牌竞争的市场，品牌赋予产品无形的资产，是产品核心价值的体现。市场上同质性的产品越来越多，竞争越来越激烈，品牌就成为消费者用以识别产品的选择依据。在此背景下，大力推进和实施农产品品牌战略，进行农产品品牌传播是实现传统农业向现代化农业转变的有效手段和必然趋势，也是促进农业的发展，增加农产品的附加价值，增强农产品在国内外市场的竞争力和提升产业效益的重要途径，更是成为某个区域内振兴农业、提升国民收入最具活力的重要突破口和生长点。因此加大农产品的区域品牌建设，实施农产品区域品牌战略，有利于深入挖掘农业的发展潜力，提高区域内农产品的市场竞争力。我国农业中发展最快的产业之一是茶叶产业，市场上诸多茶叶品牌异军突起，成为推动各个区域内农业经济发展最活跃的因素之一，茶产业因此成为很多区域中农业的支柱性产业，永春县亦是如此。

永春佛手茶又名香橼种，别名雪梨，与安溪铁观音一样同属乌龙茶，是乌龙茶中的名贵品种之一。据相关资料记载，永春佛手茶有着三百多年的历史，在乾隆年间就有"金佛手"的美誉，可见其在历史的长河中曾经风光一时。而且据国内外专家鉴定，永春佛手茶是乌龙茶中最为古老的茶种，品质也很优异。永春县是全国名茶百强县之一，是福建省三大茶叶出口基地县之一，也是全国有名的乌龙茶出口基地县。永春县历届县委、县政府都把茶产业作为该地的主导产业来抓。近些年来，随着国内外茶产业竞争格局的不断演变，市场上有竞争力的茶叶品牌越来越多，加之农业结构调整等原因，永春佛手茶的品牌推广缺乏一套完善的体系，在安溪铁观音、武夷山大红袍等知名区域品牌的夹击下渐渐丧失品牌优势，导致永春茶产业的发展速度缓慢，永春佛手茶在市场上的知名度也在慢慢降低。而在经济全球化的大背景下，品牌的影响力日益凸显，在区域品牌的发展有着重要作用的今天，应强化永春佛手茶这一区域品牌，加强永春佛手茶区域品牌传播，这将是永春县茶产业持续发展的必由之路。

本章着重提出构建永春佛手茶区域品牌整合营销传播的整体设想。希望通过研究，能对茶产业区域品牌的整合营销传播理论形成系统的梳理和突破，并在永春佛手茶的区域品牌发展过程中为相关管理部门提供一定的参考价值。在具体研究过程中，本章借鉴国内外已有的品牌传播研究经验，结合茶产业的实际情况，试图提出在信息化的今天通过运用现代化的媒介工具和传播手段构建完善的永春佛手茶区域品牌整合营销传播构架。

1.2 文献综述

1.2.1 区域品牌与农产品区域品牌

自20世纪80年代以来，国外陆续有学者提出区域品牌相关理论。阿什沃斯（Ashworth）是国外最早提出区域品牌相关概念的学者，他于1990年提出产品的品牌理论，认为区域品牌是某个地理区域及其产品品牌化的体现，但是区域内的产品包括服务、产品、产业、文化、自然地理、社会系统等不同的产品层级，所以区域产品本身的属性也更复杂。有研究区域品牌的学者凯勒（Keller，1998）提出当地理位置像产品或服务一样品牌化时，品牌名称通常来说就会成为这个地区的实际名称[309]。市场营销大师菲利普·科特勒在其所著的《战略品牌管理》中通过产品品牌理论对各个地区所产生的问题进行深入研究,他提出像产品和人一样,某一空间的区域或某个地理位置也可以成为品牌。可以通过区域品牌化来强化人们对于某个区域形象的联想并能与这个区域的存在自然联系在一起,通过区域品牌的传播从而带动区域经济的全面发展[310]。近几年来,国外越来越多的学者对区域品牌进行了更深入的研究,研究的领域涉及市场营销学、管理学、传播学以及社会学等多个学科的内容,研究方向涵盖国家、城市以及产业集群等多个领域。

而国内对于区域品牌的研究起步较晚,到2002年才陆续有学者开始关注产业集群内名牌产品聚集化成长和品牌区域化方面的现象。笔者在中国期刊全文数据库以"区域品牌"作为关键词进行检索,共搜索到相关文献3195篇,大量的文献发表于2005年后。可见,近年来区域品牌的研究取得了突破性的进展。国内对于大部分区域品牌初期的研究集中在通过农业产业集群与农业区域品牌的关系来研究如何建立农产品的区域品牌。例如,刘丽(2006)提出在产业集群的基础上以农业产业化作为载体,以某一行政或经济区域作为核心领域,通过创建区域内统一的全方位系列化优质农产品核心与龙头品牌的行动,带动广大农业企业和农民增强区域农产品竞争力来促进区域的经济增长[311]。林善炜(2009)认为,区域品牌是众多企业品牌精华的浓缩和提炼,是外部化的区域形象,提出区域品牌的形成和经营是一项专业性、技术性较强的系统工程,它的形成和打造并不是单个企业的事,需要以产业集群为基础,在集群内的企业群体和区域政府以及中介协会等主体共同推动下才能形成[312]。

随着国内学者对区域品牌重视程度的增加,大部分的学者将区域品牌的研究重点放在产业集群方面时,有部分学者提出了地方政府在创建农产品区域品牌中的重要作用。薛桂芝(2012)认为,政府在农产品区域品牌创建中应充当引导者、服务者和管理者的角色,充分发挥引导和扶持功能。同时,由行业协会或者专业合作组织来充当区域品牌的经营主体,龙头企业通过整合资金、技术以及人才资源,强化企业产品品牌的建设从而促进区域品牌的不断发展,进而实现企业自身利益的最大化[313]。也有学者从挖掘农产品区域品牌的文化内涵出发,提出加快农产品区域品牌发展的建议及意见,提出文化营销的理念,通过文化传递将某个品牌的产品与消费者的精神层面达成默契。方湖柳（2003）以金化源东的"白桃"为例，探寻挖掘源东音乐家施光南故里浓厚的文化底蕴从而提高相关农产品的品牌知名度，进而促进该区域内经济的发展[314]。

笔者在中国期刊全文数据库中以"农产品区域品牌"作为关键词进行检索，搜索到相关文献136篇。陆国庆（2002）发表的《区位品牌：农产品品牌经营的新思路》一文中率先提出区位品牌的概念，提出在农产品经营中建立区域品牌的观点[315]。文献表明众多学者在2005—2007年纷纷介入区域农产品品牌的相关研究，并发表了系列有参考价值的论文。例如，郭红生（2006）提出地域农产品品牌是指一个地域内一群农业生产经营者所用的公共品牌标志，其基础必定要有特定农业产业或农产品大量聚集于某一特定的行政或经济区域，形成一个稳定、持续、明显的竞争集合体[316]。石红梅（2007）认为产品品牌化是进一步提升农产品质量的必由之路，可以提高市场竞争力，同时与茶相关的产业聚集形成有特色茶产业的区域专业化，从而带动当地经济的发展[317]。

应该说，国内外对于区域品牌及农产品区域品牌的研究还处于起步阶段，国内虽然对于区域品牌和农产品区域品牌的理论研究不是很多，但是近几年来发展的速度却很快。从目前的情况来看，区域品牌及农产品区域品牌的相关理论落后于区域品牌及农产品区域品牌的实践，尚未形成系统的相关理论框架。

1.2.2 区域品牌传播研究现状

区域品牌传播是品牌传播的一部分，因为区域品牌有其特殊性，因此对于区域品牌传播的研究又与广义上的品牌传播有着一定的区别。周睿全（2005）提出了区域产业的品牌传播名称以及目的和定位方法，介绍区域产业品牌的整体营销在传播手段上可以采取多种形式相结合的传播手段[318]。董雅丽，白会芳（2007）指出，在区域品牌的传播过程中要保持形象识别系统，应当利用形象识别系统中的理念识别系统、行为识别系统、视觉识别系统向传播受众传递一致的信息。近几年来，国内学者多从区域品牌营销角度出发进行研究，特别是对城市品牌传播、旅游品牌传播，提升政府形象的研究也越来越多[319]。余天许、谭蓓（2011）认为，要有效地实现城市品牌的营销，需要丰富的媒体资源和品牌接触点的传播效果[320]。马向阳、陈琦、郑春东（2010）认为区域品牌的建设除要加强品牌系统的完善之外，更要促进利益相关者对于区域品牌的形象识别[321]。要运用各种传播手段进行区域品牌形象的塑造，帮助区域品牌利益相关者提升认知度与满意度。张睿（2012）认为要让区域品牌传播做到有效性，应研究令受众所理解的传播方法，构建完善的品牌传播模式，并提出我国两种主要的区域品牌传播典型模式为区域品牌体验传播模式、区域品牌事件传播模式[322]。

综合上述文献表明，国内学者对于区域品牌传播的研究越来越多，但是多数集中在区域品牌传播模式方面，对于传播过程中的营销策略制定方面的研究相对较少。

1.2.3 农产品区域品牌传播研究现状

目前对于农产品品牌传播的产业研究领域较少，大部分研究方向主要从农产品的品牌传播模式来展开，例如周修亭（2008）提及的口碑营销因为其可信度比较高、成本比较低的特点，提出活用口碑营销来促进农产品品牌传播的概念，认为口碑营销可以有效地开发农产品市场的新客户，容易缔结农产品的品牌忠诚，是一种有效性较强的品牌传播模式[323]。钱杭园、杨小微、孙文清（2010）在"农产品品牌传播模式及其创新中"提出品牌传播模式创新中应将农产品品牌的虚拟经营与实体经营相结合，将农产品品牌的体验式传播与诉求型传播相统一，同时要促进品牌传播的线上传播和线下传播两者之间相互协调[324]。余世权（2011）提出在农产品区域品牌传播中要注重相关农产品区域品牌的注册和维护[325]。聂有兵（2013）以美国新奇士、大佛龙井、荔浦芋头为例，提出农产品区域公用品牌传播在品牌不同阶段所运用的不同模式，认为广告传播是比较稳健的长期做法，中期传播可以运用公关手段取得成本与效果之间的平衡，而短期效果可以适当运用炒作手段的观点[326]。也有学者从农产品品牌传播价值评估模型构建方面进行研究，主要有杨小竹（2012）提出农产品品牌的传播价值是体现农产品品牌在进行新闻传播时所体现的品牌价值，通过构建农产品品牌传播价值评估模型可以量化地体现出农产品品牌在传播中的效果[327]。

1.3 国内茶叶区域品牌传播典型经验分析

1.3.1 安溪铁观音区域品牌传播模式分析

安溪县是中国乌龙茶之乡，主要盛产驰名海内外的乌龙茶名品——铁观音，被誉为"全国重点产茶县"，而当地农民的人均收入约有55%来自茶产业收入。安溪铁观音作为区域品牌获得茶叶类的首个中国驰名商标，居"中国世博十大名茶"之首。安溪铁观音之所以能获得如此大的成功，得益于安溪县政府与当地茶叶企业相互扶持，相互促进，携手共同发展所取得的成就。

安溪县政府对安溪铁观音成功的品牌塑造，体现在筹建规模化的生产基地，生产品牌化的产品，专业化的产销结合，标准化的质量监控体系，规范化的服务体系以及茶产业链条化等方面发挥的重要作用。在安溪县政府的正确引导下，当地形成种植、加工以及营销三大群体的专业化分工，涌现出一大批茶叶种植大户，也培育了许多集茶叶的生产、加工及销售为一体的龙头企业，同时以当地投资5亿元建设的"中国茶都"为中心，形成辐射海内外、完善的安溪铁观音销售网络。同时，安溪县当地主管部门与时俱进，建成网络交易市场，开通"农业118"服务热线，完善茶叶科技服务体系。此外，安溪铁观音这一区域品牌的成功塑造带动与茶叶有关的包装袋印刷、机械制作、仓储物流、旅游业以及房地产等相关产业的快速发展，实现将安溪铁观音这一区域品牌发展为知名品牌的成功转变，成功地实现茶叶产业化发展的道路。一个区域品牌要发展，与企业品牌的相辅相成有着不可或缺的重要作用，安溪县政府充分意识到这个问题后，出台资金、税收、用地、信贷等多项政策来扶持安溪县茶农和茶叶企业的发展，解决茶农和相关茶企的根本性问题。

（1）创意茶事活动，丰富安溪铁观音文化内涵，为安溪铁观音的品牌推广注入生命力

在区域品牌的推广方面，初期多以政府投入为主导，后期主要由龙头企业来带动，安溪县政府每年投入几千万元人民币进行"安溪铁观音"这一区域品牌的宣传促销活动，例如举办拍卖会、茶王赛、交流论坛等茶事活动，特别是2005—2006年举办的"安溪铁观音神州行"极大地提高了安溪铁观音的品牌知名度与美誉度。同时，在安溪县委、县政府和教育主管部门的大力支持下，与福建农林大学合作开办全国唯一的茶业本科大学——安溪茶学院，立足培养茶产业发展的人才，为安溪县茶产业的快速发展提供专业人才保障。

安溪铁观音几大龙头企业运用专业化的品牌传播模式对安溪铁观音这一区域品牌的传播起着较大的推动作用。例如，位于安溪县的安溪铁观音集团有限

公司，以安溪铁观音这一区域品牌为依托，注册了自己的商标——"凤山"，并在境外多个国家和地区进行延伸注册，实力雄厚，在国内外的茶叶市场上都具有较高的品牌知名度。在品牌传播方面，安溪铁观音集团多渠道、多方位地向社会各界推介，积极参加茶文化宣传活动，如拍卖铁观音茶王并将所得款项捐赠给中国女排，在央视及省级、地方电视台等各种传媒上展开强势宣传等。安溪铁观音集团近几年在推动中国茶文化的发展、振兴茶经济和开拓茶市场、进一步塑造铁观音品牌形象等方面有显著成果，为开启全球的茶文化新格局作出重要贡献。此外，八马茶叶、中闽魏氏、儒家、华祥苑等几大知名茶企组建了市场营销大军开拓国内外市场，不仅开设专卖店，还纷纷创建自己的电子商务平台，在淘宝网开设直营网店，实现茶叶商家与消费者的直接对接。同时，利用微博、微信等"微营销"平台的特点进行口碑传播，多维度完善安溪铁观音的网络销售。在安溪铁观音的发展历程中，各龙头企业的联盟发展发挥了重要作用，由各大龙头企业联合开展的大型茶事活动遍及海内外，从2010年开始，龙头企业的专卖店不断进军马来西亚、加拿大、澳大利亚等海外市场；2011年，由华祥苑、八马、中闽魏氏、三和以及坪山五家知名茶企组成的茶叶联盟统一以"安溪铁观音"的区域品牌名称签约进军欧洲市场，促使安溪铁观音这一区域品牌成为国际名牌。

（2）多种品牌扩张模式完善安溪铁观音的品牌传播体系

茶产业进行品牌化传播是茶叶现代化的重要标志之一，也是能够带动茶叶产业化转型升级的关键环节。安溪铁观音作为国际知名品牌，在品牌的塑造与推广上尝试品牌扩张模式的建立，完善销售渠道，也树立了高端上档次的形象。例如，安溪铁观音集团、八马茶业、华祥苑等几大龙头企业通过设立品牌专卖店、商场专柜等模式来经营企业品牌，同时也促进了安溪铁观音这一区域品牌知名度的有效提升。

1.3.2 武夷山大红袍区域品牌传播模式分析

武夷山位于福建西北部与江西两省交界处，历来被誉为福建第一名山，是世界文化与自然双重遗产，也是闻名遐迩的国家5A级旅游景区。地理位置优越，典型的丹霞地貌孕育出优异的茶叶品种——武夷山大红袍。

（1）统一品牌名称，结合武夷山丰富的旅游资源作为宣传攻势提升武夷山大红袍的品牌知名度

武夷岩茶的品种据称有上千种，但主要有大红袍、白鸡冠、半天腰、铁罗汉、水金龟等五大名枞，不同品种因其种植地点不同而品质各异，因而在市场推广上若以武夷岩茶作为推广重点会存在极大阻力。在所有品牌中品质最优的当属大红袍，武夷山当地特殊的自然环境造就了品质特异的大红袍。因此，在武夷岩茶的市场推广上，武夷山大红袍作为一个统一的区域品牌名称将复杂化为简单，主打文化营销诉求点。从2006年开始，武夷山相关政府部门借助《乔家大院》的热播，大力宣扬武夷茶文化，推以"武夷山晋商万里茶路"旅游热线，将旅游与茶产业较好地结合在一起。在2006年5月20日，以"浪漫武夷、风雅茶韵"为主题的首场武夷山大红袍推介会在福州西湖举行，为后续的大型茶文化营销、茶事活动拉开帷幕。而由著名导演张艺谋执导的《印象大红袍》的公演，更是成功地将武夷山大红袍这一历史品牌推到世人面前。武夷山大红袍频频在公众视野中亮相，凭借其优异的品质及精湛的制作技术被列入我国首批国家级非物质文化遗产名录，同时于2010年被评为中国驰名商标。

（2）注重茶事活动效应，利用游客进行口碑传播提升武夷山大红袍的品牌美誉度

为提升武夷山大红袍的品牌知名度，武夷山市政府每年拨出一定经费用于举办茶王赛、茶艺表演赛等活动，取得了巨大影响。同时，武夷山市政府注重品牌管理，对"武夷山大红袍""正山小种"等品牌制定会员制等管理办法，并鼓励当地茶企注册茶叶品牌。目前，武夷山大红袍已有1个中国名牌产品，2个福建省名牌产品，13个全国著名商标，66个知名商标，注册商标756件，这些不断增长的品牌数量助推武夷山大红袍不断走向新的辉煌。

武夷山是享誉海内外的旅游名胜地，拥有丰富的旅游资源，每年来自海内外的游客络绎不绝，这些游客除领略武夷山优美的风光古迹之外，还将武夷山的文化传播至海内外各地，为武夷山大红袍品牌美誉度的提高发挥了重要作用。

（3）新型传播媒介与传统媒体资源相结合推动武夷山大红袍的快速发展

在武夷山大红袍的品牌推广上，管理和经营武夷山大红袍的国家级龙头企

业——武夷星茶业有限公司发挥着重要作用。该企业在营销传播上整合传统媒体资源与新型传播媒介资源，在纸制媒体上主要以讲解宣传茶叶为主，电视媒体上融入独特的自然资源，利用武夷山丰富的旅游资源，在各交通要道设立广告牌等渠道，同时利用微营销手段大力开展品牌传播，收效较好，为武夷山大红袍这一区域品牌的发展提供了重要的辅助力量。

2. 农产品区域品牌及区域品牌传播的相关理论

2.1 农产品区域品牌及区域品牌传播概述

2.1.1 区域品牌、农产品区域品牌、区域品牌传播的内涵

（1）区域品牌、农产品区域品牌、区域品牌传播的概念

区域品牌是指一个地区的区域特征和整体形象。区域特征包括一系列的子品牌，例如产业与企业品牌的集群品牌、城市名胜品牌、区域文化品牌以及特色景观品牌等。中国人口众多，地域辽阔，不同区域内的文化、自然、消费行为习惯特色鲜明所带来的区域品牌形象呈现各异，构成鲜明的"区域品牌形象标识系统"。从狭义方面看，区域品牌指某个区域内特色的"产业集群"，象征着这个区域内产业集群的历史变迁及其发展现状，是该地区内产业集群的代表。区域品牌又是一个识别系统，由区域（地名）和产业（产品）的名称为核心来构成，在法律上表现为证明商标或者集体商标。区域品牌在性质上既拥有产业集群属性也拥有品牌的属性，只是产业集群的属性表现为区域品牌所包含的内容较为广泛，而品牌的属性则表现为它拥有品牌的一切属性，例如识别性、竞争性、资产性以及目标客户、消费者的特征等。

农产品区域品牌是农产品品牌中的重要类型，它是指在特定的区域内相关的机构、企业、农户等主体所共同拥有的，在生产地或范围、品牌使用许可、品牌行销与传播、品种品质管理等方面拥有共同的诉求和行动，用以联合提供区域内消费者评价，使得区域产品和形象获得共同发展的农产品品牌[328]。

所谓的区域品牌传播是指传播的主体为提升和优化区域品牌的资产，充分利用区域优势品牌传播资源，对区域内各种社会人文以及自然资源进行有效整合，运用整合传播的手段和途径所进行的品牌传播活动。区域品牌传播活动的

最终目的就是要将区域内富有特色且具有优势的品牌资源有效地传播给目标受众后，让目标受众对该区域品牌形成认知并最终形成良好的品牌资产。

（2）区域品牌传播对农产品区域品牌建设的重要性

实践表明，农产品区域品牌建设与区域品牌传播的发展密切相关，区域品牌传播对于农产品区域品牌的建设具有重要的促进作用。区域品牌传播是塑造农产品区域品牌竞争力的重要途径，品牌竞争力更多的是站在消费者的角度来提出的，通过品牌传播可以让消费者深入了解该农产品的功能效用、品质等属性，可以让消费者在繁杂的信息中接收到有关该农产品区域品牌的相关信息，同时区域品牌传播可以强化该区域品牌在建设过程中的品牌文化和品牌联想。同时，在品牌传播的过程中，其他相关品牌的竞争与信息反馈对农产品区域品牌的构建会产生巨大的影响力和约束力。因此，在农产品区域品牌建设的过程中，对于目标顾客群的确定至关重要，而在传播中塑造品牌力需要着重考虑如何吸引并打动目标顾客群，并针对如何在传播中满足目标顾客群的需求而制定相应的营销策略。

2.1.2 农产品区域品牌传播的内涵

农产品区域品牌的传播模式是指农产品品牌在构建以后，该品牌的拥有主体如何将该品牌通过一些特定的符号向其他的团体或者个人传递观念、信息、态度和情感的标准化样式。农产品区域品牌传播模式包括该品牌如何构建、品牌传播目标的确定、品牌传播内容、方式及品牌传播策略等多个要素。农产品区域品牌因其公共性决定了其在传播的过程中应突破传统的模式讲究创新性。目前，我国的大部分农产品处于供过于求的状态，特别是茶叶市场中的茶产品，因此强化品牌意识，以品牌化经营战略应对来自市场的挑战极其重要。在区域品牌传播的过程中应该注意目标市场的需求，通过运用新型的传播媒介来提升品牌在消费者心目中的地位。永春佛手茶作为农产品公用品牌具有特殊性，是永春县相关政府机构、永春县茶叶同业公会、茶叶企业以及茶农等共同拥有的财产，是促进永春佛手茶产品销售，提升永春县整体形象的"金名片"。

农产品区域品牌的传播模式需要考虑到品牌的生命周期。所谓品牌生命周期是指品牌在市场上的寿命，当某种产品经过研发，上市试销，然后进入市场销售会逐渐产生一定的影响力最后形成品牌。一般来说，完整的品牌生命周期会历经品牌认知期、美誉期、忠诚期以及转移期四个阶段，在品牌生命周期不同阶段结合产品的特性应该采用不同的市场营销策略。品牌认知期着重在于培育市场，提升品牌知名度；品牌美誉期着重增强品牌的影响力；品牌忠诚期着重强化消费者对该品牌的信赖感；品牌转移期则应主要考虑如何把品牌潜力发挥到极致。

2.2 农产品区域品牌与企业品牌之间的关系

2.2.1 农产品区域品牌与企业品牌的区别

（1）农产品区域品牌与企业品牌的拥有主体不同

相比企业品牌而言，农产品区域品牌所涵盖的范围更广，在品牌拥有主体上也存在差异，企业品牌的拥有者主要是以盈利为目的追求自身利益的企业组织，而农产品区域品牌的拥有者是指这个区域内的相关机构、企业以及个人等，是一种具有非排他性的公用品牌，该区域农产品行业内的所有企业在经过相关部门的授权后都可以使用并从中受益。农产品区域品牌前期的打造应以政府为主导，而企业品牌是企业自身努力的结果。

（2）农产品区域品牌与企业品牌所产生的品牌效应不同

与企业品牌相比，农产品区域品牌的品牌效应更大、更具有持续性。农产品区域品牌是建立在某个区域内特有的产业资源和自然资源的基础之上，消费者在看到该区域品牌的时候会联想到品牌所带来的包括文化、区域资源等内涵。成功的农产品区域品牌是一个区域的无形资产，能提升整个区域产业内农产品的附加价值，为产业内相关企业增强知名度和美誉度，同时可以带动区域内相关企业的发展。农产品区域品牌超越企业个体，虽然可能因为某个企业对品牌的经营不善而产生品牌危机，但是农产品区域品牌不会因为某个企业的经营危机而快速衰败，而企业品牌则可能会因为经营主体经营不善而导致整个品牌全面溃败。

（3）农产品区域品牌与企业品牌在独立性上有较大差异

相对于企业品牌而言，区域品牌与区域所在地有极强的依附作用，无法脱离，主要是为所在地的产品进行服务。但是企业品牌可以对区域品牌进行延伸和交易，随着企业不断发展，企业品牌在具有一定影响力时甚至可以脱离企业原先所依附的产品，或者通过转让脱离原先的企业，是较为独立的个体。

2.2.2 农产品区域品牌与企业品牌之间相互作用的关系

（1）农产品区域品牌可以对相关产业的企业品牌起到促进作用

农产品区域品牌是农业产业集群发展到一定规模的产物，该产物是以区域整体作为形象，其所代表的优质形象会规范相关企业的行为，促进相关企业保证农产品的质量，防止和避免因某个企业的危机事件影响整个区域品牌的形象，农产品区域品牌的发展会有力地促进区域内相关产业企业品牌的发展。

（2）农产品区域品牌可以降低企业品牌的市场风险

区域内的企业品牌可以借助农产品区域品牌的力量快速推向市场，从而降低其进入市场的风险，同时企业品牌可以在农产品区域品牌的作用下开发出更多新产品、新服务，用以提高品牌的市场竞争力。当然，为维护区域品牌的统一形象，农产品区域品牌管理主体应该对区域内的企业品牌进行约束和规范，对企业品牌的产品质量作出保证，帮助企业树立良好的外部形象。

（3）企业品牌认知度的提升可以为农产品区域品牌带来溢价效应

实践表明，大多数影响力较大的区域品牌都有若干个著名的企业品牌作为支撑力量。例如"安溪铁观音"这一区域品牌旗下就有安溪铁观音集团、八马茶业、华祥苑等著名企业品牌，这些企业运用专业的市场营销手段为安溪铁观音这一区域品牌的发展做出重要贡献。因此，规范区域品牌下相关企业的行为，防止出现使用区域品牌的相关企业生产假冒伪劣产品、有毒产品等损害企业品牌的现象，同时主管部门应出台相应政策鼓励和帮助企业提升企业品牌认知度和美誉度，为农产品区域品牌的发展带来溢价效应。

应该说，农产品区域品牌与企业品牌之间是相互促进、协同发展的。但是两者在互相作用的发展过程中，作为区域品牌主导的政府职能部门如果出现监管不力，导致农产品区域品牌被企业滥用或者农产品区域品牌利用不充分等问题出现时，企业因经营过程中的问题所带来的品牌危机就会使农产品区域品牌快速劣化。当今世界的信息传播渠道高速畅通，一旦某个企业的产品出现问题被媒体披露，就会导致整个区域品牌的形象受到极大冲击，例如2014年发生的

"臭脚米粉"事件一经报道，整个广东米粉的销量在短短几天之内下降三成；再如曾经出现的安溪铁观音农药超标事件也在很长一段时间内对铁观音的形象造成极大的负面影响；而在2005年6月份发生的"潮安凉果事件"中，相关部门对广东潮安县几家企业生产的凉果进行抽检时查出二氧化硫超标，经媒体披露后导致当地几百家食品企业受到牵连，造成不可估量的损失。因此，为促进农产品区域品牌与企业品牌之间相互协调发展，除相关职能部门应该加强规范监管，积极为区域品牌的推广搭建平台外，也要加强企业的道德建设，增加企业的法律意识，这样才能促进农产品区域品牌与企业品牌的积极正面的相互作用，相辅相成，共同发展。

2.3 整合营销传播理论

2.3.1 整合营销传播的含义

整合营销传播简称IMC（Integrated Marketing Communication）由担任过麦肯首席执行官的马里恩·哈伯（Marion Harper）首创。世界上第一部的《整合营销传播》是美国西北大学教授唐·舒尔茨（Don E.Schultz）及其合作者斯坦利·田纳本（Stanley I.Tannenbaum）、罗伯特·劳特朋（Robert F.Lauterborn）所著，该著作中提出整合营销传播一方面是要把促销、公共关系、广告宣传、直接销售、包装、新闻媒体一系列传播活动都涵盖到营销活动的范围内，而另一方面促使企业能够将统一的传播资讯传递给广大的消费者，是一种极强的操作性理论。随着整合营销传播理论的不断发展，不同学者对整合营销传播有着不同的定义。美国南卡罗莱纳大学教授特伦奇·希姆普认为，整合营销传播学是制订并执行针对顾客或与未来顾客的各种说服性传播计划的过程。整合营销传播学的目标在于影响或直接影响有选择的受播者的行为；整合营销传播学认为，一个顾客或一个未来顾客在产品或服务方面与品牌或公司接触的一切来源均是未来信息潜在的传播渠道。进而，整合营销传播利用与顾客或未来顾客相关的并有可能被接受的一切形式的传播。舒尔茨认为，整合营销传播是一个业务战略过程，它是指制定、优化、执行并评价协调的、可测度的、有说服力的品牌传播计划，这些活动的受众包括消费者、顾客、潜在顾客、内部和外部受众及其他目标；美国学者劳特鲍恩（Lautborn）也给出了观察结论，认为整合营销传播是一种看待事物整体的新方式，而过去对此人们只看到其中的各个部分，比如广告、销售促进、售点广告、人员沟通等，它是重新编排的信息传播，是使它看起来更符合消费者看待信息传播的方式，像一股从无法辨别的源泉流出的信息流[329]。

整合营销传播的核心思想是将与企业所进行市场营销相关的所有传播活动一元化。近些年来，整合营销传播相关理论在中国得到广大企业的重视，许多企业认为整合营销传播是在传统以广告为主的传播手段基础上发展起来的，是一种能让品牌更快速被消费者所知晓的传播方式。

2.3.2 整合营销传播的理论框架

整合营销传播近些年来越来越被中国企业所重视，它推翻传统的4P's营销组合的思想观念，提出以消费者为中心更为合理的4C's理论。整合营销传播理论提出两个特性、七个层次、六种方法的理论框架。

（1）整合营销传播的两个特性

整合营销传播的两个特性包括战术的连续性和战略的导向性。战术连续性要求企业在进行营销传播活动中的所有创意要素要有一贯性，所有的宣传口号、标识、广告平面设计以及其他的营销传播渠道都表现出一致的行业特性，促使消费者产生心理的连续性，让消费者产生知觉。而战略的导向性是要求企业必须设计有助于企业达到目的战略目标，而在营销传播过程中所选择的媒体必须有利于企业实现战略目标。

（2）整合营销传播的七个层次

整合营销传播的七个层次包括：认知整合、形象整合、功能整合、协调整合、基于消费者的整合、基于风险共担者的整合以及关系管理的整合等。在认知整合层次，要求所有的营销人员要充分意识到营销传播对于企业的重要作用。形象整合要确保企业传递的信息与媒体保持一致性，要求所做的广告文字与构成广告的其他视觉要素之间要具有一致性，而通过不同渠道、不同媒体投放的广告形象更要确保一致性。功能整合就是要对企业所制定的不同营销传播方案进行整合与筛选，努力使这些特定的营销目标紧密结合起来。协调整合要求企业在营销传播过程中，运用人员推销功能与其他的营销传播要素有效地整合在一起，保持各种营销传播方式的一致性。基于消费者的整合要求，企业必须站在消费者的角度，充分了解消费者的需求和欲望，对目标市场进行明确定位，同时将相关有效信息送达到消费者心中。关系管理的整合是整个整合营销传播的最高阶段，不仅体现在营销战略层面，要求企业必须在产品的研发、制造生产、营销等所有相关环节都协调好各职能部门之间的关系，同时对于企业外部资源也要进行有效的战略整合。

（3）整合营销传播的六种方法

整合营销传播提出六种有效的传播方法，包括：建立消费者资料库、研究消费者、接触管理、发展传播沟通策略、营销工具的创新以及传播手段的组合等。建立消费者资料库是指一家企业的发展最终依赖于消费者产生购买行为，从而获得利润，因此，整合营销传播区别于传统的营销传播理念的核心在于充分站在消费者的角度，利用各种渠道对现有消费者和潜在的消费者资料进行搜集，用于统计和分析。研究消费者是在已有资料的基础上，对消费者市场进行有效细分，然后进行市场预测，最终采取有效的营销手段最大限度地将其发展成品牌忠诚度较高的消费者。接触管理要求企业要选择合适的时机、合适的方式与消费者进行信息沟通，同时要尽量做到信息沟通的有效性。发展传播沟通策略，就是在接触管理的基础上，企业必须制定明确的整合营销传播目标，刺激有效信息沟通的消费者选择企业的产品并产生满意度进而忠诚于企业品牌。营销工具的创新就是指当企业的营销目标确定之后，要选择何种营销工具来完成目标，而整合营销传播就要求结合实际情况，选择新型与传统相结合的营销工具进行有效整合传播以使营销传播效果最大化。传播手段的组合就是要求在选择好营销传播工具后，选择有效地传播手段来帮助企业实现营销目标，这些传播手段可以在传播工具的载体上运用，诸如广告、人员推销、营业推广、公共关系等，还包括连锁店面的装潢设计、促销活动、商品展示以及产品包装等能协助企业实现营销目标的各种有力手段。

总之，整合营销传播就是要求企业把与之相关的一切营销传播活动进行一元化的整合重组，以保障消费者从不同的渠道获知相关信息，凸显品牌诉求的完整性和一致性，从而达到有效传播以提升企业的品牌资产。

2.3.3 整合营销传播是农产品区域品牌提升品牌资产的战略选择

农产品区域品牌整合营销传播的最终目的是要提升农产品区域品牌的资产。市场营销的目的是占据消费者的心智，因此企业所有的营销活动都要从消费者需求出发，以创造最大的顾客价值为目的整合相关的要素，希望通过满足消费者的需求从而实现企业的目标。在竞争日益激烈、营销手段日趋同质化的今天，区域之间、企业之间最能让消费者产生联想和选择的只有品牌，当今市场也正快速从产品时代走向品牌时代。品牌资产是一个品牌存在于市场的价值体现，是靠一点一滴的营销活动慢慢积累起来的，一个区域抑或一个企业想要发展都必须构建自己的品牌资产，而构建品牌资产的必然途径就是通过整合营销传播来创造企业核心的价值，茶产业区域品牌资产的提升亦是如此。

2.4 品牌危机管理理论

品牌是一个企业重要的无形资产，企业在经营的过程中，不论是广告、人员推销、营业推广还是公共关系手段的运用，都有可能面临品牌危机，从而给企业带来难以估量的损失。因此，企业在品牌经营过程中要有品牌危机管理意识，积极从源头上预防品牌危机的产生，正确处理品牌危机，这些都已成为农产品区域品牌实施品牌战略的重要内容。

2.4.1 品牌危机、品牌危机管理含义

一般来说，品牌危机是指品牌主体因产品质量问题、经营管理不善、对手恶性竞争、突发事件甚至是遭受恶意破坏等原因的影响，给相关品牌带来的危机。常见的品牌危机类型包括产品质量危机、品牌形象危机、品牌信誉危机以及经营决策失误所带来的危机。

品牌危机管理，顾名思义就是指要通过各种手段预防品牌危机的产生，同时要求企业若发生品牌危机时具有对品牌危机进行有效治理的能力，力求让品牌资产不受到品牌危机的影响从而保值甚至增值[330]。

2.4.2 品牌危机管理

（1）品牌危机管理重点在于预防管理

首先，建立品牌危机预警体系。在竞争激烈的市场中，受到诸多不可控环

境因素的影响，现代企业随时可能面临品牌危机。品牌危机预防体系从企业创办伊始就要着手构建，从品牌日常的有效管理以及长远的发展战略角度，建立完善的品牌危机预警体系，能够在危机发生时迅速启动并有效处理对于品牌的发展有着重大意义。建立品牌危机预警体系首要考虑品牌危机管理小组成员的构成，因为突发事件的特殊性，一旦危机发生需要快速决策。因此，品牌危机管理小组成员应由拥有决策权的企业管理人员以及专业人员构成，保证品牌危机管理小组的权威性和有效性。品牌危机管理小组的主要职责是要建立完善的危机预测体系，通过自查、信息分析处理等环节，尽量将品牌危机消灭在萌芽状态。同时，要在企业中树立全员品牌危机意识，要求全体员工把品牌危机预防当成日常工作中的重要组成部分之一，让员工产生责任感与危机感。加强企业各部门之间的有效合作，让员工意识到品牌危机的有效预防需要全体员工的共同协作努力。

（2）建立有效的品牌危机处理机制

当今社会随着高科技的不断发展，信息传递越来越高速畅通，而危机又往往是突发的，因此，企业应建立完善的处理突发事件应急机制。品牌危机发生后，媒体和消费者在大众传媒的引导下往往会主动关注事态的发展，无论责任在谁，企业倘若激辩或者否认往往会招致消费者和广大媒体的反感。这就要求企业在处理品牌危机的时候应该反应迅速，更多地与媒体、消费者及社会公众之间进行有效情感沟通，快速公布危机的客观真相。应该说，品牌危机公关处理得好，也是为企业提供一个让消费者更加了解和信赖品牌的机遇，如果处理不好，辛苦构筑的品牌形象可能就会瞬间瓦解。

（3）假如发生品牌危机，要快速进行品牌危机的恢复管理

假如企业面临品牌危机，应当意识到品牌危机发生过后会产生一定的后续效应，因此品牌危机应对小组应该组织相关部门、责任人总结危机发生的原因，分析危机处理是否得当，若有不当之处如何弥补，后续的公众对品牌满意度如何进一步巩固和提升等。

品牌危机并不可怕，因为很多时候危机与机遇并存，消费者会在危机发生的第一时间接收到相关信息，品牌拥有者如果能有效地引导降低消费者产生决

策的风险，反而有助于品牌知名度和美誉度的提升。因此，只要企业重视品牌危机并能有效管理，是可以将危机转化成机遇的，不仅能重新塑造企业形象，还有可能进一步提升品牌的市场竞争力。

3. 永春佛手茶的历史变迁及区域品牌发展现状

3.1 永春佛手茶的历史变迁

3.1.1 永春佛手茶简介

永春佛手茶也被称为香橼种，别名雪梨，与安溪铁观音一样同属于乌龙茶名种。有人评价，如果说安溪铁观音香得很热烈，可称之为"英雄之茶"的话，那永春佛手茶因其香味幽雅，是为"平和之茶"。据历史记载以及国内外茶叶专家的鉴定表明，佛手茶相比安溪铁观音更早种植，是最为古老的乌龙茶茶种。佛手茶的特点是叶子大如手掌，形状似香橼柑，最早开始种植于佛寺，所以称之为佛手。佛手茶品种分为红芽佛手和绿芽佛手，红芽佛手树姿较披张，嫩芽紫红色，而绿芽佛手树姿稍直立，嫩芽淡绿色。目前永春县主要以种植红芽佛手为主。

永春佛手茶原产于中国乌龙茶三大出口县之一的福建省永春县，发源地是永春狮峰岩。永春佛手茶在永春已有300多年的栽培历史。主要分布在永春县的玉斗、苏坑、石鼓、达浦、五里街、东关、湖洋等几大乡镇。目前，市场上永春佛手茶的产品有清香型、浓香型、熟香型和精制茶，主要以清香型和浓香型为主。永春佛手茶的特点是外形紧结而肥壮、卷曲较为重实或者圆结重实，色泽乌润砂绿或呈乌绿润，稍带有光泽，香气浓郁，显馥郁悠长。永春佛手茶中优质品的香味似雪梨香和奶糖香，而上品永春佛手茶有似香橼果香气，这也是永春佛手茶最主要的特点。永春佛手茶滋味醇厚回甘，耐冲泡，汤色显橙黄或浅金黄、明亮、清澈，泡过的茶叶叶底肥厚、匀整、软亮、红边显，饮之入口生津，落喉甘润明显。近几年来，以永春佛手的芽或嫩叶经传统工艺加工而成的永春佛手红茶在市场上有较高的评价，外形呈现条索状，汤水红色，主要是口感醇厚回甘强，上等品主要有桂圆果的香味，该红茶在多次的茶叶交流中得到海峡两岸茶叶专家和茶商的赞许及大力推荐。

3.1.2 永春佛手茶品牌历史

据传北宋时期的永春县已经开始出产茶叶，到明代永春县的茶叶有雀舌与粗茶之分，清康熙年间永春佛手茶已得到广泛种植，狮峰岩"僧种茗芽以供佛"传说中闽南古寺中的一位和尚天天用茶来供佛。有一天，看到清香诱人的佛手柑，该和尚突发奇想，要是能在茶树中嫁接佛手柑，让茶叶泡出来有佛手柑的香味那一定很特别。于是，他把茶树与佛手柑进行嫁接并精心培植终于获得成功，并将此茶取名为"佛手茶"。康熙四十三年（1704年），该和尚将佛手茶的嫁接种植方法传授给在永春的师弟，附近的茶农竞相地引种使得佛手茶在当地得以普及。乾隆年间，福建省的茶叶发展盛极一时风光无限，据民间记载：乾隆三十七年（1772年）的龙年龙月龙日龙时，乾隆皇帝一时兴起，决定举办一场闽茶的专业赛事，经过诸多懂茶的大臣一番品鉴之后，评出五个等级，乾隆皇帝御赐这五个茶种为"金佛手""银水仙""铜小种""铁观音"以及"锡白芽"，可见作为优良品牌的佛手茶在当时已被广为推崇。到清咸丰年间，永春县的湖洋仙溪鼎村一带已大量种植闽南水仙、佛手茶以及铁观音等，并逐渐形成规模，产出的茶叶远销南洋各地区，佛手茶所占的比重较大。民国六年（1917年），以马来西亚华侨李辉芳等人为首的一批侨胞集资在永春县的虎巷、醒狮山金狮寺等地创办茶叶公司，产品畅销东南亚。民国九年（1920年）以后，大量茶农加入种植队伍，在永春当地垦荒种植茶叶。民国二十年（1931年）猩峰村李姓旅外侨胞在狮峰岩种植佛手茶，并将佛手茶用铁制的盒子包装，通过厦门各茶栈将产品源源不断地转销至港澳及东南来各地，使得永春佛手茶在广大华侨中博得赞誉，此后，永春的种植面积进一步扩大。民国三十年（1941年）永春产的茶叶在福建省工商品展览会上荣获各种桂冠，但是在太平洋战争爆发后，茶叶的外销断绝，茶叶的产量大幅度下滑。中华人民共和国成立初期，一些农业生产合作社开始大规模种植茶树，并对原有的茶园将坡式改为高式，并用补植法改丛栽为条栽。20世纪80年代以后，永春县实行经济承包责任制，茶叶的生产发展速度加快，销路扩大，主要销往闽南、广东、港澳以及东南亚、日本等地。1981年开始，永春县进行茶树的大规模种植，1981年至1984年期间，全县开垦4600亩高标准、高品质的茶树种植基地，到1985年全县年产量近3000担。1982年4月20日，永春县被福建省人民政府确定为全省三个茶叶出口基地县之一。

永春佛手茶在近几十年的发展中斩获多项殊荣。1983年荣获全国华侨茶业发展研究基金会培植发展出口优质产品；1985年荣获农牧渔业部优质产品、福建省优质产品称号，并被福建省作物品种审定委员会评定为省级优良品种；1986年荣获商业部优质产品称号，同年对外经贸部和商业部正式批准永春县为全国的乌龙茶出口基地县，从此永春县所产的茶叶闻名海内外；1988年荣获首届中国食品博览会金奖，当年的茶叶出口量大幅度提升；1989年荣获农业部、轻工业部优质产品，1995年荣获第二届中国农业博览会金奖；1997年荣获第三届中国农业博览会名牌产品称号、中国国际茶会金奖；1999年荣获第二届中国国际茶博览交易会国际名茶金奖；2000年，永春茶叶在国内外热销，价格提高，永春县委、县政府大力抓茶叶的生产，并以政府为主导组织参加不同级别的茶事活动、进行国内外宣传、推介，实施品牌战略，开拓销售渠道并成立永春茶叶同业公会。茶叶主产乡镇分别成立茶农协会、茶叶合作社，建设茶叶生产销售一条街，同时邀请央视农业频道、福建东南电视台、福建电视台公共频道、《中国茶叶报》《福建科技报》《泉州晚报》等多家媒体进行宣传报道，宣传力度的提升吸引了台资在永春当地投资，使茶产业得到迅速发展；2001年荣获福建省名茶奖；2003年荣获中国茶叶学会和世界茶文化交流协会五星茶王、上海国际茶文化节中国精品名茶金奖；2004年荣获中日韩国际茶文化交流会五星级国际茶王、中国新品名茶博览会茶王赛金奖茶王、中国福建茶叶博览会茶王大赛茶王，同年全县有15家茶企通过无公害产品的认证，另有4家通过绿色食品认证和有机茶认证；2005年荣获第十二届上海国际茶文化交流会金奖茶王、第二届（福建）国际茶博会茶王；2006年荣获国家地理标志保护产品；2007年被"人文中国·茶香世界"中华名茶宣传组委会授予"中国申奥第一茶——永春佛手茶生产基地"的美誉，并作为国礼之一赠予外宾，同年12月通过福建省农业厅"无公害农产品产地整体认定"；2008年7月被中国绿色食品发展中心批准进入"全国绿色食品原料（茶叶）标准化生产基地"创建期，同年还荣获第六届全国农民运动会指定礼品茶；2009年由永春县茶叶同业公会申请的国家地理标志证明商标被获准使用，该商标属于集体商标，同年在海峡两岸（永春）佛手禅茶高峰会上被定为"中华禅茶"；2010年荣获上海世博会名茶（具）

评选金奖，同年永春佛手茶的生产工艺等成功申请省级非物质文化遗产。

3.2 永春佛手茶区域品牌的发展现状

3.2.1 永春佛手茶种植和生产规模

永春县涉茶农户有1.8万多户，涉茶人员5.8万多人，茶产业成为永春县提高农业经济效益、生态效益和增加农民收入的支柱性产业。目前，永春县已跻身中国名茶百强县前30位，居福建省第四位。茶叶历来是永春县传统的出口商品之一，其中以佛手茶为代表的乌龙茶产量居全国第二位，是全国乌龙茶出口的重要基地县。永春县拥有茶叶初制加工厂8000多家，精制加工厂40多家，拥有茶园面积14万亩，主要包括佛手茶、铁观音、闽南水仙等几大当家品种，其中佛手茶4.3万亩、铁观音7.87万亩、水仙1万亩、其他茶叶品种0.3万亩。茶叶年总产量9589吨，年总产值6.95亿元。其中茶园面积超万亩的有坑仔口镇、玉斗镇、湖洋镇、一都镇和横口乡等5个乡镇，茶叶产量超千吨的有坑仔口镇、玉斗镇、湖洋镇和横口乡等4个乡镇。永春佛手茶占全县茶园总面积的30%左右，年产量3500多吨，占全县总产量的47.3%。随着新茶园的开辟和茶叶品质价格的不断提升，茶叶的生产总值还将不断提高[331]。茶叶是永春县农业发展的主产业之一，也是永春县重要的国民经济收入来源。

3.2.2 永春佛手茶商标注册及管理现状

永春佛手茶这一商标是2006年由永春县政府委托永春县茶叶同业公会申请注册，并于2008年得到审批的，但目前还未获得驰名商标。笔者通过走访永春县工商局获悉，在工商局注册的茶叶零售主体有13家，这些主体一般经营成品茶项目，其中包括永春佛手茶；以茶叶个体全部主体为关键词查询到相关结果显示全县共注册茶行、茶厂261家，大部分茶行、茶厂涉及业务包括茶叶种植、茶叶初加工、茶叶及茶包装批发等；以内资主体为关键词查询到相关结果显示全县共有223家茶叶公司及茶叶专业合作社注册，其中注册资金在1000万元人民币以上规模较大的有10家，主要经营业务包括茶叶种植、组织采购及供应成员所需生产资料、茶叶种植指导、茶叶初加工、销售毛茶、精制乌龙茶、茶饮料技术开发、茶叶零售预包装等。据了解，以上注册的茶叶企业、茶叶专业合作社都有涉及永春佛手茶的种植、加工或者批发、销售等业务。

通过走访永春县农业局获悉，永春佛手茶并没有一个机构来进行该区域品牌的监管，永春县茶叶同业公会形同虚设，使用永春佛手茶区域品牌不需要经过审批。但其实大部分永春当地的茶商、茶企主打安溪铁观音的品牌，因为安溪铁观音的知名度远远超过永春佛手茶，都希望借助安溪铁观音的名气来带动销量，因此永春佛手茶的品牌价值并没有很好地体现出来。

4.　永春佛手茶区域品牌传播现状及存在问题分析

4.1　永春佛手茶区域品牌传播的主要措施

4.1.1　加强与消费者的信息沟通与互动，传播永春佛手茶品牌文化魅力

一直以来，永春县政府以及当地的一些茶叶企业在永春佛手茶的品牌宣传上都做了许多工作。政府在永春佛手茶的种植、生产、销售到品牌传播的每个环节中都尽量突出与茶文化紧密相连的关系。2008年10月，永春县政府与中国茶叶流通协会、福建省茶叶协会、泉州电视台等共同举办"金博士杯"首届中国永春佛手茶茶王电视大奖赛，组织高级评茶师骆少君、陈郁容等专家进行评审，并对获奖人士进行重奖，并以此为契机，提升永春佛手茶的品牌竞争力。永春县还开展了一系列围绕茶文化的区域品牌宣传活动，面向全社会公开征集茶歌、茶诗、茶联、茶画、茶舞、茶会、茶故事、茶论文等能体现闽南茶文化风情的活动。在2009年10月中旬至11月上旬围绕"生态、健康、和谐"为主题的文化活动在中国茶道网、百度、征集网、天涯、西海岸文学论坛、永春文艺网、永春广电网、永春人民政府公众网以及永春教育网等20多个网站（论坛）发布、转载征集启事，共收到来自全国各地的参赛作品500多件，其中有茶诗107首，茶联332对，茶论文12篇，茶歌48首。永春县政府组织专业人士组成评选委员会进行评选，并分别评出一、二、三等奖及入围奖并颁发证书及奖金。该活动很大程度上向广大受众展示了永春悠久的佛手禅茶历史，弘扬了佛手禅茶文化。

4.1.2　"永春佛手·茶韵天骄"形象大使选拔赛提升永春佛手茶的知名度

2012年9月，由永春县政府主办，中桥文化传媒（福建）股份有限公司联合承办的首届"永春佛手·茶韵天娇"形象大使选拔赛在永春县正式拉开帷幕，

该活动影响力极大，除有省市各级领导参加之外，还邀请了许多茶行业的专家以及各家媒体，整个活动覆盖永春、广州、杭州、福州以及北京等五大赛区。此次活动反响强烈，通过甄选优秀茶艺人才来诠释永春佛手茶"正、清、和、雅"的独特韵味，为永春佛手茶走向全国甚至全世界做好铺垫。

4.1.3 利用茶艺表演的高雅民俗，传播佛手茶韵

挖掘永春民间丰富的茶俗茶礼，完善佛手茶茶艺表演模式。茶艺表演是进行茶文化宣传不可或缺的重要环节，也是我国茶文化的精髓。茶艺表演让人从视觉和味觉上体验茶香茶韵飘逸的优美意境，自古禅茶一味、有如来神掌之美誉的佛手茶更是将此意境发挥得淋漓尽致。佛手茶茶艺表演所用的工夫茶具选用朱红色的陶瓷制品，服饰则以中国近代传统服饰文化为基调，洋溢现代风采，给人以清丽之感。结合禅茶的特点，茶艺现场配以柔和清心的背景音乐和袅袅升起的檀香，在此飘忽的意境中品一杯带着淡淡的果香、入口柔和回甘、香气满口的佛手茶，可算是一种绝妙享受，而佛手茶绿叶红镶边的曼妙身姿更是平添几分贵气。有语云："千里对冲只为佛。"常品佛手茶，可以提升佛学造诣，净化心灵。

目前佛手茶的茶艺表演主要有主题为"佳茗咏春"的展示，该表演体现出古雅、素洁、明秀、清远的意境，茶艺流程主要有：静心茶事（定位，从容有序）→活火烹泉（副泡手烹水，主泡手取杯）→嘘寒问暖（温壶）→素瓷生烟（烫杯）→佳人问世（取茶罐出茶）→倾心桃源（置茶于壶内）→温润春心（温润泡）→春风满面（洗茶）→县壶高冲（提壶，注沸水于壶）→轻推花浮（刮沫）→孟臣沐霖（淋壶）→若琛复洁（净杯）→游山玩水（干壶）→关公巡城（筛茶）→韩信点兵（点滴入杯）→敬奉香茗（副泡手敬茶）→持杯观色（看汤色）→喜闻秋香（嗅香气）→细啜甘露（尝滋味）→尽杯候珍（待斟）→流华进盅（第二泡）→纤纤捧瓯→依依敬茗（敬茶）→秋色怡人→菁华流芳（闻香品味）→香韵犹存（嗅杯底香）→玉杯回盘（副泡手收杯，回位）等。另外一个佛手茶的茶艺表演主题为"一盏茶，几多禅"，主要流程有焚香静气→佛赐圣水→佛光普照→身心俱净→法轮常转→请佛出宫→礼佛三拜→佛入地狱→纤尘不染→佛茶一味→普施甘露→佛送吉祥等。茶艺表演是福建的一

种高雅民俗，技法精湛，礼节奇趣，韵味无穷，通过欣赏和品茗体验一种寓健身、修性、文化、审美为一体的过程。

4.2 永春佛手茶区域品牌传播的主要成效

品牌传播效果是相对于传播受众而言的，通过一系列的品牌推广活动，进攻主要的目标市场并取得一定成效。

4.2.1 品牌建设初具效果，茶叶价格保持上升趋势

1997年永春佛手茶获中国农业博览使会名牌产品称号，2001年永春盛产的铁观音获中国国际农业博览会金奖，闽南水仙获中国国际农业博览会名牌产品称号，这三大主栽品种先后荣获国家农产品最高奖项。在此情况下，永春县集中人力、物力、财力打造永春佛手品牌，通过连续举办县、乡（镇）茶王赛、品评会、制茶能手大赛和组织参加省名优茶鉴评及国内各种重大茶事活动，特别是2006年永春佛手获得国家地理标志保护产品、2007年荣获"中国申奥第一茶"荣誉称号、2008年为第六届全国农运会提供礼品茶、在泉州电视台举办佛手茶王电视大奖赛等，有力地提高了永春佛手的知名度。2008年12月，莉芳茶厂的"绿芳牌"乌龙茶（永春佛手、铁观音）获得福建省名牌产品称号，实现了永春县茶叶名牌产品零的突破。2002年以来，全县茶叶平均价格逐步提高。目前市场上永春佛手茶的普通茶价格平均在50元左右，相比几年前的均价30元左右已有上涨，好茶可以卖到800元以上不等，可见，消费者对永春佛手茶的认可度也在逐步提升。

4.2.2 茶叶市场有效拓展，已经构建一定规模的茶叶销售体系

目前在福建省内，除永春市场外，首选福州市场，因为福州是福建省乌龙茶的集散地，大多数国内外茶商第一站都是到福州考察，福州的西营里和五里亭是福建乌龙茶两个主要的对外批发窗口，其次是厦门，2015年在福州的永春茶叶店铺有14家，厦门的永春茶叶店有20家左右。这些永春茶叶店并非永春佛手茶的专营店，而是主打铁观音和佛手茶。全国共建成永春佛手茶销售网点1000多个，盛产的茶叶主要销往东南亚、美国、日本、欧盟、港澳台等20多个国家和地区，并在北京、深圳、九江、柳州、赣州、兰州、广州、上海、厦门及福州等地开设上百家茶行、茶庄，改变原来主要靠外销的情况，形成一个较

为完善的茶叶销售渠道。此外，网络销售体系也在逐步完善，以陶津缘茶业公司为首的一些茶叶企业品牌开设淘宝专卖店，且越来越多的加盟商开始关注和加盟永春佛手茶，开启永春佛手茶的网络之旅。

4.3 永春佛手茶区域品牌传播存在的问题

尽管永春佛手茶发展至今已取得一定成绩，但是通过调研发现，永春佛手茶虽然茶种优良、品质不俗，但是整体价格偏低，品牌附加值不高，其中品牌定位模糊，核心的诉求点不够明确是主要原因，永春佛手茶本身的卖点没有有效地凸显出来。

4.3.1 市场定位不清晰，品牌传播对象不明确，传播手段缺乏创新

永春佛手茶的市场定位不够清晰，没有对品牌传播受众进行有效细分，因此在以往的品牌传播中目标顾客群不够明确。目前，以安溪铁观音、武夷山大红袍、云南普洱茶为首的几大区域品牌已占据市场的半壁江山，而永春佛手茶的品牌传播受众不够明确，品牌传播具有一定的局限性和盲目性，没有达到传播效果最大化。此外，永春佛手茶的相关产品的产品包装设计过于简单，没有凸显出永春佛手茶这一品牌的独特和属性。因此，永春佛手茶进行市场拓展时不能以卵击石，只能先从空白的小市场入手。

永春佛手茶以往的传播都以传统的媒介为主导，缺乏对新型媒介的整合利用。并且永春佛手茶这一区域品牌还没有设立官方网站，没能向消费者传递统一的形象识别信息。虽然目前网上也有不少店家在销售永春佛手茶，但是在包装、价格上都各自为营，消费者没有标准来判断真伪与好坏，不利于永春佛手茶整体形象的塑造，也不利于构建消费者对永春佛手茶这一区域品牌的信心。

4.3.2 市场推广缺乏专业视角，销售网络不够健全

近几年，永春佛手茶的品牌传播有所停滞，市场营销观念和手段落后，缺乏对永春茶叶品牌和茶文化的系统宣传，没有一套为永春佛手茶量身定做的营销传播系统，与市场上强有力的竞争对手相比起来不占优势。因此，如何利用新型的传播媒介来拓展市场极其重要。此外，通过走访发现，当地许多茶叶企业处于发展阶段，尚没有完全脱离小农经济思想，缺乏现代市场营销理念，缺乏市场开拓和营销的专业人才，开设加盟连锁店的不多，市场占有率较小。

4.3.3 永春当地茶叶企业实力不够雄厚，助推永春佛手茶发展力量有限

前文分析农产品区域品牌的发展是政府与龙头企业相互作用、相互促进的结果，因此永春佛手茶区域品牌要发展离不开对龙头企业资源的有效利用。永春县茶叶生产企业虽然众多，而仅有的两家龙头企业实力也很有限，至今永春县尚没有一个知名品牌，更谈不上著名、驰名品牌。因此，缺乏实力雄厚的龙头企业来整合营销资源助推永春佛手茶这一区域品牌的发展。

5. 永春佛手茶区域品牌的SWOT分析及发展战略

5.1 永春佛手茶区域品牌的SWOT分析

5.1.1 优势

（1）独特的药用与保健价值

据记载，佛手茶是我国最为古老的乌龙茶种，因其与佛手柑嫁接后的风味独特而闻名，香气似香橼果沁人心脾，茶味醇厚秉性纯正。外形比铁观音优美，内质香气浓郁。永春佛手茶的品种种质较为稳定，几百年没有出现变异，病虫害较少。永春佛手茶区别于其他乌龙茶种的一个重要特点在于它奇特的药用功效。据福建省中医学院研究表明，佛手茶所含的黄酮素成分极高且随着季节的变化而发生变化，在秋季的时候达到最高，使得佛手茶具有降血压、降血糖、降血脂以及养胃、抗衰老、软化血管等药用保健功效。在永春，佛手茶是治疗胃肠炎的有效单方，福建中医学院的吴符火以及福建农林大学的专家郭素华等专门对永春佛手茶的药用功效进行了实验论证，实验结果表明佛手茶含单宁21%，茶素2.4%，黄酮类1.2%，为所有乌龙茶中含量最高，其中单宁和黄酮类成分是佛手茶治疗胃肠炎的物质基础，对乙酸性结肠炎有一定的治疗作用。其中，锌含量57霭g/g，是在众多乌龙茶样品中含量较高的品种，而锌具有公所周知的促进儿童生长发育和成年人的健康、延缓衰老的显著功效[332]。

（2）深厚的历史文化底蕴

茶是极为清净质朴的饮品，饮茶参禅自古有之，品茶是参禅的前奏，参禅是品茶的目的。禅需入静，茶可致静；禅贵在悟，茶可增悟；茶实现了人与草木间最原始的交流，茶和禅都为人类亲近自然、回归自然找到了一条捷径。福

建是佛教文化十分繁荣的地方，而福建省泉州市又是座悠久的历史文化名城，并于2013年被评于"东南亚文化之都"，是我国古代海上丝绸之路的起点，早在唐朝的时期就有"泉南佛国"的盛誉，是有名的宗教博物馆。茶与禅的有机契合，缔造了辉煌灿烂的福建禅茶文化，而佛手茶，顾名思义与佛结缘，在历史上佛手茶也跟佛教息息相关。因此，结合佛手茶的文化背景，永春佛手茶被誉为"中国第一禅茶"。

（3）优越的地理条件

良好的生态环境才能孕育出优异品质的茶叶，而永春佛手茶就是出自地理条件得天独厚的永春县。永春县位于福建东南部，县域面积1468平方公里，林地面积有151.3万亩，森林覆盖率达68.8%，生态环境良好。永春县素有闽南"金三角"之一的美誉，毗邻铁观音的盛产基地——安溪县，冬暖夏凉，年平均气温为19.5摄氏度。由于高山上的漫射光多，种植出来的茶叶叶片浑厚，又因为紫外线比较少，所以茶叶光合反应的内含物质比较丰富，是形成好茶的香气和味道的重要条件。永春县的雨量充沛，年平均降雨量达到1680毫米。永春县山地土壤的有机物质含量十分丰富，良好的生态环境适宜佛手茶的生长，也适宜种植无公害天然茶叶，在该县种植出来的佛手茶味道和外形独一无二，因此，永春县成为我国最大的佛手茶生产及出口基地。

5.1.2 劣势

（1）缺乏龙头企业，销售渠道不健全

2010年，永春县仅有魁斗莉芳茶厂被评为2009—2010年度福建省农牧业产业化龙头企业，但规模有限。大部分经营永春佛手茶的企业以中小企业为主，缺乏实力雄厚的龙头企业来带动永春佛手茶这一区域品牌的发展。通过调研走访得知，早期永春佛手茶的销售模式主要是将低品质茶低价外销给日本、新加坡、马来西亚、泰国等国家作为茶原料进行再生产，贴着"乌龙茶"的大类标签销售，利润不高。在内销方面，永春佛手茶主要以批发为主，门店直营较少，中高端佛手茶产品市场主要集中在福建和广东一带。福建本就是产茶大省，茶叶品种繁多，特别是与永春相毗邻的安溪所产的铁观音发展势头迅猛，知名度和美誉度远远超过永春佛手茶，所以永春佛手茶在内销上价格和销量一直都不占优势。

（2）品牌意识不强，缺乏专业的营销团队

作为区域品牌，政府应起主导作用，但是通过调研发现，目前永春县专门负责佛手茶品牌推广的只有农业局及其下属科技站的3位工作人员，各个乡镇的镇属领导各自为营，他们许多人对茶叶的生产、制作、品鉴都很在行，但是对于茶叶营销缺乏前沿的理论指导和实践经验，缺乏一个专业团队来对市场推广进行整体规划和营销。而永春当地许多茶企的营销观念和手段都较为落后，还没有脱离小农经济的思维模式，分销渠道没有精耕，永春佛手茶的销售也主要依靠批发，专业的代理商较少。在电子商务发展迅速的信息时代里，永春佛手茶还没有官方网站来强化品牌形象。

（3）种植面积较小，产业发展规模小

永春县毗邻铁观音的盛产地安溪县，在种植地域上有着和铁观音一样的优势，因此，永春县除佛手茶之外，还主要出产铁观音茶和水仙茶。永春县的茶园总面积约为14万亩，但是铁观音和其他茶叶品种的种植面积占了总面积的2/3。尽管佛手茶是永春县的地理标志保护产品，但是近几年来的种植面积都在4.2万亩左右，仅占茶园总面积的1/3左右，总产量都基本保持在3500—4000吨左右。造成这种情况的主要原因是目前市场上的许多茶叶品牌纷纷以打造品牌茶为目标以迎合激烈的市场竞争，某些品牌茶也被大力炒作成天价，特别是安溪铁观音的身价更是一路猛涨，因此永春县的一些茶商和茶农为获得更大的利益竞相主推身价较高的铁观音，有些茶农甚至砍掉佛手茶树用以种植铁观音，剩下为数不多的佛手茶树也疏于管理，所产的佛手茶质量不高。有的茶农在制作过程中甚至将佛手茶拼配做成铁观音，导致市场上正宗的佛手茶越来越少，消费者对佛手茶的认知也越来越模糊。尽管永春县政府部门出台一系列优惠政策鼓励茶农垦荒种植佛手茶，但是由于永春佛手茶的市场利润相对较低，茶农的积极性不高，这么多年来不仅种植面积一直没有增加，无法形成规模，产量也受到了限制，有的地方甚至出现茶农废弃茶园的现象，整个佛手茶产业的发展前景堪忧。

5.1.3 机会

（1）永春县政府加强重视

永春县政府一直致力于茶产业的发展，将茶产业列为永春县的支柱性产业之一，并不断出台相关的政策扶持茶产业，计划在未来几年大力实施"16166"工程，即引进1个大企业集团，培育壮大6家精深加工企业，建设1个专业市场，培育6个知名品牌，建设60片百亩高标准示范基地等，为永春县茶产业的发展制定详细的规划。

（2）永春旅游业带动茶产业的发展

现如今生活节奏越来越快的城市居民更青睐返璞归真的田园生活，而永春县因其独特的地理位置形成了丰富的旅游资源，文化游、观光游、农家乐等旅游主题线路近几年越来越红火。永春县除拥有丰富的旅游资源可以提供给广大游客观光、农家乐之外，文化游将是永春县今后旅游业发展的一大亮点。说到永春文化，不得不提的是永春县的香文化。2014年7月22日，"中国香都"实至名归落户永春，千年香道名动天下，意蕴九州，为永春县古老的香产业的发展带来重要契机，也为永春旅游业的发展带来璀璨生机。目前被授予"中国香都永春达埔"的达埔县有3万人制香、296家制香企业。2013年永春香产业总值达到27.5亿元，使得传承千年的香产业重焕生机。此外，永春县当地还有深厚的武术文化，永春白鹤拳就发源于此，永春当地创建永春白鹤拳博物馆、研究会、培训班，厦门还成立永春白鹤拳电影摄制组。因此，可以挖掘永春香文化、武术文化与茶文化的深韵内涵，助推永春旅游业的发展。

同时，永春县已在盛产佛手茶的玉斗镇规划一千亩的空地，用以打造生态茶文化旅游基地，计划将该旅游基地纳入永春县旅游路线，通过与旅游业的联姻带动永春茶产业的发展。

（3）消费者茶叶需求多元化，为永春佛手茶争夺细分市场带来机遇

近几年，饮茶群体在不断扩大，而消费者对市场上竞争激烈的各类茶叶品牌及茶叶的了解也日渐增多，相比早几年，消费者对茶叶消费渐渐趋向理性，茶叶市场的消费逐渐走向多元化，消费者的个性化需求主导着茶叶市场的发展。2013年以来，整个茶叶市场上的高端礼品茶受到较大冲击，因此质优价廉

的平价茶就主导着市场。过去几年，普洱茶、大红袍、清香型铁观音等茶品类轮番炒作走红，面对如今艰难的市场局面，单一茶类异军突起的现象将较难再现。为满足这种多层次发展的新格局，茶叶生产企业要增强品牌推广和品牌保护意识，同时要大力发展广受市场青睐的有机生态茶，开发功能性保健茶。目前市场上流行的保健茶是在保持传统茶香的基础上，根据不同的消费需求，加入决明子、金银花、玫瑰花等保健中药材，从而满足相当一部分消费群体的要求，具有较高的品牌附加值。而永春佛手茶本身就具有较强的药用保健功效，可以以此深入挖掘保健茶的市场。

5.1.4 威胁

（1）竞争对手来势凶猛

永春县毗邻安溪县，在种植地理上具有与铁观音相同的优势，但是目前市场上安溪铁观音的知名度和美誉度远远超过永春佛手茶，是佛手茶最直接、最强势的竞争对手。此外，武夷岩茶中的大红袍、水仙、广东的凤凰单枞以及台湾冻顶乌龙、台湾高山茶等乌龙茶近几年发展迅速，也是永春佛手茶不可小觑的竞争对手。因此，永春佛手茶的市场推广应该考虑如何进行避强定位选择细分市场。

（2）茶叶质量安全标准不断地提高

近几年，市场上的许多茶叶品牌出现过诸如农药含量超标、有害微生物污染等品牌危机事件，因此相关部门对于茶叶的生产标准要求提高，许多国家和地区也提高了茶叶的进口标准。茶叶质量安全标准的提高，增加了茶农的种植成本，也增加了相关茶企的生产成本，所以若永春佛手茶没能达到一定的规模化、标准化等要求，无法形成规模效益，市场竞争力就会大大降低。

5.2 永春佛手茶区域品牌发展战略

5.2.1 SO战略：增长型战略

永春佛手茶要充分利用自有品牌的优势，抓住外部机遇，在政府的支持和主导下实施产业集中化的战略进一步打造永春佛手茶品牌，在国内外进行大力推广。政府应该出台相关政策引进龙头企业，强化服务性的相关扶持措施。

除较具规模的北硿华侨茶厂、万品春茶业以及莉芳茶厂之外，永春县还涌现出"黑猫""永鹏""绿芳""松鹤"等一批具有特色的中小企业品牌，政府可以通过整合资源推进这些中小茶叶企业向龙头企业靠拢，考虑兼并、租赁、联合或者收购等形式，实行统一管理，使用统一的标准，统一的商标，进一步规范区域品牌的使用主体，强化所有茶叶企业的品牌保护意识，进一步降低品牌危机形成的可能性，形成永春佛手茶产供销管理的规模产业效应，提高茶叶的产业化水平。

5.2.2 ST战略：多样化经营战略

永春当地茶园的管理比较粗放，因此应该提高整体的茶园管理水平，加快绿色、有机茶园的推进与认证工作。同时，在种植过程中应该利用先进的技术设备，例如使用茶园的机械修剪采摘可以提高工作效率，大大降低人工成本，引进全程电脑控制的先进生产设备，不仅可以使得生产工艺全程自动化以提高产能，还可以提升茶叶的品质。作为品牌推广主导的政府相关部门要在种植、生产制作过程中给予相关制度的制约和支持，加强质量标准和茶叶卫生安全的指标监控，严格按照市场准入制来生产产品，推进绿色生态名优茶产品的标准化生产。

当前永春佛手茶在市场上的产品较为单一，成品茶与安溪铁观音相比竞争力量薄弱。因此可以考虑采用避强定位，结合永春佛手茶的产品特性，进行产品的深加工，开发具有保健功效的茶饮料、茶食品以及便捷的袋泡茶等，同时积极探索永春佛手茶更为有效的产品分销模式。此外，可以进一步加强与科研单位进行技术合作，在茶叶的优化种植、加工生产等方面获取技术支持，提升科技水平从而提升品牌竞争力。

6. 永春佛手茶区域品牌整合营销传播策略

美国的唐·E. 舒尔茨（Don Schultz）教授提出的整合营销传播理论具有影响着整个企业界经营理念的划时代意义。整合营销传播的核心思想是以整合品牌所有者所有资源为手段，站在消费者的角度，充分调动所有积极因素进行一致化、全面的营销。品牌的整合营销传播是由广告、公共关系、包装以及店面促销等一系列系统性工作所组成的。品牌所有者可以选择其中最适合自己的一两种作为主要传播手段，其他辅助跟进。在品牌营销过程中，与目标受众的互动越多、越一致，品牌整体形象就越清晰明确，与品牌有利益关系的受众对该品牌的忠诚度就会提升，从而达到品牌营销的目的。应该说，有效运用整合营销传播手段，不仅是品牌所有者有效塑造品牌形象的重要渠道，也能为品牌所有者建立品牌资产提供有力的支撑与保证。永春佛手茶结合品牌传播现状进行整合营销传播可以具体从以下几个方面来体现。

6.1 永春佛手茶的品牌定位

6.1.1 永春佛手茶的目标群体

品牌传播受众是指品牌传播信息的接收者，也就是所谓的传播对象。传播对象在接收到有关永春佛手茶相关信息后，会直接或者间接做出购买决策。永春佛手茶区域品牌传播的目标群体按照品牌传播受众来分可以分为三个部分，其中核心受众是指永春当地居民、行业协会、当地企业等，因为这个群体不仅是永春佛手茶的品牌传播受众，也是永春佛手茶的品牌传播者，通过对内传播来加深三者对佛手茶的认同感，促使区域品牌传播的主体之间协调合作，从而实现传播范围和效果的最大化。此外，还有国内各地的永春籍人士以及国外永春籍华侨华人等，这个群体往往有着较强的家乡情结，特别是东南亚一带的华侨华人，对永春佛手茶也有着深厚的感情，历来是永春佛手茶较大的消费群体；次级传播受众是乌龙茶市场消费者群体，这个群体包括已经购买和饮用永春佛手茶的现有消费者群体，也包括其他所有潜在的消费者群体，特别是来福建或者到永春当地的游客；永春佛手茶的外围品牌传播受众是指对这一区域品牌的发展或多或少起着间接影响作用的群体，例如媒体、同业、政府以及社团等。因为政府相关部门的决策会影响到区域品牌的发展，而媒介的宣传引导社会舆论，会直接影响到该区域品牌在公众心目中的形象（如图11-1所示）。由于对永春佛手茶处于不同认知阶段的受众在接收品牌信息上方式各异，因此传播主体要根据受众各个阶段的特点，有针对性地进行品牌传播设计。

永春当地居民、行业
协会、当地企业、永
春籍华人华侨等

乌龙茶市场消
费者群体

媒体、同业、政
府以及社团等

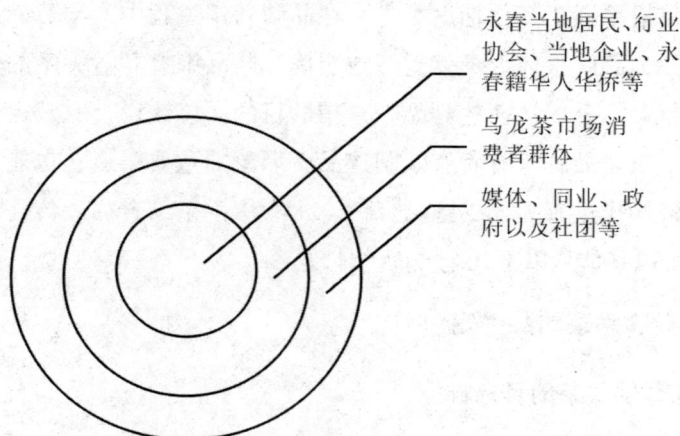

图11-1 永春佛手茶的目标群体

6.1.2 永春佛手茶的品牌定位策略

实施品牌定位策略，是为占领目标市场消费者的心智，在市场上树立良好的品牌形象。为区别于市场上的竞争对手，品牌形象要有可满足消费者需要的差异性。目前市场上茶叶品种繁多，永春佛手茶不仅要挖掘出产品本身属性的与众不同之处，更要借助永春当地优越的自然条件以及深厚的禅茶文化。

（1）依据永春佛手茶的文化差异进行品牌定位——中国第一禅茶

永春佛手茶的文化差异化品牌定位策略就是要把佛手茶发源史中的禅茶文化传递给消费者，通过文化定位来获得消费者情感上的共鸣与心理上的认同，让消费者通过文化认知产生品牌联想，当消费者一接触到永春佛手茶时，马上联想到"中国第一禅茶"，从而达到文化定位的目的。文化定位除需要考虑历史文化渊源外，还应结合旅游观光、创意文化等多功能发展趋势，以形成强烈的情感定位。

（2）依据永春佛手茶的功能属性进行品牌定位——药用保健"金佛手"

前文提及，永春佛手茶区别于市场上其他乌龙茶种的主要特点在于有药用保健功效。这也是永春佛手茶与安溪铁观音的区别之处，安溪铁观音伤胃，脾胃不适者不适合饮用，而永春佛手茶却有养胃、降血脂等功效。因此，在宣传上抓住这一特点作为宣传优势，能够凸显一定的品牌特色。

6.1.3 永春佛手茶的品牌内涵及商标设计

（1）永春佛手茶的品牌内涵

中国是茶的故乡，中国茶文化闻名海内外，但茶文化的发展并非以单一的形式出现，茶文化的发展很多都与佛教紧密相连、相辅相成，直到形成我们今日所熟知的"禅茶一味"。佛教和茶结缘对推动饮茶风尚的普及并向高雅境界直至发展到创立茶道，有着不可磨灭的贡献。佛使人联想到青灯古佛、远离尘世，有文人墨客、高僧名道焚香煮茗的美妙意境；茶体现清幽、儒雅、隽永，其特有的幽雅品格使之常与各种文化结缘及各种文人结缘。而"佛手茶"这一名称蕴含着吉祥、和谐归一的佛教文化内涵，它倡导的是一种不骄不躁、不卑不亢、乐于奉献、始终如一的人文精神，可以与佛文化、禅文化融为一体。佛手茶将"禅茶一味"的意境发挥得淋漓尽致，自古以来给后人留下数之不尽的典故，为丰富多彩的中华茶文化增添绚烂的一笔。"禅里有生活，生活中有禅"，而茶则是禅在生活中的具体体现。永春佛手茶品牌的精神在于传承中国深远的"禅茶"文化，拓展佛手茶产业，以"保健""养生"为宗旨，发扬"正清和雅"的禅茶文化。永春佛手茶的品牌愿景是通过区域品牌文化的传播，赋予消费者生动清晰的品牌形象，将中国传统的茶韵、茶道和茶艺融入消费者的生活当中，以品质打动消费者，创造值得信赖和认知度较高的品牌价值。

（2）永春佛手茶的商标设计

永春佛手茶原有的商标设计是由永春两个字的拼音首字母变形而来（如图11-2所示），虽然有较强的地域标识，但是没有体现出永春佛手茶这一区域品牌的文化内涵，商标的色彩、形状单一没有给受众形成较强的视觉认知效果。针对永春佛手茶的品牌内涵，笔者尝试重新设计永春佛手茶的商标（如图11-3所示）。该商标的设计理念如下：追寻着历史的脚步，太和殿上闽茶琳琅满目，乾隆手捧一茶曰："礼仪之上品，亦保健之良药，蕴含儒家正道，甚符国情民愿。赐金佛手。"此外，相传北宋年间，得道高僧精心培植出佛手茶，以后便每天以佛手茶供奉神佛，这一传说奠定佛手茶与佛的历史渊源，而且佛像多以金色塑身，因此，永春佛手茶的商标设计以金色为主打色；商标的整体效果凸显出"禅茶一味"的文化内涵，金色的佛手茶叶在佛手上涟漪绽放，宛若是这世间最高的信仰、最真的虔诚，赐予大地一道金色的希望。整个商标色彩高贵、形态优雅，体现出永春佛手茶那曼妙的身姿与涵蕴。

图11-2 永春佛手茶原有商标　　　　图11-3 永春佛手茶新设计商标

6.2 创意茶事活动，推动永春佛手茶文化传播

6.2.1 搭建海峡两岸禅文化与茶文化的交流平台，丰富永春佛手禅茶文化内涵

永春县山清水秀，朝雾夕岚，泉甘土赤，所生产的佛手茶质量历来为本类茶叶之极品，有别于其他地区的佛手茶。台湾与闽南一衣带水，具有相同的生活习惯和文化习俗，台湾人与闽南人对佛都极度虔诚。以三大著名寺庙为代表的台湾寺庙，融入了台湾社会独特的民俗生活和历史，浩大的寺庙网络，浓郁的寺庙文化，让一些濒临消失的风俗，得以至今流传，永春佛手茶可以借助这一平台将茶文化进一步发扬光大。因此，永春县政府可以联合有实力的茶企与闽南一带的知名寺庙如开元寺、少林寺以及台湾最著名的三大寺庙龙山寺、中台禅寺及北港朝天宫等合作，联手举办佛祖祭奠朝拜活动，将永春佛手茶定位为佛教法事专供茶，作为茶事活动的礼品免费馈赠给参与佛祖祭奠朝拜活动的香客，扩大永春佛手茶在佛教界的知名度，进一步弘扬"禅茶"文化。

6.2.2 扬"东南亚文化之都"之帆，传播永春佛手禅茶文化

泉州是古代海上丝绸之路的起点，历来有"地下看西安，地上看泉州"的盛赞，是享誉海内外的"东南亚文化之都"，素有"泉南佛国"的美誉。泉州有着丰富绚丽的历史文化底蕴，自古释、道、儒万殊一本，各有千秋，其

中以开元寺为首的佛教圣地扬名海内外。由于永春佛手茶被誉为"中国第一禅茶"，因此结合这个品牌内涵，永春县政府可以主办以"东南亚文化之都，永春佛手禅与茶文化高峰论坛"为主题的文化交流活动，并邀请晋江传统文化促进会旗下的汉服协会来承办，将传统文化中的汉服文化结合永春佛手茶的茶文化与禅文化来进行完美的诠释。"东南亚文化之都，永春佛手禅与茶文化高峰论坛"交流活动的开幕式上可以安排融入永春佛手茶茶艺表演、永春香香道表演、永春白鹤拳武术表演等节目，还可以邀请专业音乐人谱写以禅茶为内容的主题曲丰富永春佛手茶禅茶文化内涵，扬"东南亚文化之都"之帆，传播永春佛手禅茶文化，力求将该活动打造成在全国具有一定影响力的禅与茶文化交流盛典。

6.3　媒体组合策略

不同行业的品牌有着不同的生命周期，一个完整的品牌生命周期一般要经历品牌认知期、品牌美誉期、品牌忠诚期以及品牌转移期四个阶段，处于不同生命周期的品牌所使用的营销策略也不同，因此要考虑到品牌不同生命周期的特点。很多时候我们可能无法改变品牌进入转移期的命运，但是可以通过运用得当的营销策略来延长品牌生命周期中的繁荣阶段。目前，永春佛手茶处于品牌认知期向品牌美誉期转移的阶段。近几年在政府相关部门、茶业公会、茶叶企业的带领和努力下，永春佛手茶这一区域品牌的知名度在逐步提高，市场占有率在稳步上升，同时随着品牌知名度的不断提升，品牌所赋予的附加价值也在不断提高。结合茶叶这一产业的特性，永春佛手茶在后续的品牌传播过程中，可以考虑施行低成本高成效的媒体组合策略。

6.3.1　通过投放户外广告来提升永春佛手茶的品牌知名度

广告是一种传统却又需要不断创新的营销手段，是一个品牌提升知名度相对快捷而有效的渠道，通过广告可以扩大品牌认知度、可以明确品牌的定位，同时还可以提高品牌的情感价值。广告载体的选择很关键，在选择过程中要进行媒体资源优化，让广告效果事半功倍，主要的广告载体包括印刷类广告、电子类广告以及实体广告等。经过调研发现目前永春佛手茶的品牌知名度还不是很高，电子广告做得较少，因此结合永春佛手茶这一区域品牌的特性，可以采用以电子类广告为主，如广播广告、网络广告等传播方式，同时针对永春佛手茶这一区域品牌的特点，采用户外广告能强化品牌的区域联想。

永春佛手茶作为一个区域品牌要建立强烈的地理区域品牌联想，而户外广告往往是一个地方的标志，因此，永春佛手茶的品牌标志可以在永春县的汽车站（永春段）出入口、高速公路（永春段）出入口、国道、省道上相应的道路广告牌上体现出来。除此之外，可以在福州市以及泉州市的动车站、汽车站、机场以及公交站台等人流量较大的地方有相应的广告投放。另外，公交车的车身广告，经过福建省的列车上的列车杂志、语音介绍等也可以重点设计。此外，可在福建省会福州市、泉州地区以及永春当地的旅游景点门票上加印永春佛手茶的广告信息，通过各种渠道尽可能多地让消费者接触永春佛手茶这一区域品牌。除此之外，可以在永春县境内甚至是大泉州地区的高速公路服务站设立永春佛手茶的展销区，展销区除产品展示、销售之外，还可以设立品茗VIP专区，为休息的司机及旅客提供相应设施，在展销区可以提供永春佛手茶免费茶水供应服务，同时还可以制作一系列结合永春佛手茶文化元素的扇子、钥匙扣、纸巾等精美礼品馈赠给南来北往的旅客，通过旅客将永春佛手茶这一区域品牌传播出去。这些广告手段成本低，但是影响力极大。

应该注意的是，不论通过何种载体进行广告宣传，它所传播的形象如广告语、色彩、标识等元素都要统一设计，形成统一的形象识别系统，让来自各地的旅客形成永春佛手茶的品牌印象和品牌联想，让永春佛手茶不仅成为永春的代表、泉州的代表，更要成为福建的名优品牌代表，进一步提升永春佛手茶的品牌知名度和美誉度。

6.3.2 通过影视广告来加强永春佛手茶的品牌认知

影视广告是较为传统的信息传播媒体，它传播速度快、形象生动，在我国消费者中有较大的影响力。大部分的观众对于电视的收视要求大多以娱乐、获取新闻资讯为主，因此影视剧频道、新闻频道以及体育频道占据巨大的受众份额。但是大众营销的时代早已过去，新型的传播模式要求将目标顾客营销作为一种更加有效的传播策略来吸引广大客户的注意力。在生活节奏不断加快而传播信息不断泛滥的今天，受众对于收视的要求已经不同于以往，大部分的受众收视时都是直奔主题，选择自己喜欢的专业栏目。永春佛手茶作为一种消费品，在市场推广的过程中必须借助影视广告来提高与广大消费者的接触率，在一些经济、文化频道播放广告，或者选择在一些影片中植入广告。

6.3.3 微媒体策略

当今社会正快速进入微媒体时代，在微媒体时代里，受众接收信息的渠道也在悄然发生变化，因此，企业进行信息传播的方式也要随之发生改变。以往大量的信息都是经由传统媒体来进行传递，传统媒体中的电视、报纸等曾经发挥着重要作用。随着科技的不断进步和消费者行为的不断变化，传统媒体为顺应市场发展的潮流开始步入转型阶段而催生出更为贴近消费者生活的微媒体平台。应该说，微媒体的出现改变了企业与广大消费者的沟通方式，这种沟通方式摒弃传统媒体单向传播的劣势，更注重与消费者进行有效的双向沟通。许多企业也都开始重视利用微媒体时代的微博、微信、微电影等平台施行微营销策略，以试图吸引更多的潜在客户。永春佛手茶应该结合自身的品牌生命周期现状构建微媒体传播平台。

6.3.4 依托永春商会平台，提升永春佛手茶美誉度

商会是各地民政局审批的从事商业活动而不涉及政治的社会团体。商会形成会员之间强烈的品牌意识感，为同一籍贯的商人提供一个可以利用团队力量更好发展生意空间的平台。目前，在国内外经商、工作、生活的永春籍商人越来越多，仅深圳市就有好几万人，在深圳创办企业达到一千多家，涉及家具、房地产、电子、皮具、服装、餐饮、医药卫生、市政建设、社会服务等各行各业。不仅在深圳，国内各地以及东南亚一带的永春商人逐渐成为一个颇具影响力的商帮。近几年来，泉州、厦门、福州、宁化、上海、深圳等多县市纷纷成立永春商会，影响面很广。因此，可以在各地永春商会的会馆内放置永春佛手茶的宣传画册，免费提供商会会馆的日常办公用茶。由茶叶企业的各地经销商牵头，赞助商会活动，例如，在商会举办的相关活动中进行永春佛手茶茶艺表演；为商会定期免费提供高品质的茶点、茶叶、茶具等。特别是每年的新春茶话会，可以将高品质的永春佛手茶茶叶、茶点或者茶具作为新春礼品赠予与会嘉宾。商会会员一般是各行各业企业的负责人，这个群体具有一定的经济实力

和人脉关系，在商会会员之间，活用口碑传播提升永春佛手茶在当地的知名度和美誉度。

6.3.5 利用名人效应助力永春佛手茶品牌传播

当前最为流行的品牌营销方式当属利用名人效应进行品牌传播，名人效应相当于一种品牌效应。永春佛手茶可以借助某些与永春有特殊渊源的明星的知名度，既能吸引广大消费者的眼球，又能激发广泛的社会效应。名人效应可以带动、吸引某个特定群体，让产品进入名人"粉丝"的群体，能大大提升产品在消费者心目中的品牌形象。名人效应的作用是不可估量的，但是名人的选择也至关重要，选择的时候要考虑能够引起较强烈反应。例如，深受广大年轻人喜爱的周杰伦，祖籍福建永春，是台湾著名音乐人、音乐创作家、作词人、作曲家，曾获得"超人气歌手""亚洲流行天王"等荣誉，是近几年在海峡三地流行乐坛影响力巨大的当红巨星。永春县政府可以利用周杰伦祖籍的身份作为亮点，邀请他参加永春佛手茶的相关茶事活动，例如邀请周杰伦作为"东南亚文化之都，永春佛禅与茶文化高峰论坛"的文化交流活动的文化传播使者，谱写、演唱禅茶主题曲，一定能引起较大的轰动效应。此外，可以在一些公开活动中，馈赠给周杰伦高品质的茶叶并请他品尝后发表看法，这种无形的广告方式一定能激起广大消费者特别是周杰伦粉丝的极大兴趣，达到利用周杰伦的名人效应宣传永春佛手茶的目的。

6.3.6 与安溪、武夷山等地的茶叶龙头企业携手合作，借名扬名

目前，安溪铁观音、武夷山大红袍这些区域品牌已经较为成熟，市场上安溪铁观音这一区域品牌以安溪铁观音集团、中闽魏氏、八马茶业、理想茶业等为代表的龙头企业品牌都有较大规模的直营店与加盟店；武夷山大红袍这一区域品牌下的"武夷星"茶业也在全国各地设有连锁经营店，规模较大，品牌影响力很高，消费者对这些已经成熟的企业品牌信任度也较高。以当前永春佛手茶的情况要建设自营店、专卖店这一销售渠道没有竞争优势且成本极高，所以不具备可行性。因此，永春县政府可以考虑牵头与安溪铁观音、武夷山大红袍这些区域品牌旗下成熟的龙头企业合作，将永春佛手茶中的优质茶叶产品依托安溪铁观音、武夷山大红袍成熟的推广渠道进行捆绑销售，在这些龙头企业的

专卖店里设立永春佛手茶展销专区，借力安溪铁观音、武夷山大红袍的品牌影响力打开销售局面，借名扬名，进一步提升永春佛手茶的品牌知名度。

6.4 微传播策略

今天的我们已进入"自媒体"时代。随着科技水平的不断提高，新型媒介工具大量涌现且呈现蓬勃发展的态势，在此背景下，营销传播将出现新的发展趋势，互联网、移动电视、智能手机、微博、微信等工具的推陈出新挑战着传统的传播模式。传播是企业与消费者进行沟通的重要桥梁，传播媒介的选择决定了沟通是否更具有效性。传统的营销传播以广告为主，广告是一种行之有效的传播手段，但随着营销环境的不断变化，企业的传播媒介选择更为多样化且可能更行之有效。应该说，新型媒介的异军突起正在瓦解原本强势的传统大众媒体，企业营销传播不可避免地要面临较大的转型。新型媒介传播将会使品牌的传播和品牌的构建更加地精准有效。

6.4.1 微博传播策略

微博是一种新型的网络运用形式，也是我们进入"自媒体"时代的代名词，是微型博客的简称。它是一个互动平台，摒弃传统的由企业单向传播信息的情况，而是通过与跟随者及时地互动交流达到人际传播和推广的效果。微博的字数一般在140个字左右，但因其及时更新、及时分享的速度极快，因此能快速地实现信息传递。在信息传递过程中任何信息都可以因为"一键式"操作迅速地形成传播扩散力，"一键式"操作中尤其以转发为例能够最快地参与对某个信息的持续性讨论和引起更多的人对这一信息的关注，这相比传统传播媒介较为烦琐的编辑发布过程而言更为有效。很多企业都意识到微博营销的重要性，因为微博营销是企业进行网络营销的一个重要突破口，但在实施过程中切勿误解微博营销的概念，例如单纯地将微博平台作为信息发布的窗口，而忽略与潜在受众之间的有效互动与交流。微博营销的目标是获得足够多的跟随者，作为与跟随者之间的互动交流平台，迅速打造具有良好知名度的网络品牌，让这些跟随者了解和使用这个品牌的产品。

永春佛手茶要进行网络营销，除在网上开设淘宝旗舰店、连锁加盟店等方式来打开网络市场，微博是不可或缺的推广手段。永春佛手茶政府主管部门以及相关茶企可以在新浪、网易等网站注册账号，开通新浪官方微博，把永春佛手茶新浪微博打造成与茶友交流互动的平台。可以邀请新浪微博达人和各路媒体到永春当地观光旅游，品鉴永春佛手茶，以茶会友，品味人生，然后在官方微博上进行全程直播，与广大爱茶之士即时分享心得体会。同时，做到每天及时更新微博内容，内容包括永春佛手茶的品牌、产品、功效以及文化特色等，最主要的是通过微博可以及时地解答跟随者提出的相关问题，这样可以达到互动营销的目的。

此外，永春佛手茶进行微博营销还可以利用微博平台进行特价或者打折信息的传递，提供限时的免费体验或者商品打折促销活动；可以进行广告宣传，例如在一些门户类网站、百度推广等平台多维度地发布有关永春佛手茶的企业微博广告，增加曝光率，提升网民的关注度，目的在于让更多的潜在消费者了解永春佛手茶这一品牌。为扩大影响，相关部门还可以邀请线上线下的经销商、消费者、企业员工等注册，在注册的时候使用指定的注册链接，争取让更多人关注有关永春佛手茶的微博。

6.4.2 微信传播策略

微信是腾讯公司推出的一个针对智能手机能即时通讯服务的免费应用程序。随着手机的不断更新换代，今天的手机市场已被智能手机占据江山。简单说，只要消费者用的是智能手机，就可以通过网络快速发送只需消耗少量流量的文字、视频、图片以及语音短信，同时支持多人群聊。如果说微博是强媒体、弱关系的平台，微信则是强关系、弱媒体。与微博及其他互联网营销方式相比，微信营销体现出更强的吸引力，微信营销的传播基于交友文化，朋友圈里大部分是手机好友、QQ好友，彼此之间有更强的信赖感，这是微博以及其他互联网社交工具所无法比拟的，微信营销要将个人的平台和公众平台相结合。对于茶叶而言，潜在的消费者很多，只是消费者不知道如何去寻找适合自己的品种，或者说永春佛手茶以前没有很好地告诉消费者这个品牌能给他们带来多大的好处，而微信让这一切都更具目的性，应该说，微信营销已经成为茶业营销的新宠。

永春佛手茶品牌主管部门应该鼓励相关茶叶企业参加各类茶博会和展销

会等公开活动，要求各企业在参展期间，展厅的门口和展出的茶产品上面都必须打上时下流行的二维码，方便消费者只需用手机扫一扫，就可以进入该产品相关茶叶企业的微信平台，更多更详细地了解相关茶产品的信息。当前的茶产品微信营销处于发展阶段，永春佛手茶应该抓住当前契机，充分发挥微信营销的作用，在所有永春佛手茶相关茶叶企业的产品包装盒、茶具、宣传画册、名片、海报以及员工的工作服上都印上二维码，通过鼓励消费者只要加入微信，并在朋友圈分享与产品相关的图片、广告语，就能免费获得一盒精装茶礼盒，从而推广永春佛手茶区域品牌。

此外，永春县政府和各个主产永春佛手茶的乡镇政府可以打造通过认证的、具有影响力的县级、镇级政府官方微信"桃源事业"，致力成为拓展永春佛手茶产业一流窗口。在"桃源事业"上除设置便民的旅游交通、医保、违章等多功能查询外，最主要的是可以设置永春佛手茶的专题推送，将永春佛手茶的历史、种植技术、茶园风光、茶事活动等各类主题通过微信平台传播出去。每条微信链接的下面可以设置"桃源拍客征集，好礼等你来拿"的活动，邀请广大受众将身边有关永春佛手茶的新闻趣事拍报给官方邮箱，文字、图片、视频或者提供线索，一经采纳，获得相应礼品，鼓励传播受众参与微信互动，进一步提升永春佛手茶的知名度。

6.4.3 微电影传播策略

微媒体时代改变消费者生活方式的微媒体除微博与微信之外，还有另一个正在蓬勃发展的微营销平台——微电影。"微电影整合营销"是当今流行的一个新定义，是一种将电影作品与企业进行商业化宣传进行整合营销推广的结合体。在微电影内容中可以将商业化的品牌文化、品牌愿景以及品牌定位等内容有效结合起来拍摄相关主题的微电影，或者在微电影当中植入相关广告进行整合营销推广。微电影在传播过程中注重建立与同类产品的差异性，给传播受众带来一对一的品牌宣传与视觉冲击。微电影不仅可以为企业提供一种新型的广告模式，也可以为负责传播的网站带来不断增长的点击率，同时为影迷提供免费观看影片的平台，通过这种多方共赢的模式达到某一品牌进行品牌推广的作用。永春佛手茶有着丰富的文化内涵，拥有许多生动有趣的茶故事、茶传说，可以将永春当地的白鹤拳武术、香道、永春老醋等相关文化元素结合永春佛手茶的故事、传说拍成微电影与广大受众见面，提升永春佛手茶的品牌内涵。

6.5 与永春旅游业联姻，借助旅游业推广永春佛手茶产业

中国茶文化历史悠久，茶是传承中国传统文化的载体。以茶为媒发展茶文化旅游，不仅可以传承中国的传统文化，还可以促进永春县旅游业的发展。随着人们生活水平和文化素养的不断提高，消费者对旅游的需求从原来的纯粹观光逐渐上升到集观光与休闲娱乐为一体。近些年来，拥有茶产业资源的地方不断推出茶文化旅游产品，例如杭州龙井茶文化旅游、西双版纳普洱茶文化旅游等，不仅受到国内广大游客的喜爱，也渐渐吸引国际游客的目光。

永春县位于福建省中南部，总面积1451.8平方千米，全县森林覆盖率达69.2%，绿化程度达94.5%，亚热带湿润性季风气候条件，年平均气温17—21℃，年均降水量1660—2100毫米。永春县是国务院首批开放县之一，是全国生态县、国家绿化县，更是享誉全国的芦柑之乡。永春自古以来有"四时多燠"，气候素有"万紫千红花不谢，冬暖夏凉四序春"的美誉，故称永春。有"众水会于桃溪一源"一说，故亦称之为桃源。永春县因其地理条件优越，有着丰富的旅游资源且四季皆宜旅游。其中，除牛姆林是4A级景区外，还有众多的名胜古迹，例如宋代木雕魁星造像、五代遗留的摩崖厨房和千年桂花树等丰富的旅游资源。

说到永春县旅游资源，不得不提的是于2014年4月被中国轻工业联合会正式授予"中国香都·永春达埔"荣誉称号的永春香产业文化。永春香产业已有千年历史，制作工艺精湛，文化底蕴深厚。未来永春香的定位是走出传统朝拜香的模式，转型车载、家居、办公等地香料用品，开发"香道"中的品香、熏香等高端产品，同时结合丰富的文化内涵开发工业旅游体验。目前，福建省将中国香都产业园列入重点项目，规划用地2300亩，计划建设成集香文化展示、香品研发生产、旅游香品展示与辅料市场及商贸物流等功能为一体的产业园区，中国香都产业园已于2015年完工，2016年正式投入使用。近两年来，永春香文化工业旅游越来越受广大游客欢迎，以文化游为主题的旅游线路越来越火爆，游客通过到香企、展示厅、体验店以及香道馆等参观了解香文化，参与香产品制作，欣赏香道表演等体验方式，进一步了解永春香文化的内涵也带动永春香产业的发展。

永春因其优越的地理条件造就许多风光旖旎的自然乡村，近几年，泉州地区兴起美丽乡村游的一股热潮，永春县旅游局与各大旅游公司合作推出"美丽乡村游"的旅游线路，其中晋江源头东溪大峡谷→佛手茶乡嵩山村→美丽观山村→白鹤拳大羽村一日游的线路就颇受游客青睐，游客不仅可以享受大自然的魅力，与名胜古迹亲密接触，还能体验中国功夫的精华，更主要的是这条线路加入永春佛手茶这一元素，在嵩山村可以品鉴和购买到新出的永春佛手茶，通过旅游带动永春佛手茶知名度的提升。

此外，盛产永春佛手茶的玉斗镇计划建设佛手茶主题产业园，将佛手茶主题产业园纳入永春县旅游路线，结合以上情况，对永春县旅游线路作出如下设计。精品旅游线路：牛姆林→佛手茶主题产业园→绿岛度假村→船山风景区→百丈岩→魁星岩→东关桥→北溪农家乐旅游区；生态旅游线路：牛姆林→佛手茶主题产业园→绿岛度假村→船山风景区→全国先进基层党组织典范美岭村；文化精品旅游线路：东关桥→永春文庙→永春老醋公司→永春围屋→永春纸织画研究所→永春佛手茶主题产业园→永春达埔汉口神香厂（香道表演）；后期还可以设计针对永春佛手茶、永春老醋、永春纸织画以及永春香道的文化体验旅游线路，具体为：永春老醋公司→永春纸织画研究所→永春白鹤拳馆→永春佛手茶主题产业园→中国香都产业园，让消费者切身感受永春这一桃源圣地的魅力文化，也让永春县各种旅游资源有效整合，互相促进，共惠共生。

6.6 永春佛手茶品牌危机管理策略

6.6.1 茶产业品牌危机的类型

在传播媒介快速发展、信息极速传播的今天，品牌危机的发生可能在很短的时间内给企业带来难以估量的损失，茶叶品牌亦是如此。品牌危机给企业带来的挑战是品牌信誉的缺失，造成品牌信誉危机。若产生品牌信誉危机，就会失去消费者的信任和支持。

区域茶品牌的信誉危机首先体现在假冒伪劣产品所产生的"负能量"。例如，2009年台北县消费者保护委员会发现从越南进口的价格较为便宜的茶叶与台湾本地的茶叶混包装后都标识着"台湾生产"，欺骗消费者。台湾茶在国际市场上享有一定的知名度和美誉度，而用越南茶和台湾茶调和出来的"混血儿"让消费者对台湾茶的信赖发生改变，影响了台湾茶在消费者心中本来的形象。

区域茶品牌的品牌危机还表现在一个茶界顽固的老问题——农药超标，即产品质量危机和品牌形象危机。2012年4月，全国的各大媒体都在热炒安溪铁观音的农药超标事件，这让安溪铁观音的"茶王"形象受到极大的质疑，许多消费者甚至大呼"戒茶"。而国家技术监督部门近几年对市场上茶叶的抽检结果表明有近七成不合格，主要问题就在于存在农药超标。

6.6.2 永春佛手茶区域品牌危机管理

品牌是一个企业的无形资产，但是在品牌经营的过程中，品牌危机随时都可能发生。因此，针对茶产业品牌危机的几大类型提出品牌危机的管理需要围绕事前预防、事中有效处理以及事后恢复管理三个方面来进行。

（1）永春佛手茶品牌危机的预防管理

首先，建立永春佛手茶区域品牌危机预警体系。要在全体茶农、茶商、茶叶企业中树立全员品牌危机意识，让所有永春佛手茶这一品牌利益关系人产生责任感与危机感，并意识到共同维护品牌是一种使命。发挥农业局、科技站、县政府相关部门、茶叶同业公会等各部门的力量，加强各方的通力合作。

其次，规范永春佛手茶生产经营的过程管理和制定科学的品牌使用策略。品牌危机的预防要求使用永春佛手茶这一区域品牌的相关企业在产品开发、产品质量控制以及市场营销等各个环节都要严格管理。同时加强公共关系能力，与企业的内外部环境成员之间保持良好的关系，树立企业良好的形象。永春佛手茶是区域品牌，为避免因为某一企业品牌的危机事件导致整个区域品牌严重受损，相关企业在为企业、产品命名时要有商标意识，学会有效地保护企业品牌，尽量将品牌危机的连带效应降到最小。

（2）永春佛手茶品牌危机的事中化解

品牌危机具有突发性，尽管制定了预防机制，在经营过程中依然随时有可能发生品牌危机。因此，一旦永春佛手茶这一区域品牌危机发生，永春县主管部门应协调相应茶叶企业第一时间组建危机处理小组迅速启动应急机制，有效控制事态的发展，调查品牌危机发生的情况，同时对整个品牌危机产生的影响作评估，然后制定详细的计划来化解危机。

（3）永春佛手茶品牌危机的事后恢复管理

一旦发生品牌危机，应注重品牌危机的事后恢复管理工作。假如永春佛手茶发生品牌危机，相关的品牌监管机构要督促发生品牌危机的相关茶叶企业责任人做出相应赔偿，取信于民，同时将对永春佛手茶这一区域品牌的影响降到最低，也避免对其他相关茶叶企业发生连带品牌损失效应。

7. 促进永春佛手茶区域品牌传播的执行保障

7.1 实行以永春县政府为主导，同业公会辅助，龙头企业参与的区域品牌传播模式

纵观国内外区域品牌的实践经验，区域品牌的管理需要明确经营主体，一般由地方政府、龙头企业、行业协会或者经济合作组织来承担。结合我国农产品区域品牌发展现状以及永春佛手茶这一区域品牌的特点，实行以永春县政府为主导，行业公会辅助，龙头企业参与的区域品牌传播模式，各机构应当履行各自职责，共同促进永春佛手茶区域品牌的发展。

7.1.1 建立以永春县政府为主导的区域品牌传播模式

在区域品牌推广中，政府力量的有效支持是区域品牌长远发展的有力保障。永春县政府是永春佛手茶这一区域品牌的管理者和营销的主导者，同时也是品牌的服务者，应该在永春佛手茶区域品牌推广过程中充分发挥引导和扶持功能。永春县政府可以借鉴安溪及福安两地的做法，组建一个能够专业指导永春县茶叶生产、加工、品牌营销、产学科研的茶产业管理机构——永春茶业管理局或者永春茶叶管理委员会，该管理局或者管理委员会的主要职责之一是审批和规范永春佛手茶这一区域品牌的使用权，加强对永春佛手茶这一区域品牌的管理，实行统一的管理方法，防止区域品牌被滥用，区域品牌被滥用易导致公关危机的发生。政府部门在决策的时候应从大的层面来统筹制定永春佛手茶区域品牌管理的长期发展规划。

同时，加大政府扶持力度，打造以永春佛手茶为主导的茶叶企业品牌。鼓励更多的茶叶企业注册商标，按国际化标准进行茶叶生产和贸易，扩大连锁经营，加强文化包装，塑造企业品牌形象，力争培育更多的知名品牌。以品牌带

企业、以企业带行业、以行业带产业，推动永春县茶产业的发展。

永春佛手茶作为集体证明式商标，品牌拥有的主体是区域内的品牌使用者和受益者。永春县政府是品牌传播主体中的公共层面，应该搭建永春佛手茶发展的大戏台，例如，派驻茶叶分管领导和技术人员常驻茶园和茶厂，提供科学的管理和技术服务等。

7.1.2 积极发挥永春县茶叶同业公会的辅助作用

同业公会是相同行业的企业因为某些共同的需求而联合组成的组织，同业公会监督各会员企业之间的商业运作，并提供技术、管理等方面的指导。永春县茶叶同业公会于1996年成立，是由永春当地的茶商、茶农和热心茶叶事业的社会人士组成的群团组织，目前共有会员210多人，理事会会长、副会长、常务理事以及理事共64人，组成人员遍布永春县各产茶乡镇。永春县茶叶同业公会积极参与永春佛手茶的品牌建设，承担永春县政府授权的相应职责，2006年在永春县政府的授权下申请"永春佛手"的集体商标。2009年在海峡两岸（永春）佛手禅茶高峰会上与台中县茶商业同业会会、台湾桃园县茶商业同业公会签订7个茶叶项目的合作意向，双方合作发展永春佛手茶，为永春佛手茶的文化宣传与推广搭建平台。同时，永春县茶叶同业公会通过企业之间技术交流、资金融通、信息传递以及统一销售等相互协作的活动，引导永春县形成区域性的专业生产。永春县茶叶同业公会在区域品牌营销中发挥着至关重要的作用。它由永春县政府授权承担相应的职责，包括对行业的自律，维护行业权利，协调、管理及服务企业的成员；扶持重点企业，并给予技术指导、信息沟通方面的策略支持；严格把关加盟机制，对加盟的企业实行严格的产品质量安全体系标准和行业准入标准；规范茶叶的生产管理、销售质量以及诚信服务等职能监督；促进加盟茶企之间加强交流与协作，是永春佛手茶规范化管理和有效经营的重要辅助力量。

7.1.3 引进永春佛手茶龙头企业，在永春建立绿色茶叶生产基地，永春县政府给予政策支撑

龙头企业是永春佛手茶区域品牌传播过程中最重要的活动和收益主体，也是助推永春佛手茶品牌发展的重要力量。永春县政府可以实行龙头企业引进与

培育并重的原则，引进为主，培育为辅以推动佛手茶业的发展。

前面提及永春佛手茶的销售渠道可以借助市场上成熟的龙头企业品牌，借名扬名，而要促进这些龙头企业更好地参与永春佛手茶的品牌推广，也可以考虑从源头上吸引这些龙头企业的兴趣。例如，可以利用地理优势和政策扶持引进天福茗茶、安溪铁观音集团、武夷星茶业等实力雄厚的龙头企业，整合永春县分散的茶园资源，规划出绿色茶叶生产基地提供给这些龙头企业来经营管理，这些龙头企业可以利用已有的种植、生产和营销资源助推永春佛手茶的产业发展。此外，永春县是有名的侨乡，海外经济实力雄厚的侨胞较多，当地政府也可以出台相关政策例如免息贷款、税收优惠等措施来吸引有实力的海内外企业来永春投资，采取合资、股份制、独资等形式组建现代化的大企业，采用"公司+标准+基地+农户"的标准化示范推广模式，通过龙头企业的带动作用使得示范区的建设深入广大茶叶种植户，整体上提升并保障茶叶的质量，从而推动整个茶产业的发展。

永春当地生产规模较大的茶叶企业有永春县的魁斗莉芳茶厂、北硿华侨茶厂和万品春茶业有限公司等，其余的都是零散的小规模企业。其中，永春县的魁斗莉芳茶厂、北硿华侨茶厂已被永春县评为龙头企业，列入龙头企业进一步培养计划。永春现有的龙头企业可以与引进的龙头企业建立稳定的战略合作伙伴关系，结成同盟协助各个企业打造自身的企业品牌和产品品牌，整合产业链，形成产业集群。龙头企业应通过组织指导永春县当地农户生产优质茶叶，保障茶叶品质，维护区域整体形象。此外，作为永春佛手茶品牌营销的活动主体，龙头企业不仅要利用自身条件进行区域品牌推广活动，还要积极参与政府和永春茶叶同业公会的各种活动，共同推进永春佛手茶区域品牌的发展。

7.2 完善各种配套设施，促进永春佛手茶快速发展

7.2.1 完善商住一体化配套设施，打造永春"中国佛手茶叶城"

永春县地理条件优越，交通便利，可以规划建设现代化的"中国佛手茶叶城"，茶叶城功能配套要齐全，建设为集茶叶贸易、文化旅游、信息交流以及科研为一体的大型综合体。茶叶城店铺可以设计为商住两用，除主打的佛手茶之外，还要经营各种名茶、茶机械、茶具以及各种茶膳、茶饮品等，打造成具

有永春当地特色的茶叶商贸区域。茶叶城的主题建筑可以设立茶叶交易大厅以及佛手茶精品展厅，设立与福建农林大学合作的科研中心、茶文化研究展示中心、茶叶质量检测机构等。建设永春佛手茶茶文化博览馆，博览馆内分别设立中华茶史与永春佛手茶茶史厅、茶事活动展示厅（大事记）、茶歌、茶诗、茶联展示厅等，展示永春佛手茶文化在中国茶文化中的重要作用。

一个大型综合体需要有完善的配套设施，永春县政府应完善与"中国佛手茶叶城"相关的配套设施，在佛手茶叶城附近开发房地产项目，带动住宅、购物中心、写字楼、酒店、娱乐业、物流及茶具、茶机械等辅助性产业的发展，形成茶叶产业集群。

7.2.2 设立永春茶产业电子商务基地，完善永春"中国佛手茶叶城"

电子商务改变中国人的生活方式，也将整个中国乃至世界变成一个交易城，电子商务使区域品牌下的产品突破区域限制，成为新兴的产品销售平台和渠道模式。网上数据显示，目前电子商务在整个茶产业的销售中所占比重还不算太大，尚未形成大部分茶叶企业销售的支点，2013年全国茶叶电子商务的销售额将近85亿，市场发展空间巨大。今天的消费者对于电子商务的信任度和依赖度正在不断提升，因此电子商务平台成为永春佛手茶进一步拓展市场是重要途径。永春县政府可以在中国佛手茶叶城中规划专用区域用于建设永春茶产业电子商务基地，并在该基地中引进专业的电子商务公司，鼓励龙头企业带头发展电子商务，努力建设成网上最大的佛手茶批发集散平台。

8. 小结

通过本章的研究基本达到预期目标，主要结论如下：

首先，通过对国内外相关文献的梳理分析，结合永春佛手茶的历史变迁及区域品牌发展现状，总结出永春佛手茶发展过程中的问题主要表现在品牌定位模糊，销售渠道不健全，缺乏专业的营销团队与龙头企业，永春当地大多数茶叶种植生产合作社小农思想严重，品牌意识不强等。

其次，本章结合区域品牌的特点提出永春佛手茶的品牌营销主体应以政府作为主导，茶叶同业公会辅助传播，引进龙头企业参与区域品牌传播的模式。同时，针对各传播营销主体制定传播功能，希冀各营销主体通力合作促进永春佛手茶这一区域品牌的发展。

最后，结合永春佛手茶这一区域品牌的实际情况明确品牌内涵与定位，提出整合营销传播策略，希望利用传统和新型媒介的有效结合来提升永春佛手茶的品牌竞争力，着重分析在永春佛手茶这一农产品区域品牌发展过程中应重点防范品牌危机的产生。

本章对永春佛手茶整合营销传播的分析和创新有一定的成效。永春佛手茶得到发展，受益的不仅是茶农茶商，还将带动永春县文化产业、旅游业的发展。现如今消费者的需求不断多元化，永春佛手茶要在激烈的竞争形势下胜出，就必须拥有完善的品牌建设规划与实施，形成永春佛手茶的品牌资产，并有效管理和积极整合营销传播。

第十二章

漳浦大葱区域品牌新媒体传播策略研究

1. 前言

1.1 研究背景

近年来，为响应国家大力发展现代化农业产业的倡议，结合在2015年两会期间，李克强总理在政府工作报告中首次提出的"互联网+行动计划"，以移动增值、互联网、AR技术等新媒体传播推广平台为媒介，促进新媒体传播推广平台与农产品区域品牌的健康发展，快速推动我国农产品区域品牌与现代化农业产业的发展[333]。自2006年以来，农产品产值日益攀升，国民经济水平不断提高，我国农产品区域品牌发展进入新的发展阶段，一改停滞不前的农产品国内渠道销售，着重提升现代化农业产业发展。

根据2015年浙江大学中国农村发展研究所中国农业品牌研究中心条多机构联合开展的"中国农产品区域公用品牌价值评估"的品牌价值评估发布显示，2012至2014年间，中国的农产品区域公共品牌价值有了显著的提高。

本书主要选取国内较受关注的378个农产品区域品牌作为本次研究的主要样本，其中有300个农产品区域品牌的样品连续两年参加该考核。2015年，这300个品牌的总价值增加了414亿5900万元，同2014年相比，同比上涨了10.26%。这表明，中国的农业品牌在2015年整个区域公用品牌中有了很大的提高。

大葱于1996年作为高优农产品被引入漳浦县，其所辖赤湖镇、深土镇为主要种植产地，种植面积与年产值逐年增加且趋于稳定。据了解，2015年漳浦大葱被列入漳浦县名优特产之一，2016年荣获国家级地理标志证明商标，尽管如此，漳浦大葱的国内市场份额却很低，消费认知普遍不高，在品牌发展的阶段，区域品牌建设滞后，品牌传播的力量很小[334]。目前，漳浦区域品牌传播的主要途径是报纸宣传等传统手段，由于消费受众的局限性，品牌意识模糊，区域品牌推广缺乏整体性和连续性，不能突出漳浦大葱区域品牌优势，且新媒体传播受地方政府政策、资金、人才的影响，大大限制漳浦大葱区域品牌的辐射范围扩大与消费受众数量的增加，不利于漳浦大葱经济效益的提升。目前，新媒体是区域品牌传播的主要手段，但是漳浦大葱区域品牌新媒体传播还比较薄弱，面临诸多困境。鉴于此，本章分析了漳浦大葱区域品牌新媒体传播存在的问题，提出了相应对策，旨在为相关农产品主体部门提供一定的理论参考依据，促进漳浦大葱区域品牌建设。

1.2 研究目的及意义

本章首先借鉴国内外研究学者的研究成果，确定本章的研究背景与研究思路，其次通过访谈和实地调研的方式获取相关资料数据，最后结合案例与实际情况分析漳浦大葱区域品牌新媒体传播存在的问题及成因，并提出相应对策，为相关主体部门提供理论参考，有助于漳浦大葱区域品牌快速发展，发展农村经济，改善农民生活。

第一，本研究具有一定的理论意义。本章以文献回顾为依据，充分调查漳浦大葱区域品牌传播的现状，分析漳浦大葱区域品牌新媒体传播存在的问题，提出相关的对策和建议，在充实理论依据丰富日后学者的研究资料的同时，也可为相关农产品的当地政府和主体部门提供一定的理论参考依据和实践根据，以此促进漳浦大葱区域品牌建设，塑造漳浦大葱区域品牌良好形象。因此，本研究具有重要的理论指导意义。

第二，本研究具有现实意义。构建、发展和壮大特色优质农产品品牌是一项非常艰巨的任务和庞大的工程。漳浦县尽管在漳浦大葱区域品牌建设方面取得了比较好的效果，然而相较于农业发达地区来说，仍然有很多不足的地方。

因此，对漳浦大葱区域品牌新媒体传播进行研究，有利于漳浦大葱区域品牌在农村经济建设中的作用，对促进当地农民增收、促进当地经济发展和优化农业产业结构有着非常重要的现实意义。

1.3 国内外研究综述

1.3.1 国内研究综述

从20世纪80年代初至90年代末，随着种植技术与农产品产量的不断提升，我国农产品的销售竞争趋势越显激烈，基于对市场经济与现实因素的综合考虑，结合国外现有的研究成果，我国的部分学者开始关注并研究我国农产品品牌建设问题，重点关注、研究我国农产品在品牌发展中所存在的问题与应对措施对策，现分析如下：

（1）农产品品牌建设问题及对策研究

第一，农产品品牌建设存在问题。厘清关于农产品品牌建设存在的问题，有利于农产品品牌建设的发展，国内的相关研究学者们根据现有的研究成果与实践结论，从不同角度进行了分析，也针对农产品品牌建设所存在的问题提出了相对应的对策与方案。林承园（2015）重点分析了湖北安陆地区农产品品牌建设问题，提出湖北安陆地区政府单位农产品品牌意识薄弱，农产品生产者仍旧停滞在农产品生产阶段，品牌宣传难以推广，当地农产品品牌建设在根深蒂固的单一的推广方式上遇到了较大挑战[335]。刘翠翠、陆新文、赵文波（2013）在实地考察研究了亳州市农产品品牌建设的过程与结果后认为，亳州农产品区域品牌建设存在的问题可以划分成两个部分，其一是亳州市农产品品牌的创立界定不清晰、农产品深加工程度不高、农产品产业规模化程度不高等问题；其二是亳州市农产品区域品牌生产经销者品牌观念淡薄，笃定于传统的推广方式，对新事物接受程度较低[336]。邱珊莲、刘荣章（2014）在研究相关农产品品牌建设案例后认为，伴随着国际市场的冲击，国内消费格局的变幻，如何针对性建设具有鲜明特色的农产品品牌是我国各地方政府、单位、个人所应该考虑的问题，在这一方面，尽管我国也取得了一定的效果，但在政府扶持、法律法规、农业标准化、农业产业化、产品内涵、品牌宣传等方面还存在诸多问题[337]。陈告等（2015）在分析了怀化市农产品品牌建设中的问题后认为，怀化市农产品品牌建设的主要问题为相关政策扶持力度不足、区域品牌意识淡薄、品牌受众群体界定不清晰和区域品牌管理无力等问题，结合怀化市农产品品牌建设的现状与相关部门的政策后分析，农产品品牌建设的现实意义必须建立在政府与相关部门支持的基础上，而怀化市农产品品牌建设存在的最大问题便是地方政府与相关部门的支持与扶持力度不高[338]。刘晓珂等（2015）在对广东省农产品品牌建设分析的基础上，发现存在品牌区域分布不均衡、产品附加值不高、名牌经营管理能力差、名牌企业规模普遍偏小等问题[339]。姚春玲（2015）通过分析研究发现，内蒙古农产品区域品牌建设中存在的问题是：农产品区域品牌建设有一定的限度，其资产价值不稳定，经济效益不明确，其品牌传播效率不高[340]。

第二，农产品品牌建设影响因素研究。制约农产品品牌建设的内在机制即可等同于农产品品牌建设的影响因素，相关研究学者通过大量的实证分析后也对此有了一定的探究，如马玉莹等（2016）指出，外在因素和内在因素是影响河南特色农产品品牌建设的关键因素，内在因素包含了农产品品牌形象塑造、农产品现代化生产规模规划等，外在因素包含了基础设施、市场竞争、舆论报道等[341]。田文勇等（2014）实证分析了贵州、四川一些农民专业合作社建设农产品品牌的情况后指出，影响农产品品牌建设的因素包括社长年龄、合作社成立年限、标准化生产程度等[342]。

第三，农产品品牌建设对策。宋丽华等（2015）研究认为，农产品品牌发展在淮安地区的表现是重申报轻培育、品牌发展程度局限、营销策划水平较低等问题。基于淮安市的实际情况与农产品品牌发展现状，从农产品包装、市场定价、宣传策划方案及渠道开拓等方面出发，进一步提出切实可行的构建淮安地区农产品品牌明确对策[343]。通过对陕西"紫阳富硒茶"区域公用品牌建设情况进行研究后，成党伟（2016）提出了很多有参考意义的建议，同时，在农产品品牌建设过程中，地方政府与有关部门应发挥带头主体作用、完善农产品品牌推广扶持政策与制度，积极参与构建农产品区域品牌保护与维护机制、加大对农产品区域品牌的宣传推广、塑造具有市场竞争力的农产品品牌形象，强化农产品区域品牌定位，大力推进农产品区域品牌推广工作[344]。李静等（2016）在分析内蒙古农产品品牌发展模式后指出，构建农产品区域品牌运行机制首先应该注重发挥政府公共服务功能，力在构建农产品区域品牌政策服务机制。其次应发展优良的农产品深加工与销售市场聚集，为农产品品牌建设与区域农产品产业聚集提供良好环境与发展空间，依托政府牵头、企业带动的模式为农产品品牌化发展创造契机[345]。陈莉等（2015）认为，塑造具有竞争力的农产品品牌形象为农产品区域品牌发展的关键，强化农产品品牌与区域特色之间的整体概念，定制品牌化营销手段，对供货端与订货端的双向管理，更有利于农产品品牌的可持续发展[346]。

（2）农产品区域品牌新媒体传播问题及对策研究

第一，农产品区域品牌传播存在问题。刘丽（2016）在对辽宁西北地区农产品区域品牌发展的研究中表明，该地区农产品区域品牌发展受限的主要因素在于政府部门缺乏对农产品区域品牌的建设与推广的指导与扶持，导致农产品区域品牌在种植生产、销售、品牌推广过程中缺乏弹性的管理与约束，农产品的品质难以保证，进而对农产品品牌的建设与推广产生不可逆的影响后果[347]。姚春玲（2015）对内蒙古农产品区域品牌建设存在的问题进行了研究，认为农事节庆活动对农产品区域品牌传播的贡献度不高。在对农事节庆的品牌传播影响力这一项的系统评估中显示，乌兰察布马铃薯是媒体报道量最低的品牌节庆之一，与洛阳牡丹、平谷大桃等媒体报道量较高的品牌节庆在报道篇数上相差甚远。潘燕（2014）对山西省区域品牌传播的研究表明，在品牌营销方面，大多数的企业还停滞于传统的营销方案，接受新的营销方案与手段程度较低，营销观念淡薄，同时也导致企业在品牌市场中竞争力弱、影响程度低，营销推广效果与营销投入难成正比，营销单一导致农产品产业化种植、销售渠道狭隘，拓展销售渠道阻力加大[348]。欧阳春风（2016）认为，农产品区域品牌之所以在近年来受到地方政府和有关部门的高度重视，是因为农产品区域品牌发展可带动区域农业的同步发展，是区域农业经济发展的强有力的支柱之一，但是农产品区域品牌的发展推广中依然存在着许多问题，例如地方政府和有关单位对农产品区域品牌的管理与监督存在着问题；农产品区域品牌传播手段停滞于传统传播方法，传播观念相对落后、传播方法相对受限等[333]。夏金梅（2017）对河南省区域品牌建设进行了研究，认为河南农产品品牌发展面临着农产品区域品牌宣传推广资金投入不足，农产品区域品牌保护意识较弱等问题[349]。

第二，农产品区域品牌传播的对策。刘丽（2016）认为，农产品区域品牌传播离不开地方政府和有关部门的管理与监督，地方政府和有关部门需制定相应的政策措施，对农产品区域品牌的发展提供宏观性支持[350]。姚春玲（2015）认为，区域农产品品牌传播可以通过在内蒙古各种媒体、移动增值与互联网投放广告的形式，对农产品品牌区域品牌进行宣传，塑造强有力的农产品区域品牌形象[340]。欧阳春风（2016）提出，在新媒体时代，移动增值和互联网充斥着人们的生活，我们应该充分利用WeChat、博客、缩微胶卷、直播等微传动方式实现与消费者的双向沟通，改变传统传播方式的不足，从根本上实现地区农产品品牌的推广传播[333]。夏金梅（2017）为河南特色农产品品牌建设提出了相关的解决对策，从而提高农产品区域品牌的发展和带动区域文化的传播方式，创造市场竞争的农产品区域品牌形象[349]。

第三，肖雪锋（2017）认为，区域品牌应顺应互联网发展的大时代背景，区域品牌的发展离不开与互联网之间的优势互补，互联网传播速度快、受众范围广的特点可为区域品牌的品牌延伸和传播推广提供机遇。20世纪80年代，品牌延伸是一种具有规模化、整体化的战略理论思想，农产品区域品牌延伸可理解为在现有的农产品区域品牌的基础上，保留其独特、鲜明的区域文化价值后，将其运用至另一产业的产品或服务内容上，间接性推广农产品区域品牌[351]。郭红生（2008）认为品牌延伸是农产品生产企业营造核心竞争力的重要手段之一[352]。陈又星等（2009）认为，品牌资产已成为发达国家企业发展的战略核心。品牌是产品的核心价值，农产品可以作为品牌的市场竞争力[353]。

第四，张国政等（2015）认为，阿莱克（Aaker）虽在1991年首先提出并界定了品牌资产的外部与内部主要基本来源，但他没有解释品牌资产的实际意义，而农产品区域品牌不应只注重农产品区域品牌的建设和提升品牌资产，更应该注重农产品自身的品牌价值，也是核心工作的区域农产品品牌推广[355-356]。

第五，张宇慧（2017）对海南省农产品品牌建设进行了研究，认为政府和协会应该积极主动地带领海南水产企业进行海南水产品区域品牌的宣传推广工作，如到国内外参加水产展销会、博览会，利用公众人物进行产品推广等。

（3）农产品新媒体品牌传播研究

目前的中国，正由物质消费向精神消费转变，市场竞争日益激烈。林兰兰（2013）与李大垒（2017）指出，实施农产品区域公用品牌战略是中国农业产业发展的必然趋势，是提高农业生产能力，提高农业竞争力也是现实需要[357-358]。这对提高农民收入和发展农业产业化具有重要意义。大力推进农产品区域公共品牌建设。农业部将2017年确定为"农业品牌推广年"，其中农产品公共品牌是促进农产品发展的关键。

在中央一号文件强调"培育知名品牌"的推动下，我国农产品品牌进入快速发展阶段，而农产品区域公用品牌建设作为区域经济与企业双赢发展的迫切需求，吸引了很多学者专家的注意力。

着重思考研究建设农产品区域公用品牌的核心价值、区域文化、宏观调控条件等因素，深入探索建设农产品区域公用品牌的创牌契机与特征，对农产品区域公共品牌在中国发展的阶段性起着重要的作用。根据中国农产品区域公共品牌建设的方法，提出了有针对性的、可行的区域农产品公用品牌现阶段发展的建议。目前，我国研究农产品品牌新媒体传播的相关研究成果与研究资料数据相对较少，主要有欧阳春风等（2016）据研究表明，随着新媒体时代的快速发展，地方政府与相关部门逐渐意识到新媒体在农产品区域品牌推广中的重要作用，也与地方龙头企业、农产品深加工单位合作，在移动增值和互联网方面增加农产品推广力度，但维持性较弱[333]。张佩玲（2016）认为，随着互联网时代的到来，农产品区域品牌传播媒介也在发生革命性的改变，农产品需顺应时代的发展，不仅仅体现在将农产品区域品牌的传播媒介从报纸、广播等传统传播媒介升级到网络、移动等新媒体传播媒介，更应该注重传播技术与传播人才的引入[359]。郑亚琴等（2017）研究认为，将农产品进行微博营销，不仅能充分发挥微博平台的流量优势，还能为农户销售农产品开辟新的途径[360]。刘换菊（2015）对新媒体背景下庐山云雾茶旅游品牌传播路径进行了研究，提出了组建一支专业的微博、微信传播团队策略[361]。王军亮（2016）认为，与传统媒体相比，新媒体具有复合型特点，可以对人们的视觉、听觉等予以冲击，继而吸引人们的关注[362]。

农产品区域公用品牌和其他工业产品品牌不同，具有区域品牌独特的特点，目前的理论和实践，主要根据独特的农业区域所拥有的公共品牌来分析区域农业品牌。因为农产品具有区域性，所以不同区域的农产品反映了当地不同的区位优势和比较优势。魏春丽（2014）认为非独家的农产品区域公用品牌是一种公共物品，在该地区的农产品属于区域公共品牌相关的机构、企业和个人都在一起[363]。崔宇芹（2015）和张正（2015）认为，成本和区域品牌区域成员的后果并不完全由它不受法律限制的品牌相关规定承担，但其行为的后果会影响他人和其他区域品牌成员的非市场，影响经济效益[364]。

1.3.2　国外研究综述

在品牌建设和传播方面，国外学者从理论与实证方面做了大量研究，取得了大量的研究成果。研究结果表明，消费者在进行消费的时候，包装、质量、广告、价格、参考价格、口碑、产品特性、原产国等是其首先考虑的因素。莫尼卡（Monica，2010）指出，通过媒体的广而告之，可以在一定程度上刺激消费者的消费和促进其对品牌的认可度。西蒙（Simeon，2012）着重研究了女性在选择香水时的消费偏好，进而得出，女性消费者在购买香水的时候，更注重香水品牌的选择，而在进行品牌选择的时候，所考虑的关键因素是与个体相关的内在与外在来源相结合[365]。安德鲁（Andrew，2012）在通过相关研究后指出，在广告游戏中，对青少年选择产生影响的最大因素是快餐品牌，相比其他的快餐品牌，他们更偏向于青睐在游戏中出现的快餐品牌。

总的来说，由于经济比较发达，国外对农产品品牌的建设很重视，具备较为完善和成熟的农产品品牌建设经验。其中，较擅长于农产品品牌发展的国家和地区有欧盟、美国和日本，也得出了许多实质性的农产品品牌建设途径和方法，这些成果有助于我国农产品品牌建设，有利于我国建设更优质的农产品品牌。

2.　新媒体传播及区域品牌的相关理论

2.1　概念界定

2.1.1　新媒体传播

对于新媒体的界定，学者们可谓众说纷纭，至今没有定论。一些传播学期刊上设有"新媒体"专栏，但所刊载文章的研究对象也不尽相同，有数字电视、移动电视、手机媒体、IPTV等，还有一些刊物把博客、播客等也列入新媒体专栏。但目前关于新媒体的概念能够被大多数所接受的是，新媒体是相对于传统媒体而言，是继报刊、广播、电视等传统媒体之后发展起来的新的媒体形态，是利用数字技术、网络技术、移动技术，通过互联网、无线通信网、有线网络等渠道以及电脑、手机、数字电视机等终端，向用户提供信息和娱乐的传播形态和媒体形态。

2.1.2 区域品牌

区域品牌概念的界定，首先应该明确"区域"一词的具体含义，刘学（2012）认为，区域品牌概念的界定衔接于具有局限性的企业品牌与区域内所形成的企业集中群体，是指在指定区域内某种产品的承载主体，区别于一般常态下以企业为承载主体的产品，更强调区域性。品牌的构成要素和消费者所接收到的并且能够感知到的各种信息要素体现的指标则是消费者对农产品的购买欲望与消费需求。构成农产品区域品牌的要素具有多面性、多样性，产品质量、产品价格、产品形象、产品产地以及生产规模等。其中，核心要素决定品牌的发展，学者们对核心要素的研究主要集中在以下四点。一是品牌知名度。田金梅（2013）研究认为品牌知名度指消费者识别或想起某一品牌的能力，即顾客知晓、熟悉品牌的程度。拉斯特（Roland T.Rust，2000）认为品牌知名度越高，在顾客心目中该产品的安全联想度越高，消费者越信赖，消费数量相应就多。二是品牌联想。品牌联想是指消费者在购买商品时，看到品牌相关符号、数字、语言以及听到品牌名称等，能够直接通过视看的方式想起这一品牌的商品、公司等相关的具体情况。如果仅仅把区域作为一个类似公司的产品，比如作为旅游度假目的地，那么营销的沟通和传播是一个合适的工具。但是，如果认为仅仅依靠营销沟通就可以改变整个国家、区域或城市在国际公众心目中的总体认知和形象，是愚蠢和不切实际的，注定要失败。三是价格定位。品牌定价是企业品牌外在的、量化的表现，是企业塑造其品牌的关键。"品牌就是定价"，李维斯公司总裁罗伯特·西格尔认为，"在与顾客进行品牌沟通时，价格定位是最有效也更有说服力的。"四是品牌忠诚度。品牌忠诚在理论界被普遍接受的观点认为由态度、行为等自我意识较为强烈的社交行为思想构成，存在多种组合类型。高翔（2012）总结关于品牌忠诚的研究整体上有三种主要的视角，分别为行为视角、态度视角以及综合视角。

曾现锋（2018）在经过对嘉兴平湖的区域品牌调查后中得出，区域品牌的形成与区域经济发展程度、自然文化背景、社会资源等因素都有着密不可分的关系，这些因素对区域品牌的发展亦能起到促进或是制约的作用，所以区域品牌作为区域产品的承载载体，与区域内的生产产品存在相互依存关系。孙艺榛、郑军（2018）指出区域品牌是以在法律范围内可授权性的特殊标志与符号，为区域内相关人员机构、企业、法人代表所共同拥有，亦可代表着区域的对外整体形象。曹爱兵（2017）也认为区域品牌具有强烈的地域性，是特定的区域范围内所专属的产品品牌，区域品牌有一定的区域范围，正因如此，区域品牌的产品也可体现区位优势和劣势。

2.2 理论基础

2.2.1 区域品牌理论

自改革开放以来，伴随着国内经济的快速发展，浙江、福建、广州等产业密集地区陆续出现了产品品牌聚集与区域品牌化现象，产品品牌聚集区对树立区域品牌起促进作用，也使得区域品牌之间互补共赢，弥补了区域化下经济分化的不足。自1996年起，产业密集区地区经济发展速度超过国内其他地区，甚至远超藏疆等边缘地区3至5倍，由此可见，区域品牌对城市经济发展有着重要的战略意义。陆国庆在《区位品牌：农产品品牌经营的新思路》一文中最早提出，以产品带动经济发展、建立区域品牌效应的观点，这是国内率先提出区域品牌理论的基础，以农产品为媒介引入对区域品牌的思考与关注，提出了一系列亟待研究的课题，但由于国内对区域品牌的研究还处于探索阶段，研究的内容、渠道、方法十分局限，故没有引起学术界的普遍关注。国内对区域品牌理论缺乏具体实证的研究，在信息技术高度发达的情况下，曾武佳（2006）指出，区域品牌的创建是政府推动区域经济发展的重要手段之一，沈鹏熠（2011）经过实证研究后也认为，应该借鉴浙江、福建、广州等地区的区域品牌创建工作，将区域品牌创建工作落实到实处。

2.2.2 信息采纳理论

当前，信息技术成为一种提高企业竞争力和经营管理能力的手段，信息化也变成推动工业发展的主要战略。2017年，学者吴江及刘弯弯提出，基于EPR系统的研究，在满足特定技术的支持下，存在的不稳定性会对信息的被接受情况产生影响，而关于信息采纳不稳定因素所能产生影响较大的因素主要有EPR的性能、产生环境以及存在结构等方面；2018年，学者张向先等人研究了新媒体用户信息系统的采纳情况，并通过总结得出，提高技术之后，其他领域的科学也会相应的提高，对技术不稳定以及信息被接受情况做进一步区分后，便可对两者存在的权衡性进行深入分析；研究者耿荣娜等人在对信息不稳定性进行分析时，也表明技术的不稳定性可以分成4种形式：第一种是外部和内部；第二种是速度和幅度；第三种是基础和升级；第四种是突破以及整改，通过动态规划形式，可以相对应的创建出有效的模型。关于信息采纳和不稳定之间使用的研究方法共有两种：一种是管理分析形式；另一种是数理分析形式。将结果应用到生活案例中，然后通过检测，验证其结果是否可靠及可用。为了了解干扰ERP采纳条件，可应用问题调查法对相关因素进行研究，并按照统计分析来对假设做进一步的验证，最终获得采纳结果。

2.2.3 公共产品理论

2015年，学者谢地等人根据公共产品理论，进一步提出了经济理论概念，于2010年，研究者李西等人基于该理论定义，说明其属于社会产品，是一种对经济学内容的补充以及说明。社会产品包含两个部分：第一部分是公共产物；第二部分是私人物品。在传统意义上，公共物品的生产方式通常由政府管理，由政府负责监督。当时的政府，能对诸多生产方式进行干预和规定，且政府规模较大，对此，政府支出日益渐增。相关财政政策给政府带来了一时的繁荣，然而过后，政府设定的制度渐渐显示出一些问题，特别是无法满足人们需求，出现财政赤字等问题，造成政府工作被动，无法按时为人们提供所需的公共物品，对此，人们纷纷希望政府制度能够发生改变。此处论及的公共物品实则上是一种社会资源，而不属于个人。

根据公共物品供应、使用以及技术等特点，并结合上述性质，又能将公共物品分成两类，一类为准公共物品，另一类为纯公共物品。通常表现出规模经济性的为纯公共物品，这种物品所具有的特点是无"拥挤效应"，即便采取特定手段也不能进行使用，不然会付出较大代价。纯公共物品一般由国家供给，通常涉及以下领域：第一方面为法律秩序；第二方面为国防；第三方面为国家安全等。在我们的日常生活和工作中，准公共物品存量相较于其他同类产品数量较多，但准公共物品与纯公共物品之间依然存在着较大的区别，一般情况下有三种划分：第一种，消费及使用会在一个固定的区域内，它的收益范围是存在限制的，如部分地方公共物品，这些物品有可能不存在排他性；第二种，可以共用，个人不能阻止他人使用，不过在消费上存在竞争关系，进而可能产生"过度使用"等问题；第三种，有一定的排他性，这些产品不是无偿使用，用户在付费后才可享受到服务，如高速公路等。

在公共物品理论中，在对产品进行分配时，要充分了解产品的特点及人们的喜好，进而掌握产品的需求与供给平衡，这时的公决效率为最佳。

政府在分配公共产品时，必须做到以下三点：第一点为公平分配；第二点为遵从法律；第三点为满足公民权益。纯公共产品一般是由政府供给，涉及以下几方面：第一方面为国家安全；第二方面为公民利益；第三方面为公民权利；第四方面为国计民生。国家可与私营部门相结合，向社会提供准公共物品，这样不但能提高群众的满意度，还能节约财政支出。

萨缪尔森（Samuelson）也做了相关研究，并在《公共支出的纯理论》中对公共产品或劳务进行了定义。鄢奋（2012）对此定义做了解析，所谓的公共产品，是每个人在消费产品或义劳务的过程中，对此的需求，不会发生变化，其有一定的社会公共性。公共产品或劳务与私人产品或劳务相比，存在三个较为明显的特征：第一个为效用不可分割；第二个为消费不会产生竞争；第三个为受益的非排他性。与上述三个特征相反的产品为私人产品。两者之间还包含了准公共产品。公共产品理论能为国内的改革提供理论依据。新中国成立后，国内的经济市场一直为计划经济，不存在买方市场，此环境下的多种产品都具备公共产品的特征，这种经济模式大大降低了经济的发展速度。胡钧、贾凯君（2008）也对公共产品做了研究，他们认为在广义角度的"制度"及"政策"也属于此类产品。中国的经济存在转型阶段，可以通过公共产品理论对此过程中的制度进行详细分析，研究了市场与"公共选择"的资源分配情况。张帆（2017）也对公共产品做了相关研究，他认为政府研究公共产品的生产效率具备一定的现实意义。对于改革而言，其本质就是制度的变迁过程，这本身就是公共选择所产生的结果。上述介绍的多种公共产品的受益界限存在不同，这并不是说各个公共产品之间没有交集，它们是具备交叉性的。从理论角度来看，全国性的公共产品，其受益范围肯定是国内的任何区域，外部性存在的概率极低。对于一些地方性的公共产品而言，其受益范围有可能出现于行政区不同的情况，这就产生了外部性，进而把一些负面或正面的影响扩散到了相邻区域，这些产品通常都有专门的提供者。因为公共产品存在外部性，所以在对产品进行层次划分时较为困难。

在多个区域的居民间，他们喜欢的地方性公共产品存在一定的差异，这造成各个地方的公共产品需求种类不同。中央若想为地方提供公共产品，必须结合每个地区的实际情况，从多种地方性公共产品中选择出一个能够包含多个地区利益的"量"。不过，各个地区的喜爱度存在很大的差别，这个"量"是很难确定的，哪怕中央按照多个地区需求量的平均数来提供产品，也无法做到面面俱到。如果政府能全面了解本区域居民的喜好，其提供的地方性公共产品就能符合人们的需求。在多个政府机构中，中央政府只提供全国性的公共产品，其他类型的产品不负责提供。如果由中央政府提供地方性公共产品等，会出现效率低下的现象。对于纯公共产品而言，其适用范围较小，而准公共产品适用范围较广，它们通常是由以下事业单位提供：第一为医院；第二为体育；第三为教育；第四为电视；第五为文化等。需要注意的是，铁路、供电、码头等也属于准公共产品范畴，故农产品区域品牌也属于公共产品。

3. 漳浦大葱产业现状及品牌传播现状

3.1 漳浦大葱发展现状

3.1.1 发展历史

漳浦县陆续引入高优农产品以改变漳浦县农产品品种单一、品质差、抗病性弱等现象，大葱、食用菌等创汇农产品的大力发展对漳浦农产品总产值的提升起到了举足轻重的作用，漳浦大葱的成功引入，不仅仅为漳浦提升农产品总产值提供了较大的空间，也改写了赤湖镇、深土镇等主产区的农业格局。漳浦大葱自引入以来，价格高低迭起不断，网络上对其"葱击波"的说法亦是甚嚣尘上。2015年，大葱陷入价格异常低迷的滞销困局，但2016年，大葱价格却反转上升，日益渐攀至历史最高，与此对应的便是漳浦大葱产量与产值的大涨大跌，2016年，漳浦县政府试图拿出长效救市之举，但干预措施的实施效果却微乎其微，漳浦大葱的发展陷入困顿。在2017年，漳浦县陆续实施农产品鼓励补贴政策，全县有超过20家企业，2000多家农户响应，大葱种植趋势渐渐回暖，随着大葱种植基地的建立、大葱深加工的投入以及销售的稳定渠道，"基地+农户"的主流模式有望实现大葱区域名牌的推广，即使如此，漳浦大葱现行的种植模式依然以分散经营占据主导，土地流转程度低、农业技术人才稀缺、发展资本缺乏等因素成了制约漳浦大葱产业发展的主要因素，漳浦大葱发展之路还在探索。

3.1.2 种植面积与产值

漳浦县大葱引种栽培以来，年种植面积约7万亩（含复种指数）。年产量约为25000吨，占全县蔬菜总产量的25%。产量和面积居福建省首位。

大葱主产区赤湖镇、深土镇地处漳浦县东部沿海，耕地面积分别为3.5万亩和4.0万亩。2016至2017年产季，赤湖镇种植大葱面积3万亩（含复种指数），产量10.0万吨，年产值近8600万元；深土镇种植面积1.7万亩，产量4.72万吨，产值4000万元，可见图12-1。

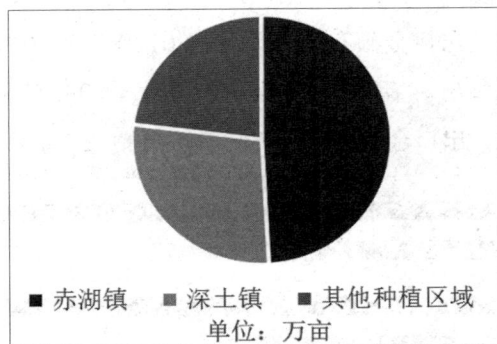

赤湖镇　深土镇　其他种植区域
单位：万亩

图12-1 漳浦大葱主要产区种植面积

据了解，漳浦县2014年至2015年产季的大葱种植面积有2万亩，产量141200吨；2015至2016年产季的种植面积增加到32000亩，产量156300吨；2016至2017年产季的种植面积增加到5万亩，产量201000吨，是漳浦县大葱引种以来，历史上第三大种植面积一年，达到3万亩，产量10万吨，深土镇17000亩，产量47200吨，其他城镇漳浦大葱种植区六鳌镇，湖西乡，可见图12-2。

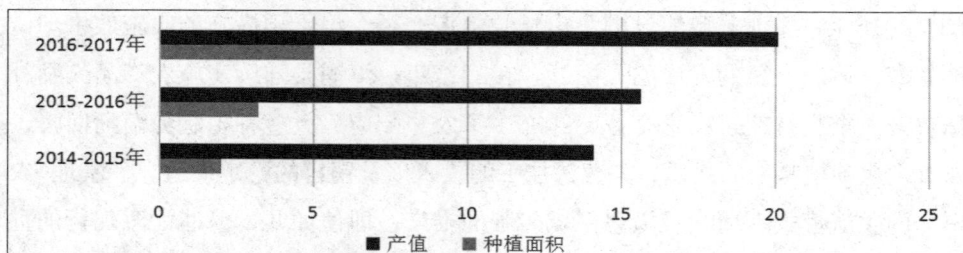

图12-2 2014—2017年漳浦大葱种植面积与产量发展趋势

3.1.3 销售途径

我国大葱生产产季划分明显，北方是以大陆性气候为主的两季生大葱，漳浦县为亚热带性气候为主的三季生大葱，因此，北方大葱的销售产季一般在春节前（山东省为主），而南方为春节后，特别是每年的春季，漳浦县为主要来源之一，据统计，漳浦县2016—2017年鲜葱出口和大葱深加工产品国内销售供应量占全国的85%以上，成为我国的主要生产区和出口基地县。

全县有蔬菜加工企业近30家，其中大葱加工出口企业19家，产品主要出口日本、韩国及东南亚国家。据不完全统计，漳浦大葱全年出口总量可达2.5万吨左右，出口金额达3000万美元，其中2014至2015产季，出口大葱共计2103批次，出口量2.56万吨，出口金额2275万美元；2015至2016产季，出口大葱1633批次，出口量1.98万吨，出口金额3199万美元；2016至2017产季，出口大葱2055批次，出口量2.55万吨，出口金额3050万美元，可见图12-3。

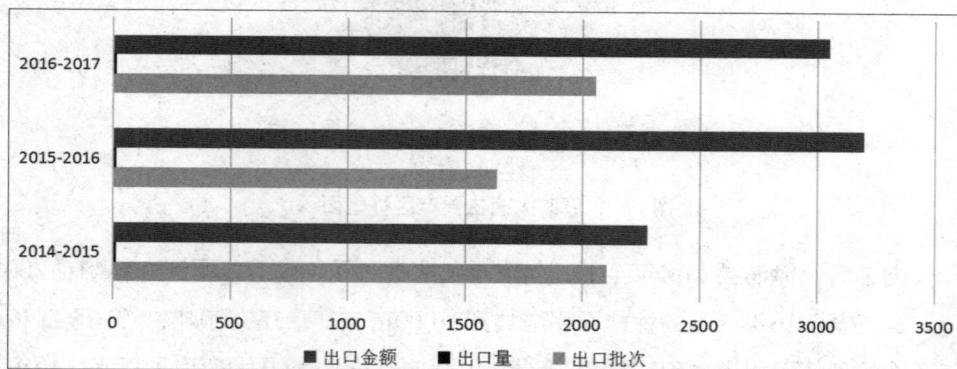

图12-3 2014—2017年漳浦大葱出口情况

在全国各大中城市蔬菜营销网点均有漳浦大葱等农产品，然而，近几年来，保鲜蔬菜出口加工业和其他产业一样，也面临着国内外市场、价格、成本等要素的挑战，漳浦的蔬菜出口同样面临新形势下的市场考验，为降低成本，漳浦还动员有实力的企业积极拓展沈阳、兰州、广州等大市场。据不完全统计，在上海、深圳、广州以及北京蔬菜批发市场等国内知名农产品销售集散市场中，进行漳浦大葱鲜售营销的企业单位和蔬菜批发商达90家以上，消费受众达20万人，消费金额趋于稳定。

3.1.4 经济效益

漳浦县大葱市场鲜售价格与深加工产品价格受自然现象、温度、市场竞争影响波动较大，产量与产值时高时低，形成著名的"葱击波"现象。据了解，漳浦大葱2016—2017年产季产地平均收购价每公斤为0.86元，比2015至2016年产季3.88元/公斤下降77.8%；2014—2015年产季产地平均收购价0.32元/公斤，比2013—2014年产季0.81元/公斤下降60.5%；2013—2014年产季产地平均收购价0.81元/公斤，比2012—2013年产季1.28元/公斤下降36.7%。其平均收购价可见图12-4。

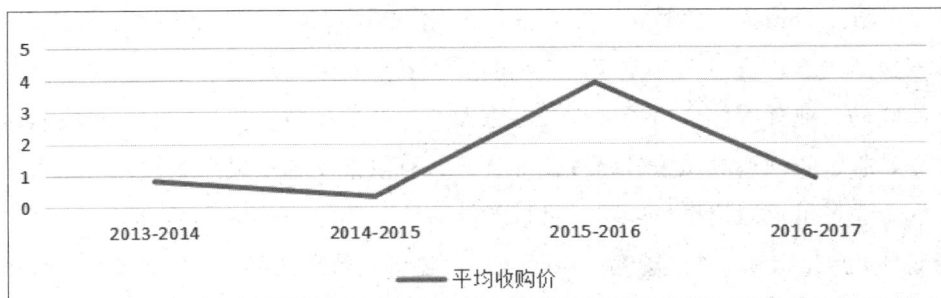

图12-4 2013年—2017年平均收购价发展趋势

2011年3—5月和2014年2—5月份，漳浦大葱随着天气、温度、环境的影响，产量增加，销量却停滞，出现价低无人购买的现象，例如，2011年3—5月葱价为0.3—0.6元/公斤；2014年2—5月葱价为0.36—0.8元/公斤。其他年份漳浦大葱价格见表12-1。据调查，大葱种植成本每亩约3000元（含土地租金、雇佣劳动、养料成本等），葱农在撇开所有的外力因素后，若不考虑雇佣工资、成本养料等，每亩成本约1200—1300元。

表12-1 漳浦大葱价格

时　　间	产品地头价（元/公斤）
2011年3-5月	0.3-0.6
2014年2-5月	0.36-0.8元
2016年3-5月	0.2-0.31元
2017年2-4月	0.12-0.6元

　　从漳州检验检疫局了解到，2015—2016年产季，漳浦鲜大葱出口激增至创纪录高位，共有584批出口鲜大葱，价值1157万美元，分别增长6.2%和109%，2017年出口价格上涨160%，在出口形势严峻的情况下，趋势增长，形势好转。

　　据悉，漳浦鲜葱是漳浦最具特色的农产品，出口量仅次于山东，位居全国第二，大约占国家出口量42%。据了解，2015—2016年，漳州蔬菜生产季从2015年11月开始，到2016年6月结束，共6050个新鲜蔬菜出口，价值8897.9万美元。其中，鲜大葱出口值2070.1万美元，达到历史最高水平。

　　在2019年的蔬菜生产季节，新鲜大葱的价格一路上涨。其中，出口到日本每吨1600—1700美元，每公斤5.3—5.6元，创下历史新高，同比增长1.6倍，食品和农产品质量品牌效益初显。近几年，漳浦县进一步明确示范区建设的思路，建立"五个全覆盖"为目标，以产品标准化管理为核心，围绕农业投资、监管开展保障工作，逐步提高漳浦县农产品质量安全水平。通过建立"政府主导、部门联动、业务实体、市场运作、各方参与、全国受益者参与"的工作机制，建立品牌，实现产品质量升级和产业升级，有效推动企业提高效益，增加农民收入。通过示范区建设，取得了良好的社会效益和经济效益。2019年1—3月，漳浦县大葱出口9521吨，金额1540万美元，创历史新高；菜花出口5905吨，金额436万美元，在马来西亚市场占有率超过90%。其他蔬菜出口情况见表12-2。

表12-2 农鲜蔬菜出口情况

出口种类	出口量（吨）	出口金额（万美元）
大　葱	9521	1540
菜　花	5905	436
胡萝卜	3241	320
马铃薯	2138	308

　　2016年初，漳浦县大葱的出口价格再次迎来"大葱冲击波"，成为蔬菜市

场"热门"。据中国大葱市场的以往报价和记录，2016年大葱的平均销售价格为每公斤0.9元，出口价格稳定。以2000美元/吨计算，平均一英亩土地产值可达3万元，创下大葱销售价格历史最高纪录。

漳浦大葱已被评为国家地理示范标志产品。作为全国冬季大葱的主要产地，漳浦大葱的种植面积已达4.5万亩，销售形势稳定。主要出口国为日本和韩国，年出口3万吨，金额约3000万美元，出口量仅次于山东省，位居全国第二，占全国大葱出口量的42%。漳浦县通过种植大葱带动周边产业升级，深加工单位以及工业人口达到1万人以上，大葱深加工产值约2亿元，周边产品产值达到5亿元以上。漳浦大葱价格见表12-3和表12-4。

表12-3 产品地头价表

时　间	产品地头价（元/公斤）
1月6日	1.1
1月13日	1.0
1月18日	0.6
1月20日	0.6
1月23日	0.6
1月28日	0.4
2月10日	0.3
3月10日	0.2

表12-4 产地价格表

收购日期	2016/2017 产地价格（元/公斤）	2015/2016 产地价格（元/公斤）	2014/2015 产地价格（元/公斤）	2013/2014 产地价格（元/公斤）	2012/2013 产地价格（元/公斤）
1月20日	2.2	2.8	0.6	0.96	1.6
2月10日	0.6	4.6	0.3	0.8	1.2
3月10日	0.4	5.0	0.2	1.0	0.8
4月10日	0.5	4.6	0.2	0.7	1.6
5月10日	0.6	2.4	0.3	0.6	1.2
平　均	0.86	3.88	0.32	0.81	1.28

3.1.5 组织化发展情况

漳浦县人多地少，人均耕地低于0.5亩，分散的经营方式仍然是漳浦县主要的管理体制，农民对土地难舍，难以规模流转，蔬菜滞销风险就难于规避，故漳浦县政府引导大葱种植户尽可能分散均衡种植，提高大葱早熟春季品种和晚熟秋季品种的种植比例，在一定程度上避免出现种植、采收、集中销售以及深加工过程中葱的问题。

2017年，根据福建省财政厅、农业厅《关于下达2017年农民合作社发展项目资金的通知》（闽财农指[2017]128号）文件精神，漳浦县为支持农民合作社国家级示范社及联合建设，引入高新技术传播手段，以建立生态农业示范园为主的现代化农业生产合作方式，引导葱农调整种植模式，培育以大葱培育种植为主，食用菌、胡萝卜等经济效益好的新高优农产品为辅的现代农村合作社、农民合作社、农村联合社等新型农业经营主体。同时，漳浦县政府引入AR技术、现代化一体模拟技术等高新技术产业，以新媒体传播为主要的传播方式，鼓励葱农加入新型农民合作社，对开展规范化建设以及对漳浦大葱区域品牌推广有着重要影响。

3.2 漳浦大葱品牌新媒体传播现状

3.2.1 政策措施

漳浦县于2017年规划建设现代农业核心示范园。该示范园占地面积5000余亩，为漳浦县首个以观光、农业为一体的现代化农业示范单位，也是福建省最大农业、观光互补基地。据了解，该项目引入AR、航拍、现代一体化仿真模拟等高新技术，将高优蔬菜种植（食用菌、大葱）、水果培育等现代农业一体化培养种植技术由新媒体互联网传播，大力倡导种植科学化、优质化。该项目融合漳浦县各产业之间的优势互补，以示范园为媒介推广大葱、食用菌等农产品区域品牌，同时也由漳浦县地方政府和有关部门牵头构建农产品区域市场信息服务平台，通过农超对接、现代化农业示范体验园等结合体验、销售、拓展为一体的农业产业示范渠道，在根本上拓宽农产品的销售渠道，同时鼓励农户个体、经营个体、农产品深加工工厂等相关单位支持本地农产品发展，使漳浦县农产品区域品牌在高新技术的支持下得到有效的推广，但由于漳浦县受区域知名度与企业关注度较低的影响，现如今，通过现代化农产品示范园来推动漳浦区域品牌的发展的作用也逐步减弱，通过现代农业核心示范园所联络的企业较少，阻力加大。

同年，为进一步促进漳浦大葱、食用菌、热带水果等高优农产品的稳定增收，提高农产品区域品牌的创建工作，漳浦县下达了关于2016年农资补贴的通知，为漳浦县农产品品牌新媒体传播设置专项鼓励资金，这在一定程度上，对漳浦大葱区域品牌的创建有着较好的推动作用。

3.2.2 传播主体

漳浦县新媒体传播主要由漳浦大葱经营主体为主力军，但由于漳浦大葱由加工企业较少，主要由种植合作社与供应商为经营主体，其文化程度较低、新事物接受能力弱、对市场敏感程度不强。新媒体时代，区域品牌传播主体应以新一代青少年为主，但由于漳浦县年均GDP远不及同等级城镇，无法吸引青年。正常情况下，漳浦大葱的市场零售价是大葱种植成本价（大葱苗种成本、大葱培育成本、土地使用成本、税收等）加上流通成本（运输成本、包装成本）以及产销各环节中（包括可估计的正常折损成本）所产生的正常利润，但目前在漳浦大葱产区，比如漳浦大葱主产区之一的深土镇较为明显和流行的"包地模式"，使得葱农在种植大葱的时候具有一定程度投资属性，且属于不可预计类投资，在漳浦大葱的市场价格中包含的非成本性因素较大。

3.2.3 传播方式

漳浦大葱媒体传播方式主要以传统媒体为主，在手机媒体、IPTV、数字电视等新型媒体终端平台推广较少，大多选择报刊、广播、户外广告等成本低但辐射广的传播方式进行推广，如高速公路两侧、道路两侧宣传牌。传统传播方式使得漳浦大葱传播的表现形式单一、缺乏区域特色，导致消费者对漳浦大葱区域品牌认识界定不清晰，使漳浦大葱的种植、销售、深加工程度缺乏整体性和连续性，难以突显区域优势更不必说超过山东大葱的区域品牌。近几年，漳浦县地方政府有关部门和当地龙头知名企业在区域品牌传播上逐渐增加电视媒体广告，虽一定程度上提升了漳浦大葱农产品区域品牌的知名度，但是新媒体宣传相对传统推广成本较高，且漳浦县可利用新媒体的社交功能与消费者进行双向沟通的人才却相对较少，所以即使漳浦县运用新媒体传播手段对漳浦大葱区域品牌进行推广，也因政府政策、传播人才等因素的影响而缺乏传播后必要的传播追踪和应用维护。因此，在互联网时代，漳浦应完善相关政策，培育和引进传播人才，为漳浦大葱运用新媒体进行农产品区域品牌推广提供支持。

3.2.4 传播投入

漳浦县为鼓励农产品再生产、农产品深加工单位的持续稳健发展，于2014年6月出台关于漳浦县补贴农产品初加工以及深加工项目，该项目主要包括农产品深加工组织化单位、企业的扶持补贴，支持建立蔬菜初加工设施，建设了蔬菜冷藏库61个，共40000立方米，总投资约2000万元，其中626万为国家级补贴资金。促进智慧农业，引进高科技媒体宣传的费用占24.76%，同时，搭建农产品冷链保险质量安全可追溯系统的试验平台、电商销售平台、微博微商销售供应平台，促进现代化农业种植、销售以及深加工农产业发展。目前，该县建成了13800平方米的智能温控温室，600平方米的特色展厅已完成主体施工和外部装修，总投资1301万元，突出"三化"，创建一个有凝聚力的生态农业。以福建万辰生物科技股份有限公司为基础，突出"三化"：一是建设标准化管理，建立以李钰为首的中国福建湾陈生物科技股份有限公司工程院院士工作站；二是生产的智慧化，建立智能生产控制室、食用菌接种、培养、加工和栽培真正的环境指标管理实现自动化和可视化；三是品牌营销，将"绿色、环保、有机、安全和高质量的产品"贯穿整个生产的过程。第三期工程（全自动食用菌生产线）规划总投资1亿2000万元，土地87亩，总建筑面积26300平方米，其中厂房24500平方米，配房1800平方米，总投资计划6000万元。该项目已建成了24500平方米的厂房，并安装保温板并完成了地面硬化，调整周边环境，订购进口设备和原材料，开始试生产。漳浦县政府积极推动农村土地流转工作的开展，于2014年6月3日颁发了的《漳浦县农村土地承包经营权流转管理和服务体系建设的意见》，指导服务管理县土地流转，建立政府推动、龙头带动群众的工作体系，并建立信息服务平台，促进市、县、乡、村四级土地的循环流动，通过出台规范性意见，规范农村土地流转行为。

3.2.5 传播人才

据了解，2017年下半年，漳浦县为进一步提高农产品区域品牌推广的人才引入与培养，提出专项计划，以建立漳浦县农产品区域品牌人才储备提高系统为主要工作，以现代化农业产业发展和人才引入与培养相结合的方式，共同推进人才引入与培养工作，同时加强为漳浦大葱建设良好区域品牌的宣传和舆论引导，营造良好的关注和尊重人才的氛围，并参与高层次人才培养计划方案的制定，协助地方政府和有关部门解决在引入和培养人才方面所遇到的各种问题和阻碍，特别关注农产品新媒体推广平台建设等问题，加大地方以及项目人才引入和培养政策的宣传力度。建立漳浦现有人才与潜在引入人才数据库，报至漳浦县人事局进行针对性、可实施性、有效的人才引入与培养动态管理；在各行业与各区域吸纳各类优秀青年人才，同时，地方政府与有关部门全力指导漳浦县青年人才协会的建立，为漳浦县现代化农产业的快速发展提供智力支持和技术保障。

3.2.6 政府工作目标

据了解，漳浦县将根据"政府部门联动，企业第一责任、行业自律"的原则，将工作重点放在提高质量和安全水平及扩大农产品出口上，通过示范区现代农业生产的外部处理组织，提高政府的公共系统，提高初级农产品生产加工企业质量与安全水平，完善质量控制体系、风险预警和快速反应系统，提高技术服务支持系统，建立和完善的基础信息共享平台的现代农业生产模式，建立和健全漳浦大葱出口产品质量和安全的公共管理制度，形成专业化、规模化、标准化和品牌化的全国"质量和安全"漳浦大葱示范区。

4. 漳浦大葱区域品牌新媒体传播应用存在问题及成因

4.1 漳浦大葱区域品牌新媒体传播存在问题

4.1.1 经营主体参与漳浦大葱品牌传播动力不足

同类农产品品牌竞争激烈。山东大葱常年占据市场领先地位，消费者认可度高，而漳浦大葱销售渠道单一且受到舆论与市场多重压力，经营主体常常承担着供货端与订货端的双重风险，且新媒体传播推广平台资金投入较大，经营主体容易丧失对漳浦大葱的品牌传播动力。

相关责难屡见报端。漳浦大葱自引入种植以来，受气候异常影响、市场竞争、外贸订单波动等外部因素影响，市场价格常年大起大落，"葱击波""小农盲目跟风"等相关责难屡见报端，个体农户跟风种植不稳定性高，导致经营主体承担供货端与订货端双向高风险，且大葱具有易损、易坏、利润低等劣势，新媒体投入与回报难成正比，容易导致经营主体为减少风险承担而减少对漳浦大葱品牌的传播动力。

政府扶持转向新高优农产品品牌。近年来，随着食用菌、热带水果市场行情的一路攀升，面对新高优农产品产值逐年攀升与大葱产值大起大落之间的悬殊差距，漳浦县虽将漳浦大葱列入现代化农产品示范园区域品牌之一，但在政策上漳浦县引入的新媒体推广平台更侧重于对新高优农产品的推广，资金投入减少、政策优待降低使得漳浦大葱区域品牌传播动力明显不足，且陷入低迷。

4.1.2 漳浦大葱区域品牌新媒体传播方式单一

漳浦大葱媒体传播方式主要以传统媒体为主，在手机媒体、IPTV、数字电视等新型媒体终端平台推广较少，选择报纸、广播、户外广告等低成本、广为推广的促销方式。漳浦大葱没有统一的微信或者微博公共账号，也没有在淘宝开店售卖，品牌宣传虽在传统媒体推广上耗费大量人力物力，但漳浦大葱区域品牌仍然在创牌阶段停滞不前，与前几年相比，品牌知名度有所提高，但消费者群体规模、消费者忠诚度和消费者对漳浦大葱的认知度还没有得到媒体的大力推广，传播方式单一使得漳浦大葱区域品牌消费受众细分简单，消费者针对性较弱，宣传效果远远不及其他同类型农产品。

4.1.3 漳浦大葱区域品牌新媒体传播投入不足

2016年至2017年，漳浦县大力发展区域农产品品牌推广，引入AR技术、航拍、现代一体化模拟技术等高新技术，建立以特色产业与现代农业相结合的现代农业示范园，选取铁皮石斛、六鳌地瓜、佛昙河豚等特色农产品项目，漳浦大葱也在其列，建成了60万平方米的光伏农业大棚和152个花卉商贸中心，实现交易量30亿元。

4.1.4 漳浦大葱区域品牌新媒体传播人才缺乏

漳浦县政府对区域品牌新媒体人才引入重视程度不高，2017年至2018年，漳浦县引入人才计划报告指出，漳浦县引入人才计划更侧重于引入、开发现代化农产品生产技术和着重于在一线解决农产品稳定增收的人才，以提高漳浦县农产品生产产值为目的，却忽略了农产品区域品牌推广，与此同时，在孵化众创新媒体推广技术的研发企业中，迫于漳浦大葱市场认可度较低、消费受众较少，可对接引入漳浦大葱区域品牌推广的企业少之又少。因此，在一定时期内，漳浦县自有人才的成长速度远不及行业的发展速度，政府重视程度不高也意味着人才的流动性较高。

4.1.5 漳浦大葱区域品牌新媒体传播应用维护意识较弱

近几年，漳浦政府与漳浦县龙头企业在漳浦大葱区域品牌的传播上，针对消费受众的需求陆续在电视媒体、微博、微信公众号及现代化农产品示范园推广漳浦大葱，虽在一定程度上提升了品牌的知名度，但是有针对性的推广漳浦大葱的网络平台目前尚未成立，虽在热门微博、微信公众号、电视媒体等平台推广漳浦大葱区域品牌，但对新媒体应用的维护及与后续相关应用的对接却较少。微博、微信、移动广告、B2B是新媒体最炙手可热的传播方式，漳浦大葱不仅仅在微博、微信可供搜索的信息寥寥无几，而且在天猫、淘宝、京东等B2B电子商务交易平台更无漳浦大葱上架记录，对应之前漳浦县政府的宣传举措，漳浦大葱区域品牌推广滞后的首要因素便是缺乏宣传应用的维护，消费受众了解漳浦大葱的渠道狭隘且推广时长较短，未在宣传之余建立可供消费受众持续深入了解产品的渠道，例如建立漳浦大葱的独立微博、微信公众号，从漳浦大葱培育种植到销售一体化链接宣传，带动漳浦大葱区域品牌推广。

漳浦大葱区域品牌新媒体推广目前尚且依附于政府单位、经营主体的附加宣传，利用新媒体了解消费受众的消费需求与产品认知程度相对较低，借助新媒体平台与消费者进行双向性沟通交流更是匮乏。

4.2 漳浦大葱区域品牌新媒体传播存在问题的成因

4.2.1 经营主体新媒体接受程度低，资金投入实力不足

互联网与移动增值是现如今新媒体传播最受企业与消费受众关注的两个重要渠道，而漳浦大葱区域品牌传播的有效性与区域品牌新媒体传播选择何种传播媒介息息相关。漳浦大葱在选择传播媒介的时候，更多的是站在供货端、经营个体的角度上进行推广，缺乏与购货端、消费受众的直接互动与交流，影响进一步了解消费受众的消费欲望与消费需求，对区域品牌的建立与发展的有效性和及时性存在滞后问题。综合相关资料与调研结果，作者对漳浦大葱区域品牌新媒体传播方式单一的成因分析如下：

第一，新媒体互联网推广投入资金量过大成为阻碍漳浦大葱区域品牌传播的最主要因素。细分当今新媒体市场，B2B（电子商务）、APP设计运营、网络游戏导入、搜索引擎投资等是新媒体互联网推广方式的主流。据《农民日报》报道，在我国2017年农产品品牌盈利中，互联网销售推广占市场比例的59%，其中B2B占新媒体推广方式产值的32.17%，由此可见在农产品区域品牌推广中，新媒体互联网对农产品区域品牌扩宽渠道、增进产值起到了举足轻重的作用，但新媒体互联网推广是各种技术结合的产物，漳浦大葱区域品牌推广的主流人群是大葱经销各阶段的经营主体，互联网推广所需的昂贵投资常常使经营主体望而却步。新媒体互联网推广投入并不能单纯地认同为产品的生产运营成本，无论是创建电子商务平台、APP设计推广使用，还是搜索引擎赞助推广等，全面的多媒体互联网推广投入资金是指消费受众对交易从认知到最终确认交易的成本总和。由于新媒体互联网推广是完全依赖于网络服务的，遂在消费受众发起交易的同时，经营主体就需要承担来自电子商务运营平台的最低成本。大葱作为鲜供应农产品，经营主体在承担新媒体互联网的昂贵投入的同时又需要承担农产品在种植、运输、存储等方面的双重风险，从种植到分销，经营主体的资金链过于长，所以经营主体对新媒体互联网的推广往往有心无力。

第二，漳浦大葱经营主体接受新事物程度不高，限制移动增值新媒体推广。现如今移动终端并不仅是简单地作为通讯工具，随着新媒体互动性传播的不断增快，移动终端还承担起新媒体传播的重任。移动增值新媒体的传播方式主要由微信、微博、移动电视、博客等新媒体传播渠道组成，受众面广、交互度精准，弥补了传统传播媒介对农产品区域品牌的限制。漳浦大葱区域品牌的推广群体主要以大葱经销各阶段的经营主体为主，经营主体由大葱种植个体、中介销售商、深加工企业经营者组成，漳浦大葱经营主体普遍存在着文化程度不高、对新鲜事物接受程度较低等问题，对新媒体传播之一的移动终端增值的认知还仅停留在作为通讯工具，且移动终端增值的运营涉及程度较广，这对漳浦大葱经营主体仍有着较大的挑战。

4.2.2 大葱市场竞争优势不足，经济效益较低

漳浦县2016年引入食用菌、热带水果等高优农产品品种超过30种，超过漳

浦县总产值的54%，2017年超过64%，漳浦大葱价格"过山车"式急涨急跌，大葱增产却不增收，并出现大量滞销等问题，由于漳浦县政府对漳浦大葱未能重视，相比其他引入的高优农产品品种，漳浦大葱未能有明显优势，且产值呈现大起大落趋势，漳浦县对推动漳浦大葱区域品牌已耗费大量人力物力，但漳浦大葱依然在创牌阶段停滞不前，故在此情形下，漳浦县政府对漳浦大葱的重视程度必定受到影响甚至减少。

2016年至2017年，漳浦县为大力发展区域农产品品牌推广，引入AR、现代一体化模拟技术等新媒体高新技术，联合商超企业26家，以搭建"商超一体"为目标，建立特色产业与现代农业相结合的现代农业示范园，选取铁皮石斛、六鳌地瓜、佛昙河豚等特色农产品项目，漳浦大葱也在其列，但入驻花木企业仅52家，交易额也仅有10亿元，与预计交易额30亿元相距甚远，引入的新媒体高新技术成效较低，长效资金投入略显乏力。

4.2.3　漳浦县对于新媒体传播人才限制过高

漳浦县政府对可享受特殊津贴高技能人才的限制过高，不利于新媒体传播人才的引进。根据《中共中央组织部、中共中央宣传部、中共中央统战部、人事部、劳动和社会保障部关于高技能人才享受国务院颁发政府特殊津贴的意见》，漳浦县对辖区内可享受特殊津贴高技能人才的限制较高，在一定程度上与一二线城市引入高技能人才的限制持平，不利于漳浦县在人才抢夺中掌握引入新媒体技术的高技能人才的先机。新媒体时代下区域品牌的推广往往需要依赖于高新技术的支持，漳浦大葱区域品牌的推广不仅仅需要凭借于新媒体传播的应用，更需要引入的高新技术人才对漳浦大葱区域品牌的可持续发展提供行之有效的技术支持，而漳浦县对新媒体传播人才引入限制与一二线城市持平，不利于漳浦县掌握引入新媒体传播人才的先机。

4.2.4　漳浦大葱企业整体实力不足，区域品牌投资意识淡薄

漳浦大葱如今深加工程度不高，主要的销售方式以鲜售为主，在销售方面存在着易损坏、风险大、季节性强的特征，导致漳浦大葱企业盈利方式单一、盈利利润较低，加上漳浦县政府对漳浦大葱企业未有成文的扶持政策，所以漳浦大葱企业发展速度较慢。据统计，漳浦县从事大葱经营的企业仅有300多家，

且以中小企业为主，而多媒体推广以移动增值和互联网为主，漳浦大葱经营企业根据自身发展条件以及经营利润等，在对新媒体互联网推广所需的昂贵投资与企业经营利润之间进行选择时，往往更愿意选择传统传播方式而非新媒体推广。由于经营主体对漳浦大葱区域品牌意识淡薄，且对漳浦大葱区域品牌新媒体传播的投入并非一时，而是一个连续、长期的投入，这些漳浦大葱经营企业在承担大葱在种植、运输、存储等方面风险的同时，还需要对漳浦大葱的传播长期投入，且成效慢、收益少，这就使漳浦大葱经营企业体对漳浦大葱区域品牌新媒体推广更是有心无力。

4.2.5 漳浦大葱区域品牌新媒体推广停滞，经营维护能力不足

由于漳浦县农业格局单一、现代化生产水平较低、农产品区域品牌推广迟缓，虽然政府解决了服务缺位、政策不力等相关问题，但限制漳浦县农产品区域品牌发展的根源并非是非经济领域的缺位，而是新媒体传播媒介应用的创建与维护的缺失。目前，漳浦大葱区域品牌新媒体推广尚且停滞于依附政府单位、经营主体的附加宣传，漳浦县政府可供进行新媒体传播的资金和人才相对较少，更缺少可独立进行农产品新媒体推广的平台与人才，加上政府的资金、政策扶持等措施对于农产品区域品牌新媒体应用的开发和维护并没有实质的帮助，直接导致漳浦大葱区域品牌的经营主体对新媒体传播平台搭建、组织、建立积极性不高，当许多农产品区域品牌已借助新媒体传播平台进入良好的发展现状时，漳浦大葱却对新媒体传播平台应用维护意识薄弱，导致漳浦大葱在农产品竞争市场上难以完成公平、合理的竞争。

5. 进一步优化漳浦大葱区域品牌新媒体传播对策

5.1 创新漳浦大葱区域品牌新媒体传播方式

第一，搭建电商平台，探索开展蔬菜电子商务销售。由政府相关部门积极引导，做好技术支撑，搭好交易平台，确保菜农增产又增收。如"微博宣传""微商""农超对接"等，不仅减少了中间的流通环节，也降低了农产品的销售成本，让市民和农民可以对农产品销售情况有所了解，又可使农产品销售缓慢、农民劳动力便宜、蔬菜价格降低的现象得到缓解。

第二，新媒体时代，微电影成为目前新媒体微传播的主力军之一，借鉴福建省永春县推广佛手茶区域品牌的成功案例，将漳浦大葱区域品牌与闽南文化相结合，以弘扬闽南文化为契机，运用微电影与品牌相结合的方式，将漳浦大葱区域品牌与微电影进行整合营销，从而提升漳浦大葱品牌形象，赢得市场口碑。根据2015—2020年中国微电影产业深度调研前景评估报告中指出，微电影有别于其他新媒体传播媒介，具有感染力强、传播速度快等特点，漳浦大葱区域品牌传播通可过微电影的形式，将漳浦大葱的品牌定位、闽南文化民俗等相关背景内容融合到一起，促进区域内其他农产品区域品牌、旅游开发项目和新媒体项目同步发展，实现共赢。

5.2 加大政府区域品牌新媒体传播的资金投入

农产品区域品牌新媒体传播推广需要大量的资金投入，而漳浦大葱区域品牌的推广人群主要以生产、种植、销售各阶段的农民合作社为主，农产品区域品牌新媒体传播方式的资金投入成为菜农引入新媒体传播技术的最大阻力，所以加大政府区域品牌新媒体传播的资金投入可以减少菜农承担的风险。

第一，由漳浦县地方政府牵头，漳浦县农业局、供销社、市场监督管理局等相关部门应对漳浦大葱新媒体传播方式保持持续关注与扶持的态度，协同漳浦大葱经营主体加快推进漳浦大葱列入全国性的农产品市场信息服务平台的建设工作，通过现代农产品示范园建设、模拟技术重现、农超对接等方式，让农民、销售受众以及合作商户之间建立顺畅的双向信息沟通和反馈渠道。

第二，推动国家现代农业示范区蔬菜地冷链设施建设。国家现代农业示范区蔬菜地冷链设施建设属于现代农产品示范园+高新技术的新农产品推广设施，为2016年中央加强现代化农产业的重要扶持项目之一，漳浦县应予以关注。该项目可提升漳浦大葱供应产季的时长，在一定程度上可有效缓解"葱击波"现象的发生，增强消费受众对漳浦大葱的信心，延长大葱供应时长，调节市场供应量，对漳浦大葱定价取优有着较好作用，也可提高农民收入和农产品产值。

5.3 引进和培养漳浦大葱区域品牌新媒体传播人才

引进和培养漳浦大葱区域品牌新媒体传播人才，加大培训力度是目前漳浦大葱区域品牌新媒体推广中急需解决的重要问题。但由于漳浦县的经济发展水平无法在短时间内得到迅速提高，难以吸引新高优人才，所以漳浦大葱区域品牌新媒体推广中更应该增强农民的市场意识，帮助农民转变思想观念，使其树立三种意识。

第一，树立市场主导意识。漳浦县应调整农业结构，漳浦大葱的销售必须面向市场，坚持稳定畅销的市场定位和营销手段，根据市场需求安排生产，漳浦大葱既要以当前市场消费者购买倾向为目标发展导向，又要以大葱未来市场变化趋向为影响导向，注重漳浦大葱销售市场以及销售渠道的开拓，以良好的品质抢占市场。

第二，树立风险竞争意识。漳浦县农业结构简单、农产品深加工程度较低，培养新媒体传播人才和引进相关技术人才是目前漳浦县地方政府和有关部门急需考虑的问题，可从目前现有的人才储备库培养可持续发展的新媒体传播人才，树立良好的风险竞争意识，无论是人才的引入还是培养，地方政府和有关部门必须有风险意识，既要防范和化解市场风险，又要增强抵御市场风险的心理和经济承受能力。

第三，树立特色创新意识。大力培育掌握现代农业技术和新媒体传播推广方式的新型农民，这是农村教育发展的重点。目前，农村需要有知识的年轻人才，应鼓励、支持和引导广大青年学生到农村去，同时也应提高待遇，让他们在农村地区，有成就感，同时还应加强后续培训。

5.4 鼓励经营主体参与漳浦大葱区域品牌新媒体传播

漳浦大葱区域品牌的推广群体主要以大葱经销各阶段的经营主体为主，经营主体由大葱种植个体、中介销售商、深加工企业经营者组成。目前，漳浦大葱的区域品牌传播力相对较弱，鼓励和支持农业中介组织，使"农村经纪人"为农产品的销售出力。可发挥集团化经营的优势，通过对生产和销售订单的整合，加速工业化和农业现代化，并以"公司+农户""企业带村庄"的方式，引导农业企业与基地农户建立更加紧密的利益联结机制。农民是由农业协会组织的，他们是品牌和运输协会培育的关键，他们通过农业协会将农产品卖到批发市场或协会，包括卖到超级市场和中介农民。从整体上看，利益链条已被拉长，因此，农民的根本出路在于延长利益链条。通过组织小农户种植，延长利益链条，实行品牌农业，最终实现效益最大化。

5.5 建立品牌发展的长效机制

第一，加大新科技持续投入，提高漳浦大葱保鲜技术，发展大葱深加工产业，延长大葱农产品产业链条，提高产品附加值。目前，一家一户、数家合作等零星式分散经营方法仍然是漳浦大葱最主要的经营生产方式。由于农产品具有的季节性特征，农户集中播种、集中采收上市影响着漳浦大葱生产产值，导致市场供应差距悬殊，也是直接导致漳浦大葱价格大起大落的根本因素之一。为建立品牌发展的长效机制，根据漳浦大葱价格差距悬殊的现状，可有针对性地引入蔬菜保鲜库项目，以增加漳浦大葱鲜售贮存量为基本手段，调节漳浦大葱市场供给，缓解市场需求对漳浦大葱市场价格的强烈反应，同时也引入高新技术产业，结合新媒体传播手段，结合现代化农产品生产以减少市场对漳浦大葱带来的强烈反应，不仅对漳浦县其他农产品区域品牌的推广起示范作用，也能增加地方政府和有关部门的关注度，还能减轻"葱击波"现象对消费受众的影响，从根本上缓解大葱产季滞销。

第二，拓宽销售渠道。受山东大葱的影响，漳浦大葱市场认可度较低，区域品牌在创牌阶段停滞不前，漳浦大葱若想得到长效可靠的发展，必须拓宽销售渠道，打开市场，增加葱农经济收入，刺激葱农生产动力。借鉴国内外农产品销售经验，可以由政府、农民合作社负责人等牵头在漳浦周边大中城市举办展销会、订货会、线上线下销售见面会等活动，综合新媒体推广，共同拓宽销售渠道，促进产销和科技信息交流。

第三，推广蔬菜保险。根据现代化农产业发展，为稳定市场供应，可将常见于市的基本蔬菜品种保险纳入国家地方支持的政策性农业保险范围。政府和农民以合作保险的方式运作，由政府资助大部分保费，农民支付少部分保费，也就是说，保险公司根据蔬菜品种的基本投入来确定成本价格，保险在价格波动给农民造成损失时，使农民能够在面临风险条件下迅速恢复生产，实现连续生产。

第四，加强产品质量控制。引进先进品质检测控制技术，对企业标准化的鲜售与深加工标准进行各个环节检测，保证优质产品生产，强化农产品质量把控以及农产品生产产能的监督，避免"葱击波"现象的频繁发生，同时运用多媒体对漳浦大葱从根源到供应一系列的强化质量检验检测，建立对外良好市场形象，为建设漳浦大葱区域品牌打好基础，科学推动漳浦大葱与其他联动式农产品的可持续发展道路。完善健全品牌监管保护机制和体系。同时建立农产品质量标准，为农业生产者提供产品质量控制参照，使农产品的生产有标准可依，节约市场主体之间交易成本。总之，漳浦大葱在发展新媒体传播推广的过程中，应加强漳浦大葱区域品牌管理，对漳浦大葱进行区域品牌的商标注册，申请原产地保护，建立以漳浦县为中心的区域品牌的许可制度和使用管理标准。

第五，结合相关区域文化。由于漳浦具有地域局限性，漳浦大葱的发展需要一定的宣传力度，才能使消费者能够快速了解并接受。漳浦县旅游资源丰富，但旅游开发程度较低，可利用漳浦县区域内的旅游资源，将漳浦大葱与闽南特色风情相结合，将游客转化为消费者，激发漳浦大葱的隐藏市场潜力。

6. 小结

中国是一个农业大国，地大物博，农产品种类丰富、农业产业格局多样。随着人口增加、现代化农业种植技术提升和国际经济的快速发展，如何加强农业，改变农村一成不变的传统种植现状，促进农民增收致富，一直是社会关注的焦点。新媒体在被人日益接受的同时，如何利用新媒体推广农产品区域品牌，对于优化农业产业升级，加快新农村建设，促进区域经济发展具有重要意义。从品牌推广策略的角度，可以看到不同规模、不同方式、不同类型的新媒体策略，所针对的农产品区域品牌也是不同的。若利用新媒体开展农产品区域品牌进行推广，关注农产品区域品牌发展，就可以不同的方式进行推广。新媒体推广为农产品区域品牌走向未来的可持续发展创造了良好机遇和平台，亦有利于区域借助农产品区域品牌的发展进行生态农业品牌推广，形成产业互动，促进地区经济持续、稳健发展。

在新媒体时代，农产品区域品牌的发展可以结合移动增值、互联网和现代制造业的融合，促进B2B与各行业之间的共赢发展，有利于创造新的业态，为新时代产业新格局做出贡献。中国是一个农业大国，农业是我国国民经济最重要的支柱产业，随着互联网和新媒体行业的快速发展，通过网络交流平台进行有效的营销和推广农业产品的区域品牌，将使中国的区域品牌农产品走向世界。

　　农产品区域品牌是农产品产业的重要类型和重要表现形式，推动农产品区域品牌发展无论在理论上还是在实践上都具有重要意义，新媒体时代的快速发展也带动了农产品区域品牌新渠道、新媒介传播推广，鉴于此，本章根据漳浦大葱区域品牌新媒体推广的现状，着重分析了漳浦大葱区域品牌新媒体传播存在的相关问题，从政府政策、传播途径、传播人才、传播应用维护等角度对漳浦大葱农产品区域品牌新媒体推广提出了相应对策，旨在为漳浦县政府和有关部门对漳浦大葱区域品牌的推广提供一定的理论参考依据，为促进漳浦大葱区域品牌建设贡献绵薄之力。

参考文献

[1]廖建起. 区域品牌与企业品牌的关系[J]. 中国科技信息, 2006 (12): 201-202.

[2]朱玉林, 康文星. 基于农业产业集群的区域品牌需求与供给分析[J]. 求索, 2006 (7): 35-37.

[3]刘丽, 周静. 基于产业集群农产品区域品牌建设的几点思考[J]. 农业经济, 2006 (11): 52-53.

[4]郭红生. 区域农产品品牌的文化营销[J]. 商场现代化, 2006 (11): 91-92.

[5]瞿艳平, 徐建文. 区域品牌建设与农产品竞争力[J]. 中国农业科技导报, 2005 (4): 65-67.

[6]周发明. 区域品牌及其农产品经营中的运用[J]. 经济与管理, 2005 (6): 39-42.

[7]张坛, 许多. 农业产业化呼唤农产品营销创新[J]. 农业经济问题, 2000 (8): 32-34.

[8]孙威江, 黄江城, 王声度. 加入WTO对中国茶业的影响及对策[J]. 福建茶叶, 2000 (增刊): 55-58.

[9]杨堃, 徐斌. 正是乌龙腾飞时[N]. 市场报, 2000-05-06 (004).

[10]陈文山. 以商业手段传播茶文化, 以文化手段促销安溪茶[J]. 福建茶叶, 2000 (增刊): 21-23.

[11]李启厚. 安溪茶王赛的发展与创新[J]. 福建茶叶, 2000 (增刊): 10-11.

[12]舒惠国. 关于促进发展重庆市都市农业发展的几点建议[A]. 第十一届中国科协年会论文集[C]. 2009.

[13]卢树昌. 天津都市型现代农业发展模式探索[A]. 第十一届中国科协年会论文集[C]. 2009.

[14]王丽彬, 孙瑞艳, 黄国清. 都市现代农业发展现状及其趋势[J]. 天津农业科学, 2013, 19(5): 20-24.

[15]毋青松. 现代都市农业发展战略研究[D]. 晋中: 山西农业大学, 2015.

[16]韩长赋. 大力发展都市现代农业推动城郊率先基本实现现代化[EB/OL]. (2012-04-28)[2012-04-27]. http://www. moa. gov. cn/ztzl/jlh/zxbd/201205/t20120507_2619028. htm.

[17]农业部办公厅. 关于加快发展都市现代农业的意见[EB/OL]. (2012-08-30)[2012-08-30]. http://www. moa. gov. cn/govpublic/SCYJJXXS/201208/t20120830_2901993. htm.

[18]韩长赋. 推动大城市率先实现农业现代化[EB/OL]. (2012-04-28)[2012-04-28]. http://www. moa. gov. cn/zwllm/zwdt/201404/t20140428_3887233. htm.

[19]夏龙平. 上海都市现代农业现状与发展对策研究[D]. 杭州: 浙江大学, 2010.

[20]李伟书, 张领先, 傅泽田. 北京都市型现代农业发展的挑战与机遇[J]. 安徽农业科学, 2012(8): 4923-4925.

[21]曾艳. 广州都市型现代农业发展现状和可持续发展研究[J]. 农业现代化研究, 2012, 33(3): 21-28.

[22]张华颖. 天津都市型现代农业发展问题研究[D]. 天津: 天津师范大学, 2015.

[23]何志文, 唐文金. 农业科技园区研究综述[J]. 安徽农业科学, 2007(24): 7715-7716.

[24]俞菊生, 吴永兴, 曾勇. 我国现代农业科技园区的发展与规划要点研究[J]. 上海农业学报, 2005, 21(4): 91-94.

[25]李瑾. 试论都市农业科技园区发展建设的总体思路[J]. 天津农业科学, 2003, 9(3): 44-49.

[26]黄冲平, 张文芳, 张帆. 创新运作机制提升农业园区的竞争力[J]. 蔬菜, 2004(6): 7-9.

[27]张浩. 现阶段农业科技创新面临的问题和对策[J]. 现代农业科技, 2005(3): 35.

[28]农业部市场与经济信息司. 都市农业可持续发展的基本理论[EB/OL].

（2012-04-24）.http：//www.moa.gov.cn/ztzl/jlh/zlzb/201204/t20120424_2610399.htm.

[29]毛科军. 发展都市现代农业必须在体制机制上实现三大转变[J]. 求知, 2013（3）：49-52.

[30]张华. 都市现代农业投入机制的发展现状、问题及建议——以成都市为例[J]. 学术交流, 2012（3）：83-86.

[31]于战平. 借鉴发达国家经验完善中国都市现代农业产销体系[J]. 世界农业, 2014（6）：28-31.

[32]王慧敏, 范双喜, 沈文华. 构建推广教授体系服务北京都市现代农业[J]. 高等农业教育, 2012（8）：3-5.

[33]周培, 李强. 都市现代农业的四维思考与技术路径[J]. 上海交通大学学报（农业科学版）, 2014, 32（1）：1-5.

[34]谢新松. 都市农业发展的制度支撑研究[D]. 苏州：苏州大学, 2011.

[35]董卫. 我国都市农业问题发展研究[D]. 晋中：山西农业大学, 2013.

[36]张康健. 郑州市都市农业发展研究[D]. 郑州：郑州大学, 2013.

[37]福州：强化政策引导和科技支撑推进福州都市现代农业发展[EB/OL].（2014-04-28）.http：//www.moa.gov.cn/ztzl/jlh/smjl/201404/t20140428_3886879.htm.

[38]闽侯：关于加快推进都市现代农业发展的实施意见[EB/OL].（2013-10-8）[2013-10-14]. http：//www. minhou. gov. cn/ar/20131014000040. htm.

[39]詹慧龙, 刘燕, 矫健. 我国都市农业发展研究[J]. 求实, 2015（12）：61-66.

[40]樊敏. 中国特色都市现代农业的再认识与对策建议[J]. 商场现代化, 2013（20）：182-183.

[41]中共成都市委党校, 中共蒲江县委党校联合课题组. 发挥都市现代农业的生态功能——蒲江发展有机农业的启示[J]. 成都行政学院学报, 2015（4）：91-93.

[42]殷伯贤. 学习台湾先进经验发展我区现代农业[J]. 上海蔬菜, 2015（5）：1-3.

[43]戴越. 现代都市农业发展研究——以政府推动为视角[J]. 理论探讨, 2013（6）：100-103.

[44]许经勇. 发展都市现代农业与转变农业发展方式[J]. 北方经济, 2016（2）：49-51.

[45]黄冬寿.“柘荣太子参”产业现状与发展思路[J].农业科技通讯, 2010（11）：21-22.

[46]蔺丽莉. 发展我国农业产业化经营的探讨[J]. 中央财经大学学报, 2006 (5): 76-79.

[47]李付梅. 农业产业化与农业可持续发展[J]. 农村经济, 2005 (3): 112-114.

[48]邓培军. 我国农业产业化研究综述[J]. 边疆经济与文化, 2009 (2): 29-31.

[49]庄严. 农业产业化的经营与结构调整研究[J]. 农业经济, 2006 (12): 67-68.

[50]黄卫红. "共生型"农产品价值链构建与农业产业化经营的内在关系研究——广东燕塘乳业有限公司经营模式探讨[J]. 农村经济, 2007 (12): 35-37.

[51]蔡荣, 虢佳花, 祁春节. 农业产业化组织治理机制及其效率特征——基于纵横一体化的理论与实证分析[J]. 管理现代化, 2007 (3): 8-10.

[52]吴德礼, 胡象明, 李惠彬, 任晓刚. 公司+公司: 一种农业产业化经营组织的新模式[J]. 探索, 2007 (5): 67-72.

[53]刘宇, 贾启建等.中国农业产业化问题研究[J].商场现代化, 2010 (7): 100-101.

[54]熊彼特. 经济发展理论[M]. 北京: 商务印书馆, 1990.

[55]Altred Marshall, *Principles of Economics*, vol.1,1920,London:Maemillan,p.355.

[56]贾会远. 我国农业产业化经营及对策研究[D]. 郑州: 郑州大学, 2003.

[57]刘静华. 养种规模发展反馈仿真应用研究[D]. 南昌: 南昌大学, 2010.

[58]汪艳, 徐勇. 论农业产业化的理论基础[J]. 农业经济问题. 1996 (12): 13-17.

[59]田永强, 董炜娜. 关于新形势下农业产业化发展问题的思考——以河南漯河市为例[J]. 农业经济问题, 2006 (5): 58-60.

[60]付志峰, 朱宏利, 陈国富. 锦州市农业产业化发展情况浅析[J]. 农业经济, 2007 (10): 53.

[61]韩连贵. 关于农村土地使用权流转的考察评价意见[J]. 经济研究参考, 2005 (54): 2-22.

[62]李话语, 张林生, 曾克峰. 中部山区农业产业化发展模式研究——以河南西峡县为例[J]. 安徽农业科技, 2007 (36): 124-125.

[63]娄文光, 岑铁金. 依法搞好土地流转, 促进农业产业化的进程[J]. 农业经济, 2000 (10): 48-49.

[64]刘成玉. 理顺农产品流通促进农业产业化[J]. 中国流通经济, 1997 (1): 38-40.

[65]陈春. 深化农业产业化发展的政策建议——以湖北省为例[J]. 农业经济,

2008（3）：26-27.

[66]温思美，杨顺江. 论农业产业化进程中的农产品流通体制改革[J]. 农业经济问题，2000（10）：45-48.

[67]于冷. 农业产业化的理论依据探讨[J]. 农业系统科学与综合研究，2001，17（1）：9.

[68]李强. 农业产业化：一个分析框架[J]. 山东农业大学学报（社会科学版），2002，4（4）：59.

[69]生秀东. 20世纪90年代农业产业化研究的理论进展[J]. 中州学刊，2001（6）：123.

[70]郭建宇. 农业产业化研究的国际比较：一个文献综述[J]. 生产力研究，2007（8）：148，150.

[71]侯军岐. 论农业产业化的组织形式与农民利益的保护[J]. 农业经济问题，2003（2）：51.

[72]闻峰山. 改革开放新时期潍坊市农业产业化问题研究[D]. 济南：山东大学，2005.

[73]刘宁祥，徐永智. 黑龙江省农业产业化发展的影响因素及对策建议[J]. 哈尔滨商业大学学报（社会科学版），2007（2）：49-52.

[74]霍红梅，戴蓬军. 农业产业化进程中农民道德选择的影响因素分析[J]. 农业经济，2007（6）：63-67.

[75]李强. 农业产业化影响因素的实证研究[J]. 技术经济，2008（11）：66-67

[76]向琳，李季刚. 中国农业产业化效率及其影响因素[J]. 长安大学学报（社会科学版），2010，12（3）.

[77]于继庆，李保华，李霞，赵友志. 国产芦笋种子产业化影响因素分析[J]. 农业科技通讯. 2009（1）：11-13.

[78]李强. 农业产业化影响因素的实证研究——基于安徽省10市（县）270户农户的调研数据[J]. 技术经济，2008（11）：66-67.

[79]Teece,D. Technology transfer by multinational firms: the resource cost of transferring technological know-how[J]. The Economic Journal,1977(87)：242-261.

[80]何美丽. 我国Bt棉种子产业化影响因素与运行机制研究[D]. 中国农业大学，2003.

[81]吴明隆：《问卷统计分析实务：SPSS操作与应用》[M]，重庆：重庆大学出版社，2010.

[82]薛丽莉. 人向组织知识转移的影响因素研究[D]. 浙江工业大学，2007.

[83]李标，覃如日. 广西水果产业的现状与发展思路[J]. 广西农学报，2004（12）：12-17.

[84]吴文毅.福建枇杷产业化现状、存在的问题及对策[D]. 晋中：中国农业大学，2005.

[85]俞梅芳，赵斌. 嘉兴濮院特色小镇公共环境研究[J]. 设计，2017，（23）：154-155.

[86]方世敏，王海艳. 农业与旅游产业融合系统演化机制研究[J]. 湘潭大学学报（哲学社会科学版），2019，43（2）：63-68.

[87]Rosenberg N. Technological Change in the Machine Tool Industry,1840-1910[J]. Journal of Economic History,1963,23（4）:414-443.

[88]Yoffie D B.Competing in the Age of Digital Convergence [J].California Management Review,1996,38（4）:31-53.

[89]Greenstein S & Khanna T. What does Industry Convergence Mean? In: Yoffie D B(ed.) :Competing in the Age of Digital Convergence,Boston,1997：201-226.

[90]李小静，赵美玲. 农村产业融合推动就地城镇化发展探析[J]. 农业经济，2017（11）：83-85.

[91]冯建国，陈奕捷. 以休闲农业为核心带动都市农业产业融合[J]. 中国农业资源与区划，2011，32（4）：61-65.

[92]张功让，陈敏姝.产业融合理论研究综述[J].中国城市经济，2011（1）：67-68.

[93]余佳，游达明. 产业融合视角下企业间竞合策略[J]. 系统工程，2018，36（9）：154-158.

[94]Porter ME. *Competitive advantage*[M]. Free Press, New York, 1985.

[95]植草益. 信息通讯业的产业融合[J]. 中国工业经济，2001（2）：24-27.

[96]陈柳钦. 技术创新、技术融合和产业融合[J]. 江南大学学报（人文社会科学版），2007（5）：63-68.

[97]李琳，罗瑶. 中国产业融合对制造业创新效率的影响研究[J]. 区域经济评论，2019（1）：84-94.

[98]王成东. 区域产业融合与产业研发效率提升——基于SFA和中国30省市的实证研究[J]. 中国软科学, 2017 (10)：94-103.

[99]孙会敏, 张晶, 于春荣. 一二三产业融合与农业绩效提升——基于WIOD数据的实证分析[J]. 中国农机化学报, 2018, 39 (11)：100-107.

[100]吴福象, 朱蕾. 技术嵌入、产业融合与产业结构转换效应——基于北京与上海六大支柱产业数据的实证分析[J]. 上海经济研究, 2011 (02)：38-44、104.

[101]周春波. 文化与旅游产业融合对旅游产业结构升级的影响效应[J]. 当代经济管理, 2018, 40 (10)：69-75.

[102]郝伟光. 系统论与城乡发展规划协商机制[J].科学决策, 2018 (12)：15-20.

[103]刘红, 张岚. 江苏农业与旅游业产业关联融合度研究[J]. 南京师大学报（自然科学版）, 2015, 38 (04)：152-156.

[104]Lobo R E, Goldman G E, Jolly D A, et al. Agritourism benefits agriculture in San Diego County [J]. *California-agriculture*, 1999, 53 (6):20-24.

[105]Akpinar N,Talay I,Ceylan C, et al. Rural women and agritourism in the context of sustainable rural development：a case study from Turkey [J]. *Kluwer journal*, 2004 (6):473-486.

[106]Kline C,Milburn L A. Ten categories of entrepreneurial climate to encourage rural tourism development [J]. *Leisure studies journal*, 2010, 13 (1/2)：320-348.

[107]郭军, 张效榕, 孔祥智. 农村一二三产业融合与农民增收——基于河南省农村一二三产业融合案例[J]. 农业经济问题, 2019 (3)：135-144.

[108]张进伟. 基于产业融合的传统农业与乡村旅游互动发展模式[J]. 农业经济, 2016 (02)：101-102.

[109]刘孝蓉, 胡明扬. 基于产业融合的传统农业与乡村旅游互动发展模式 [J]. 贵州农业科学, 2013, 41 (3)：219-222.

[110]Luloff A E,Bridger J C,Graefe, A R. et al. Assessing Rural Tourism Efforts in the United States [J]. *Annals of Tourism Research*,1994,(5) :51-56.

[111]Rozman C.A multi-criteria assessment of tourist farm service quality[J]. *Tourism Management*,2009,30 (5) :629-637.

[112]孟铁鑫. 基于价值链的农业与旅游产业融合动力机制与对策 [J]. 江苏农业科学, 2019, 47 (6)：320-324.

[113]由玉坤. 乡村旅游与创意休闲农业发展研究[J]. 农家参谋, 2017（13）：23.

[114]牛天依, 邱瑛. 新型城镇化背景下乡村旅游促进农村社区发展的调查与思考——以大连普湾新区东沟村为例[J]. 对外经贸, 2015（7）：53-55.

[115]王依欣. 山东省日照市整合"渔家乐"产业初探[J]. 中国渔业经济, 2008, 26（05）：91-95.

[116]王腾飞, 马仁锋, 吴丹丹. 中国渔家乐研究进展[J]. 四川旅游学院学报, 2016（6）：57-61.

[117]李志霞. 日照市"渔家乐"产业整合发展对策研究[J]. 旅游纵览（下半月）, 2018（5）：101-102.

[118]吴书音, 王晓彤. 即墨渔家乐发展现状及对策研究[J]. 中国市场, 2017（20）：275-276.

[119]于子彬, 耿相魁. 乡村振兴战略下舟山市渔家乐发展路径探析[J]. 农村经济与科技, 2019, 30（1）：92-94.

[120]朱海艳. 旅游产业融合模式研究[D]. 西北大学, 2014.

[121]张首魁. 一二三产业融合发展推动农业供给侧结构性改革路径探讨[J]. 理论导刊, 2016（5）：68-71.

[122]厉建梅. 文旅融合下文化遗产与旅游品牌建设研究[D]. 山东大学, 2016.

[123]张箐. 产业融合视角下战略性新兴产业军民融合发展模式研究[D]. 北京理工大学报, 2015.

[124]杨梅. 反贫困：国外对微型企业社会资源供给支持的研究及启示［J］. 中国行政管理, 2016（5）：135-139.

[125]杨继瑞. 发展微型企业的思考与探索［J］. 经济问题, 2013（11）：18-23.

[126]吴聘奇, 税伟, 范冰雄, 等. 专业化茶区产业集群集体效率评价研究：以福建省安溪县专业化茶区为例［J］. 林业经济问题, 2018, 38（3）：80-85, 110.

[127]张敏, 童丽静, 许浩然. 社会网络与企业风险承担：基于我国上市公司的经验证据［J］. 管理世界, 2015（11）：161-175.

[128]Wan X, Evers P T, Dresner M E. Too much of a good thing:The impact of product variety on operations and sales performance［J］.*Journal of Operations Management*, 2012, 30（4）:316-324.

[129]Han J K, Kim N, Srivastava R K.Market orientation and organizational

performance:Is innovation a missing link?[J].*Journal of Marketing*, 1998, 62(10):30-45.

[130]Domingues J, Vieira V A, Agnihotri R. The interactive effects of goal orientation and leadership style on sales performance[J].*Marketing Letters*,2017,28(4):637-649.

[131]Zhao S,Priporas C V.Information technology and marketing performance within international market-entry alliances[J].*International Marketing Review*,2017,34(1):5-28.

[132]Yu X,Liu Y,Huang X,et al.Mining online reviews for predicting sales performance:A case study in the movie domain[J].*IEEE Transactions on Knowledge and Data Engineering*, 2012,24(4):720-734.

[133]Barham J,Chitemi C,Meinzendick R,et al.Collective action initiatives to improve marketing performance: lessons from farmer groups in Tanzania[J].*Food Policy*,2009,34(1):53-59.

[134]李先江. 营销创新对市场导向和营销绩效间关系的中介效应研究[J]. 管理评论, 2009, 21(11): 52-58.

[135]王兆峰, 卿芳梅. 企业营销能力与营销绩效相关性的实证研究[J]. 商业研究, 2009(9): 62-65.

[136]韩中和, 刘刚, 杜琰琰. 品牌战略的影响因素以及对国际营销绩效的关系[J]. 经济管理, 2010, 32(2): 85-90.

[137]张华. 价格竞争对电商平台网络营销绩效的影响分析[J]. 商业经济研究, 2018(9): 91-93.

[138]杨保军. 企业内部知识共享品牌进化与营销绩效实证研究[J]. 科技管理研究, 2018, 38(19): 159-164.

[139]沙振权, 高以成, 蒋雨薇. 成员间信息共享对渠道经销商的绩效影响[J]. 经济管理, 2015, 32(4): 28-31.

[140]陈怀超, 侯佳雯, 张晶等. 外部知识获取对企业营销绩效的影响研究: 环境宽松性的调节作用和营销能力的中介作用[J]. 软科学, 2019, 33(6): 101-106.

[141]杨艳, 景奉杰. 新创小微企业营销绩效研究: 顾客合法性感知视角[J]. 管理科学, 2016, 29(2): 66-76.

[142]陈逢文, 冯媛. 新创企业社会网络、风险承担与企业绩效: 环境不确定性

的调节作用[J]. 研究与发展管理, 2019, 31(2): 20–33.

[143]吴利华, 纪静. 基于社会网络的环境创新对企业绩效的影响研究[J]. 情报杂志, 2016, 35(6): 137–143.

[144]Coleman,James S.Social capital in the creation of human capital[J]. *American Journal of Sociology*,1988,94:S95-S120.

[145]Butts C T,Carrington P J,Scott J,et al.Models and methods in social network analysis. Cambridge:Cambridge university press[J].*Social Networks*,2007,29(4):603-608.

[146]王建刚, 吴洁. 网络结构与企业竞争优势: 基于知识转移能力的调节效应[J]. 科学与科学技术管理, 2016, 37(5): 55–66.

[147]苏冬蔚, 陈纯纯, 许振国, 等. 商业银行社会网络与微型金融可持续发展[J].经济研究, 2017, 52(2): 140–155.

[148]梁祺, 张纯. 社会网络影响个体创业意图的传导机制研究[J]. 管理评论, 2017, 29(4): 59–67.

[149]张闯, 夏春玉. 农产品流通渠道: 权力结构与组织体系的构建[J]. 农业经济问题, 2005(7): 28–35, 79.

[150]黄梦思, 孙剑. 复合治理 "挤出效应" 对农产品营销渠道绩效的影响: 以 "农业龙头企业+农户" 模式为例[J]. 中国农村经济, 2016(4): 17–30, 54.

[151]Zylbersztajn D,Nadalini L B.Explaining agro-industrial contract breaches: The case of Brazilian tomatoes processing industry[J].*Revista De Economia E Sociologia Rural*,2007,45(4):899-920.

[152]Lee Y,Cavusgil S T.Enhancing alliance performance:The effects of contractual-based versus relational-based governance[J].*Journal of Business Research*,2006,59(8): 905.

[153]陈灿, 罗必良. 农业龙头企业对合作农户的关系治理[J]. 中国农村观察, 2011(6): 46–57, 95.

[154]Allen F,Qian J,Qian M. Law,finance, and economic growth in china[J]. *Journal of Financial Economics*,2005,77(1):57-116.

[155]Gilsing V,Nooteboom B.Density and strength of ties in innovation networks:An analysis of multimedia and biotechnology[J].*Social Science Electronic Publishing*,2004,2(3):179–197.

[156]边燕杰. 城市居民社会资本的来源及作用: 网络观点与调查发现［J］. 中国社会科学, 2004（3）: 136-146, 208.

[157]Bell G G. Clusters,networks,and firm innovativeness［J］.Strategic Management Journal,2005,26（3）:287-295.

[158]Sheng S,Zhou,Kevin Zheng, et al.The Effects of Business and Political Ties on Firm Performance:Evidence from China［J］.Journal of Marketing, 2011,75（1）:1-15.

[159]Poppo L,Zenger T.Do formal contracts and relational governance function as substitutes or complements?［J］.*Strategic Management Journal*,2002,23（8）:707-725.

[160]Chen C,Zhu X, Ao J,et al.Governance mechanisms and new venture performance in china［J］.*Systems Research and Behavioral Science*,2013,30（3）:383-397.

[161]杨柳, 朱玉春, 任洋. 社会信任、组织支持对农户参与小农水管护绩效的影响［J］. 资源科学, 2018, 40（6）: 1230-1245.

[162]侯杰泰, 成子娟. 结构方程模型的应用及分析策略［J］. 心理学探新, 1999（1）: 54-59.

[163]Johnson R W.An introduction to the bootstrap［J］.*Teaching Statistics*,2010,23（2）:49-54.

[164]温忠麟, 叶宝娟. 中介效应分析: 方法和模型发展［J］. 心理科学进展, 2014, 22（5）: 731-745.

[165]温忠麟, 侯杰泰, 张雷. 调节效应与中介效应的比较和应用［J］. 心理学报, 2005（2）: 268-274.

[166]Parker S C,Robson M T.Explanining International Variations in Self-employment:Evi-dence from a Panel of OECD Countries[J].*Southern Economie Journal*,2004（4）:287-301.

[167]Henley A. Self-employed Status: The Role of State Dependence and Initial Circumstan-ces[J].*Small Business Economics*, 2004, 22（2）: 67-82.

[168]Beugelsdijk S＆Noorderhaven N.Personality Characteristics of Self-employed:An Emp-incal Study[J].*Small Business Economics*,2005,24（2）:159-167.

[169]Gohmann S F.Institutions,Latent Entrepreneurship,Self-employed:An Intern-ational Com-parison[J].*Entrepreneurship Theory and Practice*,2012,36（2）:295-321.

[170]Tremblay D G,Genin E.IT elf-employed Workers Between Constraint and

Flexib-ilit[J].New Technology, *Work and Employment*,2010,25（1）:34-48.

[171]鲁钊阳, 廖杉杉. 农产品电商发展的区域创业效应研究[J]. 中国软科学, 2016（5）: 67–78.

[172]黄晓伟. "互联网+" 背景下农产品电商发展探析[J]. 山西农业科学, 2017 （6）: 1028–1031, 2036.

[173]张勇, 董会停. 农产品电商平台建设及消费选择[J]. 浙江农业科学, 2017 （7）: 1281–1287.

[174]尹元元, 彭蜜香. 农产品电商营销模式选择影响因素模型构建——基于扎根理论[J]. 商业经济研究, 2017（1）: 57–59.

[175]陈静. 互联网时代我国特色农产品销售的电商模式研究[J]. 商业经济研究, 2017（5）: 156–158.

[176]郭俐. 基于电子商务的生鲜物流发展探析[J]. 教育发展纵横, 2016（12）: 225–227.

[177]谭本艳, 文雅. 中国生鲜农产品电商发展的现状与对策[J]. 世界农业, 2016 （3）: 181–184.

[178]王胜, 丁忠兵. 农产品电商生态系统—— 一个理论分析框架[J]. 中国农村观察, 2015（7）: 39–48.

[179]Wen W.A knowledge-based intelligent electronic commerce system for selling agricultural products[J].*Computers and electronic in agriculture*,2007（57）:33-46.

[180]梁妮. 试析生鲜农产品电商物流配送模式的改进策略[J]. 全国商情, 2016 （24）: 30–31.

[181]王丹. 国内生鲜电商发展模式的对比与选择分析[J]. 电子商务, 2016, （11）: 8–10.

[182]韩智明, 邵华清, 国莉媛, 王斌. 蔬果类生鲜农产品电商运营模式研究[J]. 中国管理信息化, 2015（4）: 170–171.

[183]Mcclelland D C.Testing for competence rather than for "intelligence"[J]. *American Psychologist*,1973,28（1）:1-14.

[184]DC Leonard,R Boyatzis The impact of learning goals on emotional,social, and cognitive intelligence competency development[J].*Journal of Management Development*,2008,27（1）:109-128.

[185]李超, 徐晟, 赵雅. 图书馆普通员工职业胜任力研究主报告[J]. 国家图书馆学刊, 2017（2）: 5-14.

[186]李娟, 范家元. 全日制工程硕士职业胜任力与企业需求匹配度研究[J]. 现代教育管理, 2017（4）: 113-117.

[187]C Fletcher.Mix and match fails to work on competencies[J].*People Management*,1996（11）:102-117.

[188]刘兴凤, 张安富. 高校工科教师胜任力的研究——模型构建与实证分析法[J]. 高等工程教育研究, 2018（1）: 154-158.

[189]刘松博, 裴珊珊, 梁爽. 我国HRBP胜任力研究[J]. 中国人力资源开发, Human Resources Development of China, 2016（6）: 34-39.

[190]李德新, 钟沛芳. 高校计算机专业教师胜任力模型构建及应用研究[J]. 亚太教育, Asia-Pacific Education, 2016（32）: 222.

[191]袁连升, 单双双. 基于胜任力模型的市场营销专业人才素质研究[J]. 吉林省经济管理干部学院学报, 2016（6）: 222.

[192]K Rezgui,H Mhiri,K Ghédira.Competency Models:A Review of Initiatives[J]. IEEE *International Conference on Advanced Learning Technologies*,2012（8）:141-142.

[193]Williams P W.Hunter M Recruitment and retention insights for the hotel industry[J].F.I.U.*Hospitality Review*,1991,9（1）,51-58.

[194]温雪霞. 事业单位人力资源管理中胜任力模型的应用实践微探[J]. 人力资源管理, 2017,（4）: 145-146.

[195]刘正周, 陈丹, 张灿. 基于胜任力模型的人才测评体系——以G公司为例[J]. 中国人力资源开发, 2010（11）: 65-68.

[196]叶明. 基于胜任力模型的创新型人才培养研究——以医学院院长为案例[J]. 科学管理研究, 2015（2）: 92-95.

[197]陈小平, 孙延明. 工程硕士职业胜任力模型的研究与构建[J]. 高等工程教育研究, 2017（9）: 60-65.

[198]赵曙明. 我国管理者职业化胜任素质研究[M]. 北京: 北京大学出版社, 2008.

[199]谷向东, 郑日昌. 基于胜任特征的人才测评[J]. 心理与行为研究, 2004（4）: 634-639.

[200]冯明. 对工作情景中人的胜任力研究[J]. 外国经济与管理，2001(8)：18-19.

[201]周金元，刘兵，唐青. 基于文献计量分析的国内外胜任力研究述评[J]. 科技管理研究，2013(8)：14-15.

[202]Gatewood.R.D.. *Human Resource Selection 5th edition*[M]. Orlando:The Dryden Press,2001.

[203]陈云川，雷铁. 胜任力研究与应用综述及发展趋向[J]. 科学管理，2004(6)：31-38.

[204]李明斐，卢小君. 胜任力与胜任力模型构建方法研究[J]. 大连理工大学学报（社会科学版），2004(1)：76-78.

[205]丁悦敏. 基于医务人员胜任力模型的人员素质测评方法研究[J]. 人力资源管理，2015(2)：195-196.

[206]王建民，杨木春. 胜任力研究的历史演进与总走向[J]. 改革，2012(12)：138-144.

[207]徐长江，梁崇理，刘争光. 结构化面试预测效度的贡献成分分析[J]. 心理科学发展，2013(5)：940-950.

[208]徐建平，周瀚，李文雅，等. 结构化面试中面试官的评分及影响因素[J]. 心理科学发展，2014(2)：357-368.

[209]付国平. 结构化面试在现代企业招聘中的应用策略探析[J]. 当代教育理论与实践，2014(1)：81-84.

[210]裘烨真，皑妍. 谈行为事件访谈法在胜任素质模型中的应用[J]. 国家林业局管理干部学院学报，2013(3)：46-49.

[211]邱乔红. 行为事件访谈法在面试中的应用[J]. 中国劳动，2011(9)：46-48.

[212]余婧. 基于胜任特征的行为实践访谈法的研究综述[J]. 经营管理者，2010(11)：1.

[213]孟卫东，于泽玮，司林波. 评价中心技术及其应用研究综述[J]. 燕山大学学报（哲学社会科学版），2011(4)：97-101.

[214]吴启，张璐. 浅谈评价中心技术在企业招聘中的应用[J]. 社会心理科学，2013(3)：57-60.

[215]马庆霞. 评价中心技术的设计实施策略和研究进展[J]. 中国人力资源开发，2015(12)：54-60.

[216]Boyatzis, Richard.A Model for Effective Performance,John Wiley&Sons[J]. *The Competen Manager*,1982（4）:101-112.

[217]周劲波, 郑艺杰. 农村电商创业胜任力模型的构建与实证研究[J]. 当代经济管理, 2017（9）: 23-21.

[218]张文辉, 胡蓓. 创业者核心创业能力的实证研究[J]. 中国科技论坛, 2010（5）: 91-96.

[219]黄永春, 雷砺颖. 新兴产业创业企业家的胜任力结构解析——基于跨案例分析法[J]. 科学性与科学技术管理, 2016（10）: 130-141.

[220]王艳, 张晓明, 胡宏力. 农产品电商经营主体 "分合协同" 机制亟待建立[J].农业经济, 2016（1）: 131-133.

[221]尹昕. 我国中小企业跨境电子商务出口营销能力分析——营销基于STV英雄啊战略三角模型的视角[J]. 对外经贸, 2016（9）: 101-104.

[222]刘笑萍. 服务 "三农" 政策的电商专业创新创业人才培养课程体系构建[J]. 教育教学论坛, 2013（6）: 92-93.

[223]缪熊. 基于灰色多层次理论的新型职业农民胜任力评价技术[J]. 全国情商, 2016（9）: 40-42.

[224]冯明. "互联网+" 时代农村青年电商创业实践研究[J]. 青年探索, 2017（5）: 90-95.

[225]董坤祥, 侯文华, 丁慧萍等. 创新导向的农村电商集群发展研究——基于遂昌模式和沙集模式的分析[J]. 农业经济问题, 2016（10）: 60-69, 111.

[226]Haynie J M,Shepherd D,Mosakowski E,Earley P C.A situated metacognitive model of the entrepreneurial mindset [J].*Journal of Business Venturing*,2010,25（2）:217-229.

[227]林存文, 戴雪山. 基于职业标准的跨境电商经理人管理胜任力探析[J]. 对外经贸, 2017（7）: 111-114.

[228]陈银娟. 网络营销能力对企业创新绩效的影响研究[J]. 科研管理, 2017（5）: 12-19.

[229]张康洁, 蒋辉, 张怀英. 基于扎根理论的网购消费行为影响机制研究——以唯品会网站评论为例[J]. 企业经济, 2017（12）: 95-101.

[230]毛翠云, 束翠丽. 网上创业者胜任力指标体系构建[J]. 商业时代, 2014

（5）：61-62.

[231]邹俊. 消费者网购生鲜农产品意愿及影响因素分析[J]. 消费经济, 2011（8）：69-72, 76.

[232]汤敏, 刘玉邦, 曾川. "互联网+"背景下女大学生创业胜任力理论分析框架研究[J]. 西南民族大学学报（社会科学版）, 2017（6）：194-200.

[233]洪江涛, 杨晓雁, 施可人等. 大学生科技创业者胜任力的实证研究. 中国管理科学, 2016（11）：807-813.

[234]潘建林, 金杨华. 电子商务个体经营者三层次五维度创业胜任力指标体系研究——基于浙江、广东两省实证分析[J]. 科技管理研究, 2015（2）：167-173, 19.

[235]潘清泉, 韦慧民. 不同发展阶段新创企业创业者胜任力与创业团队成员信任关系研究[J]. 科技进步与对策, 2016, 33（1）：114-180.

[236]张炜, 王重鸣. 中小高技术企业创业者组合模式与胜任特征研究[J]. 科学性与科学技术管理, 2004（3）：90-93.

[237]黄永春, 黄晓芸. 创业者异质性胜任特征与创业政策供给——基于胜任力理论[J]. 科技进步与对策, 2018（3）：1-7.

[238]Saaty T L.Modeling unstructured decision problems——the the-ory of analyticalhierarch-ies[J].*Mathematics and Computers inSimulation*,1978,20（3）:147-158.

[239]牛群, 刘宇伟. 家具行业电子商务研究进展［J］. 林业经济问题, 2017, 37（1）：68-73, 108.

[240]罗德宇. "互联网+"背景下定制家具O2O营销模式探微［J］. 中国商论, 2017（24）：40-41.

[241]徐心悦. 基于O2O模式的家具行业市场营销［J］. 时代经贸, 2017（12）：49-51.

[242]林杭, 洪国彬, 游小玲. 基于随机Petri网的家具O2O物流流程分析与优化研究［J］. 科技与经济, 2018, 31（5）：71-75.

[243]王超, 王珺. 浅析O2O模式下家具行业的物流配送：以A家具网为例［J］. 中国商论, 2016（21）：137-138.

[244]余真翰, 杨浩磊. 考虑逆向物流的O2O家具电商发展初期销售终端合作决策研究［J］. 物流技术, 2015, 34（1）：127-130.

[245]万小毛. 南康家具产业O2O电子商务发展策略研究［J］. 电子商务, 2016

（6）：35-36.

[246]饶彬正，张义先，林嘉，等. 佛山红木家具O2O模式的实践与创新［J］. 环渤海经济瞭望，2017（12）：62-63.

[247]高志坚. 板式家具定制O2O模式应用研究［J］. 市场周刊（理论研究），2015（12）：9-10，72.

[248]李俊遐. O2O模式下家具企业运营的探索和发展研究：基于酷漫居的调研分析［J］. 南方论刊，2015（7）：16-17，48.

[249]余真翰，杨浩磊. 考虑逆向物流的O2O家具电商发展初期销售终端合作决策研究［J］. 物流技术，2015，34（1）：127-130.

[250]刘娇，叶翠茵，行焱，等. 基于定制家具O2O模式的用户体验研究［J］. 家具，2019，40（3）：66-68，83.

[251]王成. O2O模式下我国家具用户购买意向的影响因素研究［D］. 山东大学，2015：15-17.

[252]毛应. O2O体验店形象对品牌忠诚的影响研究［D］. 广东财经大学，2016：13-17.

[253]张云霞，李信，陈毅文. 在线客户黏性研究综述［J］. 人类工效学，2015，21（4）：77-82.

[254]Lin J.Online stickiness:Its antecedents and effect on purchasing intention ［J］.*Behaviour & IT*,2007,26（6）:507-516.

[255]Khalifa M,Liu V. Online consumer retention:Contingent effects of online shopping habit and online shopping experience［J］.*European Journal of Information Systems*,2007,16（6）:780-792.

[256]康培，孙剑，邓彦宇. 网络购物临场感、信任与消费者在线黏性：以B2C模式下消费者网购生鲜农产品为例［J］. 企业经济，2018，37（7）：89-97.

[257]胡永铨，刘厚安. "互联网+"环境下中国零售企业创新体系构建：基于顾客体验视角［J］. 企业经济，2015（12）：85-92.

[258]黄晖新. 基于顾客导向的网络顾客黏性行为形成机制研究［J］. 电子商务，2014（11）：49-51.

[259]杨一翁，孙国辉，陶晓波. 北京的认知、情感和意动城市品牌形象测度［J］. 城市问题，2019（5）：34-45.

[260]杨一翁, 孙国辉, 涂剑波. 高介入购买决策下的国家品牌效应研究[J]. 管理学报, 2017, 14(4): 580-589.

[261]李琪, 王璐瑶. 基于ABC态度模型的消费者重复购买意愿研究[J]. 商业研究, 2016(11): 17-23, 52.

[262]杨金龙, 胡广伟. 移动学习采纳转化为持续的动因及其组态效应研究[J]. 情报科学, 2019, 37(7): 125-132.

[263]易法敏, 卢翠琴. 感知服务质量与用户忠诚: 基于关系型虚拟社区的研究[J]. 中国科技论坛, 2013(6): 115-121.

[264]郭燕, 吴价宝, 王崇, 等. 多渠道零售环境下消费者渠道选择意愿形成机理研究: 产品类别特征的调节作用[J]. 中国管理科学, 2018, 26(9): 158-169.

[265]Xu A,Zheng Q,Wu J,et al. An experiment research on the correlation between advertising appeal and purchase intention in ecotourism industry based on attitude toward advertisement[J]. *EKOLOJI*, 2019,28(107):915-920.

[266]Kim H W,Xu Y,Koh J. A comparison of online trust building factors between potential customers and repeat customers[J]. *Journal of the association for information systems*,2004,5:392-420.

[267]Lee K C,Kang I,Mcknight D H. Transfer from offline trust to key online perceptions:An empirical study[J]. IEEE *transactions on engineering management*, 2007,54(4):729-741.

[268]张新香, 胡立君. O2O商业模式中闭环的形成机制研究: 基于信任迁移的视角[J]. 经济管理, 2017, 39(10): 62-81.

[269]Yim C K,Tse D K,Chan K W.Strengthening customer loyalty through intimacy and passion:Roles of customer–firm affection and customer–staff relationships in services[J].*Journal of Marketing Research*,2008,45(6):741-756.

[270]刘小禹. 顾客与服务员工情绪互动对顾客信任的影响研究[J]. 经济科学, 2015(2): 117-128.

[271]Lu H P,Lee M R. Demographic differences and the antecedents of blog stickiness[J]. *Online Information Review*,2010,34(1):21-38.

[272]新浪家具. 2017中国家居消费者洞察报告[EB/OL]. (2018-01-03)[2020-01-06]. http: //jiaju. sina. com. cn/news/20180103/6354277490529469243. shtml.

[273]腾讯家具. 2018年家居家装行业人群洞察白皮书[EB/OL]. (2018-01-18) [2020-01-06]. http://www.jiajumi.com/news/chn/24566.html.

[274]温忠麟, 张雷, 侯杰泰, 等. 中介效应检验程序及其应用[J]. 心理学报, 2004, 36(5), 614-620.

[275]李英, 潘鹤思, 陈振环, 等. 基于影响因素层级划分的消费者网购家具意愿研究[J]. 林业经济问题, 2018, 38(1): 55-61, 107.

[276]黄晖新. 基于顾客导向的网络顾客黏性行为形成机制研究[J]. 电子商务, 2014(11): 49-51.

[277]王宗水, 赵红, 秦绪中. 我国家用汽车顾客感知价值及提升策略研究[J]. 中国管理科学, 2016, 24(2): 125-133.

[278]李宗伟, 张艳辉, 栾东庆. 哪些因素影响消费者的在线购买决策? 顾客感知价值的驱动作用[J]. 管理评论, 2017, 29(8): 136-146.

[279]郭惠玲. 快时尚品牌顾客满意度影响因素实证研究: 以快时尚服装为例[J]. 中国流通经济, 2015, 29(2): 98-106.

[280]唐军. "互联网+森林生态旅游"产业新模式的探讨[J]. 绿化与生活, 2017(1): 18-20.

[281]李菲菲, 田剑. 在线旅游企业商业模式创新动力因素实证研究[J]. 中国流通经济, 2017, 31(12): 14-23.

[282]徐明, 王欣. 基于适配机理的在线旅游企业商业模式创新路径分析: 以携程为例[J]. 湖南社会科学, 2017(1): 111-116.

[283]甘哲娜. 基于IRT理论的在线旅游网站潜在消费者采纳前阶段行为研究: 以泰国消费者为例[J]. 管理学报, 2017, 14(11): 1690-1699.

[284]娄在凤. 在线旅游消费者购买决策影响因素分析[J]. 商业经济研究, 2016(12): 38-40.

[285]Fesenmaier D R, Xiang Z, Pan B, et al. A framework of search engine use for travel planning[J]. *Journal of Travel Research*, 2011, 50(6): 587-601.

[286]Casalo L V, Flavian C, Guinaliu M. Determinants of the intention to participate in firm-hosted online travel communities and effects on consumer behavioral intentions [J]. *Tourism Management*, 2010, 31: 898-911.

[287]Gazzoli G, Kim W G, Palakurthi P. Online distribution strategies and

competition: Are the global hotel companies getting it right? [J]. *International Journal of Contemporary Hospitality Management*,2008,20（4）:375-387.

[288]Roger Monzo V,Marti Sanchez M,Guijarro Garcia M.Using online consumer loyalty to gain competitive advantage in travel agencies[J].*Journal of Business Research*,2015,68（7）:1638-1640.

[289]黄元豪，赖启福，林菲菲，等. 基于E-RMP视角的生态旅游规划提升研究：以福建3个县的生态旅游规划为例[J]. 林业经济问题, 2018, 38（3）: 39-45, 103.

[290]张玲玲，曹辉，黄杰龙，等. 感官视角下的竹林养生旅游资源开发探讨[J]. 林业经济问题, 2016, 36（1）: 46-51.

[291]陆晓梅，张鑫，高淑春. 森林养生旅游开发潜力评价研究[J]. 林业经济问题, 2017, 37（1）: 44-49, 104.

[292]陈丽军，苏金豹，黄勇奇，等. 基于遥感影像的竹林生态旅游开发研究：以竹乡咸宁为例[J]. 林业经济问题, 2017, 37（1）: 50-55, 105.

[293]Zheng Q J,Xu A X,Kong D Y.Environmental Education,Knowledge Management and Professional Performance in eco-tourism:The Impact relatedness[J]. Eurasia Journal of Mathematics Science and Technology Education,2017,13（8）:4679-4687.

[294]Zheng Q J,Xu A X,Kong D Y,et al. Correlation between the environmental knowledge,environmental attitude, and behavioral intention of tourists for ecotourism in China[J].Applied Ecology and Environmental Research,2018,16（1）:51-62.

[295]张文娟，马履一，杨军. 国外生态系统服务概念在森林旅游中的应用分析[J]. 世界林业研究, 2016, 29（4）: 7-13.

[296]杨素丽. 林业经济何时搭上"互联网+"这趟快车？[N]. 中国绿色时报, 2015-10-30（3）.

[297]Davis F D,Bagozzi R P,Warshaw P R.User acceptance of computer technology:A comparison of two theoretical models[J].*Management Science*,1989,35（8）:982-1003.

[298]Moon J W,Kim Y G,Extending the TAM for a world-wide-web context[J]. *Information & Management*,2001,38:217-230.

[299]鄢慧丽，徐帆，熊浩，等. 感知风险对在线旅游产品购买意愿的影响分析

[J]. 重庆邮电大学学报(社会科学版), 2018, 30(3): 81–87.

[300]Gefen D,Karahanna E,Straub D W. Inexperience and experience with online stores:The importance of tam and trust[J].IEEE *transaction on engineering management*,2003,50(3):307-321.

[301]Taylor S,Todd P A. Understanding information technology usage:A test of competing models[J].Information systems research,1995,6(2):144-176.

[302]甘哲娜. 基于ELM的在线旅游网站消费者使用行为研究[J]. 管理学报, 2016, 13(6): 889–898.

[303]Holbrook M B. Customer Value:A Framework for analysis and research [J].*Advances in consumer research*,1996,23:138-142.

[304]Anderson J C,Gerbing D W. Structural Equation Modeling In Practice:A Review and Recommended Two-step Approach[J].*Psychological Bulletin*,1988,103 (3):411-423.

[305]侯杰泰, 成子娟. 结构方程模型的应用及分析策略[J]. 心理学探新, 1999, 19(1): 54–59.

[306]吴锦峰, 常亚平, 侯德林. O2O零售系统顾客采纳意愿实证研究: 基于网络购物经验的调节作用[J]. 中国流通经济, 2016, 30(5): 72–80.

[307]宋之杰, 石晓林, 石蕊. 在线旅游产品购买意愿影响因素分析[J]. 企业经济, 2013(10): 96–100.

[308]江若尘, 徐冬莉, 严帆. 网络团购中感知风险对信任及购买意愿的影响 [J].现代财经(天津财经大学学报), 2013, 33(1): 87–96.

[309]Keller P.Gerter,David.County as Brand,Product and Beyond:A place Marketing and Brand Mangement[J].*Journal of Brand Managemeng*,2002(9):58-61.

[310]Philip Kotler,and David Gertner.Country as brand,product,and beyond:A place marketing and brand management perspective[J].*Journal of Brand Management*,2002,9 (4/5):249-261.

[311]刘丽. 基于产业集群农产品区域品牌建设的几点思考[J]. 农业经济, 2006 (11): 52–53.

[312]林善炜. 产业集群视野下的福州区域品牌建设[J]. 产业与科技论坛, 2009 (8): 68–70.

[313]薛桂芝. 论我国农产品区域品牌的创建[J]. 农业现代化研究, 2010(6)：31-33.

[314]方湖柳. 打造农产品品牌提升农产品竞争力[J]. 宁波大学学报（人文科学版）, 2003(2)：35-36.

[315]陆国庆. 区位品牌：农产品品牌经营的新思路[J]. 中国农村经济, 2002(5)：25-27.

[316]郭红生. 区域农产品品牌的文化营销[J]. 商场现代化, 2006(11)：34-35.

[317]石红梅. 农业产业化与特色农业的发展——以安溪茶产业发展为例[J]. 农业经济问题, 2007(4)：30-33.

[318]周睿全. 基于产业簇群的区域产业品牌管理研究[D]. 武汉大学, 2005.

[319]董雅丽, 白会芳. 论区域品牌的形成机制[J]. 科技管理研究, 2007(9)：39, 32-34.

[320]余天许, 谭蓓. 整合营销传播视角下城市品牌接触点管理研究[J]. 消费导刊, 2011(6)：97-98.

[321]马向东, 陈琦, 郑春东. 区域品牌定位与整合营销传播研究——以天津滨海新区为例, 2010(2)：30-32.

[322]张睿. 我国区域品牌传播模式现状研究[D]. 兰州大学, 2012.

[323]周修亭. 活用口碑营销促进农产品品牌传播[J]. 经营管理, 2008(7)：38-40.

[324]钱杭园, 杨小微, 孙文清. 农产品品牌传播模式及其创新[J]. 河北农业科学, 2010, 14(10)：122-125.

[325]余世权. 淳安县农产品区域公用品牌的注册和维护[J]. 中华商标, 2011(10)：25-26.

[326]聂有兵. 区域农产品公共品牌传播的三种模式[J]. 湖北经济学院学报（人文社会科学版）, 2013(3)：70-71.

[327]杨小竹. 论农产品品牌的传播价值评估的模型构建[J]. 学术研究, 2012(3)：3-4.

[328]黄蕾. 区域产业集群品牌, 我国农产品品牌建设的新视角[J]. 江西社会科学, 2009(9)：105-109.

[329]张岚. 整合营销传播与品牌关系的建立[J]. 时代经贸, 2007(5)：147-150.

[330]何艳平. 论企业品牌危机管理[J]. 现代商贸工业, 2011(24): 27-28.

[331]周文瀚. 溪塔格茶文化旅游开发的设想[J]. 闽南茶韵永春专刊. 2009(3): 52-53.

[332]黄有霖, 郭素华, 陈达炜. 佛手茶的保健功效及其保健开发前景[J]. 海峡药学. 2007. 9: 21-22.

[333]欧阳春风, 许安心. 互联网时代农产品区域品牌传播策略研究[J]. 湖北文理学院学报, 2016, 37(08): 63-66.

[334]陈浩, 梅强. 新时期农村社会化服务体系改革的探讨——以江苏地区为农服务社为例[J]. 科技与经济, 2015, 23(2): 36-39.

[335]林承园. 安陆市农产品品牌建设研究[J]. 湖北职业技术学院学报, 2015, 18(2): 9-14.

[336]刘翠翠, 陆新文, 赵文波. 亳州市农产品品牌建设存在的问题及对策探析[J]. 兰州工业学院学报, 2013, 20(3): 70-74.

[337]邱珊莲, 刘荣章. 当前我国农产品品牌建设的问题与对策分析[J]. 农村经济与科技, 2014, 25(10): 82-83, 10.

[338]陈告, 梅锐. 关于怀化市农产品品牌建设的思考[J]. 湖南农业科学, 2015(11): 114-116.

[339]刘晓珂, 罗演, 郑业鲁, 黄红星. 广东省农产品品牌建设现状及对策研究[J].山东农业科学, 2015, 47(2): 139-142.

[340]姚春玲. 内蒙古农产品区域品牌竞争力提升研究[D]. 哈尔滨: 东北林业大学, 2015.

[341]马玉莹. 农产品品牌建设研究[D]. 杨凌: 西北农林科技大学, 2016.

[342]田文勇, 赵圣文, 张会嶙. 合作社农产品品牌建设行为影响因素实证分析——基于贵州、四川部分农民专业合作社的调查[J]. 开发研究, 2014(5): 30-33.

[343]宋丽华. 基于营销角度的淮安农产品品牌建设的思考[J]. 江苏经贸职业技术学院学报, 2015(1): 24-26.

[344]成党伟. 我国茶叶区域公用品牌形成机理与建设机制研究[J]. 江西农业学报, 2016, 28(1): 132-136.

[345]李静. 内蒙古农产品品牌发展模式与运行机制研究[J]. 中国农业资源与区划, 2016, 37(1): 202-206, 212.

[346]陈莉. 农产品品牌传播关键节点研究——基于青岛市农产品品牌触点管理的调研[J]. 青岛农业大学学报（社会科学版），2015, 27（1）：11-16.

[347]刘丽. 基于地理标志的农产品区域品牌建设与推广研究——以辽宁西北地区为例[J]. 农业经济，2016（7）：136-138.

[348]潘燕，张晓贤. 山西省中小企业品牌营销策略分析[J]. 经营与管理，2014（8）：129-130.

[349]夏金梅. 供给侧改革视角下河南省特色农产品区域品牌建设的路径选择[J].北方经济，2017（4）：54-56.

[350]刘丽. 中国经济增长过程中工资的调节机制研究[D]. 西安：西北大学，2017.

[351]肖雪锋. 农产品区域品牌该如何建设、维护和发展[J]. 人民论坛，2017（18）：86-87.

[352]郭红生. 浅议区域农产品品牌延伸[J]. 商业研究，2008（5）：164-167.

[353]陈又星，徐辉. 农产品品牌延伸效果模糊定量测度研究[J]. 安徽农业科学，2009, 37（30）：14934-14936.

[354]马永红，张帆，苏鑫. 基于区际产业转移视角的欠发达地区企业技术创新能力提升路径研究[J]. 科技进步与对策，2015, 32（21）：120-125.

[355]DA Aaker,E Joachimsthaler.*Brand leadership-Building Assets in an Information Economy*[M].New York:Free Press,2009.

[356]张宇慧. 基于权力视角的水产业产业链利益协调机制的研究[J]. 经济研究导刊，2017（15）：39-40.

[357]张文超. 日本"品牌农业"的农产品营销经验及中国特色农业路径选择[J]. 世界农业，2017（06）：173-176.

[358]杨佳利. 农产品区域品牌对消费者感知质量的影响——以消费者产品知识、介入度和来源地为调节变量[J]. 湖南农业大学学报（社会科学版），2017, 18（1）：15-22.

[359]刘婷. 河南省农产品区域品牌与合作社协同发展策略研究[J]. 农业经济，2017（2）：71-73.

[360]赵云龙，刘恩平，侯媛媛，梁伟红. 海南省热带农产品品牌建设的SWOT分析及对策研究[J]. 热带农业科学，2017, 37（2）：102-106.

[361]胡志权. "互联网+"时代农产品品牌定位研究[J]. 沈阳农业大学学报（社

会科学版），2017, 19（1）：1-6.

[362]罗纪宁, 黄萍. 有机农产品区域品牌发展战略研究——基于有机农产品区域品牌模型[J]. 品牌研究, 2016（6）：89-96.

[363]肖蓉. 我国农产品区域品牌研究综述[J]. 新西部（理论版），2016（17）：56-57、21.

[364]刘婷. 影响农产品区域品牌形成的要素评价——以河南省为例[J]. 江苏农业科学, 2016, 44（8）：527-531.

[365]郑端. 陕西省特色农产品区域品牌竞争力提升对策研究[J]. 中国农业资源与区划, 2016, 37（7）：186-191.